Vittorio Messori

DER »FALL« OPUS DEI

Vittorio Messori

DER »FALL« OPUS DEI

mit einem Nachwort
von Giuseppe Romano

MM·VERLAG

Original-Titel: Opus Dei. Un 'indagine.

CIP-Titelaufnahme der Deutschen Bibliothek
Messori, Vittorio: Der »Fall« Opus Dei
MM Verlag, Aachen
1. Auflage August 1995
ISBN 3-928272-42-X

Umschlaggestaltung: MM Agentur
Gesetzt aus der Garamond
Gesamtherstellung: Clausen & Bosse, Leck
Printed in Germany

. . . daß alle aufhören zu hassen,
sobald ihre Unwissenheit aufhört.

Quintus Septimius Tertullian

Wenn du dich in das Apostolat stürzt, überzeuge dich,
daß es stets darum geht, die Menschen glücklich,
sehr glücklich zu machen: Wahrheit und Freude gehören
untrennbar zusammen.

Josemaría Escrivá de Balaguer

Inhalt

Vorwort

Man sorgt sich

Um das Opus Dei zu verstehen, um ein unverfälschtes Bild dieses *Werkes* zu gewinnen und sich nicht länger in seiner Urteilsbildung auf Kolportiertes stützen zu müssen, hat Vittorio Messori, einer der weltweit meistgelesenen katholischen Schriftsteller und Journalisten, die erste Personalprälatur der Kirchengeschichte einer gründlichen Untersuchung unterzogen. Messori ist in Deutschland vor allem als Autor des Bestsellers *Hypothesen über Jesus* und mit dem überaus lesenswerten Band *Zur Lage des Glaubens,* das sein Gespräch mit Joseph Kardinal Ratzinger dokumentiert, bekannt geworden. Seine letzte Arbeit führte ihn mit Papst Johannes Paul II. zusammen und ist 1994 unter dem Titel *Die Schwelle der Hoffnung überschreiten* erschienen. In diesem Buch nimmt zum ersten Mal in der Geschichte des Christentums ein Papst auf Fragen eines Journalisten Stellung zu seinem Glauben.

Hier nun widmet sich der Autor dem Opus Dei. Im Vorwort der spanischen Ausgabe dieses Buches schreibt er: «Was Italien betrifft, muß ich sagen - als eine Art kleines, aber bezeichnendes Zeichen der Zeit -, daß das Buch auf Drängen des größten laizistischen Verlagshauses des Landes - und eines der größten Europas - veröffentlicht wurde: Mondadori in Mailand. Der Verkaufserfolg ist besonders in den laizistischen Buchhandlungen groß gewesen - in jenen also, die - zumindest in Italien - die Bücher von katholischen Verlagshäusern oft zurückweisen. Dies mag als - wenn auch bescheidene -

Bestätigung dafür gelten, daß das Opus Dei Nachricht ist, anzieht und interessiert, auch - oder vor allem? - außerhalb der üblichen klerikalen Milieus.»

Das Opus Dei ist im Gespräch. Man setzt sich mit ihm auseinander, innerhalb wie außerhalb der Kirche. Unter PR-Aspekten eigentlich eine glänzende Ausgangslage. Wieviele Unternehmen mühen sich beispielsweise ab, um Aufmerksamkeit zu erregen und ein Gegenstand des öffentlichen Interesses zu werden! Denn: Über wen man spricht, der steht im Licht! So betrachtet, könnte das Opus Dei vollauf zufrieden sein.

Freilich, die Betonung liegt auf könnte. Denn, dies gilt nicht minder: Wer im Gespräch ist, kann leicht auch ins Gerede kommen! Und wer einmal, ganz gleich ob zu Recht oder zu Unrecht, im Gerede ist (die Beispiele aus Politik, Wirtschaft, Kultur und Kirche sind Legion), für den findet sich nur schwer ein Weg aus dieser mißlichen Lage. Interessant erscheinen hier häufig Technik und Eigendynamik: Journalisten und Gelehrte bringen das Opus Dei in ihren Publikationen geflissentlich ins Gerede und apostrophieren es dann, mit dem äußeren Anschein der unbeteiligten Distanziertheit, ja mit Erstaunen, als das ins Gerede gekommene Opus Dei. Das Gerede führt schließlich zu den Attributen *umstritten* und *verdächtig,* und irgendwann erscheint es evident, daß die Prälatur Opus Dei zumindest der Sachwalter eines eindeutig falschen Kirchenbildes ist.

Warum nur? Die Sache ist einfach: Das Gerede gefällt gemeinhin mehr als das Gespräch, das Vorurteil mehr als das Urteil, das Gerücht mehr als das Argument und die Karikatur mehr als das Portrait. Und es sind nun einmal die Quoten, die Ethos und Inhalt so mancher Medien diktieren.

Das Medien-Spiel, das da gespielt wird und an dem sich auch fortschrittlich gesinnte Kreise in der Kirche gern beteiligen, folgt häufig einer Taktik, die als problematisch zu bezeichnen ein Euphemismus wäre. Im Gestus des erklärten Beobachters werden Bedenken artikuliert, die dunkle Ahnungen transportieren - das reicht erst einmal. Dann treten Menschen auf, Zeugen, Insider, die Grauenerregendes zu berichten wissen. Flugs ist aus der Ahnung eine Gewißheit geworden, die zwar immer noch bloßen Behauptungscharakter besitzt, doch das bekümmert nicht. Denn es kommt darauf an, dem Verdacht eine Grundlage zu verschaffen, um ihn erfolgreich ausbauen und mit neuem Beweismaterial füttern zu können. Die Grundlage ist schwach, das ist das einzig feste in dieser Angelegenheit, indes: was soll's! Nachdem der Verdacht - wie auch immer - gefestigt ist, wird der Prozeß eröffnet - manchmal läuft beides parallel. Behauptungen, als besorgte Anfragen, distanziert-kritische Tatsachenfeststellungen und erdrückende Beweise getarnt, stehen im Raum, und da sollen sie auch stehen bleiben. Das so ins Gerede gebrachte und auf die Anklagebank gezogene Opus Dei wird aufgefordert, Entlastungsbeweise anzutreten. Niemand scheint zu stören, daß hierbei die Beweislast unzulässig umgekehrt wird. In dem Verfahren, das man gegen das Opus Dei anstrengt, ist nicht der beweispflichtig, der belastende Aussagen macht oder verbreitet, sondern der Belastete hat seine Unschuld nachzuweisen.

Da jedoch die in Umlauf gebrachten Vorwürfe und Anschuldigungen ständig Nachkommenschaft zeugen, kann es schon aus quantitativen Gründen kaum gelingen, aus der Verdachtszone herauszukommen. Das Opus Dei bleibt immer der Verlierer in diesem Spiel. Denn in der Tat: *Semper aliquid haeret.* Man weiß ja, was das für eine Truppe ist...

Bei alldem bleibt natürlich vieles auf der Strecke: Liberalität, Pluralität und Toleranz darunter, nicht zuletzt die Wahrheit. Doch die Strategie der Entlarvung durch konsequente Verdächtigung legitimiert die Suspendierung dieser Prinzipien und folgt der Maxime: Wo gehobelt wird, da fallen Späne! Daß gehobelt werden muß, ergibt sich von seiten so mancher Medien aus dem Umstand der Unzeitgemäßheit, von seiten kircheninterner Kritiker des Werks aus dem repressiv-integralistischen und theologisch rückständigen Charakter des Opus Dei und verwandter Institute. Wie gehobelt wird, verrät einiges über die, die den Hobel führen, kaum etwas dagegen über die, an denen gehobelt wird. Bemerkenswert ist allerdings, daß ausgerechnet diejenigen, die sich häufig kaum um die Kirche scheren, ihren Hobelspaß mit der Sorge um das Wohlergehen der Kirche kaschieren. Man sorgt sich halt. Aber um wen? Um sich? Um das eigene «Savoir Vivre», dessen Kompatibilität mit der christlichen Lehre, koste es, was es wolle, irgendwie doch nachgewiesen werden soll?

In Sachen Opus Dei sind erstaunliche Allianzen zu beobachten. Die Kritiker rekrutieren sich zu gleichen Teilen aus dem binnen- wie dem außerkirchlichen Raum. Ja, in so manchen katholischen Kreisen gehört es mittlerweile zum guten Ton, sich abfällig über das Opus Dei zu äußern, ihm gegenüber zumindest eine distanziert kritische Position einzunehmen; ein Schicksal, das das Werk übrigens mit manch anderen Gemeinschaften teilt.

Ein angenehmer Nebeneffekt dieser Abgrenzung besteht darin, daß so ein Gradmesser für die eigene Katholizität gegeben und der subjektive Standpunkt in der kirchenpolitischen Diskussion kommod definiert ist. Und mag man auch über die Notwendigkeit des Zölibats, über die unbefleckte Empfängnis Mariens oder die Wunder Christi noch verschiedener Meinung sein, geht es um das Werk, sind die Reihen fest geschlossen. Da verschlägt es wenig, daß es sich beim Opus Dei um eine in der Struktur der Kirche fest verankerte Institution handelt. Im Gegenteil! Exakt dies dient so manchem als Indiz für den unheilvollen reaktionären Schwenk des amtierenden Papstes.

Diese Worte mögen für den einen oder anderen möglicherweise übertrieben, vielleicht gar polemisch klingen. Doch wer die Wirklichkeit um das Opus Dei herum kennt, weiß, daß es solcher Worte bedarf, will man diese Realität authentisch beschreiben. Damit aber kein verzerrtes Bild entsteht, soll hier zugleich betont werden, daß zahlreiche Journalisten, Geistliche, Theologen und Vertreter des sog. öffentlichen Lebens die Bildungsarbeit des Werkes schätzen und mit ihren Mitgliedern freundschaftlich verbunden sind. Nur lärmen diese nicht und besitzen nicht immer die Öffentlichkeitswirkung der professionellen Kritiker.

Gewiß gibt es auch jene, die sich schwer tun, das Werk zu verstehen. Die bewegt von den allgemeinen Klischees über das Opus Dei oder aus persönlicher Erfahrung auf Abstand gehen. Da sind die Furcht und Sorge von Eltern, daß sich Kinder, die ihre Berufung entdecken, von ihnen lösen. Da sind Pfarrer, die auf engagierte junge Menschen aus ihrer Jugendarbeit verzichten müssen, weil diese nun anderenorts ihre Aufgabe finden. Nicht zuletzt sind da Menschen, die möglicherweise unliebsame Erfahrungen mit einzelnen Mitgliedern gemacht haben; die irritiert, ja verärgert waren über einen apostolischen Übereifer oder über eine in ihren Augen wohl übertriebene Diskretion, wenn es darum ging, ihre Mitgliedschaft zu erklären oder diese zumindest einmal zu erwähnen. Und schließlich gibt es ehemalige Mitglieder, die im Opus Dei nicht zurecht kamen, vielleicht auch, weil sie sich überfordert hatten, die Gründe für diese Überforderung im nachhinein aber nicht auch bei sich, sondern ausschließlich in der Institution suchen, auf die sie bauen wollten.

All diese Sorgen, Bedenken und Erfahrungen sind sehr ernst zu nehmen. Und so mancher Vorwurf ist hier vielleicht nicht immer so ganz berechtigt, doch sicher verständlich, und im Leben der Kirche alltäglich. Man muß den radikalen Anspruch des Christentums verstehen und bejahen, wenn man das Werk begreifen will. Und das ist nicht einfach in einer Zeit, in der sich Christentum häufig in karitativer Fürsorge, sozialem Engagement und gesellschaftspolitischen Statements erschöpft.

In der Tat, immer wieder muß es gesagt werden: Die Kirche kennt viele Wege. Wer seinen Platz nicht im Opus Dei sieht, ja, selbst wer es aus irgendeinem Grunde nicht mag, es ablehnt, ist deshalb selbstverständlich kein minder guter Katholik! Niemand erhebt einen Exklusivitätsanspruch, schon gar niemand im Opus Dei.

Leyenda negra

Die Obra, das Werk, wie man es in Spanien nennt, umgibt eine *schwarze Legende.* Kaum ein Vorwurf, kaum ein Klischee bleiben ihm erspart: Geheimbund; reaktionäre, maffiose Wirtschaftsorganisation; Leibfeinde; Jugendverführer; Gehirnwäscher; Sektenbrüder; Waffenschieber; geldgierige Finanzjongleure - so die eher Deftig-Derben unter den Gegnern.

Eher liebevoll klingen da andere Kritiken: vorkonziliar; autoritär paternalistisch; integralistisch; antiökumenisch; antipluralistisch; frauenfeindlich und - je nach dem - links oder rechts, gestrig oder vorgestrig. Und an all dem muß doch irgendetwas dran sein, wenn selbst ein konservativer Theologe wie Hans Urs von Baltasar seine Bedenken über das Werk angemeldet hat (Messoris Ausführungen hierzu gehören wohl zu den interessantesten, da bislang unbekannten Ergebnissen seiner Recherche.)

Und weiter: Ist das Opus Dei nicht gar *ismistisch*? Es wird ja laufend mit immer neuen Ismen in Verbindung gebracht. Eine kleine Auswahl nur: Franquismus, Antihispanismus, Internationalismus (die beiden letzten Ismen wurden dem Opus Dei interessanterweise von der spanischen Einheitspartei, der Falange, zugesprochen; das stößt sich zwar mit dem Epitheton franquistisch, allein, wen stört's!), Integralismus, Isolationismus (meint: das Opus Dei sei Kirche in der Kirche bzw. der heilige Rest), Personalismus (meint: kultische Verehrung des Papstes und des eigenen Gründers), Fundamentalismus.

Der «Fall» Opus Dei

Der Titel der italienischen Originalausgabe dieses Buches lautet: OPUS DEI - un 'indagine: Das Opus Dei - eine Untersuchung. Im Deutschen haben wir es anders genannt: Der «Fall» Opus Dei. Warum?

Der Autor beschreibt einen Fall: Da gibt es Ankläger und Verteidiger, Indizien und Beweise, Zeugenbefragungen und Plädoyers, Vorverurteilungen und ein Urteil. Der Weg, der dahin führt, ist ein langer und - sit venia verbo - auch dornenreicher.

Zudem steht der «Fall» Opus Dei als typisches deutsches Beispiel dafür, wie manche Medien, Teile der Öffentlichkeit und auch Kirchenkreise mit einer Gemeinschaft verfahren, die den Rahmen des gesellschaftlich Üblichen und Normierten sprengt, wie sie kritisiert, ja zu eliminieren versucht wird. Und so fragt sich der Autor immer wieder: Weshalb wird das Werk so heftig abgelehnt, von manchem sogar gehaßt und verfolgt? Gründe gibt es viele (der Autor wird auf sie in gebührender Form eingehen), nur einige sollen hier genannt werden:

1. Eingedenk aller persönlichen Ungeschicklichkeiten, Fehler und Schwächen seiner Mitglieder, stellt das Opus Dei für viele eine unerhörte Provokation dar. Während unter Priestern, Theologen und mündigen Laien große Mühe darauf verwendet wird, den Nachweis zu erbringen, daß Treue, Gehorsam, Askese, Zölibat etc. mit ihren ärgerlichen Verpflichtungen und Zwängen nicht mehr zeitgerecht seien, führen im Opus Dei Geistliche und Laien vor - ohne jeglichen Anspruch, etwas Besonderes zu sein -, daß all das nicht nur geht, sondern auch noch Freude bereiten kann.

2. Es ist nicht unbedingt immer leicht, mit disziplinierten Menschen Umgang zu haben. Sie spielen nicht das allseits beliebte Gesellschaftsspiel: negativ über dritte zu reden. Sie betrinken sich nicht und gewinnen meist in der Schlacht, den inneren Schweinehund zu überwinden. Sie geben Außenstehenden - ungewollt - Anlaß zur Selbstüberprüfung und bewirken nicht selten - ungewollt -, daß daraus ein Gefühl des Unwohlseins entsteht. Sodann: Niemand mag Streber, die den Eindruck vermitteln, mehr zu tun als andere. Dies wiederum bereitet ein schlechtes Gewissen und erzwingt die Frage: Muß ich etwas bei mir ändern? Muß ich mich gar ändern? Solche Fragen liebt der Mensch verständlicherweise nicht besonders.

3. Manchen Kritikern geht es gar nicht primär um das Opus Dei, sondern um den Papst und seine Kirche. Sie attackieren das Werk und wollen den Papst treffen. Sie problematisieren das Opus Dei und wollen eine andere Kirche.

4. Es klingt paradox, doch vielleicht ist das Werk so umstritten und wirkt so geheimnisvoll, weil sein Anliegen so normal ist. Eben das nährt den Verdacht, daß da doch etwas dahinter stecken muß!

Den Alltag heiligen? Jeder an seinem Platz kann heilig werden, indem er Fußböden schrubbt oder für seine Klausuren paukt? Ohne Tour nach Tibet, Dornenkrone oder Märtyrertod?

5. Einer der wichtigsten Ablehnungsgründe liegt sicherlich in einer unterschiedlichen Auffassung dessen, was denn inhaltlich unter Offenbarung, Nachfolge Christi, Demut, Gehorsam, Keuschheit, Apostolat, Frömmigkeit, Askese, Marienverehrung und Kreuz, um nur einige Begriffe zu nennen, zu verstehen ist, die für ein Leben in der Kirche zwar von zentraler Bedeutung sind, heute aber als Reizworte die Gemüter erhitzen. Wer ohne eine Vorklärung der Verständnisse dieser und anderer Begriffe unmittelbar in eine Debatte über das Opus Dei einsteigt, läuft Gefahr, die Auseinandersetzung mit Sachverhalten zu befrachten, die nichts Spezifisches mit dem Opus Dei zu tun haben.

Was zudem bei der Diskussion um das Opus Dei immer wieder irritiert, ist der schiefe Blickwinkel: Wer einen Fußballverein oder eine Firma kennen- und schätzen lernt, den interessieren doch primär deren Mitglieder, Angestellte und Leistungen und erst an zweiter Stelle Satzungen und Statute. Personen vor Sachen: im normalen Alltag geht man von den einzelnen Menschen aus und prüft, ob man ihnen vertrauen kann, ob sie zufrieden erscheinen, und was sie machen. Auch das Opus Dei wird von Menschen *gemacht* - und so sollte doch das Urteil über das Werk ebenfalls bei den Mitgliedern ansetzen und von ihnen aus die Zielsetzungen und Statuten einbeziehen.

Tatsache ist, daß es Menschen gibt, die den Weg anderer Menschen für falsch halten. Die etwas als Übel darstellen, das von sich selbst behauptet, die Menschen nur zu Gott führen zu wollen. Wer hat nun recht und wer irrt? Vier Möglichkeiten bieten sich an:

- Die Leitung des Opus Dei lügt, täuscht Papst und Bischöfe und hat eine Reihe gutgläubiger und einfältiger Mitglieder in seinen Reihen, die als Befehlsempfänger dienen und arbeiten.

- Alle Mitglieder sind eingeweiht und schweigen sich über ihre wahren Absichten aus.
- Die Kritiker lügen und wollen so ihre Ziele durchsetzen.
- Die Kritiker irren, wollen aber nur das Beste: die Kirche und die Menschen vor Unheil bewahren.

Dieses Buch wird helfen, diese Widersprüche aufzulösen.

Lassen wir noch einmal den Autor selber zu Wort kommen. Im bereits zitierten Vorwort der spanischen Ausgabe heißt es: «In der Tat war es leicht, Prophet zu sein, als ich auf den ersten Seiten schrieb: „Ich sehe einige Reaktionen voraus. Die meisten Polemiken werden wahrscheinlich nicht aus der Ecke der bösen Pfaffenfresser, sondern eher von den guten Katholiken kommen." Natürlich ist es so geschehen, wie ich vorausgesagt hatte. Das Interesse, oder zumindest der Respekt, den das nichtkonfessionelle media-system gezeigt hat, steht im Kontrast zur Aggressivität und Verleumdung - oder dem feindseligen Schweigen - eines gewissen katholischen Milieus. Gerade des Milieus, das am lautesten die hochheiligen Gründe des Pluralismus, der Toleranz, des Dialogs, der Offenheit gegenüber allen und allem predigt. Wie immer pflegen solche schönen Theorien nicht von einem konsequenten Verhalten begleitet zu sein. Dennoch gestehe ich ein, daß solche Reaktionen - vorhergesehen und inkauf genommen - in mir etwas Bitterkeit zurückgelassen haben - als Katholik, der feststellt, wieviel Aggressivität im Umlauf ist innerhalb dessen, was von der katholischen Kirche verblieben ist. »

Pubertät und Adoleszenz

Niemand bestreitet (und schon gar niemand vom Werk selber), daß auch das Opus Dei bzw. einzelne Mitglieder in Deutschland Fehler begangen haben. Wie jede andere junge Gemeinschaft auch. 1928 in Spanien gegründet, faßte es 1953 in Deutschland Fuß und ist somit hier noch keine 50 Jahre alt.

Die Mitglieder des Opus Dei besitzen ebenso wie andere Menschen das Recht, Fehler zu haben und Fehler zu begehen. Auch im Werk gibt es sympathische und weniger sympathische Mitglieder. Und wer das Opus Dei kennenlernt, kann Glück oder Pech haben - das hängt stets von demjenigen ab, der bemüht ist, jemandem das Werk nahezubringen. Für denjenigen, der erstmalig oder nach langen Jahren erneut die Kirche entdeckt, kann die Person des ersten Pfarrers, auf den er trifft, von entscheidender Bedeutung sein. All dies ist verständlich, ja menschlich, darf aber nicht dazu verleiten, von der einzelnen Person auf die Sache oder die ganze Gemeinschaft zu schließen.

Natürlich hat auch das Opus Dei an Kinderkrankheiten gelitten. Die meisten sind inzwischen auskuriert. Um welche Kinderkrankheiten geht es?

Da war zunächst einmal ein gewisses Ungestüm, aus apostolischem Eifer oder Übereifer geboren, mit dem einzelne - keineswegs alle - Mitglieder des Werkes, Freunden und Bekannten, um es salopp zu formulieren, ganz schön auf die Nerven gehen konnten. Die Intensität, mit der Einladungen zu Besinnungswochenenden, Einkehrtagen und Betrachtungen ausgesprochen und Freundschaft so möglicherweise instrumentalisiert wurde, war der Sache nicht immer dienlich, ja, bei Licht besehen, sogar bisweilen kontraproduktiv.

Dann gab es eine Zeit, in der - wiederum in apostolischem Überschwang - vorschnell Berufungen entdeckt wurden, bei denen mehr menschliche Begeisterung und jugendlicher Sturm und Drang die Triebfeder waren als sorgfältige Prüfung und intensives Gebet. Wahrscheinlich wurde zu wenig bedacht, daß junge Menschen, die das Opus Dei kennenlernten, vom Idealismus, dem Engagement und dem guten Beispiel der älteren Mitglieder fasziniert und begeistert sein mußten. Das ließ gleichsam ganz natürlich in ihnen den Wunsch entstehen, dabei zu sein.

In diesem Zusammenhang verdient das Verhältnis einiger junger Mitglieder zu ihren Eltern erwähnt zu werden. Ein Verhältnis, das sich in der Tat auch dann problematisch gestaltet, wenn Kinder eine Berufung zum Priestertum, Ordensleben oder zu einer anderen geistlichen Gemeinschaft entdecken. Sicher haben so manche junge Mitglieder des Opus Dei ihren Eltern häufig zuviel zugemutet, sie überfordert, nicht genug getan, um ihr Verständnis zu gewinnen, und, von der Sache begeistert, eine Abkopplung vom Elternhaus zu rasch vollzogen. Doch ist das nicht ein Phänomen, das auch außerhalb des Opus Dei zu beobachten ist, ohne daß dies mit Vorwürfen belegt oder mit Kritik bedacht wird?

Auch läßt sich wohl nicht bezweifeln, daß in der starken Expansionsphase des Werkes im Verlauf der sechziger und siebziger Jahre manch einer zu früh in Verantwortung kam und ihr nicht immer gerecht zu werden vermochte.

Dann waren und sind dort die gewaltigen Ansprüche, die unsere Informationsgesellschaft stellt. Freilich, wer kommt schon als Medienprofi zur Welt? Und wie schwer ist es, auf der Medien-Klaviatur zu spielen? Zeigt doch das Beispiel von Politikern, Sportlern oder Schauspielern, von Menschen also, die täglich gezwungen sind, auf dem Medien-Instrument zu üben, daß dies so einfach nicht ist.

Der Jurist Stephan Puhl, Leiter der Asien-Abteilung bei Misereor und langjähriges Mitglied des Werkes, blickt nachdenklich zurück: «Hatten wir immer den leichten, unbefangenen Umgang mit Journalisten? Ich glaube, nicht. Im Spanien kurz vor und während des Bürgerkrieges war es Teil einer Überlebensstrategie, verschwiegen zu sein. Im Franco-Spanien und im Schatten von St. Peter in Rom war wohl in den dreißig Jahren danach auch nicht der geeigneteste Ort, um das große Einmaleins des mediengerechten Auftretens in einer pluralen und offenen Gesellschaft zu erlernen. Hinzu kamen sicher auch traumatische Erfahrungen, die nicht dazu angetan waren, daß wir mit offenen Armen auf Journalisten zugingen. (...) Wir sind auch durch die Bank zu sammetpfötig mit Attacken gegen das Werk umgegangen. In gewisser Weise muß man sich auf die Ebene des Angreifers begeben, will man sich wirksam verteidigen. Dabei muß man nicht würdelos werden. Gemeinheiten muß und darf man nicht mit Gemeinheiten erwidern, man muß sie aber beim

Namen nennen dürfen, auch ohne zimperlich zu sein. Hetze, Unredlichkeit, Rufschädigung und Verleumdung darf man nicht mit vornehmer Zurückhaltung honorieren und so ermutigen.»

Schließlich war eine der schlimmsten Kinderkrankheiten die Schwierigkeit, ein spanisches Werk mit einer preußischen Mentalität in Deutschland zu etablieren und zu realisieren. Es beginnt mit der Sprache. Ein Beispiel nur: ein zentrales Thema im Opus Dei ist das Apostolat. Im Spanischen gibt es den Ausdruck *hacer apostolado* - was im Deutschen mit *Apostolat machen* übersetzt werden kann. Wie aber soll man Apostolat *machen?* Eine solche *Macher*-Mentalität muß einfach zu Mißverständnissen führen, ja kann zu Aktivismus verleiten.

Hierzu noch einmal Stephan Puhl: «Der Mentalität der Deutschen ist vielleicht in den ersten Jahren des Opus Dei in diesem Land nicht genügend Rechnung getragen worden. (...) Daraus ergaben sich bestimmte Entfremdungen und Mißverständnisse, deren Preis wir zum Teil heute zahlen. Es sind Probleme der Übersetzung, die nicht nur eine Frage der technisch richtigen Übertragung von Gedankengut aus einer Sprache in eine andere betreffen, sondern auch und noch viel mehr die Frage, wie man die Wahrheit der gedanklichen Inhalte angemessen von einem kulturellen Hintergrund in einen anderen überträgt, so daß diese Wahrheit unverfälscht und unverkürzt im neuen Kontext zur Geltung kommt, inkulturiert wird. Wie der *bosque* der Spanier nicht einfach der *Wald* der Deutschen ist, so ist eben auch nicht einfach ein *amigo* ein *Freund;* und Pflicht, Gehorsam, Ordnung, Freude, Arbeit, Treue, wie auch viele andere Begriffe lassen bei Menschen im deutschen Sprachraum andere Assoziationen mitschwingen als im mediterranen oder iberischen Kulturraum. (...) Soll das Erlösende oder Befreiende an der christlichen Botschaft oder auch das Spezifische am Ansatz und Weg des Opus Dei in Deutschland richtig und wahr zur Geltung gebracht werden, so müssen hier eben bestimmte Akzente anders gesetzt werden als woanders.»

Der Autor

Vittorio Messori zählt gewiß zu den eigenwilligsten und auffälligsten Gestalten des katholischen Journalismus Italiens. Er fand erst spät zum Glauben und schockiert seitdem als betonter Nonkonformist immer wieder die kirchliche und laikale Öffentlichkeit seines Heimatlandes. Kompetenz in der Sache, Unbestechlichkeit im Urteil, Klarheit in der Gedankenführung und Anschaulichkeit in der Sprache haben ihn zu einer Größe sui generis der katholischen Publizistik werden lassen. Auch sein Buch über das Opus Dei, die Frucht mehrjähriger Forschungen, bestätigt dies in reichem Maße.

Messori legt Wert auf die Feststellung, er habe alle Beschuldigungen, die in den vergangenen Jahren gegen das Opus Dei vorgebracht worden sind, gesammelt und geprüft. Und bei der Präsentation seines Buches in Italien fügte er hinzu, dabei habe er die zahlreichen *schwarzen Legenden* Stück für Stück entkräftet. Äußerungen dieser Art mögen gerade hierzulande Skepsis erst recht provozieren. Doch zum einen verbietet die Person des Autors, dessen Arbeiten stets Loyalität, zugleich aber kritischen Sinn sowie einen nicht minder ausgeprägten Willen zur Objektivität verraten, ihn der Voreingenommenheit zu bezichtigen. Zum andern sollte sich der Leser durch die Lektüre ein eigenes Urteil darüber bilden, ob und inwieweit Messori seine Ankündigung wahr gemacht hat.

Vittorio Messoris Buch basiert auf gründlichen persönlichen Recherchen. Es ist nicht, wie so viele andere, am Schreibtisch ersonnen, erlesen und dann zusammengeschrieben. Es ist die Frucht von Gesprächen, Erlebtem, Gesehenem und Gelesenem. Der Autor hat kleine Bildungszentren, große korporative Werke und mit dem Zentralsitz des Werkes in der Bruno Buozzi in Rom, der Universität von Navarra in Pamplona und dem Wallfahrtsort in Torreciudad einige der wichtigsten Stationen des Werkes besucht. Er hat mit Mitgliedern und Gegnern des Werkes gesprochen und in den Archiven des Opus Dei intensive Quellenstudien betrieben. Das Ergebnis ist ein sehr persönlich gehaltener und fesselnder Bericht über seine *Reise* durch das Opus Dei (Messori selbst spricht immer wieder von seiner *Reise*), der Erlebtes und Erfahrenes mit einer sachlichen Analyse der Zielsetzung, Struktur und praktischen Arbeit des Opus Dei verbindet und zugleich die aktuelle Lage der Kirche treffend beschreibt. All das macht das Buch so wertvoll und beinahe einzigartig.

Einzigartig auch, weil noch nie zuvor jemandem *von draußen* ein Blick hinter die Kulissen und freier Zugang zu den Archiven des Werkes gewährt wurde. Beides setzt Messori in den Stand, die alten Fragen zu beantworten: Herrschen wirklich Heimlichtuerei und eine Art Bunkermentalität im Opus Dei? Wie sieht der Alltag der Mitglieder aus? Was ist der Inhalt des Vertrags, den die Mitglieder mit der Prälatur schließen? Welche Rechte und Pflichten ergeben sich daraus? Was sagen die Statuten? Was ist von den Gerüchten über Intrigen und schändliche Machenschaften zu halten? Wie ist das Verhältnis zum Geld? Zur Politik? Wie war das mit Franco? (Zu diesem Thema bietet das Buch zudem ein ausführliches und wertvolles Nachwort von Giuseppe Romano.)

Messori wechselt in seiner Darstellung auf originelle Weise von seinen persönlich gewonnenen Eindrücken von den Mitgliedern zu den immer wiederkehrenden Anschuldigungen und wägt beide sorgfältig gegeneinander ab. Die lebendige Anschaulichkeit des Journalisten geht nicht auf Kosten der gedanklichen Strenge, wenn der Autor auf der Grundlage ausgezeichneter, auf den neuesten Stand gebrachter Kenntnisse die Wirklichkeit des Werkes rekonstruiert.

Messori, der übrigens kein Mitglied des Opus Dei ist, hat ein bedeutendes Buch geschrieben. Vermutlich wird es die Stimmen derer nicht zum Verstummen bringen, die einwenden, der Autor habe auf seiner Reise Scheuklappen getragen, er habe sich *einlullen,* sich etwas vorgaukeln lassen. Auf diese Menschen kommt Messori selber zu sprechen.

Ein letztes Mal sei ein Zitat aus dem Vorwort der spanischen Ausgabe angeführt: «Dann erzählte man mir, daß Msgr. del Portillo noch (vor seinem Tode im Jahre 1994, *Anm. d. Verlags*) zum Lesen dieses Buches gekommen war und einem seiner Mitarbeiter den Auftrag gab, mir zu sagen, er sei mir für die Objektivität dankbar.

Ich freute mich, dies zu hören, denn dies bestätigte, daß ich sein Vertrauen und das Vertrauen der Seinen nicht verraten hatte, die sich großzügigerweise einem fremden Journalisten zur Verfügung gestellt hatten - nicht um seine Aufgabe zu lenken oder zu kanalisieren, sondern um sie ihm zu erleichtern, indem sie alle Quellen, die ich wünschte, lieferten und mir alle Türen öffneten. In der Tat waren sie von den Worten Tertullians überzeugt, die ich als Motto und als Mahnung - vor allem aber für mich - meiner Arbeit voranstellte: *...daß alle aufhören zu hassen* (und auch zu mißtrauen), *sobald ihre Unwissenheit aufhört.* Vielleicht deshalb, trotz all unserer Fehler und Irrtümer, kann unser Beruf als Journalist jene Bedeutung haben, die nicht fern von der des Evangeliums steht: die mangelnde Kenntnis unter den Menschen (auch unter den Gliedern der Kirche selbst) überwinden, bedeutet, die Aggressivität mindern und die Furcht vor etwas zu verscheuchen, dessen authentische Natur man ignoriert.»

Befremdend vielleicht ...

Auf einige Aspekte, die für den deutschen Leser ein wenig befremdend, zumindest aber ungewohnt sein könnten, möchten wir hier aufmerksam machen.

Auch wenn der Autor gründlich recherchiert hat, so handelt es sich keineswegs um ein wissenschaftliches Buch, sondern um eine journalistische Arbeit. Er zitiert aus Quellen, ohne die Fundstellen wissenschaftlich zu belegen und verzichtet gänzlich auf Fußnoten. Messoris Stil mag den wissenschaftlich Geschulten befremden, sein Name aber steht für Seriösität und Professionalität eines guten Journalisten, der anders als der Wissenschaftler die Wirklichkeit portraitiert.

Vielleicht mehr als anderswo gilt in Deutschland Jean Cocteaus Diktum: „Wer lobt, muß fürchten, für dumm gehalten zu werden. Wer rügt, ist sicher, für klug zu gelten.“ Messori kennt diese Angst nicht: Er lobt und verbirgt stellenweise seine Begeisterung keineswegs. Er schämt sich seiner Emotionalität nicht, er schreibt impulsiv, enthusiastisch, voller Leidenschaft, ist dann wieder verärgert, ja erzürnt. Wir haben dies als erfrischend, ehrlich und wohltuend empfunden, können uns aber vorstellen, daß die eine oder andere Wertung für deutsche Ohren fremd klingt.

Eine ähnliche Reaktion könnten das Vokabular und die Bilder, deren sich Messori bisweilen bedient, auslösen. Sie sind nicht gerade auf den deutschen Markt zugeschnitten. Dort spricht er vom *Führungsstil* des Gründers, hier wählt er das Bild des *Panzers.* Auch dies könnte Wasser auf die Mühlen mancher Kritiker gießen. Wenn wir die Übersetzung so authentisch wie möglich bringen, so weil uns diese typisch deutschen Komplexe fremd sind. Im übrigen verbietet der Respekt vor dem Autor, das Buch *einzudeutschen.*

Wir freuen uns einen derart renommierten Autor wie Vittorio Messori in Deutschland verlegen zu dürfen. So haben wir diese deutsche Ausgabe zum einen wegen der Person des Autors erarbeitet. Zum anderen aber auch der Sache selber wegen: dem Opus Dei. Bei mancher verständlichen und ernstzunehmenden Kritik ist bislang viel Unsinn über die erste Personalprälatur der katholischen Kirche geschrieben und viel Dreck auf das Opus Dei geworfen worden. Von Menschen, deren Mentalität es nun einmal entspricht, ihre Aufmerksamkeit beim Betreten eines schönen Gartens zunächst und ausschließlich dem kleinen Komposthaufen in der hinteren Ecke zu widmen.

Wenn dieses Buch einen Beitrag zur Versachlichung der Diskussion um das Werk leistet, so ist sein Ziel erreicht. Daß es nicht alle Vorbehalte beseitigen wird, ist gewiß. Andererseits scheint es, daß auch die Feindseligkeiten und bösartigen Attacken dem Opus Dei als ganzem nicht geschadet haben. Ganz im Gegenteil: das Päpstliche Jahrbuch von 1994 vermerkt, daß der Personalprälatur *Sanctae Crucis et Operis Dei* 1496 Priester, 352 Seminaristen und 77.415 Laien angehören.

Daß die Kampagne gegen das Werk in Deutschland (hier zählt es ca. 1.000 Mitglieder) so manche Frucht getragen hat, steht außer Frage. Trotzdem ist seine apostolische Arbeit hierzulande fruchtbar und seine Bildungsarbeit blüht. Ein kleines Zeichen: die im Mai 1995 von Joachim Kardinal Meisner eingeweihte neue Akademie des Opus Dei in Kreuzweingarten, in der vor allem Besinnungstage abgehalten werden, ist jedenfalls schon für das ganze Jahr ausgebucht.

Vittorio Messori hat ein mutiges und wichtiges Buch geschrieben. Ein Buch, in dem er sich mit großem Engagement und mit Liebe zur Wahrhaftigkeit zum rechten Zeitpunkt für ein Verständnis nicht nur dessen einsetzt, was das Opus Dei sein will, sondern in Wirklichkeit ist. Eine der zentralen Prognosen Messoris lautet: «Es wird nicht wenig Opus Dei geben in der Zukunft der Kirche.» Eine Prognose, die die Geister sicher scheiden wird.

Der Verlag

1. Ein Bericht an den Verleger

Hier ist also mein Bericht, der alles enthält, was ich in Erfahrung zu bringen und zu verstehen vermochte. Vor mehr als zwei Jahren sind wir übereingekommen, daß ich - als Chronist mit detektivischer Neigung - Nachforschungen über die sogenannte Piovra* anstellen sollte. Freilich nicht über die sizilianische, sondern über die spanische Piovra: das Opus Dei, la Obra (das Werk schlechthin), wie sie es auf spanisch nennen.

Ich lege gleich die Karten auf den Tisch. Ich werde alle Seiten des Berichtes, den ich Ihnen hier übergebe, benötigen, um das zu berichten, was ich in Erfahrung habe bringen können. Doch eines will ich gleich vorwegnehmen - nicht als schlauer Kunstgriff, um Sie zum Lesen zu ermuntern, sondern sozusagen als den für eine gute Reportage wichtigen Aufmacher: ich bedauere es jetzt nicht mehr, meinen Terminkalender von anderen Verpflichtungen freigehalten zu haben, um mich diesem Vorhaben widmen zu können.

Die Wirklichkeit, auf die ich mich näher eingelassen habe, um sie zu entschlüsseln zu suchen, ist weitaus tröstlicher bzw. beunruhigender, vielversprechender bzw. bedrohlicher (das hängt vom jeweiligen Standpunkt ab; dennoch ist es nicht leicht, sich auf diesem Gebiet mit Halbheiten zu begnügen) als alles, was die meisten Katholiken erwarten würden. Und mit Sicherheit ist sie viel mehr als das, was ich mir anfangs vorgestellt hatte.

---

* Piovra = ein seine vielen Saugarme nach Beute ausstreckender Polyp; mit diesem Namen werden in Italien gern Geheimorganisationen, z.B. die Mafia, bezeichnet *(Anm. d. Verlags)*.

Nicht nur die Gegenwart gibt Anlaß zum Nachdenken. Beeindruckend sind auch die Zukunftsperspektiven. «Wir stehen erst am Beginn eines ganz großen Abenteuers», habe ich immer wieder von vielen Mitgliedern des Opus Dei gehört, und die Gewißheit, mit der sie das sagten, war ebenso verwirrend wie fern von Dünkel und Arroganz. So wenigstens schien es mir...

Und bereits heute ist diese Wirklichkeit in der Kirche alles andere als belanglos: 1928 ein einziges Mitglied, der Gründer; heute an die achtzigtausend Mitglieder (je zur Hälfte Männer und Frauen) aus über neunzig Nationen, mit einer auf allen Kontinenten ständig wachsenden Präsenz - von den 46.000 Männern und Frauen in Europa über die 27.000 in Amerika bis hin zu den 4.000 in Ozeanien; etwas langsamer vielleicht nur in Afrika (tausend Mitglieder), wo sich jedoch inzwischen das Wachstumstempo zu beschleunigen scheint.

Leute von «drinnen» haben mich mit ruhiger Gewißheit oft an das prophetische Wort des Gründers erinnert: «Das Opus Dei ist ein Meer ohne Ufer.» Und ein Beobachter, der zwar nicht zum Opus Dei gehört, aber diese überraschende Wirklichkeit, wie immer man sie beurteilen mag, von innen kennt, sagte mir: «Es ist keineswegs vermessen zu behaupten, daß diskret und oft in aller Stille eine Revolution im Gange ist. Die kirchliche Bedeutung des Opus Dei und seine Projektion in die Gesellschaft beginnen sich gerade erst bemerkbar zu machen. Im Laufe der Zeit wird seine ganze Weite und Fülle offenbar werden.»

Hier ist eine Präzisierung angebracht. Wer an das Evangelium glaubt und es aus katholischer Sicht liest, nimmt alles darin ernst; auch die Worte Jesu an Simon, Sohn des Jona: «Du bist Petrus, und auf diesen Felsen werde ich meine Kirche bauen, und die Mächte der Unterwelt werden sie nicht überwältigen» (Mt 16,18). Aber auch wenn es so geschrieben steht und auch wenn für den, der daran glaubt, daß die auf den Nachfolgern des Simon, genannt Petrus («der Fels»), erbaute Kirche bis zum Jüngsten Tag, bis zur endgültigen Wiederkehr Christi in Herrlichkeit bestehen wird, ist damit noch nichts darüber gesagt, in welchem Zustand sie das Ende der Zeiten erreichen wird.

Für den Gläubigen, der die vielen rätselhaften und beunruhigenden Hinweise in den Evangelien (bei Lukas: «Wird jedoch der Menschensohn, wenn er kommt, auf der Erde noch Glauben vorfinden?», 18,8; bei Matthäus: «Viele falsche Propheten werden auftreten, und sie werden viele irreführen. Und weil die Mißachtung von Gottes Gesetz überhandnimmt, wird die Liebe bei vielen erkalten...», 24,11ff.), bei Paulus («Denn zuerst muß der Abfall von Gott kommen und der Mensch der Gesetzwidrigkeit erscheinen, der Sohn des Verderbens», 2 Thess 2,3) und in anderen Texten des Neuen Testaments bereitwillig hinnimmt, verbietet sich jeder Triumphalismus im Hinblick auf die Zukunft.

Und doch: so unvorhersehbar die Zukunft der Kirche auch sein mag, es scheint mir trotzdem vorhersehbar, daß an ihrer Gestaltung das Opus Dei einen großen Anteil haben wird. Ja, daß es eine tragende Struktur in ihr bilden wird, wie auch immer die (erweiterten oder begrenzten) Dimensionen einer zur großen oder vielleicht auch zur kleinen Herde gewordenen Kirche aussehen mögen.

Ich trachte keineswegs danach, den Propheten oder Wahrsagern ihr risikoreiches Gewerbe streitig zu machen. Ich ziehe lediglich eine vernünftige Bilanz aus den Indizien, die ich gesammelt und im Lichte der Trends, Konstanten und Abweichungen, die zweitausend Jahre christlicher Geschichte bestimmt haben, untersucht habe. Es dürfte nämlich an der Zeit sein, einmal mehr ein gar nicht seltenes Paradoxon zu beobachten: die angebliche «Avantgarde», also jene, die sich selbst für die Protagonisten der «Zukunft» halten (und von vielen dafür gehalten werden), entpuppen sich schließlich als Vertreter der Vergangenheit; während Gegenwart und - wahrscheinlich - Zukunft auf das hinsteuern (und hinsteuerten), was ein Vermächtnis des Alten zu sein schien, dazu bestimmt, vom «Neuen» überrollt zu werden.

Tatsächlich wird in klerikalen Kreisen seit einigen Jahrzehnten - so die Meinung vieler - jenes «Neue» von dem sogenannten «fortschrittlichen» Katholizismus repräsentiert, der es so oft, viel mehr als auf den Dialog, auf ein (praktisches und sogar theoretisches) Zusammenspiel mit dem Marxismus und überhaupt mit den sogenannten «linken» Kräften abgesehen hat.

Mit dem Niedergang und unvermeidlichen Prestigeverlust des roten Aberglaubens, der auch von Gläubigen mit einem «wissenschaftlichen Gesetz der Geschichte» verwechselt wurde, fand sich jener Katholizismus plötzlich nicht mehr unter den Propheten des einundzwanzigsten, sondern unter den Überlebenden einer zerbröckelnden Ideologie des neunzehnten Jahrhunderts. Die in der Öffentlichkeit bekannten Katholiken, die sich im Italien der siebziger und achtziger Jahre zur «Avantgarde» des christlichen Volkes erklärten und sich auf den kommunistischen Listen ins Parlament hatten wählen lassen, wurden unvermutet zu anachronistischen Karikaturen deklassiert. Wir erinnern uns noch daran, wie sie - feierlich und ehrfurchtgebietend dozierend - die (nicht selten verschreckte, jedenfalls aber befangene) Hierarchie aufforderten, die Bibel zur bloßen Vorankündigung und Bestätigung des *Kapitals* von Karl Marx oder der *Briefe aus dem Gefängnis* von Rosa Luxemburg zu erklären. Les dieux s'en vont.

Das Opus Dei hat die bleiernen Jahre klerikaler Empörung schweigend erduldet und sich dabei fest an die Tradition und das Lehramt gehalten: an das des Papstes, denn das Lehramt mancher Bischöfe schien angesichts der angeblichen «Fortschrittlichkeit» - die sich schließlich als «Rückschrittlichkeit» herausstellte - ins Wanken zu geraten. Und vor allem wegen dieser unerschütterlichen Treue wurde das Opus Dei als ein unzeitgemäßer erratischer Block verunglimpft, den man höchst mißtrauisch als eine vorkonziliare Zyste betrachtete, die vom «alles überholenden Neuen» auf alle Fälle beseitigt werden würde.

Dennoch: Während jenes angeblich «Neue» ebenso plötzlich wie unweigerlich alt geworden ist, erfreut sich das angeblich «Alte» bester Gesundheit. So steht hier dem fast überall in der Kirche trotz mancher zarten, aber ungenügender Anzeichen der Gesundung immer noch anhaltenden Einbruch der Berufungen eine konsequente und ständige Ausweitung gegenüber. Es scheint begründet, Vorhersagen über sein immer größeres Gewicht und Ansehen innerhalb der katholischen Kirche zu wagen.

Es hat sich also in der Tat gelohnt - mehr als ich es selbst ahnte -, Zeit und Mühe in die Entdeckung dieser noch immer verkannten

«Cosa», dieses möglichen harten Kerns der Kirche von heute und morgen, zu investieren. Es handelt sich im übrigen um eine Realität, die - auf Grund ihrer Lebenskraft - nicht allein die Gläubigen angeht: was sich in der Kirche tut, ist nie ohne Auswirkungen auf die gesamte Gesellschaft geblieben. Ereignisse der jüngsten Zeit bestätigen, daß heute - trotz gegenteiligen Anscheins - ein Interesse für die Kirche mehr denn je besteht. Während ich diese Seiten schreibe, versetzt ein Stolpern, ein banaler Sturz, ein Knochenbruch des Papstes das weltweite Mediensystem in fiebrige Aufregung. Ein «päpstlicher Gipsverband» genügt also, um in der zum internationalen Dorf zusammengeschrumpften Welt der Informationen tagelang in die Schlagzeilen zu gelangen.

Wie Sie sich gewiß erinnern, versetzte mich Ihr Vorschlag, eine Untersuchung über das Opus Dei durchzuführen, zunächst in eine gewiße Verlegenheit. Denn Ihr Wunsch, mehr über ein «Werk» zu erfahren, das sich noch dazu als «Werk Gottes» bezeichnet, war verlockend. Dem Interesse der Leser an diesem Thema entsprach mein eigenes professionelles Interesse an diesem Dossier, denn - wie ein Spanier, der mitgeholfen hat, das Werk in der Welt zu verbreiten und es so gut kennt, sagte: das Thema «Opus Dei» ist «für die Journalisten ein Dauerbrenner: es verkauft sich immer gut...» («la Obra es para los periodistas un tema sensacional: siempre se vende bien...»).

Daß «es sich gut verkauft», wußte auch ich; schließlich gehöre auch ich zur Zunft der Zeitungsschreiber. Dennoch: bisher hatte ich nie das Thema eines Buches nur deshalb gewählt, weil es dem Geschmack der Leute entsprach, oder weil es, zumindest potentiell, ein einträgliches Geschäft für den Verleger und mich sein könnte.

Meine ursprüngliche Neigung, den Vorschlag abzulehnen, entsprang natürlich nicht besonderer Tugendhaftigkeit. Ich will mich nicht in eine Reihe mit jenen zahlreichen Moralisten unter uns Journalisten stellen, die möglicherweise die berühmten Reisespesen frisieren, zugleich aber stets zur Entrüstung bereit sind - natürlich über die schlechten Angewohnheiten, die Schwächen, die Bestechlichkeit der anderen, aller anderen.

Meine Ablehnung entsprang, wenn überhaupt, einer Notwendigkeit. Das Leben ist kurz, die Kräfte begrenzt. Und es ist besser, sie darauf zu verwenden, über unsere eigentlichen Probleme, über unsere existentiellen Fragen nachzudenken und nachzuforschen. Ist man bemüht, ein Thema gründlich zu recherchieren, so benötigt man Jahre, um ein Buch zu schreiben. Und weder Ruhm noch Geld wären imstande, uns für die Plage, den Überdruß, die Mühe einer so einsamen (und vielleicht unnatürlichen) Arbeit, wie sie das Schreiben darstellt, zu entschädigen, wenn sie nicht unserem ureigenen Bedürfnis entspräche. Wenn sie also nicht Konsequenz unserer eigenen Entscheidung wäre, eines dringenden Verlangens, das uns von innen heraus überkommt. Und - zumindest zu jenem Zeitpunkt - empfand ich nicht die geringste Unruhe zu erfahren, was denn das Opus Dei sei.

Wie auch immer, die Ehrlichkeit gebietet, hier gleich die Karten auf den Tisch zu legen - aus Achtung vor dem Leser, nicht aus Lust auf eine sonderbare Selbstdarstellung. Wie Sie ja wissen (ich prahle nicht damit, mache aber auch kein Geheimnis daraus: ich habe nichts anderes darüber geschrieben), haben mich die Unwägbarkeiten des Lebens unversehens in jenen christlichen Hafen geführt, in den einzulaufen ich nicht voraussehen konnte. Ich fühle mich in ihm wohl und habe, so Gott will, nicht die Absicht, ihn zu verlassen.

Doch nie habe ich in jener Kirche, deren Türen sich mir großzügig öffneten, als ich anklopfte, Gruppen, Vereinen, Bewegungen, Bruderschaften, Orden, Organisationen oder «Werken» angehört. Ich weiß sie alle zu schätzen und freue mich, daß es sie gibt und daß sie wachsen und gedeihen. Ich erblicke in ihnen neue Triebe, die erstaunlicherweise in jeder Generation aus dem alten Kirchenstamm sprießen. Ich gehe ihnen gerne, soweit ich kann, zur Hand. Aber - Gott sei Dank - jeder, der diese Kirche von innen kennt, weiß, daß sie sich nicht mit einem falschen Titel schmückt, wenn sie sich selbst «katholisch», das heißt «universal», nennt. In der Tat beweist sie seit zweitausend Jahren, daß sie imstande ist, den unterschiedlichsten Temperamenten, Berufen und geschichtlichen Entwicklungen Raum zu bieten. Ja, die Kirche nimmt sogar die frei «herumstreunenenden Hunde» auf. Oder wie mir einmal mein alter Kollege Henri Fesquet (der in «Le Monde» die moderne religiöse Berichterstattung erfunden hat) sagte, «sie ist der größte und artenreichste zoologische Garten der Welt, in dem es einen Winkel für jede Tierart gibt».

Als Katholik, der zugleich jedem militanten Aktivismus fernsteht, wußte ich vom Opus Dei gerade soviel, wie jemand wissen muß, der wie ich bemüht ist, persönlich religiös zu leben (leider mit oft magerem Erfolg: «Video bona proboque» [ich sehe das Gute und billige es]...). Und etwas von dieser religiösen Dimension schlägt auch in der beruflichen Arbeit durch: indem man sich informiert, studiert, sich an Leser wendet.

Das Opus Dei? Eine Gruppe unter anderen in der Kirche des zwanzigsten Jahrhunderts, vielleicht zurückhaltender, sicher kein besonderer Freund der Public Relations, in seiner Realität und Spiritualität nicht gleich verständlich. So erging es auch mir - wie allen oder jedenfalls fast allen. Ich empfand eine Fremdartigkeit, die vielleicht auch von einem exzessiven Ernst herrührte, der mir einige Freunde, die ich unter den Mitgliedern des Opus Dei hatte, menschlich vornehm und religiös geschliffen, aber etwas langweilig erscheinen ließ.

Zurückhaltung, Strenge, Ernst, Gediegenheit im Beruflichen wie im Theologischen, Ansehen, gesellschaftlicher und wirtschaftlicher Einfluß und der Verdacht eines Hauchs von Personenkult um den unlängst seliggesprochenen Gründer Josemaría Escrivá de Balaguer y Albás, den seine Anhänger «Unser Vater» nennen. So erschienen das Opus Dei und seine Mitglieder auch mir, zu dessen Handwerk es eigentlich gehören sollte, nahezu alles zu wissen über das, was in dem christlichen, insbesondere dem katholischen Schmelztiegel brodelt.

Ein paarmal hatte sich mir die Gelegenheit geboten, auf persönliche Einladung hin bei «öffentlichen» Zusammenkünften einige Stunden in dem aus dem 18. Jahrhundert stammenden Castello di

Urio am Comersee zu verbringen, das die Männer und Frauen des Werkes für ihre Bildungstätigkeit mit Studenten und Berufstätigen nutzen. Und wenn ich richtig informiert bin, betreiben sie dort auch eine Hotelfachschule.

Ich habe mich dort wohlgefühlt. Ich lernte den «Opus-Dei-Stil» kennen: ausgezeichnete Erziehung, gut geschnittene Anzüge («mystisch, aber mit der passenden Krawatte», wie jemand sagte), nichts von Klerikalismus, sehr «laikale» Unbefangenheit, Abstand von jener Demagogie, die die Armut (nämlich die evangelische, nicht die der populistischen Ideologen) mit der Öde verwechselt, sie auch den Gästen auferlegt und den christlichen Radikalismus mit Ungepflegtheit und schlechtem Geschmack gleichsetzt - und sich zudem gar nicht immer als «wirtschaftlich» erweist.

In einem Katholizismus, in dem mittlerweile so viele davon überzeugt zu sein scheinen, daß eine (als Gebäude verstandene) Kirche um so «christlicher» sei, je mehr sie vom Aussehen her einer Garage oder - für die «Allereifrigsten» - einem Stall gleiche, wußte ich den maßvoll-strahlenden Reichtum der Kapelle (sie sprachen lieber vom «Oratorio») zu schätzen: neu, aber nach «altmodischem» Vorbild, aus der Überzeugung, daß es ein Vergehen sei, an Orten, die für den Gottesdienst bestimmt sind, mit Schönheit zu geizen; daß sich der Anblick von Plastik, Aluminium und Zement sehr gut für Fabrikhallen, aber sehr schlecht für eine Kirche eigne.

Auch bewunderte ich die soliden, traditionellen Kirchenbänke (mit Kniebank), von denen jede für die persönliche geistliche Lektüre mit einer kleinen Lampe ausgestattet war (für mich etwas Neues). Es schien mir einfach bewundernswert, daß man sich hier offensichtlich einer jener Modesitten nicht gebeugt hatte, an der die «aufgeschlossenen» Klerikalen besonders hängen: nämlich die armen Gläubigen zu zwingen, auf Kissen am Boden zu sitzen. Sie behaupten, das wirke «sehr ökumenisch» und denken möglicherweise an die Bräuche asiatischer Kulte; damit soll wohl das zum Ausdruck gebracht werden, was sie «ein reifes Christentum» nennen. Die Glücklichen! Aber für Leute, die älter als zwanzig Jahre sind, gilt das sicher nicht.

Ich könnte fortfahren: Küchengerüche, die sich aufdringlich in Refektorien und Gängen verbreiten, dürftiges Reinemachen, eher heruntergekommenes als bescheidenes Mobiliar, wertlose Schinken oder, schlimmer, «politische» oder «ökologische» Poster an den Wänden, wo früher Bilder alter Meister hingen... Ich habe aus beruflichen Gründen wie aus persönlichem geistlichem Interesse viele solcher Stätten aufgesucht, und ich schildere dies hier mit einer Traurigkeit, die keineswegs brüderlicher Sympathie entbehrt: das ist mehr oder weniger der äußere Anblick, den viele Ordenshäuser heute bieten, in denen einst ruhmreiche Orden und Kongregationen dahindämmern. Ich spreche selbstverständlich nicht von der Heiligkeit, die an jenen Orten sicher noch lebendig ist. Aber die äußere Erscheinung zieht niemanden an, der nicht «dazugehört» und nicht imstande ist, über den äußeren Anschein hinauszugehen.

Ganz anders in den Zentren des Opus Dei. Anders natürlich in Urio, einem «repräsentativen Ort» einzigartiger Schönheit; aber ebenso anders beim würdigen - wenn auch graduell unterschiedlichen - Aussehen aller Häuser des Werkes, die ich für diese Untersuchung aufgesucht habe. Jemand machte mich darauf aufmerksam, was der selige Escrivá wiederholt gesagt hatte: Er konnte die «Hand» seiner Söhne und Töchter erkennen, wenn die Fußböden blitzblank gescheuert waren; wenn die Vorhänge strahlend weiß waren; wenn man mit dem Finger über jedes Möbelstück streichen konnte, ohne dabei das kleinste Staubkörnchen zu finden. «Limpieza y gusto», Sauberkeit und Geschmack, so Escrivá, kosten nichts (außer gehörige Mühe seitens der Hausbewohner) und schaffen einen passenden Rahmen für die Spiritualität.

Solcher Art waren jedenfalls meine Kontakte mit dem Opus Dei und meine Kenntnisse über das Werk: oberflächlich, auf den äußeren Anblick beschränkt. Der allerdings nicht unwichtig ist. Heute weniger denn je; aber er war es auch gestern nicht. Die alte Kirche wußte in ihrer Weisheit - jene Weisheit, die heute so vielen Menschen verloren gegangen zu sein scheint, wenn sie sich dem oft inhumanen Irrealismus ideologischer Schemata zuwenden - sehr wohl, daß die Schönheit oder zumindest die Ausstattung katholischer Bauten, von den Kultgebäuden bis zu den Klöstern, durchaus auch als Mittel dienten, die Menschen anzuziehen und zu ihnen von Gott sprechen zu können.

Gestatten Sie mir, jetzt eine Anekdote einzuflechten - immer vor dem Hintergrund dessen, was ich von dieser Institution wußte bzw. nicht wußte. Es war vor einigen Jahren, spät abends vor dem letzten Flug nach Mailand, in der Abfertigungshalle des Flughafens Rom-Fiumicino. Da tauchte aus dem Gewühl der Pendler zwischen den beiden italienischen Metropolen das unverwechselbare, fröhliche Gesicht eines lombardischen Pfarrers mit zugleich gütigen und cleveren Zügen auf: Don Luigi Giussani, Gründer und Leiter von Comunione e Liberazione. Wir kannten uns von einigen Interviews, von der einen oder anderen Pressekonferenz; wir grüßten uns also, plauderten ein wenig, erkundigten uns gegenseitig nach dem Grund der Romreise. «Don Gius», wie ihn seine Leute nennen, vertraute mir an, er sei zufrieden mit seinem Besuch - an jenem Morgen - bei Monsignore del Portillo, dem Prälaten (d.h. «Oberhaupt») des Opus Dei und Nachfolger des seligen Escrivá.* «Wissen Sie», sagte mir der Führer der «Ciellini» und stieß mich fröhlich in die Seite, «wir von CL sind die Guerillas, die Freischärler, die Steine werfen. Wir leisten unseren Teil, indem wir mitunter Radau veranstalten. Aber sie, die Leute vom Opus Dei, sie haben die Panzer. Sie gehen mit ihren Panzern voran, auch wenn sie die Raupenketten mit Gummireifen verkleidet haben. Sie machen keinen Lärm, aber sie sind da, und wie! Und das werden wir immer besser merken, Sie werden sehen».

Also eine «Panzereinheit» - zusätzlich zu der heterogenen Besatzung jenes Schiffes, jener Art Arche Noah - ich denke da an Fesquet und seinen «Zoo» -, die die Kirche war und noch immer ist. Eine gute Brigade, mit ordentlich gekleideten und glänzend ausgerüsteten Leuten, einwandfrei ausgebildet und den Generälen treu ergeben - aber stets eine Brigade unter vielen anderen; dies heißt also,

---

* Msgr. Alvaro del Portillo starb am 23. März 1994. Einen Monat später, am 20. April 1994, ernannte Johannes Paul II. Msgr. Javier Echevarría zum neuen Prälaten des Opus Dei *(Anm. d. Verlags).*

das Opus Dei ist eine der vielen Möglichkeiten und Versuche, heute den Forderungen des Evangeliums gemäß zu leben - für manche anziehend, für andere, auch innerhalb der Kirche, abstoßend. Die «Spiritualität» des Escrivá und seiner Gefolgsleute ist eine neben anderen, wie sie die großen katholischen Jahrhunderte hervorgebracht haben: die karmelitische, dominikanische, franziskanische, jesuitische, salesianische, passionistische und viele andere mehr.

So dachte ich damals. Jetzt freilich nicht mehr, wie ich ja schon andeutete. Und zwar, weil ich mir alle nur denkbare Mühe gab, diese «Cosa», die nach außen hin so wenig in Erscheinung tritt, zu begreifen.

Wie dem auch sei - hier lege ich meinen Bericht nun vor. Ich bin kein Anfänger, seit langer Zeit veröffentlicht man Dinge von mir. Ich habe soviel gesehen, gehört - und gesagt, geschrieben... Deshalb sehe ich manche Reaktionen klar voraus. Die heftigsten werden wahrscheinlich nicht von den «bösen Pfaffenfressern», sondern eher von gewissen «guten Katholiken» kommen. Ich gebrauche das Adjektiv ohne jede Ironie, denn ich will niemandem im voraus den guten Glauben absprechen. Escrivá selbst sagte ja, daß ihm - sein ganzes Leben lang und, wie wir sehen werden, auch nach dem Tod - die schlimmste *persecución* [Verfolgung] von den buenos, den Guten, innerhalb der Kirche selbst widerfahren ist.

Unter denen, die diesen Bericht als zu wohlwollend befinden, werden mich die Großzügigeren der Naivität verdächtigen, weil ich den Schwindel nicht begriffen habe, der sich hinter einem erhebend anmutenden äußeren Anschein verberge. Ein Naivling also, den man umgarnt hat; oder ein oberflächlicher Beobachter, der nicht imstande war herauszufinden, was tatsächlich «darunter» und «dahinter» steckt.

Andere, nicht so freundlich Gesonnene, werden sagen, das sei keine «Untersuchung», wie der Titel ankündigt*, sondern eine,

---

* Titel der italienischen Originalausgabe lautet: *L'Opus Dei - un indagine* (eine Untersuchung).

zudem noch schlecht verkleidete, «Apologie»; vielleicht habe sich der Verfasser dafür gar kaufen lassen. Und wenn es schon nicht das Geld war, das mich zum Schreiben veranlaßt hat, muß es wenigstens das positive Vorurteil, vielleicht ein sektenfreundliches Parteigängertum gewesen sein.

Ich habe darauf keine andere Antwort als die für einen Chronisten einzig mögliche: Ich berichte über Fakten, nicht über Eindrücke. Was ich sage, stützt sich einzig und allein auf das, was ich gesehen habe, und auf das, was in den schriftlichen Quellen (offizielle und nichtoffizielle) steht. Wer mich widerlegen will, soll auch Fakten bringen und sich auf Quellen beziehen. Sollte es jemandem gelingen, einen besseren Bericht zu schreiben, werde ich ihn dankbar lesen. Ich meinerseits lege alles vor, was ich zusammentragen und (nach langem Grübeln) verstehen konnte.

Vor allem habe ich mich bemüht zu begreifen - zuerst ich selbst -, was dieses Werk ist, wie es «funktioniert», welcher Art die geistigen und institutionellen «Mechanismen» sind, die es in Bewegung setzen. Also eine Informationsarbeit; was sollte ein Journalist anderes tun? Eine Arbeit, die überall, nicht nur hier, positive Konsequenzen für das Zusammenleben unter den Menschen haben kann.

Nicht zufällig habe ich an den Anfang den Ausspruch eines antiken Christen gestellt, dem die caritas besonders am Herzen lag: «... daß alle aufhören zu hassen, sobald ihre Unwissenheit aufhört.» Ebenso warnte ein anderer: Wenn man einer Sache oder einem Menschen weiter mißtrauen wolle, so müsse man sorgsam vermeiden, sie näher kennenzulernen. Auch für die Obra, für Escrivás mythische Piovra gilt, glaube ich, dieser Spruch. Doch wie auch immer, das wird der Leser beurteilen müssen.

Was meine Sichtweise als gläubiger Katholik betrifft, die ich gleich am Anfang erläutert habe, so meine ich, daß sie für das Verständnis des Opus Dei eher hilfreich als hinderlich sein kann. Ebenso wie sie für das Verständnis jeder anderen kirchlichen Einrichtung, angefangen bei der Kirche selbst, hilfreich ist. Die Gründe dafür versuche ich in einem eigenen, dem siebten, Kapitel zu erklären. Ich verweise aber nicht nur auf jenes Kapitel, sondern auch auf weitere Überlegungen an anderen Stellen dieses Berichts - dies mag eine kleine Anstrengung des Gerechtigkeitssinnes erfordern: nämlich das Buch in seiner Gesamtheit und nicht nur ausschnittweise zu lesen, denn das hier behandelte Thema ist eine geschlossene Wirklichkeit, in der alles miteinander zusammenhängt. Und genau das ist das Wesentliche: jede religiöse Erfahrung kann nur mit angemessenen Mitteln legitim gewürdigt werden. Das heißt also, mit Kategorien, die ebenfalls religiösen Charakter besitzen.

Mein Ausgangspunkt ist die tiefe Überzeugung der fast achtzigtausend Mitglieder des Opus Dei in allen Ländern der Welt, daß der Zugang zum Werk und sein kämpferischer Charakter ein spiritueller Anspruch und eine Glaubenserfahrung sind. Wer dies nicht bedenkt, riskiert, nichts zu verstehen. Oder schlimmer: die Dinge mißzuverstehen - wovon gleich die Rede sein wird.

2. Eine «schwarze Legende»

Gehen wir es also an: das Opus Dei. Ein passender Name mit einem Anflug von «suspense». Einem erfahrenen Bestsellerautor hätte kaum ein treffenderer einfallen können.

Wie man weiß, hat Mussolini, als er eine Geheimpolizei auf die Beine stellen mußte, seine Leute angewiesen, zuerst einen Namen für sie zu finden. Er wollte einen, der schon beim bloßen Hören Beklemmung und Furcht einjagen würde. Schließlich entschied er sich für OVRA, ein Name, der - so die Experten - den geeigneten Klang besaß. Und erst nachdem er sich aus diesen lautmalerischen Gründen für den Namen entschieden hatte, begann man - wie es scheint - die passenden Wörter zu jenen nunmehr als Initiale stehenden vier Buchstaben zu suchen, die einen schlüssigen Zusammenhang ergeben sollten. Doch heute noch dauert die Diskussion unter den Historikern an: «Die Bedeutung der Abkürzung ist nie zuverlässig bestätigt worden, jede Interpretation ist nur Mutmaßung», heißt es in den Lexika. Vielleicht «Opera Volontaria Repressione Antifascismo» [Freiwilligentrupp zur Unterdrückung des Antifaschismus]; oder «Organizzazione Vigilanza Reati Antifascisti» [Organisation zur Überwachung antifaschistischer Umtriebe]. Doch was kümmerte das den Duce, der nur einen finster klingenden Namen suchte, der selbst den Ohren der Vertrauenswürdigen Furcht einflößen sollte?

Nun ergibt sich der merkwürdige Zufall, daß man in Spanien und in den spanischsprachigen Ländern als Bezeichnung für das Opus Dei häufig «la Obra», «das Werk» schlechthin, sagt. Und wer auch nur ein wenig Spanisch spricht, weiß, daß das «b» in dieser

Stellung, ganz ähnlich wie das italienische «v» klingt. Also: «la Ovra». Da kann man nur sagen: ein beunruhigender Gleichklang. Auch er dürfte zur «schwarzen Legende» beigetragen haben...

Doch lassen wir den Klang beiseite und kommen wir zur eigentlichen Bedeutung: «Opus Dei» heißt «Werk Gottes». Rechtfertigt dieser Name nicht den Verdacht eines luziferischen Hochmuts? Manch einer hat das wohl auch in der Kirche gedacht und ist polemisch geworden. «Diese Spanier, immer größenwahnsinnig. Ein Baske aus Loyola, Ignatius, gründet im 16. Jahrhundert einen religiösen Orden und nennt ihn Societas Jesu (Gesellschaft Jesu). Als stünden nur sie Christus zu Diensten und hätten nur sie ihn zum „Anführer". Ein Aragonese aus Barbastro, Escrivá de Balaguer, geht im 20. Jahrhundert noch weiter: er nennt seine Gründung gar „das Werk Gottes"; also das göttliche Werk schlechthin. Das übertrifft noch so unglückselige Ausdrücke wie „Gott mit uns". Hier gibt man vor, die Schöpfung eines Menschen - mag er noch so heilig sein - mit jener Gottes selbst gleichzusetzen. Niemand hatte je seinen Hochmut dermaßen hochgetrieben...»

Diese Beschuldigung begleitet das Opus Dei seit 1930, dem Jahr, in dem es zum ersten Mal so genannt wurde; den eher zufällig erteilten Rat, doch diesen Namen zu wählen, scheint der junge Escrivá von seinem Beichtvater erhalten zu haben. Natürlich haben die Anhänger eine passende Entgegnung auf diesen Vorwurf parat: Sie sagen, der Name «Werk Gottes» sei nicht ein Zeichen des Hochmutes, sondern eher der Demut. Und zur Erläuterung führen sie Ursprung und theologische Perspektive des Opus Dei an. Das ist ein ernstzunehmendes Argument; wir werden darauf im folgenden zurückkommen. Alles zu seiner Zeit.

Beschäftigen wir uns weiter mit den Namen, so entdecken wir, daß auch die Bezeichnungen für die Mitglieder auf eine gewisse Weise beunruhigend klingen: die «Numerarier», die «Supernumerarier», die «Assoziierten»... Ungewohnte Namen, die der Gründer selber wählte, um sich auch darin klar von der kirchlichen Tradition der Orden abzuheben. Die ständige Sorge Escrivás (einer der ganz wesentlichen Punkte, die in diesem Bericht zu klären sein werden) war das Anliegen, den laikalen Charakter der Seinen um jeden Preis zu wahren; im Wesen, aber auch in der äußeren Erscheinung. Und somit auch in den Namen: jenen der Mitglieder, aber auch jenen der Zentren.

Ein Beispiel: Wer dieser kirchlichen Realität mißtraut, sie fürchtet oder bekämpft (was, wie man weiß, auch in gewissen katholischen Kreisen geschieht), lokalisiert die für seine Alpträume verantwortliche Schaltstelle dort, wo Hirn und Herz des Ungeheuers denken und schlagen. Diese Schaltstelle liegt in dem auf den grünen Hängen der sogenannten «Monti Parioli» errichteten und vor dem letzten Krieg von der wohlhabenden römischen Bourgeoisie bevorzugten Stadtviertel.

Hier im Parioli, in der Viale Bruno Buozzi, Nummer 75, liegt hinter einer soliden und eher anonymen Fassade aus dem Ende der fünfziger Jahre der labyrinthische Gebäudekomplex, der während der dreißig Jahre, in denen sich der selige Escrivá in Rom aufhielt, erbaut wurde und wo jetzt sein Nachfolger, der «Prälat», seinen Sitz hat. Das heißt, das derzeitige Oberhaupt der «Personalprälatur vom Heiligen Kreuz und Opus Dei» (so der offizielle Name).

Also: dieser Sitz des Hauptquartiers, von wo aus der Prälat die weltweiten Fäden der Organisation in der Hand hält (und wo ich selber die seltene Gelegenheit zu einem langen Gespräch hatte), ist weder mit einem religiösen Namen benannt noch unter den Schutz irgendeines Heiligen oder eines marianischen Titels gestellt worden, wie das bei allen Orden, Kongregationen und katholischen Instituten üblich ist. Nichts von alldem: das Mutterhaus wurde ganz weltlich «Villa Tevere» benannt.

Hinter diesen Gebäuden liegt der Sitz der gleichfalls weltumfassenden Leitung des weiblichen Zweiges, der, fern jeder «Frömmigkeitsanwandlung» ganz bürokratisch den Namen «Villa Sacchetti» trägt - benannt nach dem Namen der Straße, an der die Häuser liegen.

Und der Sitz der Bildungsstätte für Frauen in einer Jugendstil-Villa auf der anderen Tiberseite? Auch sein Name zeugt nicht gerade von großer Phantasie: «Villa delle Palme», benannt nach den zwei schönen Bäumen, die im Garten in den Himmel ragen.

Das Gebäude auf dem Gelände der EUR, in dem auch ich während meiner Recherchen in Rom und Umgebung untergebracht war, heißt recht anonym «Residenza universitaria internazionale» (Internationales Studentenwohnheim). Und das Haus in Palermo? Ebenfalls eine «Residenza universitaria», diesmal mit dem Zusatz «mediterranea». So halten sie es überall, auf der ganzen Welt. Ich bin selber herumgereist und habe mir Verzeichnisse und interne Publikationen angesehen: Ich habe kein Haus, kein Zentrum, kein «apostolisches Werk» des Opus Dei gefunden, in dessen Namen sich irgendein «religiöser» Bezug verborgen hätte.

Die große Stätte zur beruflichen Ausbildung junger Arbeiter im römischen Stadtviertel Tiburtino (von ihm wird noch ausführlicher die Rede sein), für dessen grundsätzliche und geistliche Orientierung das Opus Dei die offizielle Verantwortung trägt, heißt ELIS: Abkürzung für «Educazione, Lavoro, Istruzione, Sport» (Erziehung, Arbeit, Unterricht, Sport). Die «Religion» wird, wie man sieht, nicht einmal erwähnt, sie verbirgt sich hinter jenen anderen Realitäten.

In den zwanziger Jahren errichtete in Italien die von dem Franziskanerpater Agostino Gemelli ins Leben gerufene Gruppe eine Universität, die sie nicht nur «Cattolica», also «Katholische Universität», sondern «Università Cattolica del Sacro Cuore» (Katholische Universität vom Heiligen Herzen) nannte. Die Universität des Opus Dei in Pamplona (auch von ihr werden wir noch ausführlich sprechen) hingegen ist unter dem schlichten Namen «Universität von Navarra» gegründet worden; sie hat ihn beibehalten und wird auch in Zukunft keinen religiösen Bezug in ihrem Namen erkennen lassen, obwohl ihr Wesen dem entspricht, was im zweiten Punkt des „Ideario", des Grundsatzkatalogs der Universität, unmißverständlich beschrieben wird. Dort heißt es wörtlich: «Sie ist ein korporatives Werk des Opus Dei, und der Geist des Opus Dei prägt und beseelt ihr Leben und Wirken, indem er in ihren Mitgliedern bei voller Achtung der Gewissensfreiheit die Liebe zur Kirche, zum Papst und zu seinem Lehramt nährt, in der Einheit eines konsequent christlichen Lebens und einer anspruchsvollen Übung der menschlichen Tugenden.» Also: ein «laikaler»

Samthandschuh, der sich um die Hand eines stählernen Katholizismus schmiegt.

Unter anderem ist auch diese Entscheidung, «religiöse» Namen zu meiden und statt dessen stets «neutrale», nicht gleich klassifizierbare Bezeichnungen zu wählen, einer der vielen Anlässe für die Verdächtigungen der Tarnung, ja «freimaurerischer» Geheimniskrämerei oder gar krimineller Verheimlichung (an Beschuldigungen dieser Art fehlt und fehlte es nie), die das Opus Dei seit jeher begleiten.

Dieses Opus Dei hat sich also bemüht, auch bei der Bezeichnung seiner Mitglieder «laikal» zu sein: «Numerarier», «Supernumerarier», «Assoziierte».

Im 19. Jahrhundert hatte sich Don Bosco - ein Heiliger, der was seine Kraft, Intelligenz, unerschütterliche Entschlossenheit bei der Verfolgung seines Zieles und seinen Einfluß im Leben der Kirche angeht, so manches mit dem seligen Escrivá gemeinsam hat - auch für seine Anhänger Namen ausgedacht, die keinerlei Tradition besaßen. So wurde der oberste Leiter der Salesianer nicht wie in den anderen Ordensfamilien als «Generaloberer», sondern als «Rektor» bezeichnet. In der lokalen Verwaltung traten an die Stelle der üblichen «Provinzen» die sogenannten «Inspekturen». Obwohl sie nach dem Kirchenrecht Ordensleute waren, vermieden die Salesianerpriester für sich die Anrede «Pater» und ließen sich wie die Weltpriester «Don» nennen. Doch solche und ähnliche Namen zeugen nur von der Verschleierungstaktik des listigen Don Bosco (dazu sollen ihm, wie es heißt, dieselben liberalen Politiker und Freimaurer geraten haben, die offiziell als «Verfolger» auftraten), die dem Ziel diente, den Enteignungen, Beschlagnahmungen und Schikanen gegen «klerikale Einrichtungen» seitens der Regierungen des vorigen Jahrhunderts zu entgehen. So lebte hinter der «weltlichen» Fassade der Gesellschaft der Salesianer (wie anderer männlicher und weiblicher Ordensgemeinschaften, die im 19. Jahrhundert errichtet wurden, mit dem übrigens in der Zahl katholischer Neugründungen kein anderes Jahrhundert Schritt halten kann: Verfolgung hat der Kirche und den Christen stets gutgetan...) doch immer die traditionelle religiöse Wirklichkeit, nur notgedrungen sprachlich vernebelt.

Nicht so beim Opus Dei, dessen Gründer immer wieder gesagt hat: «Wir lieben und schätzen die Ordensleute [womit gemeint sind: die Klosterbrüder, die Mönche, die Schwestern, die Mitglieder der Kongregationen und Institute, die die drei traditionellen Gelübde der „Armut, der Keuschheit und des Gehorsams" abgelegt haben, gewöhnlich in Gemeinschaft leben und einer Regel unterstellt sind, A.d.V.], aber wir sind keine Religiosen, und keine Macht der Welt - auch nicht die der Kirche - wird uns je dazu zwingen können, es zu sein.»

Das ist eine entschiedene, aber zunächst etwas verwirrende Aussage. «Was soll das heißen?», könnten Sie und viele andere, die mit dieser außergewöhnlichen Realität nicht vertraut sind, mich fragen. «Diese Leute behaupten, die Forderungen ihrer Religion bis zum Äußersten leben zu wollen, und lehnen es dann ab, als „Religiose" bezeichnet zu werden? Soll das etwa heißen, daß sie „Laien" sind?» Jawohl, genau das! Sie sind Laien, antworte ich zu Ihrer weiteren Verwirrung. Geben Sie mir Raum und Zeit, und ich will versuchen, es Ihnen zu erklären.

Im Augenblick wollen wir uns hier nicht mit theologischen Deutungen und kirchenrechtlichen Differenzierungen aufhalten, sondern uns noch einmal mit dem sprachlichen Erscheinungsbild befassen, mit dem Klang der Namen: «Numerarier» und «Numerarierin», «Supernumerarier» und «Supernumerarierin», «Assoziierter» und «Assoziierte» anstelle von «Brüdern», «Schwestern», «Professen», «Konversen» und ähnlicher Bezeichnungen: Wörter, die der akademischen Welt, aber auch dem staatlichen spanischen Beamtenmilieu entlehnt sind.

Wie es in einer in leicht verständlichem Spanisch verfaßten internen, von verantwortlicher Stelle «genehmigten» Publikation heißt: «Zur Bezeichnung der Mitglieder des Werkes in den unterschiedlichen Stellungen verwendet man eine in anderen Institutionen geläufige Terminologie (Professoren, Akademiker, Beamte usw.).»

In der Tat entspricht der Name «Numerarier» an den spanischen und lateinamerikanischen Universitäten unserem «ordentlichen Professor». Und in den spanischen Ländern bezeichnet er zugleich einen «Dienstgrad» der Beamten in der öffentlichen Verwaltung.

Nun stellt sich jedoch - was man merkwürdigerweise nicht vorhergesehen hatte - heraus, daß das Wort nicht auf «numerario» als Adjektiv, sondern als Substantiv verweist: dann aber bedeutet es, laut Wörterbuch, «das gesamte Barvermögen an Papier- und Hartgeld»... Also wird so ein unfreiwilliger Bezug zum Geld geschaffen - und damit eine besonders «gefährliche» Assonanz angesichts des Verdachtes großer Reichtümer und dunkler Finanzgeschäfte des Opus Dei, wie er in den Köpfen vieler Menschen herumspukt.

Und etymologisch schließlich weist «numerario» auf die beunruhigende Anonymität von Geheimclubs und Geheimbünden hin, in denen die Mitglieder nicht mit ihrem Namen, sondern mit einer «Nummer», einer Chiffre, einem chiffrierten Ausdruck bezeichnet werden.

Sie verstehen also: Es ist die eine Sache, wenn man sagt «ein Franziskanerbruder» oder «ein Jesuitenpater» oder «ein Mitglied der Katholischen Aktion» oder «ein Bruder aus der Genossenschaft des hl. Vinzenz»; etwas anderes aber ist es, wenn man von «un numerario de la Obra» (einem Numerarier des Opus Dei) spricht. Namen sind nicht unwichtig; besonders heute, in einer Zeit, in der der äußere Anschein (auch der sprachliche), der «look», mehr zählen als die Realität, als das Sein. Sicher sind es nicht der Name Opus Dei oder die Bezeichnungen für seine Mitglieder, die ein Klima der Verdächtigung, des Mißtrauens, ja feindseliger Abneigung erzeugt haben. Doch sie mögen dieses Klima durchaus begünstigt und genährt haben. Wie dem auch sei: Tatsache ist, daß in einer imaginären modernen Galerie das Geschöpf Escrivás, das Opus Dei also, einen festen - und wichtigen - Platz in der Abteilung «dunkler Kräfte», «geheimer Mächte», «unsichtbarer Drahtzieher», «Großer Alter» einnimmt.

Alptraumartige Zwangsvorstellungen von Komplott und Verschwörung gehören seit jeher zu den Konstanten in der Geschichte, haben aber in unserer heutigen, sich so «vernünftig» gebärdenden Zeit in geradezu absurdem Maße an Bedeutung gewonnen. Es ist kein Zufall, daß im Zuge neuer Spezialisierungen des Journalistenberufs auch der sogenannte «Hintergrundspezialist» geboren worden ist: jemand, der bei allem und jedem, was sich ereignet (natürlich nur, sofern es negativ ist), auf die Suche danach geht, «wer bloß dahintersteckt», wobei er sich nach Belieben in Hypothesen austoben darf. Nur, daß immer irgendeiner «dahinter steckt», gehört zu den unangefochtenen und unanfechtbaren Dogmen.

Der alte Teufelsglaube spielte eine durchaus nicht unbedeutende sozialhygienische Rolle: Er war so etwas wie ein heilsames Öffnungsventil, das wahrscheinlich viel mehr Unheil vermieden als angerichtet hat. Alles Negative in der großen Menschheitsgeschichte wie der kleinen Lebenschronik einzelner Menschen wurde diesem verderblichen Einfluß zugeschrieben. Ihm trat man vor allem mit Gebet, Exorzismus und Askese , aber auch mit Überwachung und, wenn nötig, Prozeß und Einkerkerung derer entgegen, die verdächtigt wurden, mit jenem Feind, mit jenem «Vater der Lüge» und «Sämann der Zwietracht» im Bunde zu stehen. Freilich sehr viel seltener und bei weitem nicht so blutig, als es die beliebte Manipulation der Geschichte glauben machen möchte: Die wenigen Monate der Schreckensherrschaft der Jakobiner von 1793 oder ein einziges Jahr stalinistischer «Säuberungen» forderten unendlich mehr Opfer als alle «inquisitorischen» Jahrhunderte zusammen.

Nach dem Niedergang dieses Glaubens stand man vor einem Problem: Wem sollte nun die Verantwortung für eine Welt zugeschoben werden, die sich hartnäckig weigerte, den rechten Weg einzuschlagen - ungeachtet der Ratschläge amateurhafter Moralisten, der von Intellektuellen am Schreibtisch entworfenen Pläne für ein Paradies auf Erden, ungeachtet schwärmerischer Utopien, Erlösungsideologien, Reformen (und Reformen der Reformen) und Revolutionen? Es mußte doch einen Schuldigen für die Unordnung und das Übel in der Welt geben!

Von daher die Wahnvorstellung vom Komplott, von der Fünften Kolonne, vom Großen Alten, der im Verborgenen an den Fäden der Geschichte zieht. So enthauptete die Bourgeoisie der Französischen Revolution die Aristokraten; ermordeten die Leninisten die Bürgerlichen; ebenso verfuhren die Nazis mit den Juden; die Faschisten mit den Freimaurern; die Liberalen schoben jede Schandtat den Kommunisten in die Schuhe... Nachdem man von der Tradition und vom christlichen Glauben Abschied genommen hatte, wurde in den letzten beiden Jahrhunderten der Platz des Teufels, seiner Zauberer und Hexen immer irgendjemandem zugewiesen. Mit manchmal gefährlichen, ja sogar blutigen Konsequenzen.

Im gegenwärtigen Stadium einer «Kultur des Enthüllens» wird dieser «jemand» (selbstverständlich nicht nur, aber eben auch) vom Opus Dei und seinen, natürlich geheim operierenden und gerissenen Numerariern und Supernumerariern verkörpert. Ein Procedere, das übrigens jede diabolische Strategie charakterisiert.

Ich will nur einige wenige Beispiele nennen, die ich unter mindestens tausend Ereignissen der jüngsten Zeit allein in Italien ausgewählt habe (auch wenn die Dämonisierung des Opus Dei eine internationale Erscheinung ist, die zumindest den gesamten Westen, Europa und die beiden Amerika vereint). Auch Sie werden davon aus den Zeitungen erfahren haben.

Herbst 1992. Kongreß der Sozialistischen Internationale in Den Haag. Bettino Craxi, der wegen Korruption seiner Partei von den Mailänder Richtern verfolgt wird, ahnt, daß er sich schon bald zur Niederlegung des Amtes des Sozialistischen Parteisekretärs Italiens gezwungen sehen wird, und schüttet den Journalisten sein Herz aus. Er erklärt sich zum «Opfer obskurer Machenschaften» und sagt wörtlich: «Von Freimaurerei ist die Rede. Und was ist dann mit dem Opus Dei? Du brauchst dich nur umzudrehen, und sie flüstern dir zu, daß der vom Opus Dei ist. Das sind richtige Geheimtricks [...]. Aber ich schlage zurück...»

Frühjahr 1993. Diesmal haben es die Richter auf die Loge «Grande Oriente d'Italia» abgesehen, die sie gleichfalls der Korruption, verschiedener unerlaubter Handlungen und subversiver Machenschaften beschuldigen. Nachdem ihm die Anzeigen zugegangen sind, erhebt der Großmeister seinerseits Anklage gegen die üblichen «dunklen Machenschaften»: «Das Ganze ist ein Komplott des Opus Dei, das der eigentliche, allgegenwärtige, mächtigste Geheimbund ist. Man greift uns Freimaurer an, um die Aufmerksamkeit von den Opus-Leuten abzulenken.»

Sommer desselben Jahres 1993. Durch mysteriöse nächtliche Explosionen von Autobomben in Mailand und Rom werden einige Menschen getötet und berühmte Baudenkmäler zerstört. In einem sogenannten «Exklusivbericht» enthüllt eines der angesehensten Nachrichtenmagazine den Lesern, daß sich unter den ernstzunehmenden Spuren selbstverständlich auch eine befinde, die zum Opus Dei führe (das von der Zeitung wörtlich als «ein mächtiger Geschäfts- und Finanzarm des Heiligen Stuhls» bezeichnet wird): Es würde Anschläge gegen den Lateran, die Basilika des Papstes und gegen andere ehrwürdige kirchliche Gebäude verüben als Warnung an den Vatikan, der sich der Distanzierung von der korrupten Partei der Democrazia Cristiana schuldig mache... Nach einer anderen «Meinungsschule» sei das Opus Dei nicht der Zünder, sondern das Ziel der Bomben, und das aus «Motiven», die lediglich den «Hintergrundspezialisten», die so etwas verbreiten, einsichtig sind.

Verfolgt man die Berichterstattung der Zeitungen, so findet man alles mögliche. Als Beispiel möchte ich unter meinen zahlreichen Zeitungsausschnitten einen aus Großbritannien anführen.

Im Januar 1993 veröffentlichte «The Economist» - der, 1843 gegründet, heute als eine der seriösesten und bestinformierten Zeitungen der Welt gilt - einen «Leitfaden» zu den good networks (zu übersetzen etwa als «gute Verbindungen», «Netzwerke»): verschiedene Freimaurerlogen, exklusive Ritterorden, Geheimbünde. Dazu gehörte natürlich auch das Opus Dei, das (in der eigens erstellten Rangliste) die höchste Punktezahl - «fünf» für «Überzeugungskraft» erhielt. Etwas weniger - «vier» für «Organisation». Und schließlich «drei» für «Verschwiegenheit». Bezeichnend - und für das Opus Dei im Grunde genommen befriedigend, falls diese angebliche «Ermittlung» glaubwürdig sein sollte - die Note «eins», also die niedrigste Punktzahl, für seine «exclusivity», seinen Exklusivcharakter: das ist aus unerwarteter Quelle eine Bestätigung dessen, was das Opus Dei seit jeher immer wieder gesagt hat: nämlich daß jeder Mann und jede Frau - sofern er bzw. sie von Gott selbst «berufen» ist - mit vollem Recht um die Aufnahme in das Opus Dei bitten darf, wobei der soziale Status überhaupt keine Rolle spielt.

Aber damit soll - um der Glaubwürdigkeit willen - nicht stillschweigend über das hinweggegangen werden, was derselbe «Economist» mit dem Anschein, seriöse Information zu vermitteln, behauptete: «Die Außenstehenden können darauf hoffen, die geheimen Mitglieder des Opus durch die Wahrnehmung kleiner Identitätsmerkmale zu entdecken.» Zum Beispiel? Die Londoner Journalisten sind so tüchtig und informiert, daß sie eines, ja vielleicht das diskreteste dieser Merkmale enthüllen können: «a whiff of Atkinsons's cologne, the favourite of Escrivá, is a good giveaway» [der Duft, der Hauch des Parfüms der Marke Atkinson, wie Escrivá sie bevorzugte, kann sehr gut ein verräterisches Zeichen sein...].

Sie werden vielleicht glauben, was ich nun schreibe, entspränge einer witzigen Laune von mir, doch ich versichere Ihnen, daß dies nicht der Fall ist. Wäre ich sonst ein Berichterstatter mit detektivischer Neigung? Um mir ins Gedächtnis zu rufen - ja mich überhaupt erst damit vertraut zu machen -, welche besondere Duftnote das Parfüm der Marke Atkinson besitzt, habe ich mir ein Fläschchen davon besorgt und ausgiebig daran «geschnuppert». Seit damals bin ich während dieser Untersuchung Dutzenden von Männern und Frauen des «Geheimbundes» nahegekommen, aber nie - auf mein Wort, wirklich niemals - habe ich jenen verräterischen Duft dieses «giveaway» auch nur in die Reichweite meiner Nase bekommen...

Um es kurz zu machen, die Situation ist ohnehin bekannt und klar: es vergeht kein Tag, ohne daß über das Faxgerät des Informationsbüros der Prälatur Klarstellungen und Dementis an Zeitungen versandt werden, die dem Opus Dei praktisch alles in die Schuhe schieben: von blutigen Attentaten bis zum Besitz von Banken (es ist bereits ein automatischer Reflex, hinter jedem bedeutenden, möglicherweise betrügerischen Finanzgeschäft «die Kobolde des Opus» zu sehen), vom plötzlichen Tod des Luciani-Papstes (wie viele Bücher gibt es darüber!) bis zu militärischen Umstürzen in Südamerika. Ganz zu schweigen natürlich von den fast zwanzig Jahren nach dem Tod von Francisco Franco immer wieder neu aufgewärmten Beschuldigungen des geheimen Einverständnisses mit dem Regime des Caudillo aus Macht- und Geldgier.

Desweiteren werden gewiß auch Sie sich noch daran erinnern, daß im Februar 1986 einige Linksparteien im italienischen Parlament - aufgebracht vom Trommelfeuer einer von der Wochenzeitung «L'Espresso» angeführten Pressekampagne - von der Regierung verlangten, das Gesetz gegen die Geheimbünde von 1982 auf das Opus Dei anzuwenden. Es handelte sich um das Gesetz, das damals in großer Eile angenommen worden war, um den Skandal um die «Propaganda due», die Loge P2, einzudämmen: eine völlig legale und anerkannte Loge (also nicht eine entgleiste Splittergruppe, wie man uns glauben machen wollte) der vorherrschenden italienischen Freimaurer-«Familie», die sich nach dem «Palazzo Giustiniani» nennt.

Wie Sie sich vielleicht noch erinnern, benötigte der damalige Innenminister Oscar Luigi Scalfaro fast ein Jahr, um auf die parlamentarische Anfrage zu antworten. Und selbst der Vatikan wurde in die Ermittlungen durch Ersuchen um Klarstellungen und Austausch von Dokumenten einbezogen. Am 24. November 1986 trat schließlich der spätere Staatspräsident der Republik Italien mit einem umfangreichen Dossier, einer Art Traktat über das Thema, vor das Parlament, nachdem er - um den Abgeordneten die Möglichkeit zu geben, der mit Zitaten und Querverweisen gespickten Rede zu folgen - ganz gegen die Gepflogenheiten angeordnet hatte, den Text vorher zu drucken und an die Abgeordneten zu verteilen, damit sie sich ihn besser zu eigen machen könnten. Um es kurz zu sagen, es war beinahe ein Konkurrenzunternehmen zu diesem hier vorliegenden Bericht aus meiner Feder, nämlich ebenfalls eine regelrechte «Untersuchung des Opus Dei».

Doch, sieht man von einigen Experten ab, wurde in Italien fast die gesamte Öffentlichkeit ein Opfer des seltsamen Umganges der Presse mit dieser Information. In der Tat, selbst jene Blätter, die monatelang Seiten über Seiten mit der Kampagne gegen das Opus Dei als Brutstätte geheimer Politik und Geschäftemacherei gefüllt hatten, taten nun den Text in wenigen Zeilen ab, für dessen Erstellung der arme Scalfaro und seine Mitarbeiter soviel Zeit und Mühe aufgewandt hatten.

Unter einspaltigen Überschriften begnügte man sich mit der Mitteilung, die Regierung hätte die Erwartungen des «Progressistenlagers» im Hinblick auf Transparenz, Gerechtigkeit und Sauberkeit enttäuscht; wobei man nicht selten unterstellte, bei einem «bigotten» Innenminister wie Herrn Scalfaro sei ja auch nichts anderes zu erwarten gewesen. Und man unterließ es nicht, dahinter die Einmischung eines ausländischen Staates - des Vatikanstaates - in die inneren Angelegenheiten Italiens zu vermuten, die das Einschreiten der Gerichte und der Verwaltung gegen die «mächtige Geschäftslobby» auf falsche Fährten leiten, abfangen und verhindern sollte. (Man wird daher gut daran tun, sich zu erinnern, daß der Ministerpräsident - gemäß der Verfassung letzter Garant und Verantwortlicher für die Antwort der Regierung - damals Bettino Craxi hieß, ausgerechnet jener Mann, der sich, wie wir gesehen haben, über die «Omnipräsenz» des Opus Dei beklagt hatte und mit Sicherheit nicht für seine klerikalen Neigungen bekannt war. Zumindest er aber war also über jeden Verdacht erhaben...).

Aus diesem Grunde halte ich es für interessant, hier die Schlußfolgerungen der langen, gelehrten Dissertation des Innenministers der Republik Italien anzuführen, da sie angesichts der Zurückhaltung der Medien wahrscheinlich vielen kaum bekannt sein dürften. Die Sätze nämlich, die Scalfaro an jenem Tag im Parlament zum Abschluß seiner langen Rede verlas, waren folgende: «An diesem Punkt bleibt uns nur, den Schluß zu ziehen: das Opus Dei ist nicht geheim, weder rechtlich noch faktisch; die Gehorsamspflicht (zu der seine Mitglieder verpflichtet sind) betrifft ausschließlich geistliche Bereiche; außer den vom Codex juris particularis des Werkes vorgesehenen, gibt es keine weiteren Rechte und Pflichten, und auch diese besitzen streng geistlichen Charakter; kein Recht und keine Pflicht der alten kirchenrechtlichen Regelung der Institution hat, wenn sie von der neuen Regelung nicht vorgesehen war, nach Errichtung der Prälatur weiterbestanden. Daher können weder die Regierung noch das Innenministerium im besonderen rechtmäßig Initiativen bezüglich des Opus Dei ergreifen bzw. Untersuchungen oder Überprüfungen verfügen. Denn: auf Grund der Vorschriften der Verfassung und der von ihr garantierten Grundrechte der Freiheit; auf Grund der - mit dem Abkommen in der Villa Madama von 1984 feierlich erneut bestätigten - Konkordatsverpflichtung zur vollen Respektierung des Prinzips der Souveränität und Unabhängigkeit der katholischen Kirche; auf Grund der Statuten, die die Prälatur regeln; und schließlich auf Grund der Erklärungen des Heiligen Stuhls, die, wie gesagt, dessen offizielle Haltung wiedergeben und für die Prälatur selbst verpflichtend sind, würden Untersuchungen und Ermittlungen seitens der Regierung, da sie durch keinen Tatbestand gerechtfertigt sind, der geeignet wäre, auch nur Indizien zu erhärten, auf eine unzulässige Kompromittierung des Rechts des Bürgers auf Freiheit und auf eine ebenso unzulässige Einmischung des Staates in die innerkirchliche Ordnung hinauslaufen. Der religiöse Friede, den die verfassungsgebende Versammlung bei der Diskussion und Abstimmung über Artikel 7 der Verfassung als höchsten Wert im Auge hatte, wird verwirklicht durch die Anerkennung und Respektierung von Wort und Geist jener Bestimmung in einem essentiellen Wahrheitskontext, der einzigen Grundlage von Gerechtigkeit und Frieden.»

Hier müssen wirklich profunde Gründe vorgelegen haben, wenn auch diese feierlichen Worte eines Ministers vor dem Parlament im Nu verflogen waren; ein Parlament übrigens, das diesem Minister kurz danach seine Wertschätzung dadurch bekundete, daß es ihn mit Zweidrittelmehrheit in das höchste Amt des Staates wählte. Dasselbe gilt ebenfalls für alle Dementis, Klarstellungen, Proteste aus dem Informationsbüro der Prälatur, in dem man jeden Tag aufs neue Sisyphusarbeit leisten und das Faxgerät in Betrieb halten muß. Da ist einfach nichts zu machen: der Schatten des Opus Dei als einer «Geheimgruppe» gehört weiterhin zu den unentbehrlichen Zutaten, mit denen jede obskure Angelegenheit gewürzt wird (ich brauche Sie wohl nicht daran zu erinnern, daß für weite Kreise der internationalen Publizistik auch hinter der Erhängung des Bankiers Roberto Calvi unter einer Londoner Themse-Brücke direkt ein Numerarier oder zumindest eine Weisung aus der «Höhle», d.h. der Viale Bruno Buozzi, stehen soll).

Die Strategie des Opus Dei (eine Strategie, die vom Gründer von Anfang an so beabsichtigt war, denn die Angriffe begannen ja bereits, als die Institution nur eine kleine Gruppe von jungen Männern um einen jungen Priester im vorrevolutionären Spanien der dreißiger Jahre umfaßte) besteht in der Tat darin, auf Attacken nicht mit Gegenattacken zu antworten. Wie vor kurzem eine Studie feststellte: «Es gibt nicht ein einziges Buch - des Werkes oder irgendeines seiner Tausenden von Mitgliedern -, das gegen irgendjemanden oder irgendetwas geschrieben worden wäre.»

Man ist also darum bemüht, auf Angriffe nicht mit denselben polemischen Waffen zu reagieren, sondern zu erklären und zu versuchen, die Mißverständnisse dadurch auszuräumen, daß man darüber aufklärt, «was das Opus Dei ist», wie es funktioniert und was es will.

Und wenn dann «die anderen» nicht verstehen, so macht man (wie ich festgestellt habe) beim Opus Dei daraus kein Drama, genau nach der Empfehlung des Seligen, sich angesichts der Angriffe an drei Worten zu halten: «rezar, sonreir, perdonar» [beten, lächeln, vergeben].

Escrivá erinnerte gern an die Worte des Evangeliums: «Ein Sklave steht nicht über seinem Herrn. Der Sklave muß sich damit begnügen, daß es ihm geht wie seinem Herrn. Wenn man schon den Herrn des Hauses Beelzebul nennt, dann erst recht seine Hausgenossen.» Am Ende der wahrscheinlich einzigen Pressekonferenz seines Lebens, in Pamplona, verabschiedete sich Monsignor Escrivá von den Journalisten mit den Worten: «Ich will nicht wissen, was Sie schreiben werden. Wenn es die Wahrheit ist, möge Gott es Ihnen vergelten. Wenn nicht, werde ich für Sie beten. Sie werden also auf jeden Fall als Gewinner dastehen...»

Doch auch das Opus Dei, das - angesichts seiner konstanten Entwicklung in allen Bereichen und in jedem Land - unter den Angriffen scheinbar nicht mehr allzu sehr gelitten hat, scheint dadurch nicht verloren zu haben. Ja, diese Angriffe dürften, entsprechend der üblichen soziologischen Dynamik, seinen Corpsgeist eher gestärkt haben. Dennoch ist einzuräumen, daß dies eine Haltung ist, die nicht bewußt gefördert wird, denn das Opus Dei will offen für das Apostolat sein, mit Mitgliedern, die als «normale» Bürger in der Gesellschaft leben, nicht als Angehörige einer Gemeinschaft, die sich darin gefällt, «verfolgt» zu werden.

Doch hüten Sie sich vor dem Gedanken, Angriffe, Verdächtigungen, falsche Folgerungen kämen nur «von draußen», aus «laizistischen Kreisen» und würden dann mit einer katholischen Welt zusammenstoßen, die sich geschlossen zur Verteidigung des armen Opus Dei, eines Märtyrers der «Bosheit der Ungläubigen», formiert hätte. Nein, als das Werk noch in den Kinderschuhen steckte, kamen die Verdächtigungen und Angriffe vor allem aus kirchlichen Kreisen (zumeist von spanischen Ordensleuten, vielleicht mehr aus Verwirrung und Furcht vor dem Neuen als aus bösartiger Gesinnung). Die «schwarze Legende» entstand also mit Sicherheit zuerst im klerikalen Milieu, und als sie später nach draußen drang, waren sämtliche Argumente bereits von Katholiken formuliert worden. Dieses Klima dauert in manchen Fällen noch heute an.

Als Beispiel für diese heutige «interne» Unsitte wähle ich eine der neuesten (aus dem Jahr 1992) und irgendwie «offiziösesten» (und deshalb zurückhaltender und, zumindest in den Erläuterungen, objektiveren: die dritte deutsche Auflage wurde in Italien von einem der bedeutendsten katholischen Verlagshäusern bearbeitet und herausgegeben) «Arbeitshilfen», die in der Kirche heute benutzt werden: das *Wörterbuch der Kirchengeschichte* von Andresen-Denzler. Das Stichwort «Opus Dei» (übrigens ungewöhnlich kurz: der Beschreibung dieser allein schon quantitativ eindrucksvollen Erscheinung im heutigen Katholizismus wird nur halb soviel Raum zugedacht wie z.B. dem Begriff «Josephinismus» aus dem 18. Jahrhundert, und eben soviel Raum wie den «Beginen», die Anfang des 14. Jahrhunderts verschwanden...) beginnt mit dem warnenden Hinweis, daß es sich um eine kirchliche Gemeinschaft handele, die «traditionell im Religiösen» ist - seltsam, daß heute in einer Kirche, die doch auf Tradition gegründet ist (die Evangelien selbst sind schließlich nichts anderes), das entsprechende Adjektiv als eine Art Schandmal gilt... Es heißt dann weiter, das «Opus Dei wurde immer wieder Gegenstand erbitterter Auseinandersetzungen». Und: «Während die einen die Lebenskraft und Geistlichkeit dieser „Laien-Elite im Katholizismus“ rühmen, bezeichnen andere diese Institution als Fortsetzung der Restauration und als Mittel des Integralismus, der aus dem Glauben allein die Antwort auf alle Fragen des privaten und öffentlichen Lebens entnehmen will und deshalb den einzelnen Kultursachgebieten die Selbständigkeit abspricht.» Ein für Christen zumindest ungewöhnlicher Gedanke - gleichsam als Schuld anzusehen, daß Menschen den Glauben zum Mittelpunkt ihres Lebens machen und in ihm die Antworten suchen, die Richtschnur, zumindest aber Orientierung bieten sollen ...

Das angesehene *Wörterbuch der Kirchengeschichte*, so objektiv und verdienstvoll es sonst ist, schließt jedenfalls seinen Opus Dei-Artikel (in cauda venenum...) mit den Worten ab: «Auffallend ist ferner die enge Verbindung mit dem Franco-Regime und allgemein eine Sympathie für Rechtsparteien.» Ende des Stichwortes. Ohne auch nur den Versuch zu unternehmen, klärend und vertiefend etwas dazu zu sagen, steht diese Information als unanfechtbar da - so also wird das Opus Dei von einem Nachschlagewerk bedient, das zur Ausbildung des Klerus und an den theologischen Lehranstalten für katholische Laien häufig herangezogen wird.

In eben dieser katholischen Welt (und nicht nur in den von ihr mit Argumenten belieferten laizistischen Kreisen) rechtfertigt man oft das Mißtrauen, wenn nicht gar die Feindseligkeit gegen das Opus Dei, indem man immer wieder auf eine Episode zurückgreift, die zum Zeitpunkt, da ich diese Zeilen schreibe, gerade dreißig Jahre zurückliegt.

Im Rhythmus eines immer wieder geschwungenen «Folterhammers» erinnert man daran, daß sogar Hans Urs von Balthasar eine kritische Haltung gegenüber diesem Werk eingenommen habe, der später (auf eigenes Ersuchen) in den Stand eines Weltpriesters versetzte Schweizer Jesuit, der von vielen als einer der größten - wenn auch umstrittensten - katholischen Theologen unseres Jahrhunderts angesehen wird. Während des Pontifikats Johannes XXIII. (den, gegen jede historische Plausibilität, hartnäckige und eigennützige Instrumentalisierer zu einem «Progressisten», einem «linken» Papst zu machen versuchen), fiel von Balthasar unter dem Verdacht übertriebener «Aufgeschlossenheit» in Ungnade und wurde nicht zur Teilnahme an der Arbeit der theologischen Konzilskommissionen berufen. Nach dem Konzil kehrte sich die Situation um, und der angebliche «Progressist» galt nun - auch diesmal völlig unzutreffend - als «Konservativer». So wurden seine ehemaligen Anhänger zu seinen Gegnern. Und umgekehrt.

Feststeht, daß er die besondere Gunst Johannes Pauls II. genoß, der ihm 1984 den Preis Paul VI. - eine Art vatikanischer Nobelpreis - zuerkannte und ihn 1988 zum Kardinal ernannte (der Gelehrte starb allerdings wenige Tage, ehe er von Basel nach Rom aufbrechen konnte, um den Kardinalshut in Empfang zu nehmen).

Der große Theologe, außergewöhnliche Gelehrte und von kraftvoller Spiritualität erfüllte Priester, der Hans Urs von Balthasar war, vertrat mitunter auch ungewöhnliche, vielleicht auch widersprüchliche Ansichten.

Ich selbst geriet einmal durch sein irritierendes Verhalten in große Schwierigkeiten. Und sie werden sehen, daß ich hier nicht ins Autobiographische abschweife, sondern nur versuche, das Problem, um das es hier geht, zu verstehen. Ein Interview, das ich im Herbst 1985 mit ihm führte und das in der katholischen Tageszeitung «Avvenire» zwei ganze Seiten füllte, löste weltweites Aufsehen aus, wurde in verschiedene Sprachen übersetzt und als Broschüre verbreitet. Man sagte mir, daß sogar der Papst an dieser Verbreitung interessiert war, daß er die Übersetzung ins Polnische angeordnet hatte und sie an Besucher aus dem Kreis seiner Landsleute weitergegeben hatte. Dem Papst gefiel es, daß jener Schweizer ihn gegen die - in jenen Tagen besonders heftigen, obgleich schon zu einem Ritual gewordenen - Angriffe eines anderen Schweizers, des abtrünnigen Theologen Hans Küng, verteidigte.

Wenige Tage später dementierte von Balthasar überraschend und ohne auch nur einen der Betroffenen zu benachrichtigen in der «Frankfurter Allgemeinen Zeitung» einige der zentralen Aussagen jenes Interviews. Trotz dieses beinahe heimlichen Vorgehens (vielleicht vertraute er auf die geringe Verbreitung der deutschen Presse in Italien) löste die Sache sofort ein lebhaftes Echo aus. Der Chronist, der dies nun berichtet, übersandte umgehend dem Gelehrten und allen Betroffenen (denn auch «von oben» ersuchte man dringend um Klarstellung) Kopien der Tonbandkassetten, die bewiesen, daß die Worte des Theologen absolut getreu wiedergegeben worden waren. Auch der Direktor des «Avvenire» selbst, der ja bei dem Gespräch, das in Basel stattgefunden hatte, anwesend gewesen war, bezeugte und bestätigte die korrekte Wiedergabe.

Daraufhin erreichten mich einige private Briefe von Professor von Balthasar (sie befinden sich in meinem Archiv), deren letzter mit den verwirrenden Worten schloß: «Ich kann Ihre Bitterkeit gut verstehen und gestehe, überrascht zu sein von dem, was Sie mir über (meine) Worte auf Ihren Bändern sagen [...]. Es ist meine Schuld [...]. Ich bitte Sie, diese Affäre, die uns, die allen, solche Unannehmlichkeiten verursacht hat, zu begraben...»

Wenn ich hier diese Episode erzähle (die wohl keine Privatangelegenheit ist, wenn man bedenkt, daß sie in der internationalen Presse monatelange Auseinandersetzungen zur Folge hatte), so deshalb, weil es bei jenem großen Gelehrten - einige seiner Bücher sind für die Kirche unseres Jahrhunderts grundlegend - auch in der Affäre um das Opus Dei scheinbar zu ungewöhnlichen Schwankungen gekommen ist.

Sehen wir nun, wie sich die Dinge entwickelt haben. Im November 1963 veröffentlichte von Balthasar in den «Neuen Zürcher Nachrichten» (einer kleinen Schweizer Zeitung mit einer Auflage von wenigen tausend, die inzwischen ihr Erscheinen längst eingestellt hat) einen Artikel unter dem Titel Integralismus, der einen Monat später in der viel bekannteren und angesehenen Wiener Kulturzeitschrift «Wort und Wahrheit» wörtlich abgedruckt wurde.

In dem Artikel wurde auch das Opus Dei erwähnt, definiert als «eine integralistische Machtkonzentration in der Kirche». Nach Ansicht des Theologen bestünde der zentrale Kern des «Integralismus» in der Absicht, das Geistliche mit weltlichen Methoden durchzusetzen. Erwähnt werden muß, daß diesem Artikel ein anderer vorausging, wo von Balthasar im Zusammenhang mit seiner Kritik an Teilhard de Chardin gegen den klerikalen «Progressismus» Stellung bezog. Also sowohl Ablehnung der «Linken» wie der «Rechten» in der Kirche: in diese letztere hatte der Theologe das Opus Dei eingereiht, das er damals allerdings kaum kannte (was er, wie wir sehen werden, später zugeben wird), weil es in der deutschsprachigen Schweiz noch in den Kinderschuhen steckte. Sein negatives Urteil beruhte praktisch einzig und allein auf der Analyse einiger Punkte des Buches Camino (Der Weg) von Escrivá, das er als spirituell zu dürftig für ein Werk mit weltweiten Ambitionen kritisierte.

Für die Mitglieder des Opus Dei war es ein leichtes - durch Vorlage der authentischen Worte aus dem Camino einerseits und der von dem Theologen wiedergegebenen andererseits -, klipp und klar zu beweisen, daß der Text dadurch «vergewaltigt» worden war, daß von Balthasar Sätze aus dem Zusammenhang gerissen, andere fälschlicherweise miteinander in Verbindung gebracht und bei wieder anderen genau die Passagen, die die vorausgehenden Aussagen erläuterten, ausgelassen hatte. Man kann sagen, es handelte sich um einen Fall ähnlich jenem, von dem Joseph Fouché, der schlaue, allen Regimen nützliche französische Polizeiminister einmal gesprochen hatte (zumindest schreiben viele ihm diese Worte zu): «Gebt mir von irgendjemandem irgendeinen Text, und ich werde durch entsprechendes Ausschneiden und Wiederzusammenfügen ausreichende Beweise finden, um den Betreffenden hinrichten zu lassen...»

Seit damals also - es sind inzwischen, ich sagte es schon, gut dreißig Jahre vergangen - gibt es praktisch keine Debatte über das Opus Dei, ohne daß man auf jenes negative Urteil zurückgreift, dessen man sich auch im Kampf um die Seligsprechung Escrivás, auf den wir gleich zu sprechen kommen werden, bediente. Das Argument lautet: Wie könnte das Opus Dei nicht «integralistisch», «rechts», «ebenso mächtig wie geheimnisvoll» sein, wenn sich sogar ein mit dem «polnischen Papst» und Förderer jener Institution befreundeter Theologe mit aller Entschiedenheit davon distanziert hat? Wir haben es, kurz gesagt, mit einem Brocken zu tun, von dessen Last sich die bejammernswerten Jünger Escrivás scheinbar nur schwer zu befreien vermögen. Auch eifrige Katholiken, die sonst ohne Vorurteile, ja sogar mit Sympathie auf die Einrichtung des spanischen Seligen blicken, scheinen dabei in Verlegenheit zu geraten.

Als Chronist von Beruf (und, ich gestehe es, durch meine erschütternde persönliche Erfahrung mit dem Gelehrten aus Basel gewarnt) wollte ich natürlich das vollständige Dossier über diese Angelegenheit prüfen, jenseits jener ersten Wortgefechte, auf die praktisch alle in der Kirche - außerhalb des Opus Dei, versteht sich - seit Jahrzehnten fixiert zu sein schienen.

Das Dossier offenbart zunächst eine erstaunliche Lücke. Der berühmte Artikel stammt aus dem Jahr 1963, und sein Verfasser stirbt im Jahr 1988 - noch in voller geistiger Tatkraft, bis zuletzt engagiert in einer Unzahl von Arbeitsprojekten und laufenden Verpflichtungen; wenige haben vielleicht soviel geschrieben und geredet wie er. In jenen fünfundzwanzig Jahren schreibt (und sagt) von Balthasar in den Hunderten, wenn nicht Tausenden von ihm gezeichneten Texten nicht nur kein einziges Wort gegen das Opus Dei, sondern er scheint - auch hier - sein früheres Urteil zurückzunehmen. So schreibt er zum Beispiel 1984 an einen Priester der Prälatur: «Vor Jahrzehnten habe ich einmal den Camino (nicht das Opus Dei!) kritisiert, weil mir seine Spiritualität für ein so enormes Werk unzureichend schien. Seit damals habe ich kein Wort gegen das Opus Dei gesagt.»

Zwei Jahre später, am 19. Dezember 1986, gesteht er in einem Brief an Hans Thomas, ein anderes Mitglied des Opus Dei, zum selben Thema: «Damals [1963, A.d.V.] habe ich ja seine Mitglieder gar nicht gekannt.»

Wichtiger aber als diese «privaten» Dokumente ist ein entscheidendes «öffentliches» Zeugnis aus dem Jahr 1979, das von keinem Kritiker je zitiert wurde, wie es die Ehrlichkeit gebieten würde. Zugleich gebietet dieselbe Ehrlichkeit freilich anzuerkennen, daß es nur schwer zitiert werden könnte, da die Zeitung, in der es hätte erscheinen sollen, nicht zur Veröffentlichung bereit war.

Die Zeitung, um die es hier geht, ist die Tageszeitung, die viele für die angesehenste der Schweiz halten: die in den internationalen Kommentaren ständig genannte «Neue Zürcher Zeitung» mit einer radikal laizistischen Tradition.

Von Baltasar jedenfalls schickte einen handgeschriebenen Brief an den Direktor dieser Zeitung und, als dieser ihn nicht abdrucken wollte, sandte er zugleich eine Kopie an die Schweizer Verantwortlichen des Opus Dei, die sich natürlich noch in dessen Archiven befindet. In diesem Brief schreibt von Balthasar: «In der „Neuen Zürcher" vom Jänner 1979 ist ein heftiges Plädoyer gegen die Tätigkeit des Opus Dei in Zürich erschienen, das mir einer Tageszeitung, die erst kürzlich mit dem Erasmuspreis - dem Preis der großen Versöhnungsstifter! - ausgezeichnet wurde, unwürdig erscheint und in dem ich als Hauptzeuge gegen die genannte Organisation aufscheine. Zum Glück hat der Verfasser angegeben, daß es sich um einen 1963 (in einer Zeitung, die inzwischen ihr Erscheinen eingestellt hat) erschienenen Artikel von mir handelt; er hat jedoch vergessen zu sagen, daß es sich in Wirklichkeit um eine Rezension des Camino, eines Werkes des Gründers des Opus Dei, handelte. Das heißt, es handelte sich nicht um ein Urteil über das Gesamtwerk von Escrivá de Balaguer (das damals nicht so verständlich war wie heute, ebenso wie die ganze Spiritualität, die in seiner Gründung lebendig ist). Damals, 1963, war mein Eindruck nur, daß die im Camino enthaltenen Sentenzen und Ermahnungen nicht als geistliches Fundament einer so einflußreichen Organisation von weltweiter Verbreitung ausreichen könnten. Aus Mangel an konkreter Information bin ich zwar nicht in der Lage, ein Urteil über das gegenwärtige Opus Dei abzugeben, etwas aber erscheint mir dennoch gewiß: nämlich daß viele der Beschuldigungen (auch jene, die der Artikel Ihrer Zeitung gegen die Erteilung des Religionsunterrichts durch Mitglieder des Opus Dei anführt) einfach falsch und antiklerikal sind.»

Nach Einsicht in einen solchen Brief dürfte etwas mehr Zurückhaltung angebracht sein beim Versuch, sich die Obra mit der Behauptung vom Hals zu schaffen, daß «sogar der von Papst Wojtyla meistbewunderte Theologe die Katholiken davor gewarnt hat».

Eine Zurückhaltung, die nach der Lektüre des letzten Dokumentes der Affäre noch gebotener zu sein scheint. Es handelt sich wahrscheinlich um den letzten Aufsatz des großen Theologen, kurz nach seinem Tod in der Juli-Nummer 1988 der theologischen Zeitschrift «Diakonia» erschienen. Der Aufsatz trägt den Titel «Integralismus heute» und greift damit von neuem dasselbe Thema vom berühmten Text des Jahres 1963 auf. In dieser ausführlichen Studie untersucht von Balthasar erneut jenes Phänomen, für das ihm, wie er sagte, fünfundzwanzig Jahre zuvor im Opus Dei ein gewichtiges Beispiel aufgefallen sei. Freilich sucht man in diesem theologischen Testament vergeblich einen Hinweis auf die Institution Escrivás: nicht eine einzige Anspielung, weder direkt noch indirekt. Nichts, nicht ein einziges Wort ...

Was für ein anderer Schluß läßt sich daraus ziehen als der, daß er seine Meinung geändert hat, wie es ihm übrigens schon früher in seinem langen und bewegten Leben manchmal widerfahren war und wie ich selber es zur Kenntnis nehmen mußte?

Was auch immer von Balthasar oder andere (wirkliche oder angebliche) Kritiker denken mögen - am 17. Mai 1992 erlebte das immerhin an Staus und Verkehrsstillstand gewohnte Rom praktisch mit einem Totalzusammenbruch des Verkehrs seinen «längsten Tag». Und das galt nicht nur für den motorisierten Verkehr; wer dort war, wird sich erinnern, daß es in bestimmten Straßen und zu bestimmten Zeiten sogar sehr schwer war, sich zu Fuß einen Weg zu bahnen.

Das war die Auswirkung der Invasion von sage und schreibe 300.000 Menschen (anderen Schätzungen zufolge waren es 400.000), die mit jeder Art von Transportmitteln und aus allen Teilen der Welt (jeder auf eigene Kosten!) gekommen waren, um der Seligsprechung des ehrwürdigen Josemaría Escrivá de Balaguer y Albás durch Papst Johannes Paul II. auf dem Petersplatz beizuwohnen.

Ein wiedererstandener Bernini wäre verblüfft gewesen: die 284 Säulen mit den auf ihnen thronenden 140 Apostel- und Heiligenstatuen, die in der Voraussicht errichtet worden waren, die nach menschlichem Ermessen größtmögliche Menschenmenge zu umfangen, erwiesen sich als völlig ungenügend. Das ist in der über dreihundertjährigen Geschichte des Platzes vielleicht überhaupt zum ersten Mal geschehen.

Vor mir liegt ein Photo, das von der Kuppel aus aufgenommen wurde: Jeder Winkel der immensen barocken Weite des Platzes ist ausgefüllt. Aber nicht von einer zufällig zusammengedrängten Horde, nicht von einer diffusen Masse. Im Gegenteil, der Raum ist in wohlgeordnete Sektoren aufgegliedert, getrennt durch Korridore, in denen lediglich Angehörige des Ordnungsdienstes und der Erste Hilfe-Mannschaften umhergehen. Das wohlgeordnete Menschenmeer breitete sich durch die Via della Conciliazione fast bis zum fernen Tiber aus.

Ein beeindruckender Anblick gelassener, in sich selbst ruhender Kraft; ein Fest unter der italienischen Sonne zu Ehren eines Spaniers, aber mit einer Ordnung, einer Geschlossenheit, die uns romanisch Geprägten als etwas Nordisches, zumindest aber als etwas Fremdes vorkam.

Hier trafen sich Menschen aus aller Welt nicht zu ausgelassenem Vergnügen oder um gegen etwas oder jemanden zu demonstrieren, sondern um mitzuerleben, wie der Papst mit der ihm übertragenen apostolischen Autorität El Padre, den «Vater», in das Verzeichnis der Seligen eintrug; und um die unübersehbare, aus den vier Himmelsrichtungen kommende, festlich gestimmte und wohlgeordnete Menge dort versammelt zu sehen, hatte das Opus Dei einen harten Kampf kämpfen müssen. Nicht zuletzt, ja vielleicht vor allem, innerhalb der Kirche.

Hinter den klerikalen Kulissen waren in zunehmendem Maße Intrigen, Manöver und Gegenmanöver inszeniert worden, um den Papst selbst einzuschüchtern, um ihn wenigstens zu einer Verschiebung der Seligsprechung zu bewegen.

Ich zitiere aus einem Bericht, einem Zeugnis unter vielen anderen: «Als im Dezember 1991 angekündigt wurde, daß die feierliche

Seligsprechung des Gründers des Opus Dei am 17. Mai des darauffolgenden Jahres stattfinden würde, wurde das Ereignis zu einer Nachricht. Gewöhnlich sind Seligsprechungen kaum Nachricht genug für die Zeitungen, auch nicht für die katholischen. Jetzt hingegen (als einziger Fall in unserer Zeit) machten sich Gruppen daran, den Prozeß in Mißkredit zu bringen, Zweifel zu wecken an der Gestalt des angehenden Seligen und - demzufolge - am Papst selbst, an der Objektivität und Legitimität seiner Entscheidung, die Zeremonie vorzunehmen. Mit Zähigkeit und Unterstützung von mächtiger Seite wurde vieles ins Treffen geführt, um das Fest am 17. Mai zu verhindern, zu verzögern oder wenigstens zu trüben.»

Jemand ging gar soweit, die Möglichkeit einer Trennung von Rom anzudrohen, da er «die Verherrlichung des Opus Dei in der Person seines Gründers für skandalös und unerträglich» halte. Manche hielten dem Papst ein eigenartiges Entweder-Oder vor: Warum wird Escrivá seliggesprochen und Papst Johannes XXIII. noch nicht? (Damit sollte in der gewundenen klerikalen Sprache unterstellt werden, der Heilige Stuhl unterstütze die «Restauration» und nicht das «Aggiornamento»; denken Sie an das Stichwort «Opus Dei» in dem Wörterbuch, von dem ich oben sprach! In der Tat empörten sich die Gegner über die Verzögerung des Prozesses für den Roncalli-Papst, nicht aber über jene für Papst Pius XII. - und das obwohl die Prozesse für die beiden Päpste gleichzeitig eingeleitet worden waren, um eben zwei verschiedene Auffassungen von der Ausübung des päpstlichen Amtes zu würdigen). Warum, so fragte man immer wieder, dauert es bei vielen anderen Kandidaten so lange und bei diesem Spanier nur 17 Jahre?

Man hatte sogar an dem Wunder etwas auszusetzen, das die Kirche gleichsam als Imprimatur auf die Heiligkeit des Kandidaten für die Erhebung zur Ehre der Altäre stets verlangt; es bedarf, um vom «Ehrwürdigen» zum «Seligen» (und dann zum «Heiligen») aufzusteigen, dieses Zeichens göttlicher Anerkennung. Die «nach dem gegenwärtigen Stand der Wissenschaft unerklärbare Heilung» (wie die Formulierung lautet) wurde, wie üblich, von einer Gruppe unbescholtener und von der vatikanischen Kongregation für die Selig- und Heiligsprechungsprozesse ernannter Sachverständiger bestätigt. Für einige Untersuchungen jedoch hatte das Opus Dei zwei Spezialisten der Universität von Navarra um ein Gutachten ersucht, weil der Universitätsklinik bestimmte wissenschaftliche Geräte zur Verfügung standen. Diese Zusammenarbeit mit der Universität, deren Großkanzler der Prälat des Werkes ist, wurde von denen, die den Gang der Dinge argwöhnisch verfolgten, mißdeutet; ja, man ging soweit, von Manipulation, von «falschem Wunder» zu reden, womit der Papst als Höriger einer Lobby von Betrügern hingestellt wurde. Dabei tat man so, als habe man übersehen, daß jene Spezialisten lediglich in der Ermittlungsphase als Nebensachverständige konsultiert wurden und daher ihr Urteil (wie bei jedem Prozeß) dem unabhängigen und geheimen Urteil der Experten der vatikanischen Kongregation unterworfen wurde.

Lassen Sie sich jedoch nicht zu übertriebener Entrüstung hinreißen: Wer für gewöhnlich nicht mit dem inneren Leben der Kirche vertraut ist und nicht die Leidenschaft teilt, von der sie beseelt ist, der weiß nicht, welche verbissene Härte die Auseinandersetzung, welche hitzige Überreiztheit die «ira theologica», der theologische Zorn, erreichen kann. Natürlich ist das nicht gut; dennoch - wenn man darüber nachdenkt - ist es auch nicht ganz von Übel, daß es in einer Welt, die an überhaupt nichts mehr zu glauben scheint, Menschen gibt, die die religiösen Fragen noch so radikal ernst nehmen. Damit wir uns richtig verstehen: wenn man sich nicht - vielleicht bis zum Äußersten - für solche Themen, die unser eigenes Schicksal betreffen, begeistert, wofür sonst sollte es der Mühe wert sein, sich zu erhitzen? Was bedeuten angesichts dieser Themen all die Auseinandersetzungen über Fragen der Kultur oder des Sports oder gar der Politik - Eintagsfliegen, die aber zugleich hohes Ansehen in der modernen Kultur genießen? Und schließlich: Denken Sie nicht, daß derartige Auseinandersetzungen, mögen sie noch so hart sein, daran hindern, sich in der Kirche trotz allem immer als Brüder und Schwestern in dem, was eint, nämlich im gemeinsamen Glauben, anzuerkennen. In der katholischen Kirche kann man über Ideen zwar heftig aneinandergeraten, sich aber zugleich alle Mühe geben, die Personen, die diese Ideen vertreten, wirklich zu lieben. Man befehdet sich auf der Straße und reicht sich bei der Messe die Hand. Gewiß, ein seltsamer Zoo...

Eine gespaltene Kirche? So sah es aus, doch vielleicht nur, weil den zwar nicht allzu zahlreichen, dafür aber um so lauteren Protestlern aus den Reihen der Medien zuviel Platz eingeräumt wurde. Das war freilich nichts Neues; schon zu seinen Lebzeiten war Escrivá oft «Zeichen des Widerspruchs» in der Kirche gewesen. Der von vielen geliebte, verehrte oder doch wenigstens geachtete Mann wurde von anderen bekämpft, ganz so wie es nach dem Zeugnis der Geschichte des Christentums jeder großen Persönlichkeit widerfahren ist - Jesus Christus selbst natürlich nicht ausgeschlossen.

Das Bemühen um Objektivität erfordert zudem, darauf hinzuweisen, daß mehr als ein Drittel des Weltepiskopats den Papst um die Eröffnung des Seligsprechungsprozesses für El Padre ersuchte. Um ganz genau zu sein: 69 Kardinäle, 241 Erzbischöfe und 987 Bischöfe unterschrieben und schickten ihr Bittgesuch nach Rom. Es schlossen sich über fünfzig Generalobere der angesehensten Orden und der größten Ordenskongregationen der Kirche an. Das hatte man bisher noch nie erlebt, ebenso wenig wie die ungefähr achtzigtausend Hinweise auf «Gunsterweise», «Gnaden» und «Wunder», die auf Fürsprache von Escrivá nach seinem Tod erwirkt worden sein sollen: auch das eine in den katholischen Annalen nie dagewesene Fülle.

Mit solch großkalibriger Unterstützung - der Hierarchie, aber auch des Volkes - auf seiner Seite, setzte das Opus Dei alles daran, die «Schlacht um den Petersplatz» zu gewinnen. «Nur» 17 Jahre, davon weniger als sieben für den eigentlichen Prozeß: lange für die Welt, ungewöhnlich kurz für die Kirche, auch wenn es kein verdächtiger Rekord ist. Auf die Kritiken an der verhältnismäßig kurzen Zeitdauer antwortete die für den Prozeß zuständige Stelle der Prälatur, daß andere Prozesse (zum Beispiel jener für Francesca Cabrini, die Heilige der Auswanderer nach Amerika) auch nicht länger gedauert hätten, obwohl sie noch nach den vorkonziliaren Vorschriften abgewickelt worden seien, die doppelt so viele Auflagen vorsahen wie die bei der Reform der Kongregation für die Selig- und Heiligsprechungsprozesse nach dem II. Vatikanischen Konzil festgelegten Bestimmungen.

Auf jeden Fall waren jene Jahre des «Escrivá-Prozesses» mit etwa 980 Sitzungen der kirchlichen Gerichtshöfe ausgefüllt, die jedem der 92 Zeugen, die den Gründer des Werkes gekannt hatten, 265 Standardfragen (in einzelnen Fällen noch viele zusätzliche) stellten, die praktisch jede Stunde jedes Tages des Kandidaten erkundeten, um dessen vollständige Treue, im Leben wie im Denken, zum Evangelium und zur Kirche zu überprüfen.

Um ganz auf Nummer Sicher zu gehen, unterließ man es nicht, auch «die andere Seite» zu hören: so wurden auch elf ehemalige Mitglieder, Numerarier und Supernumerarier, befragt, die das Werk nicht immer auf friedliche Weise verlassen hatten, wenn sie nicht gar die Tür hinter sich zugeschlagen und ein polemisches Nachspiel entfacht hatten. Es muß also gesagt werden: auch der Protest war für den Prozeß von Gewicht. Ebenso wie die Stimme der «Neutralen»: absichtlich wurde die Hälfte der Zeugen unter Männern und Frauen außerhalb des Werkes ausgewählt.

Trotz alledem kommt das Werk voran, wenn auch mit gummibezogenen «Panzerketten». Ein Jahr nach der Seligsprechung - im Juni 1993 - gab der Priester der Prälatur, Don Flavio Capucci, der als Postulator das umfassende, jahrelange Verfahren bis hin zu dem Ereignis auf dem Petersplatz koordiniert hatte, bekannt, es gebe «mehr als siebentausend - unterschriebene und bezeugte - Berichte über Gnaden, die in der ganzen Welt auf Fürsprache des seligen Escrivá empfangen worden sind».

Da für die Heiligsprechung - das heißt für die Einreihung des bereits Seligen in das offizielle Verzeichnis der Heiligen - ein weiteres «Wunder» verlangt wird, gab Capucci bekannt, daß seine Stelle mit der Prüfung jener Berichte beschäftigt sei. So geht also ein kirchenrechtlicher Prozeß weiter, an dessen Ausgang übrigens nur wenige zweifeln. Und zur Bestätigung der «Volksbewegung» um Escrivá wurde außerdem bekanntgegeben, daß über eine Million Menschen an den Heiligen Messen in der ganzen Welt teilgenommen hätten, als zum ersten Mal das liturgische Fest des neuen Seligen gefeiert wurde. Capucci schloß mit einem Bild, das er einem Artikel in einer spanischen Zeitung entnommen hatte: «Die Polemik über die Seligsprechung ist wie ein altes Flugzeug an den viel älteren Mauern von Sankt Peter zerschellt.»

Da ist zum ersten Mal eine - wenn auch kaum merkliche - Abweichung von der Strategie, jede auch noch so schlagfertige Bemerkung tunlichst zu vermeiden, die irgendwie nach Kontroverse riechen könnte. Doch wer die Beharrlichkeit des Einsatzes des Opus Dei bei der Verfolgung seiner Vorhaben - und die entsprechende Härte des gegnerischen Angriffs - kennt, wird sich nicht so sehr über die «dialektische» Anspielung wundern, als vielmehr über die so viele Jahre bewiesene und noch immer geübte Geduld.

3. Viele Sekten, eine Prälatur

Von «draußen» mit fortgesetzten Pressekampagnen, Anzeigen und Verbotsversuchen bis hin zu parlamentarischen Anfragen angegriffen und von «drinnen» von Katholiken attackiert, die seinen evangelischen Radikalismus als «vorkonziliaren Integralismus» und seine feste Treue zum päpstlichen Lehramt als «Restaurationswillen» verurteilen, steht das Werk im gesamten Westen, besonders aber in den Vereinigten Staaten, unter dem Beschuß der «Antisekten-Bewegungen».

Dies ist ein weiterer, auch den meisten Katholiken wenig bekannter Aspekt des Kampfes um die erste Personalprälatur der katholischen Kirche. Sich hiermit zu beschäftigen, lohnt schon alleine, um die Bedeutung dessen zu bestätigen, was auf dem Spiel steht.

Da ich kaum treffendere Worte zu finden vermag, werde ich mich in der Folge auf Zitate des italienischen Publizisten Massimo Introvigne stützen, einem der bedeutendsten internationalen Kenner jenes Wildwuchses «neuer Religionen», die - comme d'habitude - genau das Gegenteil von dem hervorgebracht haben, was von den üblichen «Experten» - Soziologen, Futurologen, aber auch Theologen und Fachleuten für religiöse Fragen, einschließlich zahlreicher Priester und Bischöfe - prophezeit worden war.

Im übrigen dürfte es ratsam sein, die wohl zutreffendste Definition von «Experte» nicht aus dem Blick zu verlieren. Vielleicht kennen Sie sie: «Einer, dessen Hauptaufgabe darin besteht, gegen Bezahlung in periodischen Abständen zu erklären, warum er selbst und seine Kollegen sich bei all ihren Voraussagen geirrt haben.»

Was unseren Fall betrifft, so theoretisierten in den fünfziger und sechziger Jahren (aber auch später) diese Spezialisten des Irrtums in streng «wissenschaftlicher» Verpackung über Themen wie «die Verfinsterung des Sakralen in der industriellen Zivilisation»; sie versicherten, daß es in der technologischen, postmodernen Kultur keinen Platz mehr für die religiöse Dimension gebe.

Unter vielen anderen gab es den berühmten deutschen Theologen Rudolf Bultmann, der schon in den zwanziger Jahren, beeindruckt von Radios und Glühbirnen in den Wohnungen, meinte, einem Menschen, der per Knopfdruck Stimmen aus großer Entfernung hören oder künstliches Licht erhalten könne, sei es unmöglich, weiterhin eine Heilige Schrift ernst zu nehmen. So wurde aus dem naiven Staunen eines belesenen deutschen Professors über den «Fortschritt» die Entmythologisierung der Evangelien geboren, die von allem «gesäubert» werden sollten, was nicht nach «Wissenschaft» und «Vernunft» im Verständnis des ausgehenden 19. Jahrhunderts aussah. Und da man in den klerikalen Milieus immer hinterherhinkt, gibt es noch heute manche, die die wirklichkeitsfremde Bultmann'sche Karikatur des angeblichen «modernen Menschen» ernst nehmen.

Natürlich ist das Gegenteil von dem, was vorausgesagt worden war, eingetreten. Im Osten hat die größte und anhaltendste Anstrengung in der gesamten Geschichte, jeden Glauben an das Transzendente aus den Herzen der Menschen auszumerzen und sie zum materialistischen Atheismus zu bekehren, nicht nur sein Ziel nicht erreicht, sondern ist schließlich auch (oder vielleicht vor allem) deshalb besiegt worden, weil die Völker nicht auf Religion verzichten wollten: ja, während sie jede Theorie entkräfteten, machten sie die Religion nicht zum Anlaß einer «Entfremdung», sondern eines zähen, auch sozialpolitischen Einsatzes.

Es dürfte wichtig sein, etwas nicht zu vergessen, was manche Desinformation bereits zu verdunkeln trachtet: Der Anfang vom Ende für den gesamten marxistischen Block läßt sich genau datieren. Im August 1980 verschanzen sich die polnischen Arbeiter in der Danziger Leninwerft, einem Symbol des kommunistischen Regimes, und rufen den Streik aus: Es ist der erste - ich wiederhole: der erste Streik in den vielen Jahrzehnten und in vielen Ländern unter marxistischem Regime, den man nicht gewaltsam zu unterdrücken wagt. An den Toren bringen jene Arbeiter zwei Bilder an, die bei den «Progressisten» vor den Fernsehschirmen im Westen einen Schock auslösen: ein Bild Unserer Lieben Frau von Tschenstochau und das Porträt «ihres» Papstes, der zwei Jahre zuvor gewählt worden war und im Sommer des Vorjahres seiner Heimat einen Besuch abgestattet hatte. Während dieser Reise wurde klar, auf welcher Seite das Volk unter jenem «Volks»-Regime tatsächlich stand. Jene Filmaufnahmen von den verrammelten, von der Muttergottes und dem Papst «beschützten» Eingängen der Werft, die nur geöffnet wurden, um den Kardinalprimas oder andere Bischöfe unter Beifall eintreten zu lassen; jene Bilder von beichtwilligen Arbeitern in langen Warteschlangen vor Priestern, die in Soutane und violetter Stola auf Schemeln in den Fabrikhöfen saßen; das alles - damals wochenlang Abend für Abend in unseren Fernsehnachrichten zu sehen - brachte mit einem Schlag die Schemata, die unerschütterlich schienen, ins Wanken und zeigte in der Tat den Ausstieg aus dem Mythos von der ideologischen «Modernität» an.

Was den Westen betrifft, so gab es anstelle der vorausgesagten «Säkularisierung» ganz im Gegenteil eine nie dagewesene Explosion von Sekten, kirchenähnlichen Glaubensgemeinschaften, religiösen Klubs, mehr oder weniger esoterischen Zirkeln, asiatisch beeinflußten Kulten unter Hunderten von Bezeichnungen und mit einer eindrucksvollen, ständig zunehmenden Zahl von nicht selten fanatisierten Anhängern, die von Zeit zu Zeit Massaker, Ritualmorde, Sexual- und Finanzskandale auslösten. Eine weitere Bestätigung für die Diagnose von Gilbert K. Chesterton: «Das Unglück des heutigen Menschen besteht nicht darin, daß er an nichts glaubt. Im Gegenteil, sein Unglück besteht darin, daß er an alles glaubt.»

Zeugen Jehovas, Mormonen, Hare Krischna-Bewegung, Scientologists, Kinder Gottes, New Age, Mun-Sekte: diese Namen und Bewegungen, die auch in Italien bestens bekannt sind und hier Scharen von Anhängern haben (so stellen beispielsweise die Zeugen

Jehovas inzwischen das zweitstärkste religiöse Bekenntnis in Italien nach den Katholiken dar), sind nur die Spitzen, die aus einer bunt schimmernden Welt herausragen, auf die der vorhin erwähnte Massimo Introvigne seine Untersuchung konzentriert hat. Wie aus dieser Untersuchung hervorgeht, gibt es Versuche, auch das Opus Dei in diese obskure Explosion einer «neuen Religiosität» einzuschließen, die neben leidenschaftlichen Anhängern desgleichen unnachgiebige, wenn nicht genauso fanatische Gegner hervorgebracht hat.

Hören wir uns also Introvigne an. Ein ziemlich langes Zitat, das es aber meiner Meinung nach wert ist, in Ruhe bedacht zu werden. Tatsächlich weiß man ja im allgemeinen nicht viel über die Sekten, obwohl immer mehr Menschen von den Problemen, die sie mit sich bringen, betroffen sind: Es scheint, daß im Westen bereits jeder einen Verwandten, einen Freund oder zumindest einen Bekannten hat - oder demnächst haben wird -, die irgendwie in den «mystischen Ausbruch» hineingezogen wurden, der jenem 21. Jahrhundert vorausgeht, das das Jahrhundert der «vollendeten Säkularisierung» hatte werden sollen.

Lassen wir nun unseren Experten zu Wort kommen: «Angesichts der wuchernden Zunahme an neuen Religionen - bei denen es manchmal nicht an wirklich fragwürdigen Aspekten fehlt -, entstehen Gegenphänomene unter dem Namen „Antisekten-Bewegung", über die nun ihrerseits mit beachtlichem Engagement soziologische und psychologische Analysen angestellt werden. Solche Analysen haben offengelegt, daß die „Antisekten-Bewegung" (Anticult-Movement), die gegen die neuen Religionen auftritt - indem sie manche von ihnen als „persönlichkeitszerstörende Kulte" bezeichnet, auf der „Gehirnwäsche"-Hypothese beharrt und vom Staat repressive Maßnahmen verlangt -, sich ganz wesentlich von den Gruppen unterscheidet, die von einer „offiziellen", „historischen" Mehrheitsreligion her gegen die neuen Religionen ankämpfen.

Man könnte den Eindruck gewinnen, der Protest gegen die „Sekten" sei ein einheitliches Phänomen; dem ist aber nicht so. Ein aufmerksamer Beobachter wird feststellen, daß es eine Interferenz zweier verschiedener Bewegungen gibt, die gegensätzlichen Ursprungs sind, divergierende Interessen verfolgen und deren entgegengesetzte Vorstellungen mitunter zum Ausbruch gelangen.

Da ist auf der einen Seite die traditionelle Abneigung gegen die neuen Religionen, die von den herkömmlichen Kirchen und Glaubensgemeinschaften ausgeht, deren negatives Urteil vorwiegend doktrinellen Charakter besitzt. Dieses Urteil geht davon aus, daß im religiösen Bereich eine Wahrheit existiert, die der Mensch, wenn auch mit Mühe, bis zu einem gewissen Maß zu erfassen vermag; und daß es daher Wahrheits- und Wertkriterien gibt, auf Grund derer die neuen Religionen geprüft und eingeschätzt werden können.

Dieser aus religiösem Mutterboden stammenden Kritik steht entgegen - mehr als zur Seite - die „Antisekten-Bewegung", deren Ursprünge gewöhnlich außerhalb des religiösen Milieus liegen. Diese „Bewegung" benutzt die von den neuen Religionen ausgelöste soziale Unruhe, um kritisch gegen alle „starken" religiösen Erfahrungen anzugehen - unabhängig davon, ob sie in einer Massenreligion oder in einer kleinen Gruppe gründen. Während die sozusagen „religiös begründete" Kritik an den neuen Religionen die fragwürdigen Aspekte der „Sekten" im Namen der Wahrheit und der Werte betont, betrachtet das Anticult Movement dagegen jeden als „Sektierer", der den Relativismus nicht akzeptiert und beharrlich daran glaubt, daß auch im religiösen Bereich eine Wahrheit existiert.»

Daraus zieht Introvigne folgenden Schluß: «Wir haben es mit einer Polemik zu tun, deren ideologische Motivationen leicht auszumachen sind und die nur allzu leicht von der Kritik an den „Sekten" in die Kritik an der Religion überhaupt abgleitet. Im offiziellen Mitteilungsblatt einer der führenden europäischen Vereinigungen des Anticult Movement, der französischen ADFI (übersetzt: „Vereinigung zur Verteidigung der Familien und des Individuums"), schrieb kürzlich einer der Hauptprotagonisten der Bewegung, Alain Woodrow: „Es besteht kein Grund, sich a priori gegenüber den Kirchen nachsichtiger zu zeigen als gegenüber den Sekten." Woodrow nimmt das Christentum ins Visier und schreibt, daß „im Laufe ihrer langen Geschichte [...] die christliche Kirche - katholische, orthodoxe und protestantische - oft zu Recht derselben Exzesse angeklagt worden ist, über die sie sich jetzt im Zusammenhang mit den Sekten beschwert..." Auch wenn man, fügt Woodrow hinzu, „nach dem letzten Konzil der katholischen Kirche anerkennen muß, daß sich das Klima sehr verändert hat" und daß „der sektiererische Geist der Gegenreformation endlich tot ist".

Im besonderen äußert Woodrow seine Freude darüber, daß „das Fasten und die anderen aszetischen Übungen praktisch verschwunden sind und die Ordnung in den Seminaren und Ordenshäusern nach dem Konzil viel humaner geworden ist". Unter diesen Bedingungen kann unser französischer Autor sagen, daß die katholische Kirche keine „Sekte" (oder besser: keine „Sekte" mehr) sei; doch müsse man sich fragen, wie die Bewegung eigentlich die - in den Mehrheitskirchen und -gemeinschaften übrigens anstandslos bestehenden - Gruppierungen beurteilt, in denen „Fasten und andere aszetische Übungen" keineswegs verschwunden sind, ebenso wenig wie der „auswendig gelernte Katechismus", der „Geist der Gegenreformation" und die Vorstellung, die „allein wahre Kirche" zu sein.

„Wir haben es mit Kritiken an der katholischen Kirche und anderen christlichen Glaubenserfahrungen zu tun, wie sie in einem bestimmten laizistischen ideologischen Milieu üblich und traditionell sind. Nimmt man dieses Element als wichtigsten Maßstab für die Kritik an den „Sekten", so läuft man Gefahr, eine begriffliche Unterscheidung zwischen Sekten oder neue Religionen einerseits und den ganz anderen traditionellen Religionen andererseits unmöglich zu machen und sich auf eine allgemeine antireligiöse Polemik zu beschränken".»

Und Introvigne fährt fort: «Eine Schlüsselgestalt der „Laizisten"-Bewegung Anticult schrieb übrigens, daß „zwischen Kirchen und Sekten nur dem Grad und der Dosierung nach ein Unterschied" bestehe, ja sogar, daß „sich legalerweise die Demarkationslinie zwischen Bekehrung und Gehirnwäsche nur schwer ziehen läßt".»

Und damit sind wir endlich bei dem angekommen, was uns besonders interessiert: «Während die Antisekten-Bewegung ihre

Angriffe auch gegen reale Gebilde wie das Opus Dei richtet, die ganz offensichtlich voll und ganz zur katholischen Welt gehören, muß man von diesem Standpunkt aus - nach Beseitigung mancher Mißverständnisse und naiver Ansichten - in Zukunft ein wachsendes Auseinanderklaffen erwarten zwischen der religiösen (in Italien vor allem katholischen) Kritik an den neuen Religionen, die sich auf doktrinelle Wahrheits- und Wertkriterien stützt (und im allgemeinen gegenüber jeder Einmischung des Staates in den Bereich der Religion mißtrauisch ist), und dem Angriff laizistischer Herkunft auf die „Sekten" und das „Sektierertum", dessen Ausgangspunkt eben die Leugnung der möglichen Existenz jeder religiösen Wahrheit ist, mag sie nun „alt" oder „neu" sein. Mit diesem Angriff gehen die Brandmarkung jeder „starken" religiösen Erfahrung und der Vorschlag einher, sie gesetzlich zu unterdrücken, unabhängig davon, ob sie im Umkreis traditioneller oder alternativer Religionen erlebt wird.»

Soweit Massimo Introvigne. In dem klar abgesteckten allgemeinen Rahmen, in dem unser Autor das Problem erörtert, könnte unser Opus Dei als ein Angriffsziel unter vielen erscheinen. In Wirklichkeit aber haben die Anticult Movements das Werk seit Jahren zu ihrer bevorzugten Zielscheibe gemacht, wie mir der Gelehrte selbst bei einer Begegnung bestätigte: «In ihren Zeitungen und Zeitschriften fehlt nie ein giftiger Artikel gegen das Opus Dei, an dessen Ende möglicherweise die Forderung an die Behörden steht, das Werk zu verbieten. Zu den am meisten behandelten Themen gehört der Skandal, den Bußgürtel zu tragen, was der selige Escrivá persönlich pflegte und was den Mitgliedern (in gebührenden Grenzen und mit Augenmaß) empfohlen ist. Diese Anticults scheinen geradezu von dem Bußgürtel besessen, so als würde es sich nicht um eine freie und freiwillige Entscheidung anderer freier, erwachsener Personen, sondern um einen ihnen aufgenötigten Zwang handeln.» Aber auf diese beanstandete Form «asketischer Abtötung», einschließlich Bußgürtel und Geißel, werden wir später noch zurückkommen.

Auf dem im April 1993 in Barcelona veranstalteten internationalen Kongreß mit dem eindeutigen Titel «Totalitarian Groups and Cultism» verlangte ein spanischer Soziologe - Alberto Moncada, ein «Ehemaliger», wie man mir sagte - am Ende einer heftigen Anklage gegen die von seinem Landsmann Escrivá gegründete Institution deren «Aufnahme in das Verzeichnis der kindergefährdenden Sekten». Eine allerdings einzigartige Forderung angesichts der Tatsache, daß das Werk niemanden - nicht einmal «auf Probe» - vor Vollendung des 18. Lebensjahres, also sicher niemanden mehr im «Kindesalter», aufnimmt. Mit Genugtuung kündigte Professor Moncada die Gründung eines «network», eines «Netzwerkes», in Pittsfield, Massachussets, an, das einzig und allein der vorbehaltlosen Bekämpfung des Opus Dei in der ganzen Welt gewidmet sein sollte.

Was nach Massimo Introvigne «am Opus Dei tatsächlich stört, ja häufig Anstoß erregt, ist der Bekehrungsprozeß, den viele dort erleben, wobei sie nach dem Geschmack derer, die heute (selbst in der Kirche) das Leben nach dem Evangelium auf eine allgemein annehmbare Ethik, Moral, bürgerliche Erziehung und sozialpolitisches Engagement reduzieren möchten, diese evangelische Perspektive „allzu ernst" nehmen».

Zudem ist es überraschend, daß unter den für den Kampf gegen diese «Kulte» (Sammelfach für das Werk und andere Institutionen) angeführten Gründen auch der Vorwurf gegenüber den geistlichen Leitern zu finden ist, wirtschaftliche Spekulationen zu betreiben. Dies ist - wie gesagt - überraschend, weil auch diese Movements, die sich einen so tugendhaften Anstrich geben, zu einem einträglichen Geschäft, wenn nicht gar zu einem Treiben am Rande des Gesetzes, geworden sind. In der Tat kann es geschehen, daß der «Sektenabhängige» festgehalten, in einen Wagen gesteckt, weggebracht und an einem geheimen Ort oder in einem Hotelzimmer eingesperrt wird. Es scheint, daß allein in Spanien - um nicht von den USA zu sprechen - schon einige junge Anwärter zum Opus Dei Opfer von solchen gewaltsamen «Behandlungen» gewesen sind.

In der Folge wird eine sogenannte «Entprogrammierung» vorgenommen, um sie von der «Gehirnwäsche» zu heilen, der sie zuvor in der «Sekte» angeblich unterzogen worden sind. Und diese «Entprogrammierung» (deren Ergebnis übrigens für die Entführer oft enttäuschend ist) läßt man sich von Eltern oder Freunden der Entführten, die um das Eingreifen der «movement-men» gebeten hatten, mit durchschnittlich 50.000 Dollar bezahlen; womit das Ganze zu einem lukrativen Beruf wird.

Nach Ansicht einiger Experten, die sich mit diesem beunruhigenden Phänomen befaßt haben, ist das Beharren auf der Darstellung des Opus Dei als gefährliche Sekte (was ja die zwangsweise «Entprogrammierung» rechtfertigen würde) Folge einer wohlüberlegten Strategie. Vor allem in den Vereinigten Staaten gären die Antisekten-Bewegungen in Kreisen des radikalen Protestantismus, des agnostischen Liberalismus, des fundamentalistischen Judentums oder unter den zahlreichen freimaurisch gefärbten Gruppierungen, die sich oft verrückt gebärden und zu unberechenbaren Splittergruppen geworden sind: für sie alle ist der eigentliche «Feind», den es um jeden Preis zu bekämpfen gilt, die katholische Kirche.

Und es geht hier nicht nur um die Kirche in einigen Ländern, in denen sie, bereits geschwächt, weltergeben und konturarm beinahe dafür um Vergebung zu bitten scheint, daß sie überhaupt noch, und sei es als ökumenische «humanitäre Organisation», existiert. Nein, der Kampf richtet sich offensichtlich gegen die Kirche des Papstes, eines «harten» Papstes, der sich gegen die herrschende Denkweise wendet und an die Ansprüche eines Evangeliums erinnert, das notwendigerweise Spaltung und Spannungen hervorruft. Gegen eine Kirche also, die nicht nach größerer Akzeptanz schielt, sondern sich die beunruhigende (und heute für viele unerträgliche) Warnung Jesu gegenwärtig hält: «Meint ihr, ich sei gekommen, um Frieden auf die Erde zu bringen? Nein, sage ich euch, nicht Frieden, sondern Spaltung» (Lk 12,51).

Das Treiben dieser Kreise gegen das Opus Dei zielt also auf Höheres: die eigentliche Zielscheibe ist die vatikanische Spitze. Dazu bedient man sich der Verleumdung der Institution Escrivás, die wegen ihrer Treue zum Lehramt als die furchteinflößende Gesellschaft Jesu der Moderne, als ein Heer neuer Templer angesehen wird, deren Zerschlagung eine der letzten Verteidigungsposten der römischen Bastionen zu Fall bringen würde.

Daher auch die - manchmal offene, dann wieder versteckte - Unterstützung der Antisekten-Bewegungen von seiten gewisser katholischer Gegner des Opus Dei. Sie scheinen eine einzige Sorge zu haben: daß «zuviel» geglaubt werden könnte, daß das Paradox und die Radikalität des Evangeliums «zu ernst» genommen werden könnten. Eine solche Unterstützung hat etwas Masochistisches an sich, denn die klerikalen Hilfstrupps bestehen häufig aus Ordensleuten, die - da sie die Gelübde der Keuschheit, der Armut und des Gehorsams abgelegt haben - selbst von der liberalen Verdammung jeder «starken» religiösen Erfahrung betroffen sind. Eigentlich wären demnach auch sie «Fanatiker», die «entprogrammiert» werden müßten...

Es wäre noch anzumerken, daß die hier geschilderten Kämpfe hinter den Kulissen, die sehr vielen verborgen bleiben, keine Spielart der science fiction sind. Und noch viel weniger (Gott bewahre!) sind sie ein Beweis dafür, daß auch wir zum Opfer jener «Kultur des Enthüllens» geworden sind, von der oben ironisch die Rede war. Hier haben wir es mit Kräften, die nachweisbar, und mit Fakten, die belegbar sind, zu tun.

So ist unter anderem etwas geschehen, das Menschen, die den tatsächlichen Spieleinsatz in diesem erbarmungslosen Kampf nicht kennen, verblüfft hat. Auch wer die Weltpresse nur flüchtig kennt, weiß, daß die angelsächsische Presse den katholischen Angelegenheiten nur dürftige, allenfalls geringschätzige Aufmerksamkeit widmet: da ist von Papisten, hispanics (Südamerikanern), Iren, Makkaronifressern die Rede. ... Bestenfalls pittoreske Folklore, Ansichtskarten mit Schweizer Garde, Sedia gestatoria (der früher gebräuchliche Tragthron des Papstes, A.d.V.) und Flabella (Fächer zum Verscheuchen der Insekten vom Altar, A.d.V.).

Doch gerade diese sonst - beschönigend gesagt - unaufmerksame Presse hat auf den Titelseiten wochenlang mit giftigen Beiträgen gegen das Vorhaben des Papstes, Escrivá selig zu sprechen, ein Trommelfeuer entfacht. Später ließ sich nachweisen, daß hinter jenen Kampagnen untereinander verbundene Zeitungen (die im Besitz der oben erwähnten harten und sogar fanatisch antikatholischen Kreise sind) sowie die «networks» vor allem der amerikanischen Antisektierer standen. Und wenn man mit etwas Aufmerksamkeit die damals veröffentlichten Beiträge studiert, so merkt man, worum es da ging: massiv zu suggerieren, daß der Papst, indem er die «Erhöhung eines fanatischen Spaniers, Schöpfers einer Geheimlobby und selbst Schmied von weiteren Fanatikern» sanktioniert, nicht nur sein wahres Gesicht als Feind liberaler Toleranz gezeigt, sondern durch seine Autorität einen manipulierten Seligsprechungsprozeß gedeckt habe, dessen Abschluß einzig und allein dem Geld, vielleicht der Erpressung einer geheim gebliebenen Macht, zu verdanken gewesen sei.

So wurde unter anderem behauptet, das Opus Dei habe sich für die Zuerkennung des Titels «Seliger» an seinen Gründer im Gegenzug dazu verpflichtet, das Finanzloch des Heiligen Stuhls zu stopfen, das durch die waghalsigen Spekulationen des finsteren Paul Marcinkus entstanden war - jenes Amerikaners litauischer Abstammung, Titularbischof von Horta bei Karthago (einer der früheren Diözesen Nordafrikas, die von der muslimischen Woge hinweggeschwemmt worden waren) und vor allem als Verantwortlicher der Vatikanbank bekannt.

Und weiter schloß man: da der Papst, sofern man sich an die Theologen hält, bei Selig- und Heiligsprechungen von seiner Unfehlbarkeit Gebrauch macht, hätten der «Escrivá-Skandal» und «die Operation Opus Dei» das Dogma selbst beschädigt. Der Erfolg der Pressekampagne hätte somit im Lehrgebäude der katholischen Kirche einen augenfälligen Riß aufgetan. Man hatte also die Axt nicht an den Ästen, sondern an den Wurzeln des Baumes Kirche selbst angesetzt.

Es ist nunmehr Zeit, Schlüsse zu ziehen: Was ist dieses Opus Dei wirklich, das von Anfang an und überall, wo es wirkt, soviel Liebe und soviel Haß auslöst? Wie ist dieses echte «Zeichen des Widerspruchs» entstanden, wie ist es gewachsen, wie ist es organisiert?

Darauf könnte ich gleich antworten: das Opus Dei wurde 1928 «geboren» (wenn ich erklärt habe, was mit «Geburt» gemeint ist, werden Sie verstehen, weshalb ich dies in Anführungszeichen setze); und seit dem 28. November 1982 - also sieben Jahre nach dem Tod des Gründers am 26. Juni 1975 - ist die Praelatura Sanctae Crucis et Operis Dei , wie ihr offizieller Name lautet, die erste und bisher einzige «Personalprälatur» der katholischen Kirche.

Auf diese Antwort würde sicherlich die naheliegende Reaktion folgen: schon, aber was ist eine «Personalprälatur»?

Die präziseste Antwort ist natürlich die offizielle; das heißt, die Definition, die in dem dicken, rotgebundenen und mit Goldlettern versehenen Annuario pontificio [päpstliches Jahrbuch] steht, das vom Staatssekretariat des Heiligen Stuhls herausgegeben wird. Dieses maßgebende Buch, das auf allen Schreibtischen der Welt, die «etwas zählen», anzutreffen ist (von den Presseorganen bis zu den Botschaften und den Sitzen der Geheimdienste...), belehrt uns, wie folgt: «Personalprälaturen sind nicht auf einen territorialen Bereich beschränkte Rechtsstrukturen, die die Förderung einer angemessenen Verteilung der Priester und die Verwirklichung besonderer seelsorglicher oder missionarischer Werke für verschiedene Gebiete oder unterschiedliche Sozialverbände zum Ziel haben» (vgl. CIC, c.294; vgl. auch CIC v. 1983).

Nach dem Hinweis, daß diese Einrichtung - ein Novum in der Geschichte der Kirche, die doch wahrlich in fast zweitausend Jahren schon alles an kirchenrechtlichen Formen erprobt zu haben scheint - vom II. Vatikanischen Konzil gewünscht und in der Folge von einigen motu proprio und anderen päpstlichen Dokumenten genauer bestimmt und mit Satzungen ausgestattet wurde, fährt das Annuario fort: «Nach Anhören der betreffenden Bischofskonferenzen ist es Sache des Apostolischen Stuhls, Personalprälaturen zu errichten und ihre Statuten festzulegen. Sie werden von einem Prälaten als eigenem Ordinarius geleitet, der das Recht hat, ein nationales oder internationales Seminar zu errichten und Alumnen zu inkardinieren» (vgl. CIC, c. 294 u. 295).

Und um mit diesem «Kirchenjargon» fortzufahren und Ihnen möglichst einen Einblick in die Gesamtheit der Normen zu bieten, füge ich hinzu, was der vatikanische Redakteur schlußfolgert: «Auf Grund von mit der Prälatur getroffenen Vereinbarungen können Laien sich apostolischen Werken der Personalprälatur widmen. Außerdem sieht die geltende kirchliche Rechtsordnung vor, daß in den Statuten das Verhältnis der Prälatur zu den Ortsordinarien bestimmt werden, in deren Teilkirchen die Prälatur ihre seelsorglichen oder missionarischen Werke nach vorausgehender Zustimmung des Diözesanbischofs ausübt oder auszuüben beabsichtigt» (s. CIC, c 296 u. 297).

Ja, Kirchenrechtssprache! Trotzdem: zweifellos notwendig, ja unumgänglich: in diesen Bereichen, die die institutionelle Ordnung der Kirche betreffen, ist jedes Wort sorgfältig abgewogen und jeder Begriff Jahrzehnte, wenn nicht Jahrhunderte lang dem Studium, der Debatte und Erfahrung unterzogen worden. In der kirchlichen Gemeinschaft geht das Leben immer dem Recht voraus. Die sprichwörtliche vatikanische Schwerfälligkeit rührt nicht zuletzt von der Absage an die «abstrakte» Begrifflichkeit einer Aufklärung, die die Wirklichkeit nach utopischen, von Intellektuellen am grünen Tisch beschlossenen Theorien und «ideologischen» Schematismen ordnet.

Dennoch ist zuzugeben, daß die offizielle Definition von «Personalprälatur» für den Nichteingeweihten ein Buch mit sieben Siegeln bleibt.

Vielleicht ist die Antwort verständlicher, die Prälat Alvaro del Portillo in einem Interview auf die Frage gab: «Was ist eine Personalprälatur und die Prälatur des Opus Dei im besonderen?» Del Portillo sagte: «Sie ist eine hierarchische Struktur der Kirche, die Priester und Laien unter der Jurisdiktion eines Prälaten vereint, um ein bestimmtes apostolisches Ziel unter den gewöhnlichen Christen, die in der Welt leben, zu verwirklichen, indem man sie lehrt, die normale Arbeit eines jeden in Gebet, in eine Gelegenheit zur Begegnung mit Gott zu verwandeln.»

Um sicherzugehen, daß wir uns verstehen, hier noch eine andere Definition, die mir wegen ihrer knappen Formulierung eine der eindringlichsten zu sein scheint: «Eine Personalprälatur stellt ein rechtlich strukturiertes Pastoralprogramm der Kirche dar.»

Man muß immerhin wissen, daß das Opus Dei vierundfünfzig Jahre gebraucht hat, um diesen Status einer Personalprälatur zu erlangen, der (wie die Leiter des Werkes sagen) seinem Selbstverständnis voll entspricht und daher als endgültige Form anzusehen ist.

Mehr als ein halbes Jahrhundert suchte das Werk einen Platz, den es im damaligen Kirchenrecht nicht gab, während es «viele Tränen vergoß» (so Escrivá) und die Formen der Anerkennung, die der Heilige Stuhl ihm gewährte, mit Vorbehalt und als provisorische Lösung - als kleineres Übel - hinnahm, weil sie es «an einer Mole anlegen» ließen, «die im Hafen der Kirche nicht die seine war».

Auch diese letzte Äußerung stammt vom Gründer: Er starb, ehe das Werk den Anker an jenem Anlegeplatz auswerfen konnte, den er so lange ersehnt, gesucht, als Ziel verfolgt, an dessen Erreichen er aber nie gezweifelt hatte. 1951 schrieb Escrivá an die Seinen: «Ich weiß nicht, und ich betone das, wann die Stunde für diese angemessene juristische Lösung kommen wird (...). Obwohl ich nicht weiß, wann dieser Moment kommen wird, und obwohl ich annehme, daß dazu wohl noch eine ganze Anzahl von Jahren notwendig ist, schreibe ich dennoch erneut, daß ich nicht daran zweifle, daß er kommen wird.»

Vielleicht wird Ihnen etwas von einem anderen Disput in der Kirche zu Ohren gekommen sein, bei dem es um den sogenannten «juristischen Weg des Opus Dei» ging. Auch hier haben wir es mit einer heftigen «bagarre» zu tun - dies scheint ja das Schicksal dieser Institution zu sein. Doch nach allem, was ich aus dem Studium dieses, ich weiß nicht wievielten, Dossiers verstanden habe, scheint das Ganze auf das Folgende zusammenzuschmelzen: da sind auf der einen Seite jene Leute des Opus Dei, die daran festhalten, daß von Anfang an alles klar war - da Escrivá in geheimnisvoller Weise «gesehen» hatte, was er schaffen sollte - und ihre ganze Anstrengung auf die Verwirklichung des Inhalts jener Vision konzentrierten. Und auf der anderen Seite behaupten die Gegner, das Opus Dei habe - wie andere katholische Institutionen - durch sukzessive Annäherungen sein Profil gefunden und seinen kirchenrechtlichen «Platz» im Rhythmus der nach und nach gesammelten Erfahrungen gesucht.

Darin scheint mir kein unüberbrückbarer Gegensatz zu liegen. Jedenfalls liegt hier einer der Gründe für den Ruf übertriebener Diskretion, ja Heimlichkeit: das Werk, das mangels eines anderen institutionellen «Rahmens» im damaligen Kirchenrecht jahrzehntelang gezwungen war, den kirchenrechtlichen Status eines «Säkularinstituts» anzunehmen (der seine Mitglieder, die ganz «Laien» sein wollten, gleichsam zu verkleideten «Ordensleuten» zu machen schien), trachtete, seine Regeln, die ihm vom Heiligen Stuhl gegebenen Statuten, nicht zu veröffentlichen.

Diese kanonischen Bestimmungen waren nicht «geheim», wie behauptet wurde und noch immer behauptet wird; jeder, der wollte, konnte sie frei einsehen, außerdem wurden sie von jedem Mitglied ausdrücklich akzeptiert; aber es bestand eine gewisse Zurückhaltung, eine Struktur bekannt zu machen, die man für unangemessen und provisorisch hielt.

Aus dieser Zurückhaltung, die Ausdruck eines Unbehagens war, entstanden die Gerüchte von «geheimen Gesetzen», von «heimlichen und anstößigen Statuten». Aber ehrlicherweise muß anerkannt werden, daß, sobald das ersehnte Ziel der Personalprälatur erreicht war, der Codex juris particularis Operis Dei (d.h. die Normen, die das Leben der Institution und die Verpflichtungen ihrer Mitglieder regeln) problemlos verbreitet wurde und in nahezu allen einschlägigen Büchern, auch wenn sie von Mitgliedern des Opus Dei geschrieben sind, als Anhang abgedruckt ist.*

Als das Ziel erreicht wurde, war der Gründer schon verstorben und die Rolle des ersten Prälaten des Opus Dei hatte der damals fast siebzigjährige Alvaro del Portillo übernommen: Bauingenieur, später in Philosophie und in Kirchenrecht promoviert und über vierzig Jahre der engste Mitarbeiter des Seligen. Es war so klar, daß del Portillo die Nachfolge des Gründers antreten sollte, daß er vom Generalkongreß des Werkes einstimmig gewählt wurde. Danach

---

* Vgl. z.B: Amadeo de Fuenmayor, Valentín Gómez-Iglesias, José Luis Illanes: Die Prälatur Opus Dei. Zur Rechtsgeschichte eines Charismas. - Darstellung, Dokumente, Statuten; Ludgerus-Verlag, Essen, 1994; S. 509 + Dokumentarischer Anhang S. 515-685.

setzte das Opus Dei seine Entwicklung methodisch und problemlos fort, in ungebrochener Kontinuität der vorausgegangenen Periode. Es kam überhaupt nicht zu jener (von vielen gefürchteten, von anderen erhofften) Krise, wie sie in der Kirche so oft auf den Tod einer charismatischen Führergestalt folgt, die eine neue Institution ins Leben gerufen hat.

Die Wahl del Portillos wurde im übrigen vom Heiligen Stuhl hochgeschätzt, wie unter anderem die Tatsache bestätigt, daß Papst Johannes Paul II. selbst ihn 1991 in Sankt Peter zum Bischof weihte. Obwohl eine Personalprälatur - um es grob, aber verständlich auszudrücken - einer «Diözese mit einem Volk, aber ohne bestimmtes Territorium» ähnelt (das Territorium des Opus Dei ist die ganze Welt, sein «Volk» sind seine Mitglieder) und obwohl an der Spitze einer Diözese zwangsläufig ein Bischof steht, muß der Prälat nicht mit der Bischofswürde bekleidet werden. Kirchenrechtlich fehlte daher del Portillo nichts, als er von 1982 bis 1991 als einfacher Priester, wenn auch mit dem Ehrentitel «Monsignore», die erste Personalprälatur der Kirchengeschichte leitete. Die Weihe zum Bischof war nicht nur ein weiterer Beweis für das Wohlwollen der Kirche, sie gab ihm auch die Möglichkeit, von nun an selber den in seine Prälatur inkardinierten Klerus zu weihen und damit deren Ansehen weiter zu erhöhen. Was freilich bei den Gegnern zu neuen Besorgnissen, Verdächtigungen und zu der Anschuldigung führte, in Wahrheit sei das Werk eine Art «Parallelkirche».

Gegen diese Beschuldigung aber spricht eine Tatsache, die unbestritten ist: Das Opus Dei ist keine Gruppe von geweihten «Brüdern» und «Schwestern», keine Kongregation, kein Orden, kein «Institut des geweihten Lebens» und daher auch nicht wie diese gemäß dem Kirchenrecht von der zuständigen vatikanischen Kongregation für die Ordensleute abhängig. Das Opus Dei, das nicht von einem «Superior», sondern von einem «Prälaten» geleitet wird und der Kongregation für die Bischöfe untersteht, gehört zur hierarchischen Struktur der Kirche selbst. Demnach ist es auch wesenhaft selbst «die Kirche», kann also (auf Grund kirchenrechtlicher Logik) nicht «parallel» zu ihr sein.

Auf jeden Fall erscheint eine solche Gefahr noch absurder, wenn man bedenkt, wie klar sich das Werk zur Treue zum Heiligen Stuhl und besonders zum Papst bekennt, die ja gerade das Mißtrauen jener erregt, die es (was für ein Paradox!) verdächtigen, «einen Alleingang zu starten», ja in Richtung «Restauration» zu marschieren.

Im übrigen legen ihm die Statuten die Pflicht auf, keine eigenen Zentren einzurichten und keine apostolische Arbeit mit seinen Mitgliedern zu beginnen, ohne die vorausgehende und ausdrückliche Zustimmung des Ortsbischofs eingeholt zu haben. Das Opus Dei ist außerdem verpflichtet, den Ortsbischof sodann periodisch über die Tätigkeit des Werkes zu informieren und sich voll in die Seelsorge am Ort einzubinden.

Die Prälatur soll also den Bischöfen und ihren Diözesen helfen und nicht sie ersetzen. Ein Miteinander, kein Gegeneinander. Daß die Dinge tatsächlich funktionieren, scheint das oben erwähnte Ereignis zu bestätigen: das - nie zuvor erlebte - Plebiszit von über einem Drittel des Weltepiskopates, vom Papst die Seligsprechung von Escrivá zu erbitten.

4. Innenansicht des Opus Dei

Ehe ich fortfahre, möchte ich Ihnen einiges über eine der Etappen meiner Reise, und zwar durch das Innere der Obra, des Werkes, erzählen. Ich tue dies nicht, um Ihnen vor allem zu zeigen, daß ich hart gearbeitet habe (wenn auch das nicht unwichtig ist, da ich einen Bericht vorlegen will, der so gut recherchiert wie möglich sein soll), sondern um so etwas vorwegnehmen zu können, das mir besonders wichtig erscheint.

Also: Ich habe natürlich sowohl vor wie während der Untersuchung alles Lesenswerte über das Thema in den für mich verständlichen Originalsprachen gelesen; angefangen bei den Sprachen, in denen die offiziellen Dokumente verfaßt sind, das heißt mitunter Lateinisch, normalerweise aber Spanisch.

Ich habe selbstverständlich zunächst Überlegungen über jenes Büchlein angestellt, das zugleich Treibstoff und Motor des Werkes ist: Camino (Der Weg) dessen endgültige Ausgabe 1939 auf den Markt kam (obwohl die erste Fassung fünf Jahre zuvor erschienen war), eine Art Guinness der Verlagswelt mit seinen Millionen von Exemplaren in Dutzenden Sprachen, vom peruanischen quechua bis zum philippinischen tagalog. Es sind 999 kurze Gedanken (ein Vielfaches der Drei - zu Ehren der Dreifaltigkeit), die sich mit «Du» an den Leser wenden und ihn zur klassischen katholischen Spiritualität hinführen. Elf Jahre nach dem Tod des Seligen, also 1986, ist unter dem Titel Surco (Die Spur des Sämanns) eine Sammlung von weiteren tausend Gedanken erschienen. Und im Jahr darauf noch einmal 1055 unter dem Namen Forja (Im Feuer der Schmiede). Wir verdanken Escrivá noch weitere Schriften (z.B. ein

Buch über den Rosenkranz: eine Million verkaufte Exemplare), aber Fleisch und Blut seines Denkens und damit des Opus Dei ist in jenen drei Bänden, vor allem im Camino, greifbar.

Ich habe mich nicht nur mit der veröffentlichten Literatur (pro wie contra Opus Dei) intensiv beschäftigt, sondern auch mit hektografierten und mit Schreibmaschine geschriebenen Schriftstücken. Und ich kann Ihnen mein Wort geben, keines meiner Ersuchen um Information ist auf Widerstand oder gar Ablehnung gestoßen. Von den geheimnisumwitterten Archiven erhielt ich jedesmal die gewünschten Abschriften bzw. Auszüge.

Man organisierte für mich die Verabredungen mit den Personen, die ich treffen wollte. Die Liste reicht von einem städtischen Wachmann in Neapel und Mitglied des Werkes bis zu dem fast unnahbaren Prälaten. Ja, ihm konnte ich in seinem römischen Arbeitszimmer nahezu zwei Stunden lang in aller Freiheit meine Fragen stellen (ein wirklich seltenes Privileg, wie mir mein «interner» Begleiter versicherte).

Ich habe mich längere Zeit in einem internationalen Studentenwohnheim im Stadtviertel EUR aufgehalten. In diesem «korporativen Werk» (den Ausdruck werde ich noch erklären) habe ich mit den Mitgliedern, die es leiten und dort als Tutores der Studenten tätig sind (eine Aufgabe, die sie neben ihrem Beruf «draußen» erfüllen), außer der Nachtruhe in dem einfachen, aber funktionell eingerichteten, mir zugewiesenen Zimmer auch die Mahlzeiten und die sogenannten «tertulias» geteilt. Mit diesem spanischen Wort wird in der «internen» Sprache des Werks das kurze Beisammensein bezeichnet, das sich in jedem Zentrum an das Mittag- bzw. Abendessen anschließt: eine kleine Pause auf den Sesseln, Sofas und Stühlen des Wohnzimmers, um Meinungen und Eindrücke auszutauschen, freundschaftlich über dies und das zu plaudern.

An solchen Beisammensein nehmen auch die Bewohner des Studentenheims teil - falls sie im Haus sind, wie es bei mir der Fall war. Es herrscht dort ein Klima von «normalem Familienleben in einem Zuhause wie jedem anderen», denn darauf legt man großen Wert. Das Opus Dei entstand im Elternhaus des damals jungen

Josemaría: einer bürgerlichen Wohnung im Madrid der zwanziger und dreißiger Jahre, die von der Mutter und der Schwester des späteren Seligen betreut wurde. Hier entsteht auch jene (bereits erwähnte) Gewohnheit, die Räume, in denen man Gäste empfängt und mit ihnen beisammen ist, «anspruchsvoller auszustatten»; ein Merkmal, das wir in allen Zentren des Werkes antreffen. Die Armut (ich kann Ihnen versichern, sie mit eigenen Augen gesehen zu haben!) wird gelebt, gewiß, aber «hinter den Kulissen», in den Zimmern der Mitglieder des Werkes oder an Orten, zu denen gewöhnlich nur sie allein Zugang haben (auch wenn es natürlich keine «Klausur» gibt, die für den «laikalen» Geist der Institution undenkbar wäre). «Die Buße müssen wir leisten, nicht sie den anderen auferlegen», sagte Escrivá, der eine «lächelnde Askese» empfahl, die um so verdienstvoller sei, je weniger sie hervorgekehrt werde.

Ebenfalls in Rom habe ich ein Zentrum der weiblichen Abteilung des Opus Dei besucht. Auch in diesem Studentinnenwohnheim war es mir möglich, sowohl an die nicht zum Werk gehörenden Bediensteten wie an die jungen Gäste, die größtenteils auch keine Mitglieder waren, beliebige Fragen zu richten. Hier wie auch an den übrigen Orten, wo Frauen der Prälatur leben, ist meinem geübten Chronistenauge eine Besonderheit nicht entgangen: sie («Supernumerarierinnen» wie «Numerarierinnen» und «Assoziierte») sind sorgfältig und keineswegs nach Art von «Ordensschwestern in Laientracht» gekleidet und vom Äußeren her nicht von anderen Frauen ähnlicher sozialer Herkunft zu unterscheiden.

Aber wenn sie sich - zweifellos elegant - niedersetzten und dabei der Rock ein wenig hochrutschte, so konnte man an den Knien die Spuren des häufigen knienden Betens bemerken. Zeichen eines geistlichen «Stils», das sie wohl aus Scheu vor dem Verdacht auf fromme Angeberei verlegen zu verdecken suchten, wenn sie sich entdeckt fühlten.

Im Laufe meiner «Inspektionen» habe ich «Torrescalla» in Mailand nicht vergessen, das eindrucksvolle, hochmoderne Wohnheim, das die Studenten des angrenzenden Polytechnikums bewohnen.

Einen ganzen Tag habe ich auch im Zentrum ELIS verbracht. Dieses «korporative Werk», das seit 1965 in dem dichtbesiedelten römischen Stadtviertel Tiburtino steht, gehört zu den größten, leistungsfähigsten und renommiertesten Berufsausbildungszentren Roms, wenn nicht ganz Italiens, mit Wohnungen für die jungen Arbeiter und Handwerker, Sportanlagen (jedes Jahr kommen fünfzigtausend Kinder und Jugendliche, zum Großteil «Externe», hierher), Gästehaus und Bibliothek.

Daneben leitet die weibliche Abteilung der Prälatur eine Hotelfachschule; nach Abschluß dieser Schule finden die Mädchen zu neunzig Prozent sofort Arbeit, die anderen nach kurzer Zeit. So jedenfalls will es der Ruf des Instituts.

Der Stil dieser Schule spiegelt sich vor allem in Kleinigkeiten wieder: so ist auch die Zubereitung von Leckerbissen - die schön aussehen und gut schmecken - aus einfachen Zutaten Gegenstand des Unterrichts. Man erlernt die Kunst, eine bescheidene Unterkunft durch geschickten Einsatz von Bezügen, Vorhängen, Beleuchtung und durch andere kleine Kunstgriffe - alles äußerst wirtschaftlich, nach dem do-it-yourself-Prinzip - in eine einladende Wohnung zu verwandeln. Auch hier wieder der Eindruck: das, was man tut, will man wohltun und mit geringem Aufwand einen «guten Eindruck erwecken», an allem sparend - nicht aber an Arbeit und Einfallsreichtum.

Das Zentrum ELIS, für dessen Errichtung Johannes XXIII. das Grundstück und die finanziellen Mittel bereitgestellt hatte (er verwendete dafür das zum 80. Geburtstag Pius' XII. in der ganzen Welt gesammelte Geld), das von Paul VI. eingeweiht und später von Johannes Paul II. besucht und bewundert wurde (das Opus Dei hält viel auf diese Bekundungen päpstlichen «Wohlwollens», die immerhin von sehr verschiedenen Päpsten kamen), hat mit der Ausbildung Tausender von Jungen und Mädchen für handwerkliche und gewerbliche Berufe in der römischen Wirtschaft etwas Ähnliches geschaffen wie Don Boscos soziales Jugendwerk «Valdocco» mit seinen Arbeiter- und Handwerksschulen im Turin des 19. Jahrhunderts.

Zu dem Komplex gehört schließlich eine Kirche, die zugleich als Pfarrkirche des Stadtviertels dient und dem Klerus der Prälatur anvertraut ist.

In dieser Kirche habe ich an einer Sonntagsmesse teilgenommen: gute zeitgenössische Kunstwerke (heute findet man ja manche

Objekte «sakraler» Kunst, die zwar nicht das Verlangen zu beten wecken, wohl aber die Bitte, Gott möge dem vermeintlichen Künstler vergeben); viel Blumenschmuck; eine untadelige Liturgie, getreu nach den offiziellen Richtlinien und nicht der «Kreativität» und den improvisierenden Launen des Priesters ausgeliefert; ein Chor junger Leute aus dem Viertel, gut geleitet und begleitet von einem fachkundigen Organisten; einige konzelebrierende Priester aus verschiedenen Ländern.

Wenigstens einmal in der Woche eine Stunde an einer schönen und würdigen Stätte: als «Geschenk» für die Leute eines der heruntergekommensten Viertel an der ohnehin schon menschenunwürdigen Peripherie Roms. Als ich dieser Messe beiwohnte, wurde mir klar, daß auch so etwas «soziales Engagement» - und nicht einmal ein unbedeutendes - sein kann: jedem, der es wünscht, die Gelegenheit zu bieten, an etwas teilzunehmen, das schon in seiner sichtbaren Harmonie «völlig verschieden» von der Häßlichkeit des Alltags ist.

Im weiteren Verlauf führte mich meine «Inspektionsreise» zu den Professoren und Studenten der Römischen Hochschule vom Heiligen Kreuz, die, anfangs als römischer «Brückenkopf» der spanischen Universität von Navarra gegründet, wohl schon bald eine Päpstliche Universität wie das Lateranum oder die berühmte Gregoriana der Jesuiten werden dürfte. An ihren Fakultäten für Philosophie, Theologie und Kirchenrecht studieren neben Mitgliedern des Opus Dei auch von den Bischöfen vieler Länder entsandte Seminaristen und Priester, die hier Zuverlässigkeit in der Lehre suchen. Alles in allem eine theologische Werkstatt, in der die Motoren jener «Panzer» überholt werden, von denen Don Giussani mir erzählt hatte; und wo man lehrt, diese «Panzer» auf jene sanfte, aber entschiedene Art zu lenken, wie es dem Stil des Werkes entspricht - einem Stil, zu dem auch die Entschlossenheit gehört, den eigenen Weg weiterzugehen und dabei polemische Konfrontationen mit anders orientierten katholischen Kreisen sorgsam zu vermeiden.

Im Grundsatzprogramm jener für die Gesamtkirche «strategisch» wichtigen Fakultät - denn das ist die Theologische Fakultät dieser Hochschule, um deren Einpflanzung in der Stadt des Papstes man sich beharrlich bemüht hat - heißt es: «Es ist unser Ziel, die katholische Lehre nach wissenschaftlicher Methode zu vertiefen und zusammenfassend darzulegen [...], Fachleute in der Glaubenswissenschaft auszubilden...»

Manche erinnern sich vielleicht noch an die spöttische Bemerkung von Benedetto Croce über die Theologie, «dieses Gerede, das sich mit Dingen beschäftigt, von denen man nicht weiß, ob es sie gibt...». Bei den Mitgliedern des Opus Dei besteht kein Zweifel darüber, daß es jene Dinge «gibt»; und wahrscheinlich würden sie diesen ironischen Einwurf gerne umkehren und daran erinnern, wie viele «Gewißheiten» von Philosophen und Weisen, die die «Wahrheit an sich» entdeckt zu haben meinten, schließlich in der Kuriositätensammlung für Gelehrte gelandet sind. Hier ist man jedenfalls mehr denn je davon überzeugt, daß «die Theologie eine Wissenschaft ist, die wissenschaftlich gelehrt werden kann und muß...».

Der alte und ehrwürdige Palazzo di Sant'Apollinare, der neue Sitz der Hochschule, wird zur Zeit in aufwendigem Stil umgebaut; denn das Opus Dei ist dabei, auch physisch die durch die «Schließung» anderer katholischer Einrichtungen entstandenen Freiräume zu besetzen. Damit Sie sich ein Bild davon machen können, wie man die Dinge hier handhabt: ein Anschlag gleich im Eingangsbereich des Gebäudes weist darauf hin, daß zum Besuch der Vorlesungen die Weltpriester die Soutane oder das clergyman, die Ordensleute das Gewand ihres Ordens tragen müssen.

Das ist nur eine Ermahnung «der anderen», denn Priester des Opus Dei sind noch niemals in Pullover, Blue Jeans oder Hemd mit Krawatte gesehen worden; also in Kleidung, die soviele andere Priester in der Überzeugung tragen, das Volk wolle sie in allem, angefangen bei der Garderobe, so haben, «wie es selbst ist». (Und wer weiß denn, ob es überhaupt stimmt, daß das mythische «Volk» sie tatsächlich so haben will und es nicht lieber sähe, daß der Priester, ein Geweihter, sich darum bemüht, schon auf den ersten Blick als «anders» erkennbar zu sein; als jemand, der Zeugnis von einer «anderen», anziehenderen und verheißungsvolleren als der alltäglichen Wirklichkeit gibt.

Wie dem auch sei, der clergyman oder die Soutane des Weltklerus sind für die Priester der Prälatur verbindlich. Und das gilt nach den Gesetzen der Kirche ebenso für alle anderen Priester. Im neuen Codex des kanonischen Rechts aus dem Jahr 1983 (der unverdächtig ist, weil er so trefflich den Geist des konziliaren Aggiornamento zum Ausdruck bringt, daß er bei den Traditionalisten Mißtrauen und Verdacht weckt) heißt es: «Die Kleriker haben gemäß den von der Bischofskonferenz erlassenen Normen... eine geziemende kirchliche Kleidung (decentem habitum ecclesiasticum) zu tragen»; und das gilt für alle, die an dieser Hochschule studieren wollen. Es ist eine Hochschule, die, so bestätigten mir die Studenten, vieles bietet: nicht nur ein gründliches Studium, sondern auch konkrete Hilfe beim Sichzurechtfinden in Rom sowie Beistand eines «Tutors» außerhalb der Vorlesungen - die aber zugleich höchste Ansprüche an den Fleiß und Eifer der Studierenden stellt.

Eine Ernsthaftigkeit, die sich am Ende wieder einmal bezahlt macht: die Zahlen bezeugen die für das Opus Dei gewohnten Wachstumsraten. Als die Hochschule - gleichsam verstohlen als «akademisches Zentrum» im Rang einer einfachen römischen Sektion der Universität von Navarra - 1984 ihre Kurse aufnahm, gab es nur etwa vierzig Studenten. Acht Jahre später, 1992, betrug die Zahl der Immatrikulierten bereits 517 aus etwa fünfzig Ländern, ungefähr zu gleichen Teilen aus Europa und den anderen Kontinenten.

Glauben Sie es mir: diese Hochschule scheint dazu bestimmt, für die Ausbildung der Führungsschicht der Kirche des dritten Jahrtausends eine entscheidende Rolle zu spielen, auch wenn die Mitglieder des Werkes - hinter einer Art «kollektiver Demut» verschanzt - es nie zugeben werden ... Aber ich schreibe ja nicht für die «Insider», die all diese Dinge eh sehr gut kennen, selbst wenn sie nicht darüber sprechen, doch Tag für Tag beharrlich alles daran setzen, daß es so sein wird. An der Römischen Hochschule vom Heiligen Kreuz bedient man sich der fortschrittlichsten pädagogischen Methoden und einer erstklassigen Ausrüstung - inhaltlich aber ist der Lehrstoff von absoluter Treue zum kirchlichen Lehramt geprägt. Auch in unseren sogenannten «postmodernen» Zeiten scheint es so zu sein, daß sich die echte Tradition als der kürzeste Weg in die Zukunft erweist. Wie schon gesagt: die Zukunft könnte jenen gehören, von denen die von «Neuem» Verblendeten einst annahmen, sie verkörperten das Gestrige.

Einem ebensolchen kraftvollen «Cocktail» - Tradition in den Inhalten und kühnste pragmatische Modernität in der Form - bin ich in umfassenderen und komplexeren Dimensionen, als es sie - bis jetzt - in Rom gibt, an einem anderen Reiseziel begegnet: in der alten Hauptstadt des Königreiches Navarra. Ja, in jenem Pamplona, das Sie wie viele andere - dessen bin ich mir sicher - nicht mit dem Ort verbinden, wo der damals noch «weltliche» hidalgo (Edelmann) Ignatius von Loyola 1521 bei der Verteidigung der Stadt gegen die Franzosen verwundet wurde; und auch nicht mit der Gestalt eines schlecht angesehenen Bischofs, dessen Episkopat hier nur von kurzer Dauer war - ich meine Cesare Borgia, den Sohn Papst Alexanders VI., den brillanten und grausamen Abenteurer, der Macchiavellis Träume beflügelte. Viele verbinden Pamplona zunächst sicher nicht mit Kirchengeschichte, sondern mit den Stierkämpfen aus Hemingways Romanen und mit den von tosendem Lärm begleiteten Bildern vom «encierro de los toros» - die durch die Straßen der Stadt von den Stieren gehetzten Scharen junger Burschen, die den Schauder der Herausforderung an den Tod suchen. Spanische Folklore, die freilich viel reicher an Werten, Symbolen und religiösen Wurzeln ist, als es die oberflächliche Aufklärung entrüsteter Tierfreunde vermuten läßt; reicher als selbst innerhalb der Kirche manche liberal gesonnenen Mönche wahrhaben wollen, die die Größe eines Franz von Assisi dadurch herabwürdigen, daß sie ihn zum vergipsten Vorläufer der heutigen «Grünen»- und «Tierschutz»-Bewegungen deklassieren.

Für Folklore jedoch gibt es auf dem riesigen, 400.000 Quadratmeter großen und sorgfältigst gepflegten Campus mit 30.000 Bäumen, mit Gebüsch, Blumen und weiten Rasenflächen keinen Platz. Sorge um die Umwelt (gar nicht empfehlenswert, wenn sie zu einer Ideologie, zu einem weiteren «Ismus» entartet) wird im Tun, nicht in Manifesten betrieben - auf dem riesigen Campus also, auf dem sich die modernen Gebäude der Fakultäten der Universität von Navarra und der zahlreichen colegios mayores (Studentenwohnheime) erheben, allesamt beherrscht vom Rektoratsgebäude. Dessen Türme, Wappen, Giebelfelder und Freitreppen erwecken jedoch trotz ihres modernen Charakters Erinnerungen an den vergangenen katholisch-imperialen Ruhm eines Spanien, das sich der Bürde einer von der Vorsehung bestimmten Rolle in der Welt, aber auch in der Kirche bewußt ist: nicht zufällig spricht heute die Mehrheit der Katholiken jenes Kastilische, das laut Karl V. (oder war es Philipp II.?, darüber streitet man...) selbst im Himmel ein vertrautes Idiom ist...

Diese 1952 eröffnete Universität, nachdrücklich vom seligen Escrivá ersehnt, der bis zu seinem Tod im Jahr 1975 auch ihr Großkanzler war, kommt vor allem das historische Verdienst zu, das vom spanischen Laizismus eingeführte staatliche Erziehungsmonopol im Hochschulwesen durchbrochen zu haben, dessen jakobinischer Zentralismus es so weit trieb, daß er Promotionen ausschließlich an der von der Regierung überwachten Universität der Hauptstadt Madrid gestattete.

Heute kann man in Pamplona Rechtswissenschaften, Medizin, Geisteswissenschaften, Philosophie, Pharmazie, Chemie, Biologie, Kirchenrecht, Informationswissenschaft, Architektur, Philologie und Wirtschafts- und Betriebswissenschaften studieren sowie eine Ausbildung zur Krankenschwester absolvieren. Und das alles mit einer solch tadellosen Organisation und sorgsamen Betreuung der Studenten, daß eine kürzlich durchgeführte Untersuchung der Europäischen Kommission den Campus der Universität von Navarra - ein Aushängeschild des Opus Dei - unter die absolut besten einreihte, wenn nicht gar zum besten des Kontinents kürte. Auch hier wird also die Mahnung Escrivás ganz konkret beherzigt:

«Mach alles, was du tust, gut. Man kann Gott keine schlecht gemachten Dinge darbringen.»

Die Universität hat das Leben dieser Stadt von weniger als 200.000 Einwohnern verändert: fast eine halbe Million Menschen kommen und gehen jedes Jahr aus Gründen, die irgendwie mit dem Universitätsbetrieb zusammenhängen. Ich landete auf dem kleinen, aber modernen Flugplatz von Pamplona. Leute aus der Abteilung für Öffentlichkeitsarbeit, denen es angesichts der häufigen Besuche einzelner Gäste und internationaler Delegationen sicher nicht an Arbeit fehlt, nahmen mich in Obhut.

Die Computer haben dem Journalisten sämtliche von ihm gewünschten Zahlen, graphischen Darstellungen und Diagramme ausgedruckt, wobei sie nicht selten seinen ausdrücklichen Anfragen zuvorkamen. Sehen wir uns eine Auswahl dieser Daten an: die Fakultäten werden von 15.000 Studenten besucht (zehn Prozent von ihnen kommen aus anderen Ländern). Die Zahl ist genau programmiert: man hält sie für hoch genug, um die entsprechenden Dienste anzubieten, und zugleich für begrenzt genug, um Massenbetrieb zu vermeiden und jenes persönliche Verhältnis zu fördern, das zu den Zielen gehört, die zu verfolgen sich das Opus Dei von Anfang an überall, nicht nur hier in «seiner» Universität, bemüht.

So versucht man, in den Studentenwohnheimen, Berufsbildungsstätten oder anderen apostolischen Unternehmungen die Teilnehmer stets in Gruppen einzuteilen, die kaum mehr als zehn Leute zählen. Auch in den Jahren, wo der kulturelle Trend in die entgegengesetzte Richtung ging, hielt man sich von den Utopien der «Versammlung», des «Kollektivs», der «Masse» fern. Jeder wird in seiner religiösen, ethischen, kulturellen und fachlichen Bildung persönlich begleitet; die christliche Ablehnung des «Kommunismus» und die Entscheidung für den «Personalismus», das Nein zur Anonymität und die Wertschätzung des Individuums und dessen Einmaligkeit in Gottes Plan gehören zu den Eckpfeilern eines Werkes, das gleichwohl im Jahrhundert der kollektivistischen Utopien geboren wurde.

Ich glaube, auch Escrivá war - wie André Frossard, der bekannte französische Konvertit - davon überzeugt, daß «der christliche Gott nur bis eins zählen kann». Und daß Er ein Gott ist, der sich nicht um «Menschlichkeit», sondern um konkrete «Menschen» kümmert, von denen jeder einen Vor- und einen Zunamen trägt; daß Er nicht «Klassen», «Parteien», «Rassen» kennt, sondern nur einzelne, in ihren Rechten und Pflichten gleiche und zugleich unwiederholbare und unnachahmliche, unverwechselbare Individuen.

Aber fahren wir mit der Statistik über diese Universität fort, die mehr Stätte der «Bildung» als des bloßen «Paukens» sein will und deshalb vor allem «die Person in den Mittelpunkt stellt»: die Zahl der Professoren beträgt 1.500 (auf einen Professor kommen somit zehn Studenten; dazu eine große Anzahl junger Leute, die sich dem tutoring, der Begleitung der Studenten, widmen); Angestellte gibt es ungefähr viertausend; für zweitausend Plätze im Jahr melden sich 18.000 Aufnahmewillige; in den vierzig Jahren seit Bestehen der Universität haben hier 43.000 Personen ihr Studium absolviert.

Seit 1958 gibt es zudem in Spaniens Wirtschaftshauptstadt Barcelona das Instituto de Estudios Superiores de la Empresa (IESE) - eine «Business-School», die zu einem der angesehensten Zentren der westlichen Welt für die postuniversitäre Fortbildung betrieblicher Führungskräfte geworden ist und international geschätzte Absolventen entläßt. 1993 beschäftigte das Institut 117 Dozenten aus fünfzehn verschiedenen Nationalitäten und hatte zugleich nur 420 nach strengsten Gesichtspunkten ausgewählte, jung graduierte Studenten aus 34 Ländern zugelassen, die sich 21 Monate lang in Intensivkursen auf künftige Führungspositionen vorbereiteten. Man bewegt sich also auch hier ganz unbefangen mitten in einem Milieu modernster Aufgeschlossenheit, in einem Management, das sehr gut mit der Heiligen Messe und dem Rosenkranz harmoniert. Daß hier freilich ein besonderer «Geist» herrscht, zeigt schon das Selbstverständnis des Instituts, so wie es potentiellen Studenten erläutert wird: «Die Betriebsführung ist eine Aufgabe, die Personen anvertraut ist und sich an andere Personen richtet. Die Lehrtätigkeit des IESE unterstreicht immer die menschlichen, ethischen und Gewissensmerkmale bei jeder unternehmerischen Entscheidung. Höchste Professionalität muß mit dem ständigen Geist des Dienens für die Menschen einhergehen.»

Vielleicht - so fragen meine Begleiter zuvorkommend - argwöhnt der italienische Journalist, daß dies alles nur für eine Elite bestimmt sei, daß hier der Ruf vom Exklusivcharakter der Obra nur bestätigt würde? Jemand drückt auf eine Taste, und auf dem Computerschirm erscheinen farbige Diagramme: Laut den Statistiken für das Studienjahr 1992-93 stammen die Studenten in der Mehrzahl (44 Prozent) aus Familien mit niedrigem Einkommen, vierzig Prozent aus Familien mit mittlerem Einkommen und nur die restlichen sechzehn Prozent aus solchen mit hohem Einkommen. Sehen Sie, señor doctor, diese Tabelle: in einem exemplarisch ausgewählten Jahr stellt die Universität 350 Millionen Peseten für Stipendien (becas) bereit für die Befreiung von Studiengebühren und für andere Formen der Unterstützung, den Aufenthalt in den Wohnheimen, den colegios, eingeschlossen, so daß sich niemand, wenn er von weither kommt, «notdürftig behelfen» oder, schlimmer, auf das Studium verzichten müßte, nur weil er keine angemessene Unterkunft finden kann.

«Aber könnte es nicht sein, daß diese staatlich anerkannte, akademisch vollständig gleichgestellte, doch weiterhin private Universität nur dank der öffentlichen Gelder ein solch menschenfreundliches Bild abgeben kann?» frage ich. Flugs erscheint auf dem Schirm eine andere Tabelle, aus der hervorgeht, daß der Beitrag des spanischen Staates 0,2 Prozent des Gesamtbudgets beträgt. Nein, das ist kein Druckfehler: genau Null-Komma-Zwei. Die Universität von Navarra, die bis vor wenigen Jahren die einzige in dieser etwas abgelegenen Gegend Spaniens war und dem ganzen Land, vor allem aber der nicht gerade florierenden Umgebung, in der sie sich nach reiflicher Überlegung niedergelassen und tiefe Wurzeln geschlagen hat, Nutzen bringt, finanziert sich zu 85 Prozent aus den Immatrikulationsgebühren, zu elf Prozent aus den von der Asociación de amigos de la Universidad gesammelten Spenden (diesem «Verein der Freunde der Universität von Navarra» treten nach ihrem Studienabschluß fast alle ehemaligen Studenten spontan aus dem Wunsch heraus bei, daß auch andere junge Menschen erfahren mögen, was ihnen zuteil geworden ist und was sie, wie deutlich wird, keineswegs bedauern) und schließlich zu zwei Prozent aus den Subventionen öffentlicher und privater örtlicher Unternehmen.

Nur die Hälfte der Professoren gehört dem Opus Dei an (hier in Pamplona, an «ihrer» Universität, sind die Mitglieder des Opus Dei weniger zahlreich als auf Lehrstühlen der staatlichen spanischen Hochschulen vertreten), und die moralische und religiöse Bildung ist nur ein Angebot für die Studenten, das niemanden zur Teilnahme verpflichtet.

Meine Vermutung, daß hier das Klima einfach stimmt, sollte mir übrigens eine weitere statistische Zahl aus dem Mund des Rektors selbst bestätigen: In den vierzig Jahren ihres Bestehens - also in der Zeit von 1952 bis 1992, die die stürmischen «Achtundsechziger-Jahre» miteinschließt - war die Universität insgesamt nur zwölf Tage wegen Studentenunruhen geschlossen. Es wurden keine repressiven Maßnahmen ergriffen, wenn man von der herkömmlichen Disziplin einmal absieht, wie sie vor der Protestbewegung seit jeher in allen akademischen Anstalten gültig gewesen war und auch weiterhin als normal gilt. Also alle vier Jahre ein Tag... An den spanischen staatlichen Hochschulen dagegen ist der Lehrbetrieb im Durchschnitt an sechzig Tagen pro Jahr gestört.

Um die Sache abzurunden: ein Professor erklärte mir mit entwaffnender Schlichtheit, worauf seiner Meinung nach das Geheimnis beruht, daß in jenen Jahren die Lage in Pamplona stabil und sachlich rational blieb, während sämtliche Hochschulen der Welt, die katholischen eingeschlossen, von dem Wahnwitz der Achtundsechziger heimgesucht wurden. «Wissen Sie», sagte er, «wir haben uns mehr denn je auf den Heiligen Geist verlassen, daß er diese armen jungen Leute, die in Gefahr waren, ebenso wie ihre Altersgenossen zur Beute damaliger übler Lehrmeister zu werden, zum Besseren inspirieren würde...».

Eine «Erklärung», die das außerordentliche Habitat (auch in seiner etymologischen Bedeutung, wenn man so will...) des Opus Dei gut wiedergibt: fortschrittlichste berufliche Vorbereitung und traditionelle Frömmigkeit, Computer und Novene zum Heiligen Geist...

Vom Gefühl her schien mir, daß das eigentliche Herz des großen Campus von Pamplona nicht so sehr beim Management zu suchen ist, auch wenn ein solches, wie es der Lehre des seligen Escrivá entspricht, immer einen familiären Charakter hat, sondern in den Gebäuden der Universitätsklinik schlägt. Als ich in der Cafetería für Ärzte, Pfleger und Gäste zu Mittag aß, hatte ich - es war Zufall, aber durchaus bezeichnend - niemanden Geringeren als Tischnachbarn als den König und die Königin von Spanien. Denn der schwerkranke Vater von König Juan Carlos hatte beschlossen, nicht in irgendeiner Privatklinik oder in einem staatlichen Krankenhaus, sondern eben in dieser Klinik untergebracht zu werden, die freilich, auch wenn sie Könige aufnimmt, eine Einrichtung ist und bleibt, die jedem offensteht. Die einzige Schranke ist die Bettenkapazität, denn wie man sich vorstellen kann, übersteigt die Nachfrage bei weitem das Angebot.

Einem Italiener wie mir fällt hier eine Koinzidenz auf: in der Tat, mehr als 120 Jahre, nachdem die Bresche in die Porta Pia geschlagen worden war*, die die «neue Kultur» nach Rom bringen und den Alptraum «tausendjährigen Obskurantismus und klerikaler Mißwirtschaft» vertreiben sollte, sind die Bürger der Ewigen Stadt bereit, von allen nur möglichen Beziehungen - und wohl auch jedem Vorwand - Gebrauch zu machen, damit sie und ihre Angehörigen nur ja nicht (Gott bewahre!) in die staatlichen Spitäler eingewiesen werden, sondern in die große Poliklinik «Agostino Gemelli», eine anerkannte Oase medizinischer Leistungsfähigkeit, Humanität und Modernität inmitten der dantischen Höllenkreise des italienischen Gesundheitswesens, die «fortschrittliche» Politiker, «demokratische» Parteien, gewerkschaftliche «Verteidiger der Arbeiter» und «aufgeklärte» Intellektuelle zu verantworten haben.

Besagte Politiker, Gewerkschaftler und Intellektuelle hüten sich übrigens tunlichst davor, sich dem beklemmenden, ihren eigenen demagogischen Plänen erwachsenen System selbst auszuliefern und

---

* Durch die Porta Pia drangen am 20. September 1870 die italienischen Truppen in die Stadt des Papstes ein und setzten dem Kirchenstaat ein Ende *(Anm. d. Verlags)*.

überlassen jenes «Gesundheitswesen» großzügig ganz dem «Volk», für das sie ja kämpfen. Sie selber bringen jede nur denkbare Beziehung zu Prälaten und Nonnen ins Spiel, um in irgendeiner Ordensklinik, die nicht ihren Reformen zum Opfer gefallen ist, oder eben im Gemelli einen Platz zu erhalten. Gemelli ist - man beachte den Zufall - die Klinik der Medizinischen Fakultät der italienischen Katholischen Universität.

Genau dasselbe geschieht in Pamplona, bestätigte mir lächelnd der Generaldirektor der Klinik, ein Numerarier. Während des Interviews mit ihm leistete ich mir einen Fauxpas, der mir nachträglich als bezeichnend dafür erschien, wie wenig ich bislang vom Geist des Opus Dei verstanden hatte. Stattliches, sportliches Aussehen, ein gut geschnittener Anzug, ein schönes Büro, natürlich mit Computer ausgerüstet, und durch das Fenster ein herrlicher Blick auf die Grünanlagen des Campus.... Ich begann zu fragen: «Como es obvio, usted es médico...», «Selbstverständlich sind Sie Arzt...» «Como es obvio, bin ich nicht Arzt, sondern Wirtschaftsfachmann», antwortete er mir reaktionsschnell und wahrscheinlich nicht ohne Mitgefühl für meine Naivität.

Also ein Manager für ein Krankenhausunternehmen mit 1300 Angestellten, darunter dreihundert Ärzten, die auf eine Privatpraxis verzichten und ausschließlich an der Klinik arbeiten; fünfhundert Zimmern (ein ansehnlicher Teil davon Einzelzimmer mit Übernachtungsmöglichkeit für einen Verwandten; alle anderen sind Zweibettzimmer), in denen jährlich 12.000 Patienten aufgenommen werden; mit jährlich 90.000 ambulanten Beratungen und Eingriffen; mit einer Schule für fünfhundert Krankenschwestern; mit etwa hundert Herztransplantationen, über fünfhundert Nierentransplantationen und einer fundierten Erfahrung in Lebertransplantationen, die, wie sie mir sagten, die schwierigsten sind.

Hier gibt es keine staatlichen Subventionen, nicht einmal jene 0,2 Prozent, die die anderen Fakultäten erhalten: trotzdem kann die Klinik, dank der von Krankenkassen und Versicherungen garantierten Bezahlung der erbrachten Leistungen (dies ist übrigens auch bei den staatlichen und regionalen Spitälern der Fall) stets eine aktive Bilanz vorlegen. Die Gewinne werden übrigens vollständig in Forschung und Modernisierung investiert.

Dazu kommt - und das habe ich als eine Konstante der «korporativen Werke» des Opus Dei kennengelernt - die finanzielle Unterstützung und die Beschaffung von Spenden seitens der Mitglieder des Werkes selbst, aber auch durch andere amigos, Freunde, die manchmal gar nicht katholisch, ja nicht einmal Christen sind, aber den sozialen Wert eines solchen Engagements zu schätzen wissen. Jedenfalls gilt auch hier - wie allerorts, wo Männer und Frauen des Opus Dei präsent sind - das spanische Sprichwort, wonach «jeder Mast sein Segel hält». Das heißt, jede Initiative muß allein die Mittel für ihre Eigenfinanzierung beschaffen und sich nach Grundsätzen der Professionalität, nicht der Wohlfahrt orientieren. Wobei man selbstverständlich auch Wohltätigkeiten als Früchte der Nächstenliebe gerne entgegennimmt.

Lassen Sie mich nun berichten, was den Patienten in dieser Klinik erwartet - und er wohl kaum in einem öffentlichen Krankenhaus, nicht nur in Spanien oder Italien, sondern wahrscheinlich überall auf der Welt vorfinden würde.

Ich fasse mich kurz, denn die Sache ist einfach. Alle oder fast alle großen Worte von Politikern auf Kundgebungen oder am runden Tisch über das ideale Gesundheitswesen - alles also, was an anderen Orten meistens nicht über ein flatus vocis, einen Traumwunsch und ein Wahlversprechen hinausgeht, versucht man in der Klinik von Pamplona in die Praxis umzusetzen: Humanisierung; menschliche Zuwendung; Professionalität; Sorge um die großen wie die kleinen Dinge; die Befolgung einer «universalen» vor einer rein «katholischen» Ethik... Die Beschäftigten - von den Chefärzten bis zu den Angestellten und dem Reinigungspersonal - werden mehr als «Mitarbeiter» denn als «Untergebene» angesehen und wissen, daß die Erfüllung ihrer Pflichten die unerläßliche Vorbedingung für die Wahrung ihrer Rechte ist. Die Organisation hat nichts von bürokratischer Schwerfälligkeit. Man pflegt die Öffnung nach außen und meidet die Isolierung des Patienten und die Ausgeschlossenheit der Familien und Freunde. Ein ganzheitliches Pflegekonzept, das nicht nur den Körper als reparaturbedürftige Maschine im Blick hat, sondern den einzelnen Menschen, dem als Ganzem geholfen werden soll.

Ich sage nicht, daß ihnen alles gelingt... Aber zumindest - so sagen sie - versuchen sie es Tag für Tag, gemäß der häufigen Empfehlung des Seligen: «comenzar y recomenzar» - anfangen und immer wieder anfangen.

Worte sind Worte und Taten sind Taten. Und unter den Taten sind einige besonders aufschlußreich. Erlauben Sie mir, es genau so zu schreiben, wie ich es fühlte, während man mich durch blitzblanke Gänge führte, am Personal in tadelloser Arbeitskleidung vorbei, und mir die ruhigen Zimmer, die Labors, die blitzsauberen sanitären Anlagen (wie in einem Hotel!) zeigte: früher oder später wird für jeden ganz natürlich der Augenblick kommen, in dem er mit der Hinfälligkeit seines Körpers konfrontiert wird. Und wenn es dann soweit ist - so kam mir in den Sinn -, werden vielleicht auch diejenigen, die jetzt noch mißtrauisch und feindselig auf die «katholische Welt» - und vielleicht besonders auf eine als «integralistisch» verunglimpfte Realität wie das Opus Dei - herabblicken mögen, für sich selbst und ihre Angehörigen schließlich wünschen, in einer Einrichtung wie dieser in Pamplona Aufnahme zu finden - und nicht in jenen Anstalten, wo zwar eine Kultur der Rechte und Forderungen herrscht, die aber in der Praxis keine Pflichten kennen. Eine Kultur der ideologischen Manifeste, der abstrakten Gleichmacherei, der gewerkschaftlichen Proteste, des politischen Proporzes, der Wahlprogramme....

Betreibe ich «Apologetik»? Oder ist es nicht vielmehr Sinn für Realismus? Vielleicht war es das, was mir einer der Medizinprofessoren, ein «Supernumerarier», sagen wollte, wobei er nicht nur auf seine Fakultät, auf seine Klinik, sondern auf die gesamte Universität von Navarra anspielte. Ich gebe seine Worte wieder, weil ich sie für aufschlußreich halte: «Bei all unserer Begrenztheit, gewiß, aber mit viel gutem Willen und im Vertrauen auf die Hilfe Gottes - denn der selige Escrivá sagte ja auch von sich selbst, er sei nur „un pecador", ein Sünder, der aber „ama a Jesucristo", der Jesus Christus liebt -, versuchen wir hier etwas aufzubauen, das beispielhaft sein kann. Wir möchten Tatsachen anbieten, die eine deutlichere Sprache sprechen als Worte. Sagt das nicht das Evangelium selbst? Einen guten Baum erkennt man an seinen Früchten - seinen guten Früchten. In Demut (denn diese Haltung würde ja unserer Lage als bedürftige, beschränkte Menschen gerecht) möchten wir zumindest erreichen, daß viele sich fragen: Warum tun sie das? Wer oder was spornt sie an, ohne daß jemand sie dazu verpflichtet, soviel zu arbeiten?»

Aber da gibt es noch ein anderes «Beispiel», das die Mitglieder des Werkes hier geben möchten (ich beziehe mich wiederum auf das, was man mir erzählte): ein Beispiel, das gleichfalls die Lebenskraft von Tatsachen haben soll. Ein «Beispiel», auf das mich ein Dekan aufmerksam machte, als ich mit dem Leitungsstab der Universität im Speisesaal des Rektorats (einem modernen, aber im strengen, feierlichen altspanischen Stil dekorierten Raum; sehr geschmackvoll unter anderem die Wappen in prächtigen Farben) bei Tisch saß: «Diese Zusammenballung von Energien, intelligenten Köpfen und Aktivitäten will auch konkret beweisen, daß die Harmonie zwischen dem in seiner Vollständigkeit bekannten christlichen Glauben und der strengsten Kultur möglich ist; mit anderen Worten, daß es für den Glaubenden kein Entweder-Oder gibt zwischen der aufrichtigen und vollen Annahme des katholischen Dogmas und der Arbeit auf dem höchsten Niveau menschlicher Wissenschaften, Künste und Technik.»

Und jener angesehene Professor verwies mich auf das Ideario, eine Art «Dekalog», den alle hier, ob Mitglieder des Opus Dei oder nicht, einzuhalten haben: in seinen zwanzig Punkten umreißt dieses Grundsatzdokument gleichsam die Pflichten aller - von den obersten bis zu den untersten Rängen -, die freiwillig in diese Studien- und Arbeitsgemeinschaft eintreten und ihr angehören.

So heißt es im dritten Punkt des Ideario: «Die Universität von Navarra läßt sich in ihrer gesamten Tätigkeit von vollständiger Treue zum kirchlichen Lehramt leiten [...], in der Überzeugung, daß echte wissenschaftliche Forschung, wenn sie mit strengen und den moralischen Normen entsprechenden Methoden betrieben wird, nicht in Gegensatz zum Glauben treten kann, haben doch Vernunft und Glaube in Gott selber, der Quelle aller Wahrheit, ihren Ursprung.»

Wollte ich auf meine «Reise» durch das Opus Dei zurückkommen, so könnte ich von weiteren Etappen berichten, könnte weitere «Werke» beschreiben, sowohl die, die ich tatsächlich gesehen habe als auch jene, die ich hätte besuchen können: die Liste der letzteren könnte sehr lang sein und ständig erweitert werden. Sie umfaßt alle Kontinente.

Wenn ich aber hier haltmache, dann nicht allein aus Platzgründen, denn eines bitte ich Sie nicht zu vergessen: die «Perlen» oder - wenn Sie so wollen - die «Blumen im Knopfloch», die ich hier vorgestellt habe, sind durchaus nicht das ganze Opus Dei. Im Gegenteil: sie repräsentieren vielleicht nicht einmal den «bedeutendsten» Aspekt.

Bei ihnen stehenzubleiben oder sie zu sehr in die Mitte zu stellen, könnte dem Verständnis des wahren «Charismas» des Werkes hinderlich sein. Das Werk vermag zwar (durch den Einsatz seiner Mitglieder, die ganz persönlich darauf antworten, zusammen mit anderen Männern und Frauen «guten Willens», die oft nicht katholisch und auch nicht Christen, ja nicht einmal Glaubende sind) zu manchen «außergewöhnlichen» Leistungen anzuregen, wie ich sie geschildert habe. Aber seine Hauptaufgabe bleibt es, dem «Gewöhnlichen», dem Persönlichen, Sinn, Richtung, Inhalt zu geben. Der normalen Arbeit also, welcher Art immer sie sein mag, von der angesehensten bis zur niedrigsten. Dem Alltagsleben, der scheinbaren Monotonie, vielleicht Mittelmäßigkeit des Familienlebens... Und das persönliche Apostolat, um das sich die Mitglieder durch ihr Beispiel im Büro, durch das «rechte» Wort an ihren Nächsten (zu Hause, im Büro, in der Fabrik) bemühen, ist naturgemäß wenig spektakulär und interessiert so die Medien nicht.

Wir werden noch Gelegenheit haben, das ausführlich zu erläutern und, wenn möglich, auch zu verstehen. Hier genügt es mir, Sie darauf hingewiesen zu haben, daß die «korporativen Werke» nicht das «Werk» sind. Übrigens - das Opus Dei ist nicht deren

Eigentümer, sondern Garant ihrer lehrmäßigen und spirituellen Orientierung. Und diese Werke sind, wie die Statuten eindeutig festlegen, niemals gewerblich-industrielle, wirtschaftliche, kommerzielle (auch nicht verlegerische) Unternehmungen, sondern immer und allein zur Verbreitung der Lehre bestimmt, zur Wohltätigkeit und zur sozialen Förderung. Das eigentliche Wirkungsfeld des Werkes ist das geistliche Leben der Mitglieder, die sich beim Eintritt vor ihrem Gewissen dazu verpflichten, ein solches Leben zu führen. Und dieser Bereich entzieht sich natürlich der Beobachtung eines Außenstehenden.

Um einmal vorzugreifen, läßt sich schon hier sagen, daß unter den vielen «Geheimnissen», deren es bezichtigt wird, dieses das «erste und wichtigste Geheimnis» des Opus Dei ist. - Und wie bei jeder wirklich spirituellen Realität ist das, was man nicht sieht, viel mehr (und viel wichtiger) als das, was man sieht.

5. «Ein Gründer ohne Grundlage»

Bis jetzt haben wir nur von der Gegenwart gesprochen. Von einem Heute, wo das Opus Dei mit der uns inzwischen bekannten Zurückhaltung die Motoren in Gang hält und nach seiner Einbindung in die hierarchische Struktur der Kirche als Personalprälatur, sich nunmehr in einem maßgeschneiderten Gewand und gestärkt durch den Einsatz von Zehntausenden von Mitgliedern in der Kirche Tag für Tag weiter ausbreiten kann.

Aber wie entstand das alles? Wie kam es dazu? Wie hat man ein derartiges Netz geplant und dann verwirklicht, das - mit seinem Zentrum in Rom, in dem soliden Gebäude im Parioli-Viertel - seine Fangarme immer weiter, nach allen Kontinenten, ausgestreckt hat und ausstreckt (die «Piovra», der Polyp...)?

Ist man bemüht, das Opus Dei zu begreifen, so gehört zu den größten Überraschungen die Entdeckung, daß - wie die Betroffenen selbst sagen - es kein Mensch im eigentlichen Sinne gegründet und geplant habe.

Es «war bereits da», von Gott selbst ab aeterno, seit ewig, gedacht und gewollt: Er habe in seinem unergründlichen Ratschluß beschlossen, einen unbekannten 26-jährigen spanischen Priester als Werkzeug auszuwählen, damit dieser jene himmlische «Idee» dadurch konkret verwirkliche, daß er in totaler Verfügbarkeit seine Anstrengung, sein Opfer, sein Gebet und seinen Verstand ganz und gar einsetze; und zwar von einem bestimmten Datum an: dem Morgen des 2. Oktober 1928.

Hier bedarf der, der die christliche, im besonderen katholische Dialektik nicht kennt oder sich nicht mehr an sie erinnert, einer

Erklärung als Hilfe, um den «Anspruch» dieses Werkes zu verstehen - ich sage nicht: anzuerkennen. Denn was wäre dies für ein «Bericht», wenn ich nicht versuchte, die Tatsachen in den Rahmen hineinzustellen, der sie rechtfertigt?

Für einen Christen will der Gott der Bibel nicht allein handeln: In seiner Freiheit will er sich Menschen bedienen, um seinen Willen in der Welt zu verwirklichen.

Die ganze Schrift - Altes wie Neues Testament - ist eine einzige «Heilsgeschichte», die Gott plant und die Er nicht ohne, sondern mit seinen Geschöpfen verwirklicht. Selbstverständlich hätte Er alles allein machen können, mit einem - bildlich gesprochen - bloßen Wink seines allmächtigen Fingers. Doch er beschloß - um nur zwei entscheidende Namen zu erwähnen, von denen aus sich alles Weitere entwickelt -, zuerst mit dem Hirten Abraham «zusammenzuarbeiten», um seine Offenbarung weiterzugeben, wobei Er sich zuerst des Volkes Israel bediente; und dann mit dem Fischer Simon, der der «Fels» sein sollte, auf dem Er die ekklesía erbauen wollte, das heißt die Versammlung der zum neuen Israel Berufenen (das nicht mehr auf ein Volk begrenzt, sondern nun alle Völker umfasste).

Zumindest aus katholischer Sicht ist die Geschichte der Heiligen nichts anderes als die Geschichte jener, die, noch ehe sie Werkzeuge wurden, es annahmen, Mitarbeiter Gottes zu sein und es vermochten, bis zum Äußersten «Ja» zu sagen zu dem ebenso geheimnisvollen wie kostenlosen Partnerschaftsangebot. Anders sind die Vorstellungen der zahllosen, aus der protestantischen Reformation geborenen Splittergruppen: Sie denken pessimistisch über den Menschen und über seine Fähigkeiten und schreiben alles einem Gott zu, der gelegentlich so «einsam», unergründlich und unempfindlich erscheint, wie der Allah des Islams. Die katholische Kirche stellt jene «Heiligen» allen ihren Gläubigen als Vorbild hin, weil ein jeder - in seiner Stellung und nach seinen Möglichkeiten - berufen ist, ebenfalls mit Gott zusammenzuarbeiten, der ihn ruft, sich an seinem Plan für die Welt zu beteiligen.

Also ist das katholische «Personalpronomen» weder das «Ich» Gottes noch das «Ich» des Menschen, sondern vielmehr ein «Wir».

Und das nicht auf Grund menschlicher Verdienste, sondern auf Grund der freien und unerforschlichen göttlichen Strategie.

Dies ist der einzige Grund: Gott konnte, aber wollte nicht «allein» handeln. Es ist Sache des Gläubigen, diese Strategie zu erkennen und sie zu befolgen, indem er - so wenigstens versichert die Kirche - mit Mühe und Freude die Konsequenzen annimmt.

Sicher: in diesem geheimnisvollen Bereich gibt es herausragende, außergewöhnliche Höhepunkte, weil diese «Zusammenarbeit», die zwar allen angeboten ist, für einige aber gerade darin besteht, andere Menschen anzustoßen und ihr Schicksal zu prägen.

Das gilt besonders für die Gründer und Gründerinnen von religiösen Orden, Kongregationen, Instituten, Gesellschaften und Gemeinschaften, die die katholische Kirche beinahe von ihren Anfängen an gekennzeichnet haben.

In meiner Bibliothek, wo ich diese Zeilen schreibe, steht jederzeit griffbereit - in den Regalen, die für die rasch und häufig zu konsultierenden Arbeitshilfen reserviert sind - der DIP, wie wir, die wir uns mit diesen Dingen beschäftigen, es nennen. Es ist der Dizionario degli instituti di perfezione (also ein Wörterbuch der Institute geistlichen Lebens), ein gewaltiges Werk, das sämtliche Erscheinungsformen des irgendwie, zumeist in kommunitärer Form, «organisierten» religiösen Lebens in der Geschichte der Kirche aufzulisten und zu beschreiben versucht. Jeder der dicken Bände dieser Enzyklopädie umfaßt über tausend Seiten: in zwanzig Jahren hat die vom Verlagshaus Edizioni San Paolo koordinierte internationale Arbeitsgruppe bisher acht Bände veröffentlicht und bislang noch nicht einmal den Buchstaben «s» abgeschlossen. Aber die Redaktion warnt bereits: wenn man endlich beim Buchstaben «z» angelangt sein werde, würde man wieder von vorn anfangen müssen: mit Ergänzungsbänden, sowohl um die in der Zwischenzeit entstandenen «Institute geistlichen Lebens» zu verzeichnen, als auch die Lücken und Mängel zu beseitigen, die sich trotz jahrzehntelanger Forschung und der Mobilisierung der bedeutendsten Fachgelehrten auf der ganzen Welt eingestellt haben. Das sind die Verästelungen der Arche Noahs oder, wenn Sie wollen, des üppigen und nahezu unerforschlichen Waldes, den man Kirche nennt...

Am Anfang der Geschichte jeder dieser zahlreichen Gemeinschaften, in denen sich der Entschluß, den Glauben bis zum äußersten ernst zu nehmen , all die Jahrhunderte hindurch organisiert hat, sich weiter organisiert und organisieren wird (das fortwährende katholische Abenteuer!), stehen (natürlich nur für den Glaubenden) das göttliche Angebot, die Erleuchtung, der göttliche Beistand.

Die Mitarbeit des Berufenen an diesen Aufgaben pflegt mit der «Entdeckung» zu beginnen, daß in der Gesellschaft und in der Kirche seiner Zeit ein Bedarf besteht. Diese Umstände erfordern ein Eingreifen der Liebe, die sich des Glaubens, der Hoffnung, des Willens, der Kräfte und der Hände von Gläubigen bedient. Und wer (Mann oder Frau) sich dieses Bedarfes bewußt wird, krempelt die Ärmel hoch, ruft andere Männer und Frauen guten Willens auf, an dem geistlichen und wohltätigen Vorhaben mitzuarbeiten.

So kam es zu den Gründungen der Orden und Gemeinschaften, die sich den Jugendlichen und den Alten, den Armen und den Kranken, den Ungelernten und den Arbeitern usw. widmen, je nach den Bedürfnissen, die nach und nach auftreten und deren sich jeder Christ - was ihm bewußt ist - (ganz besonders aber einige, die auf ebenso geheimnisvolle wie ausdrückliche Weise dazu berufen sind) aus Liebe zu Gott und zu den Menschen annehmen muß.

Wenn auch «von oben» inspiriert und geleitet, so arbeiten der Gründer bzw. die Gründerin - nach Feststellung des Bedarfes, den sie decken wollen - einen Plan aus, machen Entwürfe, organisieren sich, um diese Entwürfe zu verwirklichen, wobei sie (so sie denn wahrhaft «heilig» sind) mehr auf die Hilfe Gottes als auf ihre eigenen Kräfte vertrauen, mit denen sie allerdings nicht sparen, ja sich unwahrscheinlich verausgaben. «Unnütze Knechte», wie das evangelische Paradoxon sagt; doch zugleich unentbehrlich für die Allmacht, der es gefällt, sich gerade der Schwachheit zu bedienen; notwendig für einen Himmel, der mit der Erde gemeinschaftlich arbeiten will - in joint venture, um es in heutiger Unternehmersprache zu sagen.

Das ist also - mehr oder weniger - der Rahmen.

Gehen wir von der Erfahrung de Josemaría Escrivás und von der Überzeugung aus, die er denen weitergab, die ihm gefolgt sind und folgen, so sind die Dinge im Falle des Opus Dei nicht so gelaufen. Wenigstens nicht, was einen «Plan», ein «Gründungsprojekt», eine «Eingreifstrategie» betrifft, die von dem zur Zusammenarbeit mit Gott Berufenen ausgearbeitet worden wären.

«Ich bin un fundador sin fundamento (ein Gründer ohne Grundlage)», sagte der spätere Selige wiederholt. Und das nicht nur aus der den Heiligen eigenen Demut: «Ich wollte nicht Gründer von irgendetwas sein, schon gar nicht von dem, was man später Opus Dei genannt hat.»

Aber gerade auf dieser «Überrumpelung» des menschlichen Protagonisten beruht die beinahe unaufhaltsame Kraft dieses Abenteuers, das (wieder nach den Worten Escrivás) «nicht begonnen hat, weil ich Studien, Untersuchungen angestellt hätte; weil ich mir also bewußt gemacht hätte, daß man einige Probleme in der spanischen Kirche oder in der Weltkirche jener Zeit lösen müßte. Nein, ich habe weder etwas ausgedacht noch geplant».

Nach allem, was man von den Mitgliedern des Werkes weiß, ist die Sache wie folgt gelaufen: in jenem Jahr 1928, in dem alles beginnt, ist der junge Josemaría Escrivá gerade drei Jahre Priester. Um sein Jurastudium mit dem Doktorat in Zivilrecht abzuschließen, übersiedelte er nach Madrid, mit Erlaubnis seines Bischofs, des Erzbischofs von Saragossa (der historischen Hauptstadt dieses Aragonesen, der im Städtchen Barbastro am Fuß der Pyrenäen geboren war; zur Orientierung: auf der anderen Seite der Gebirgskette liegt, auf derselben Höhe, aber etwas weiter östlich, Lourdes).

Nachdem er zunächst einige Aufgaben in der Seelsorge in Landpfarreien wahrgenommen hat, läßt er sich in der spanischen Hauptstadt nieder. Zum eigenen Unterhalt und um seiner verwitweten Mutter, seiner älteren Schwester und seinem noch kleinen Bruder zu helfen, erteilt er Lehrstunden und nimmt die Kaplanstelle am Patronato de enfermos, einer Wohltätigkeitseinrichtung Madrider Frauen, an.

Hier unter den Kranken bestätigt er mit Taten seinen Willen, als Priester sich bis zum Äußersten der Katechese, dem Spenden der Sakramente, der Hilfe nicht nur für die Leidenden des Patronats, sondern auch für die verelendeten Menschen der barrios (Slums) in den Außenbezirken von Madrid hinzugeben.

Er ist nur ein junger Priester, einer der vielen in einem Spanien, das bereits zu viele davon hatte, zumindest nach Ansicht der aufrührerischen Linken, der izquierdas: Anarchisten, Sozialisten, Kommunisten, Radikale - sie alle sind wenige Jahre später Protagonisten des blutigsten Bürgerkrieges der Neuzeit, wo viele Ausschreitungen, bis hin zum Abknallen der Heiligenstatuen auf den Plätzen oder dem obszönen Mißbrauch geweihter Hostien, nicht durch bloßen Antiklerikalismus, sondern nur durch regelrechten Haß gegen die Religion erklärbar sind.

Nach der Einschätzung eines objektiven Historikers, «ist die religiöse Verfolgung, die in Spanien vor allem während der ersten Hälfte des Krieges stattfand, in der Geschichte Europas ohne Beispiel, außer man geht in die beiden ersten Jahrhunderte der Kirchengeschichte zurück. Es genügte schon allein, gläubig zu sein, um getötet zu werden».

Lassen wir die nackten Zahlen sprechen: bereits 1934 wurden im Asturien-Aufstand, dem Vorboten der großen Tragödie, allein in der ersten Woche 12 Priester, 7 Seminaristen, 18 Ordensleute ermordet und 58 Kirchen angezündet.

Ab Juli 1936 breitete sich mit dem Beginn des Bürgerkriegs das Schlachten auf alle Provinzen aus, die von der Linksregierung kontrolliert wurden: mit den grausamsten Methoden (z.B. Kreuzigung, Benzin-Scheiterhaufen, durch Einklemmen eines Kreuzes in den Rachen herbeigeführter Erstickungstod und - an Ordensschwestern begangen - die Massenvergewaltigung bis zum Tod) wurden 4184 Diözesanpriester, 2365 Ordensmänner, 283 Nonnen, 13 Bischöfe getötet, außerdem Tausende «bekannter Katholiken» (die genaue Zahl ist nicht bekannt). So wurden in Barbastro, der Heimatstadt von Escrivá, 88 Prozent des Klerus umgebracht.

Doch auch viele Katholiken ignorieren oder beanstanden diese Zahlen; sie, das haben wir gesehen, entrüsten sich nur über das Franco-Regime und seine tatsächlichen oder angeblichen «klerikalen Mitläufer».

Jedenfalls, in jenem Jahr 1928, wo die Situation noch nicht eskaliert war, ist der junge José María (später wird er aus Frömmigkeit die beiden Namen zu einem einzigen, Josemaría, verbinden) nur einer von vielen spanischen Priestern, wenn auch besonders fromm, eifrig und konsequent, mit einer echten Berufung.

Er läßt sich nicht von der «soziologischen Strömung» treiben, wonach seit Jahrhunderten in jeder spanischen Familie wenigstens ein Sohn Ordensmann oder Priester und eine Tochter Nonne werden muß; bei ihm liegt eine überzeugte Entscheidung vor, dem Ruf zu folgen, der ihn, wie es scheint, mit sechzehn Jahren auf einzigartige Weise erreichte; mit welch tiefer innerer Bewegung von Angehörigen des Werkes daran erinnert wurde, habe ich oft erlebt.

Lassen wir jetzt den Verfasser einer der ausführlichsten Biographien, den deutschen Historiker Peter Berglar, zu Wort kommen: «An einem besonders kalten Morgen des Winters 1917/18 in Logroño, vermutlich zwischen Weihnachten und Dreikönigen, das genaue Datum wissen wir nicht, bemerkte er im Schnee die Barfußspuren eines unbeschuhten Karmeliters. Der Anblick dieses an sich so unscheinbaren sinnenhaften Zeichens einer demütigen Christusnachfolge erschütterte den jungen Escrivá und löste in ihm eine tiefe Unruhe des Herzens aus [...]. Spuren nackter Füße im Schnee [...]. Was bedeuteten sie? Nichts was sich der Ratio erschließt oder dem kühlen Zweckdenken [...]. „Vernünftige Leute" wissen viele solcher „Verrücktheiten" aufzuzählen [...]. Wenngleich ihm der Inhalt seiner zukünftigen Berufung damals noch verborgen war, so spürte er doch, daß zu ihrer Erfüllung - wie immer - das Priestertum notwendig sein werde...»

Daß er Priester werden solle, ist für ihn von da an gewiß. Aber wozu? In welche Richtung sollte er seinen religiösen Eifer wenden? Pfarrer? Professor? Kaplan? Arbeit an einer Diözesankurie?

Arbeitend und betend wartet er darauf, daß Gott es ihm verständlich macht: durch Ereignisse und die scheinbar «zufälligen» Begegnungen des Lebens, durch die die Vorsehung gewöhnlich spricht; irgendwelche mystischen Offenbarungen aber erwartet er nicht.

Der junge Mann ist ebenso fromm wie ausgeglichen; er kann inbrünstig beten, ist aber zugleich in der Sache konkret, das Gegenteil eines Schwärmers, eines Sehers, der «Stimmen hört». Nicht zufällig hatte er sich, bevor er sich für das Priesterseminar entschied, zum technischen Studium - den Architekten- oder Ingenieurberuf - hingezogen gefühlt: eine Liebhaberei, die er nicht aufgeben und die er sich zunutze machen wird, wenn es darum gehen wird, den Zentralsitz des Werkes in Rom zu errichten oder das große Marienheiligtum von Torreciudad, in der Nähe seiner Geburtsstadt Barbastro, zu planen. Und ebenso war es kein Zufall, daß der erst Zwanzigjährige angesichts seiner ausgewogenen und natürlichen Organisations- und Führungsgaben vom Kardinalerzbischof von Saragossa zum zweiten Superior des diözesanen Priesterseminars ernannt wurde: als Folge dieser vorzeitigen Ernennung zum «Oberen» mußten für ihn die niederen Weihen vorverlegt werden. Kurz: er war eine ungewöhnliche Persönlichkeit.

In diesem sicher nicht von mystischer Überspanntheit geprägten Klima kommt es im Jahr 1928 zu jenem 2. Oktober, der seither von den Mitgliedern des Opus Dei in der ganzen Welt feierlich begangen wird: und zwar nicht so sehr als Jahrestag einer Gründung, sondern als die Enthüllung eines göttlichen Planes, dessen konkrete Verwirklichung Gott ab jenem Tag beschlossen hat. Der Plan für ein «Werkzeug zur Heiligung», hervorgegangen aus den unergründlichen Tiefen der Ewigkeit und dazu bestimmt, solange zu dauern wie die Kirche: bis zum Ende der Zeiten, bis zu jenem Ende der Geschichte, für das der Glaube die Wiederkehr des siegreichen Christus in Herrlichkeit erwartet.

An dieser Dauerhaftigkeit läßt das Werk keinen Zweifel, wie die wiederholte Äußerung des Seligen bestätigt, daß die Präsenz (und Ausbreitung) weitergehen würden, «solange es Menschen auf Erden geben wird», denn (und hier nehmen wir die «Zielsetzung» des Werkes vorweg) «so sehr sich auch die technischen Produktionsformen verändern mögen, die Menschen werden immer eine Arbeit haben, die sie Gott darbringen, die sie heiligen können». Mit anderen Worten: «Unsere Organisation ist nicht für besondere Umstände gedacht (...) Wir sind auch nicht dazu da, besondere Probleme eines Landes oder einer bestimmten Epoche zu lösen.» Daher «wird das Opus Dei seine Existenzberechtigung immer bewahren». (Der junge Numerarier, der mich durch die Gänge des Zentralsitzes begleitete und dem ich meine Bewunderung für die Solidität des dort verwendeten Materials zu erkennen gab, antwortete: «Gewiß, aber das geschieht, um zu sparen. All das muß ja Jahrhunderte halten.»)

Was geschah also an jenem schicksalhaften Tag? Um das zu erfahren, greifen wir wieder auf die Worte des Postulators des Prozesses zurück - wohlüberlegte Worte, die im Werk gewissermaßen offiziellen Charakter haben und dann von der Kirche mit ihrem, vom Papst 64 Jahre später verkündeten Seligsprechungsdekret als authentisch anerkannt wurden: «Am 2. Oktober 1928 nahm der Diener Gottes Josemaría an Exerzitien teil, die im Hause der Lazaristen-Patres in der Straße García de Paredes zu Madrid stattfanden. Während er in seinem Zimmer betete, gefiel es Gott, ihn zu erleuchten: Er sah das Opus Dei so, wie der Herr es wollte, und wie es im Laufe der Jahrhunderte sein würde.»

Peter Berglar, der deutsche Biograph des Seligen, schreibt in diesem Zusammenhang: «Escrivá ließ nie einen Zweifel daran aufkommen, daß das Opus Dei nicht als ein Ergebnis von Nachdenken, von Analyse, Diskussionen und Erfahrungen „gegründet" wurde; auch nicht als Betätigung von guten, frommen Absichten, sondern daß der eigentliche „Gründer" Gott selbst ist, und daß die Erteilung des Durchführungsauftrages an ihn, an diesen „jungen Burschen", ein gnadenhaft übernatürlicher Akt war.»

Eine «Gnade» übrigens, vor der man sich erschrecken konnte; und in der Tat erschrak der Empfänger und suchte sich ihr irgendwie zu entziehen. Später wird er sagen, er habe sich «de mala gana» (ungern) unterworfen, denn «no me gustaba ser fundador de nada» (es widerstrebte mir, Gründer von irgendetwas zu sein).

In dem Wunsch, Gott und damit dem (wenigstens in jener ersten Zeit eher Schauder als Begeisterung auslösenden) Auftrag zu gehorchen, der ihm unvermittelt aufgeladen worden war, suchte er nach einem Ausweg: das heißt, er fing an, herumzufragen und Informationen einzuholen, ob es etwa irgendwo in der Kirche schon Einrichtungen oder Initiativen gäbe, die dem entsprächen, was er «gesehen» hatte. In einem solchen Fall wünschte er sich anzuschließen und (wie er schreibt) «den letzten Platz einzunehmen, um zu dienen».

Aber vergebens, es gab nichts dergleichen: er mußte seine Rolle als Werkzeug annehmen, um den göttlichen Willen zu verwirklichen. Aber noch viele Jahre später konnte man ihn sagen hören: «Ich würde gern nicht vom Werk sein, um ihm beitreten zu können, ihm anzugehören und der Letzte darin zu sein.» Mit anderen Worten: irgendjemand anderem «Berufenen» zu folgen.

In jenem Herbst 1928 gab es weit und breit keinerlei materielle Mittel für ein Werk wie jenes, das er gesehen hatte, von gewaltigen Dimensionen und zur Fortdauer in der Zeit bestimmt. «Ich war 26 Jahre und besaß nichts anderes als die Gnade Gottes und meine gute Laune»: so faßt er später das «Gepäck» zusammen, das er damals zur Verfügung hatte.

Gute Laune würde er besonders brauchen, als ihn - sechzehn Monate später - aus heiterem Himmel eine gewaltige Überraschung wie ein Schlag traf. «Dieses aufzubauende Werk, dem ich das Leben schenken soll, wird nur männlich sein: nunca habrá mujeres, ni de broma (nie wird es Frauen im Opus Dei geben, nicht einmal im Scherz).» So hatte er Anfang Februar 1930 an einen der wenigen Freunde geschrieben, denen er sich anvertraut hatte.

Doch einige Tage danach, am 14. Februar, während er in der kleinen Hauskapelle der greisen Marquesa de Onteiro die Messe zelebrierte, sah er von neuem das Opus Dei ebenso geheimnisvoll wie an jenem 2. Oktober, aber diesmal aus Männern und Frauen bestehend.

Ein weiteres Problem also, und nicht von geringer Bedeutung. Wenn es nach ihm gegangen wäre, hätte er gern darauf verzichtet. Zunächst wegen der Schwierigkeiten der «Anwerbung» unter den Frauen durch einen 28-jährigen Priester im Spanien und in der Kirche der dreißiger Jahre. Aber dann auch wegen der organisatorischen Probleme: es galt unter anderem eine institutionelle Formel und einen konkreten Modus zu finden, um die Einheit und zugleich die Trennung sicherzustellen: so wie es Klugheit, Anstand und kirchliches Recht fordern. Formel und Modus, die später, nach ihrer Umsetzung in die Praxis, vom Seligen wie folgt zusammengefaßt wurden: «Das Opus Dei besteht aus zwei verschiedenen Abteilungen, die vollkommen voneinander getrennt sind, gleichsam zwei selbständige Werke, eines der Männer und eines der Frauen; ohne jegliche Verquickung, weder was die Leitung und die wirtschaftliche Verwaltung, noch was das Apostolat und die Aktivitäten anbetrifft.» Und zur Erklärung fügt er ein Beispiel hinzu: «Im Werk sind die zwei Abteilungen wie zwei Eselchen, die denselben Wagen in die gleiche Richtung ziehen.»

Das Bild vom borrico, vom geduldigen Eselchen, das die Mühle in Bewegung setzt und das Wasser aus dem Brunnen aufsteigen läßt, liebte er sehr und stellte es oft den Seinen als «Beispiel» hin; so wie er seine Töchter mit den Entenküken verglich, die schwimmen lernen, gleich nachdem sie ins Wasser geworfen worden sind. So findet man häufig in den Zentren des Werkes solche Figürchen von Eseln und Enten. Ich führe das deshalb so genau aus, weil, so man bestimmten «Umfragen» - wie z.B. jener schon erwähnten des «Economist» - glaubt, jene Darstellungen «geheime Erkennungsmerkmale» sind - ebenso wie gewisse geometrische Zeichen, der Fußboden im Schachbrettmuster, die zwei Säulen oder das Dreieck mit dem Zirkel für die Freimaurer...

Die männliche und die weibliche Abteilung sind also nicht zwei einander widerstreitende, sondern parallel sich summierende Kräfte. Und sie vereinigen sich dann in der Person des Prälaten, der sowohl für die Männer wie für die Frauen El Padre, der Vater, ist.

Da die weitaus meisten Mitglieder des Opus Dei Eheleute sind, liegt es auf der Hand, daß für sie in der Beziehung zwischen Mann und Frau die Verhaltensweisen eines konsequent christlichen Familienlebens gelten. Die Numerarier (und die Assoziierten) hingegen verpflichten sich zum Zölibat. Das sind fast zu gleichen Teilen sowohl Männer wie Frauen: die Zahlen von Ende 1993 zeigen ein leichtes Übergewicht der Frauen, ca. 38.500 Frauen gegenüber

38.000 Männern. (Zu diesen Zahlen kommen allerdings noch 1500 Priester, natürlich alles Männer.)

Die strengen Vorschriften, die eine Zusammenarbeit ohne jede Verquickung, ja fast ohne jeglichen Kontakt (wenn nicht klar geregelt) vorsehen, hat bei vielen, auch im klerikalen Milieu, ironische Bemerkungen hervorgerufen.

Wie immer sind jedoch auch hier verschiedene Interpretationen möglich. Was für manche nach «überholter Bigotterie» aussehen mag, kann von anderen als «Klugheit» und «Realismus» betrachtet werden, um die Entscheidung für ein Leben in Ehelosigkeit nicht noch schwieriger zu machen, als sie heute (wenigstens vom menschlichen Standpunkt her) ohnehin schon ist.

Wenn man bedenkt, welche hohe Auffassung der Selige von der Ehe hatte, die er stets als «eine echte Berufung, ein großartiges christliches Zeichen» hinstellte, läßt sich der «Schutz» einer Berufung zum Zölibat nicht vorschnell als «typisch katholische Sexophobie» oder gar als «Weiberhaß» einstufen, wie es gewisse Kritiker gerne möchten.

Wir werden darauf noch zurückkommen. Jetzt interessiert uns vor allem jene weitere «Entdeckung» - während der heiligen Messe in der Hauskapelle der alten Marquesa -, jene Vision von der «anderen Hälfte des Himmels», die die Last des jungen Priesters noch schwerer machte.

Das ging soweit, daß er eines Tages, als wolle er Bilanz ziehen, ausrief: «Die Gründung des Opus Dei geschah ohne mich.» Er dachte in der Tat nicht an etwas Derartiges, er hatte keinen Plan bzw. Entwurf erstellt noch beabsichtigte er, einem Bedürfnis der spanischen oder der Weltkirche nachzukommen, als er - völlig unerwartet - an jenem 2. Oktober 1928 das «sah», was er ins Leben rufen sollte. Und er fügte hinzu: «Die weibliche Abteilung entstand entgegen meiner persönlichen Absicht.» Er, der der Meinung war, Frauen «nicht einmal im Scherz» aufzunehmen, wurde an jenem 14. Februar 1930 in dem Plan, der ihm jäh vor Augen gestellt, mehr auferlegt als vorgelegt wurde, dazu «verpflichtet», auch die Frauen mit einzuschließen.

Wie dem auch sei, schon nach dem 2. Oktober 1928 und noch mehr später nach dem 14. Februar 1930 ist die Geschichte von Josemaría Escrivá nur die Geschichte eines Gärtners, dem ein Samenkorn anvertraut worden ist und der seine ganze Sorge, seine ganze Zeit, alle seine Kräfte - kurz gesagt, sein ganzes Leben - darauf verwendet, um aus diesem Samen die Pflanze wachsen zu lassen. Am 2. Oktober feiert die Liturgie das Schutzengelfest: auch deshalb nehmen jene Mittler zwischen Himmel und Erde, die für den Glauben die Engel sind und im Alten wie im Neuen Testament oft auftreten, in der Spiritualität des Opus Dei einen wichtigen Platz ein. Jetzt, da wir wissen, wie die Dinge gelaufen sind (wie sie zumindest im Werk erzählt und geglaubt werden), können auch wir Außenstehende vielleicht besser den Grund für jene «Präsenz» Escrivás unter den Seinen, für das beliebte Zitieren seiner Worte, dafür, daß sie ihn «unseren Vater» nennen, worauf ich gleich zu Beginn hinwies und was - für Außenstehende - nach Rhetorik oder Personenkult klingen mag.

Tatsache ist, daß jener Priester und dieses Werk keinesfalls voneinander zu trennen sind: Escrivá ist das Opus Dei. Sicher nicht in dem Sinn, daß es «ihm gehört» (wenige Institutionen, die im Laufe der Kirchengeschichte gegründet worden sind, waren das in derart geringem Ausmaß, daß es sogar unangebracht erscheint, hier von einem «Gründer» zu sprechen). Escrivá ist das Opus Dei in dem Sinn, daß - um bei dem Bild von vorhin zu bleiben - der Gärtner und der ihm anvertraute Same eine Einheit bilden.

Aus diesem Grund ist das Leben dieses Priesters - zum Unterschied vom Erdendasein vieler seiner Kollegen in der Reihe der Seligen und Heiligen - dem Anschein nach wenig faszinierend: keine spektakulären Ereignisse, soweit man es von draußen wahrnimmt, «monoton», eintönig, im etymologischen Sinn, d.h. nur in einer «Tonlage», weil als ganzes auf ein einziges Ziel ausgerichtet. Es ist die (vor allem innere und somit unzugängliche) Geschichte des wahrhaft vorbehaltlosen Bemühens eines Menschen, zum immer willfährigeren, gelehrigeren, rührigeren Werkzeug zu werden, um ein in der Ewigkeit geplantes und ihm auferlegtes Vorhaben in der Geschichte erstehen zu lassen und sichtbar zu machen. Gleichsam ein Kreuz, vor dem er sich instinktiv (zum Beweis seiner «Normalität») zurückgezogen hatte. Um aber dann, und mit Erfolg, zu handeln, wie er in der Folge den Seinen riet: «Ist es nicht so, daß du, sobald du einmal die Angst vor dem Kreuz - vor dem, was die Leute „Kreuz" nennen - ablegst und deinen Willen darauf einstellst, den göttlichen Willen anzunehmen, glücklich bist und alle Sorgen, die physischen und moralischen Leiden verschwinden?»

Genau das ist denn auch der Grund dafür, daß ich hier nicht einmal die Grundzüge einer Biographie skizziere; was ich hier skizziere, ist nichts anderes als die Geschichte der ersten Phase - vom Samen zum noch jungen Baum - eines Werkes, das eben jenes Leben ganz erfüllt und erklärt. Der Versuch, zusammenfassend und objektiv über das Opus Dei, über seinen Geist, seine Organisation zu berichten, ist alleine schon die bestmögliche Information über Escrivá, der im übrigen ein Programm und ein Ideal hatte: «Meine Aufgabe ist es, verborgen zu bleiben und zu verschwinden, damit allein Jesus Christus ins Licht trete.»

Aus der Zeittafel im Anhang können Sie, falls Sie Interesse haben, ersehen, wie die Ausführung des Auftrags, der ihm - daran zweifelte er nicht - anvertraut worden war, Jahr für Jahr, Schritt für Schritt vorankam und Gestalt annahm. Und mit der Schilderung der Durchführung jenes Auftrags (auf die es letzten Endes ankommt) wollen wir uns auf den folgenden Seiten beschäftigen, ohne diese dabei biographisch zu verpacken.

Schauen wir uns nur an, was geschah, nachdem der sechsundzwanzigjährige Priester das Werk «gesehen» hatte. Das ist deshalb wichtig, weil in jenen allerersten Anfängen Sinn und Stil von allem, was dann folgen wird, vorgegeben sind.

Hören wir also den schon mehrfach zitierten Historiker Berglar: «Nach den rätselhaften Erfahrungen von 1928 und dann 1930 veränderte sich äußerlich zunächst überhaupt nichts. Don Josemaría sprach niemanden so an, wie weltliche „Gründer", einerlei welcher Art, zu tun pflegen: mit Deklarationen und Programmen, die Grund, Ziel, Wege der beabsichtigten Aktivitäten erklären; dann mit Werbung, Propaganda, öffentlicher Präsenz. Die Entstehung und Entwicklung des Opus Dei ging nicht so vor sich, daß Escrivá etwa eine „Grundsatzschrift" über die Lage des Christentums im allgemeinen, der Römischen Kirche im besonderen, die zu ergreifenden Maßnahmen zur Förderung der laikalen Ganzhingabe [...] verfaßt hätte.»

Und Berglar fährt fort: «Der junge Priester gründete nicht einmal eine „Vereinigung" zur Praktizierung solcher Prinzipien noch verfaßte er Statuten für die Mitglieder. Gründer und Gründungen solcher Art gab und gibt es allezeit, das ist eine legitime Sache. Das Opus Dei aber wurde geboren und wuchs wie alles Lebendige, wie alles, was nicht zweckhaft gewollt, nicht künstlich gemacht, nicht konstruiert ist, leise und langsam und aus winzigsten Anfängen...»

Dieses Fehlen von ideologischen Schemata, von Entwürfen auf dem Papier; dieser Vorrang des Lebens vor der Theorie; dieses Bewußtsein, daß es mehr als auf Erfindung und Originalität darauf ankam, ein Samenkorn Tag für Tag, durch Vereinigung der Liebe mit der Erfahrung, wachsen zu lassen: das scheint mir nach dem, was ich gesehen habe, das Opus Dei noch immer zu kennzeichnen. Ja, es ist vielleicht eines der Geheimnisse seines Erfolges in einer Welt - und heute leider auch in einer Kirche -, in der man «Stellungnahmen» verfaßt, «Expertenversammlungen» einberuft, «Debatten», «Symposien», «Tagungen», «Synoden» organisiert und «soziologische Umfragen» in Auftrag gibt.

Hier liegt unter anderem einer der Verdachtsgründe für angebliche Verschleierung, geheimes Vorgehen, Manövrieren hinter den Kulissen. Hier, das heißt in diesem «vitalen» Wachstum des Werkes, das sich allmählich ausbreitet wie ein Ölfleck, unaufhaltsam, stetig, im Tempo des normalen, alltäglichen Lebens, von Mensch zu Mensch, ohne Debatten, Handbücher, Versammlungen, Proklamationen, Ideologien. Sondern vielmehr mit dem, was der Selige «das Apostolat der Freundschaft und des Vertrauens» nannte: was man nicht sieht, was kein Aufsehen erregt, was den Bereich des Alltäglichen und Persönlichen nicht verläßt. Und was daher bei dem, der es entdeckt, Unruhe auslösen und ihn verleiten kann, dahinter wer weiß was für ein Geheimnis zu vermuten.

Im Unterschied etwa zu den Zeugen Jehovas wird niemals ein Mitglied des Opus Dei (so sehr es auch vom Eifer des Apostolats beseelt ist) an Haustüren von Unbekannten läuten, um Propagandamaterial anzubieten und zu versuchen, Leute, die sie zum ersten Mal sehen, mit den Standardargumenten zu überzeugen, die sie sich in den «theokratisch organisierten Schulen» nach den amerikanischen advertising-Methoden angeeignet haben. Auf eine religiöse «Förderung» solcher Art zielt die Ausbildung, die die Opus-Dei-Mitglieder in der Prälatur erhalten, nicht ab; ihr geht es vielmehr um das Zeugnis des gelebten Lebens, aus dem dann echt persönliche Beziehungen von «Freundschaft» und «Vertrauen» erwachsen können. Also ein vorwiegend «unsichtbares» Apostolat: und man kann verstehen, daß jemand, der den Sinn dieses Apostolats nicht kennt, es möglicherweise mit einer Verschleierungsstrategie verwechselt.

Es war im übrigen Escrivá selbst, der das Werk «eine desorganisierte Organisation» nannte, um den Charakter einer Institution anzudeuten, in der die ja notwendige Organisation (sie ist, wie ich Ihnen versichern kann, durchaus vorhanden und weist äußerste Ernsthaftigkeit und Solidität auf: nach allem, was ich gesehen habe, funktioniert jeder Bereich, in dem Männer und Frauen des Werkes arbeiten, einwandfrei) jeden nur möglichen Raum für Spontaneität, Vielfalt und den Reichtum des Lebens beläßt, den nur intellektualistische Entstellung in Schemen, Programme und ideologische Maulkörbe zu pressen (und schließlich zu ersticken) versucht.

In einer Biographie Escrivás habe ich einen Satz gefunden, der vielleicht bezeichnender ist, als der Biograph selbst es vermutet hätte. Er schreibt: «Auch nach Jahrzehnten versagte sein Gedächtnis nicht und erlaubte ihm, sich an die kleinsten Einzelheiten zu erinnern, besonders an jene, die die Personen, ihre Familien und die häuslichen Begebenheiten betrafen.»

Ich habe die letzten Worte dieses Zitats mit gutem Grund kursiv gesetzt. Das beunruhigendste, finsterste Wesensmerkmal der Ideologen und ihrer intellektuellen Ergüsse, die die letzten zwei Jahrhunderte kennzeichnen - und damit oft Verwüstungen angerichtet haben und anrichten -, ist wahrscheinlich die Besessenheit von allem «Allgemeinen» und von «Gesamt»-Plänen, die die «persönlichen» Dimensionen abwürgen. Die krampfhafte Fixierung auf die «Ideen» geht stets mit der Geringschätzung des «Individuums» einher.

So erinnert sich der Ideologe an Gesichter: aber nur an jene der Gegner und der Anhänger; er erinnert sich an Namen, aber nur an jene, die für seine «Sache» zitierfähig sind. Mit Sicherheit wird er sich nicht an «die kleinsten Einzelheiten, besonders an jene, die die Personen, ihre Familien und die häuslichen Begebenheiten betrafen», erinnern - und sich auch gar nicht darum bemühen.

Die Tatsache, daß jedoch gerade dies ein persönlicher Zug des Gründers des Opus Dei war, den er auch den Seinen einzuprägen suchte, scheint mir ein gutes Zeichen zu sein: denn wo Abstraktheit, Fanatismus, Unmenschlichkeit herrschen, wo «Intellektuelle» und «Ideologen» das Sagen haben, kümmert sich niemand um «Familien», um «häusliche Begebenheiten». Mit einem Wort: um Personen.

Von einer Institution, in der man sich an den Namenstag eines Neffen erinnert und sich aufrichtig nach der Gesundheit einer kranken Tante erkundigt, ist wahrscheinlich weniger zu befürchten, als man gemeinhin glaubt.

6. Das Sonderbare, nicht sonderbar zu sein

Die Art der Geburt des Werkes (bzw. zumindest so wie man von ihr erzählt) verlangt von uns, wenn wir nicht nur Ursprung, sondern auch Wesen, Gegenwart und mögliche Zukunft kennenlernen wollen, eine etwas eingehendere Betrachtung.

Zunächst einmal müssen wir uns mit der dem Laien (der zwar gläubig ist, doch zugleich davon überzeugt, daß die göttliche Gabe der Vernunft nicht ungenützt bleiben darf) eigenen Härte fragen: Gibt es, neben dem Mysterium, dem man selbstverständlich den ihm zuständigen Platz beläßt, auch rein menschliche Gründe, um dieser Geschichte von einer Institution, die ausdrücklich durch eine himmlische Erleuchtung in Gang gebracht worden sein soll, Glauben zu schenken? Darf man hier vernünftiges Vertrauen walten lassen, um nicht von vornherein die internen Schriften zu verwerfen, die das Werk als «das Ergebnis eines göttlichen Eingreifens in die Geschichte» sehen?

Die Kirche hat dieses «Eingreifen» offiziell anerkannt, nachdem sie alle die für solche Fälle vorgesehenen Ermittlungen angestellt hatte - eine mühsame Arbeit, die viel Geduld erfordert: vergessen wir nicht die Zehntausende Seiten der Akten des Seligsprechungsprozesses. Diese Anerkennung ist keineswegs eine Nebensache; das wissen - wir sagten es bereits - die Antisekten-Bewegungen und die übrigen Gegner sehr gut, und so ist es kein Zufall, daß gerade dies ein Zielpunkt ihrer stärksten Angriffe gegen das Werk ist. Denn, sollte die Kirche irren und zum Beispiel einen Menschen, der unter Halluzinationen leidet, mit einem echten Mystiker, oder - noch schlimmer - einen Schwindler mit einem Zeugen des Evangeliums «verwechseln», so würden sich derartige Probleme auftun, daß die Theologie - selbst die nachkonziliare - sich zum Abbruch der Sache entschließen müßte. Nein, sie darf nicht irren. Zu vieles steht auf dem Spiel - es geht doch darum, allen Gläubigen ein vorbildliches «Modell» vor Augen zu stellen. Deshalb spricht der Glaube hier von einem «besonderen Beistand des Heiligen Geistes», der vor solch verheerenden Irrtümern bewahrt.

Daraus folgt unter anderem, daß auch die Gegner der Seligsprechung von Escrivá - gemeint sind jene innerhalb der Kirche - hätten schweigen und die päpstliche Entscheidung akzeptieren müssen, wenn ihnen daran gelegen gewesen wäre, weiter «katholisch» zu bleiben.

Ich verwende die Konditionalform, weil man nicht ohne weiteres voraussetzen darf, daß manche Kritiker, auch wenn sie «Kirchenleute» sind, die katholische Theologie kennen. Und falls sie sie kennen - so könnte man hintergründig sagen - dann nur, um gegen sie zu protestieren, weil sie ja nicht «katholisch» sei, sondern bloßes Produkt einer greisenhaften vatikanischen Clique: die starre Ideologie des Systems unter dem «polnischen Papst».

Ein religiosum obsequium (ein religiöses Opfer) besitzt natürlich nur im Rahmen einer Glaubensdimension einen Wert. Was aber ist außerhalb davon?

Bleiben wir aber auf dem Boden der Tatsachen. Eine Ebene, die nichts a priori ausschließen darf, nicht einmal die anstoßerregende Möglichkeit eines Eingreifens in das Geschehen der Welt sozusagen «von außen her», übernatürlich also, wenngleich - in unserem Fall - diskret, im Innersten des Gewissens. Hier ist der Glaubende - im Gegensatz zu dem, was man gemeinhin voraussetzt - eigentlich weit «offener» als der, der nicht glaubt; denn dieser ist ja gezwungen, aus Prinzip eine Menge Dinge auszuschließen, die nicht in sein von Vorurteilen beladenes theoretisches Schema passen, das er sich zurechtgezimmert und ein für allemal angenommen hat.

Auch auf der sachlichen Ebene der Fakten muß man also anerkennen, daß es genügend Gründe gibt, um zu vertrauen. Da ist vor allem der Charakter, die Persönlichkeit des Zeugen, den wir hier befragen: Escrivá. Mehr als ein halbes Jahrhundert lang bewies er

Gespür für das Konkrete, für Realismus, Unternehmungsgeist und einen entschlossenen Willen, gepaart mit stärkstem religiösem Eifer. Wie viele andere Heilige - angefangen bei Don Bosco und überhaupt allen oder fast allen «Gründern», unter ihnen auch jener andere Spanier, der hl. Ignatius - war Escrivá ein Mystiker, der aber mit beiden Füßen fest auf dem Boden stand; ein kontemplativer Mensch und zugleich ein Organisator. Spirituell, aber promoviert in Rechtswissenschaften. Zudem war er ein Aragonier - die neben den Katalanen vielleicht unternehmungslustigste und geschäftstüchtigste iberische Volksgruppe - und stammte aus einer Familie recht wohlhabender Kaufleute, Unternehmer und Handwerker.

Nichts gemeinsames also mit einem halluzinierenden Schwärmer, auch nicht von seiner familiären Herkunft her. Seine eigene und von ihm dem Werk eingeimpfte Religiosität war stets mißtrauisch gegenüber jenen Formen ekstatischer Frömmigkeit, die auf Visionen, übernatürliche Ereignisse, Zukunftsweissagungen und das Schaustellen von Wundern angewiesen sind.

Escrivá sagte, daß er niemals auch nur einen Augenblick an der Wahrheit des Evangeliums gezweifelt habe (sein Weg war nicht der einer Bekehrung, sondern einer immer größeren, bis ans äußerste gehenden Vertiefung der Anforderungen eines ihm von Kind an verkündeten und von ihm angenommenen Katholizismus), da er - so seine Worte - einen «so festen Glauben» zum Geschenk erhalten habe, «daß man ihn mit einem Messer in Scheiben schneiden könnte».

Vielleicht hat er dank einer solchen Sicherheit (nach Stützen zu suchen, sieht sich derjenige genötigt, der im geheimen zweifelt, nicht aber derjenige, der nicht zweifelt) stets jene sehr «laikale» Natürlichkeit vorgezogen - und den Seinen immer angeraten -, die ihn dazu bewog, die Pflege einer piedad sin beatería, einer Frömmigkeit ohne Bigotterie, zu empfehlen.

Hören wir einem guten Kenner des Opus Dei zu, Rafael Gómez Pérez, Professor für Anthropologie an der Universität von Madrid, ein in den spanischsprachigen Ländern bekannter Essayist, außerdem Numerarier des Opus Dei: «Der Gründer des Opus Dei gebrauchte häufig eine Formulierung, um die normal-bürgerliche

Situation der Mitglieder der Prälatur zu erklären: „lo raro de no ser raros" (das Sonderbare, nicht sonderbar zu sein). Das alltägliche, gewohnte Leben der Mitglieder des Opus Dei weist nicht die äußeren Merkmale und Haltungen auf, die nach dem gängigen Stereotyp zu der Wesensart sogenannter „hyperreligiöser" Menschen gehören. Der Lebensstil des Opus Dei hat nichts Auffälliges, nichts „Fundamentalistisches" an sich. Im Haus eines verheirateten Supernumerariers wird man - falls er oder sie zu entscheiden haben - nicht überall fromme Bilder finden. Und ebensowenig werden in diesem Haus ständig Priester verkehren, wenigstens nicht die von der Prälatur. Die geläufigen Gepflogenheiten eines christlichen Lebens - zum Beispiel das Beten des Rosenkranzes - werden niemals, auch nicht den Familienmitgliedern, aufgenötigt, sondern einfach ganz frei angeboten. Man wird es also nie prahlerisch hervorkehren.» Das entspricht übrigens dem Gebot Jesu: «Wenn ihr betet, macht es nicht wie die Heuchler. Sie stellen sich beim Gebet gern in die Synagogen und an die Straßenecken, damit sie von den Leuten gesehen werden» (Mt 6,5).

Das gilt zunächst einmal für die Supernumerarier (und für die Assoziierten, wie wir sehen werden), die ja in ihren eigenen Häusern leben. Aber nicht anders ist die «emotionale Atmosphäre» in den Zentren des Opus Dei, wo Numerarier oder Numerarierinnen leben. Und so fährt Gómez Pérez fort: «Hier herrscht seit Beginn des Werkes ein Stil wie im Zuhause einer Familie. Da die Bindung an das Opus Dei eine immer wieder erneuerte Freiwilligkeit einschließt - wer nicht weitermachen will, geht einfach weg -, ist das Klima jedes Zentrums das einer gut aufeinander eingespielten Familie.»

Ich habe bei meinen Besuchen in den Zentren des Opus Dei - um ein nicht belangloses Beispiel zu nennen - nichts von jenen aufgezwungenen Speisevorschriften und -verboten gemerkt, die zu den Merkmalen von Sektierertum und religiösem Wahn gehören. Obwohl sie sich als Jünger jenes Jesus bezeichnen, der den pharisäischen Rigorismus mit seinen lästigen Vorschriften über «rein» und »unrein» erdulden mußte; jenes Jesus, der ohne weiteres aß und trank und dabei daran erinnerte, daß das, was den Menschen verdirbt, nicht von außen, sondern von innen kommt; obwohl sie also «Jünger» eines solchen Lehrmeisters der Freiheit sind, quälen seit jeher unzählige Sekten und Zirkel, die sich selbst «christlich» nennen, ihre Anhänger mit Listen von «verbotenen» und «erlaubten» Speisen und Getränken.

So lassen die einen den Fleischgenuß zu, während ihn andere verdammen; manche legen genau fest, welche Fleischsorten erlaubt sind und welche nicht; einige akzeptieren Fisch, andere lehnen ihn ab; die einen trinken Wein, die anderen schreiben völlige Enthaltung vor; wieder andere erlauben den Wein, aber keine anderen alkoholischen Getränke... In einer bestimmten «Kirche» (keineswegs unbedeutend, nach der Zahl ihrer Anhänger und ihres Ansehens zu urteilen) kam es zur Spaltung, weil man sich nicht darüber einig werden konnte, ob Kaffee, Tee und Kakao als «Drogen» im biblischen Sinn zu gelten hätten und ob sie daher im Verzeichnis der für einen Christen verbotenen Nahrungsmittel erscheinen müßten.

Ganz zu schweigen von der - heute oft an Hysterie grenzenden - Abneigung gegenüber einer Pflanze, die vielen Kulturen immerhin heilig war und die Jesus - da er sie nicht kennen konnte - bis zur Entdeckung Amerikas waren es noch 1500 Jahre... - weder billigen noch ablehnen konnte: den Tabak.

Im Opus Dei ißt und trinkt man, wenigstens was die Vielfalt von Speisen und Getränken angeht, was man möchte, unter Vorbehalt der geltenden Kirchengebote, der persönlichen Verantwortung für die Gesundheit und mit der Sorge, sich von jedem Exzeß wie Völlerei freizuhalten, wie es für jeden Gläubigen, der ja zur Befolgung der Kardinaltugend von Zucht und Maß aufgerufen ist, gilt.

Auch darin versucht man im Werk anerkennenswerterweise, das Gebot des Evangeliums zu erfüllen: «Wenn ihr fastet, macht kein finsteres Gesicht wie die Heuchler. Sie geben sich ein trübseliges Aussehen, damit die Leute merken, daß sie fasten [...]. Du aber salbe dein Haar, wenn du fastest, und wasche dein Gesicht, damit die Leute nicht merken, daß du fastest, sondern nur dein Vater, der auch das Verborgene sieht» (Mt 6,16ff.).

Mehr noch: im Opus Dei kann jeder rauchen, der will - ein massiver Skandal für alle «religiös» Exaltierten und für viele übereifrigen «Laien». So stehen in den Zentren des Werkes auf den Tischen jene Aschenbecher, die der «politisch korrekte» Spießbürger längst mit fanatischer Abscheu aus seinem Haus verbannt hat, und er so sein Urbedürfnis nach Intoleranz nicht mehr an Afrikanern, Juden, Frauen oder Homosexuellen (was er möglicherweise bedauert, doch die aktuelle öffentliche Meinung erlaubt es ihm nun einmal nicht) zu befriedigen braucht, sondern sich nunmehr an der einzigen, auf dem Markt der Ächtungen noch verbliebenen ungeschützten Minderheit abreagieren kann: den gemeinen und schädlichen Rauchern. Die Zigarette, gleichsam der, ich weiß nicht wievielte, Ersatz des Teufels, die Mutter sämtlicher Übel (es gibt keine Krankheit, die ihr nicht zugeschrieben würde: vom Knieleiden der Waschfrau bis zur Pellagra), und ihr Konsument, dem man aus dem Weg geht als einem, der vom Bösen besessen ist, der nicht nur sich selbst, sondern auch unschuldige Kinder, sittsame Jungfrauen, ehrwürdige Greise vergiftet...

Zum Ärgernis der intoleranten Moralisten unserer Tage gibt es im Leben des seligen Escrivá eine scheinbar unbedeutende Episode, die mir jedoch äußerst bezeichnend zu sein scheint.

Am 25. Juni 1944 erteilte der Erzbischof von Madrid zum ersten Mal drei Mitgliedern des Opus Dei die Priesterweihe. Alle drei sind Ingenieure (und der Gründer ist, wie wir wissen, so etwas wie ein «verhinderter» Architekt: merken wir uns dieses konkrete, wenn auch nicht gerade mystische Detail) und werden endlich die Last lindern können, die bislang ausschließlich auf Escrivás Schultern ruhte: die Bewältigung der geistlichen Ausbildung der Mitglieder. Am Nachmittag nach jener Priesterweihe fragte der Gründer, ob einer seiner Neupriester rauchen würde. Nein, keiner von ihnen war Raucher.

Und hier zeigt sich nun die einzigartige Mentalität dieses verdienstvollen Mannes. Er gab eine sonderbare, befreiende Anweisung: Wenn keiner von den Dreien raucht, wird wenigstens einer den Anfang machen müssen. Möge der Gott Jesu Christi - Feind der Puritaner und jeden Pharisäertums, das zu narzißtischer

«Unterdrückungstugend» degeneriert - ihn für diese wohltuende Geste belohnen, die ihn deutlich unterscheidet von der abstrusen Gesinnung der Sektierer, von dem Fanatismus der sich als »Gesundheitsapostel» gebärdenden Gnostiker, vom Konformismus der Biedermänner, von der Heuchelei der herrschenden Subkultur. Es ist vielleicht etwas Richtiges an dem antiken Sprichwort «qui vitia odit, homines odit» [wer die Laster haßt, haßt die Menschen].

In der Tat: er, Escrivá, will wirklich «normale» Leute, Leute, die zu jedem Opfer und jedem Verzicht bereit sind, allerdings diskret, nur in ihrem privaten Lebensbereich («Die Abtötung muß euch selber gelten, nicht den anderen», lautet einer seiner Ratschläge), während sie nach außen hin wie alle anderen erscheinen. Und da «Normalität» im Spanien und im gesamten Westen jener vierziger Jahre besagt, daß mindestens die Hälfte der erwachsenen Bevölkerung raucht (das geht z.B. aus der damaligen fifty-fifty-Teilung in Raucher- und Nichtraucher-Abteile in den Eisenbahnzügen hervor), so sollte das auch unter den Seinen gelten, Priester eingeschlossen.

Auch die Zigarre, die Pfeife, die Zigarette - zumindest ab und zu - sollen als Beweis dafür dienen, daß das Leben im Opus Dei nicht sonderbar, nicht ungewöhnlich ist: es herrscht sencillez (Einfachheit), es herrscht Normalität, nur eben mit der Radikalität des christlichen Einsatzes. Wer die Aufgabe auf sich nahm, rauchen zu «lernen», war der Ingenieur - und seit wenigen Stunden Priester - Alvaro del Portillo: ja, gerade er wird 31 Jahre später Escrivás Nachfolger werden. Und es ist aufschlußreich festzustellen, daß die einst «aus Gehorsam» angenommene Gewohnheit - er war damals, 1944, dreißig Jahre alt - ihm nicht mißfallen haben dürfte, hat doch (wie mir jemand erzählte, der mit ihm oft verkehrte und ihn gut kannte) der junge Mann von einst, der inzwischen Bischof-Prälat des Opus Dei geworden war, erst vor kurzem beschlossen, vom Rauchen abzulassen. Das heißt, nach vielen Jahrzehnten treuen Gehorsams gegenüber der Einladung des Gründers; um auch auf diese Weise zum Verständnis beizutragen, was das Leben der «Normalität» für denjenigen heißt, der zur Tätigkeit in diesem Werk berufen ist.

Mir erscheint diese Anekdote, wie ich schon sagte, keineswegs belanglos, sondern eine weitere Bestätigung dessen, was ich feststellen konnte: daß im Werk nicht jenes Klima von Fanatismus herrscht, das unter anderem Phänomene wie «mystische» Leichtgläubigkeit - «Visionen» und «persönliche göttliche Botschaften» eingeschlosssen - begünstigt.

Dieses Klima, das auch der Außenstehende schon an den Männern und Frauen des Werkes wahrnehmen kann, ist die unmittelbare Frucht des Baumes Escrivá - eines Menschen, der vor allem Wunderbaren warnte. Er war selbst der erste, der seine Mahnung in die Tat umsetzte, nicht zu sehr auf Wunderbares zu vertrauen und viel weniger sich Wunderbares zu wünschen, sei doch das größte Wunder das Leben selbst, die Arbeit, die zu heiligen der Christ aufgerufen ist und die er eben durch die ruhige, stärkende Normalität des Alltagslebens heiligt. (Im Feuer der Schmiede, Gedanke 60: «Sei dir jeden Tag deiner Verpflichtung bewußt, heilig zu werden. - Heilig! Das bedeutet nicht, verstiegen zu sein, sondern zu kämpfen: im geistlichen Leben und in der heroischen, vollkommenen Erfüllung deiner Aufgaben.»)

Es ist bezeichnend, daß sich das Opus Dei beim Seligsprechungsprozeß, wie es scheint, nicht an die für diese Prozessart herkömmliche Methode gehalten hat, nämlich um jeden Preis nach Wundern, Wundertaten, unerklärlichen Vorkommnissen, göttlichen Gnadenerweisen zu suchen, deren Protagonist und Empfänger der für die Ehre der Altäre vorgesehene Kandidat im Leben gewesen sein soll. (Etwas anderes ist die Gabe der Fürsprache vor Gott, aber erst post mortem, nach dem Tod: das sind die 80.000 «Fälle» verschiedener Gnadenerweise, die vor, und tausende weitere, die nach der Seligsprechung gemeldet wurden.)

Bei der Durchsicht der Akten habe ich festgestellt, daß die Ermittlungsarbeit darauf zielte, nicht in erster Linie das Geheimnis (auch wenn es, wie in jeder religiösen Darstellung stets präsent ist, wenn auch im Hintergrund) als vielmehr die praktische Umsetzung der christlichen und menschlichen Tugenden herauszustellen, die um so «heroischer» ist, weil sie im Alltag erfolgt, nichts Prahlerisches besitzt und kein Aufsehen erregt. Gleichsam als wollte man beweisen, daß auch der Gründer «normal» war (wie er es vom ganzen Opus Dei wünschte), wenn auch mit der Radikalität seines evangelischen Auftrags.

Hat man alles untersucht, so gewinnt man den Eindruck, daß man den Anspruch des Opus Dei, von einem geheimnisvollen Ereignis seinen Ausgang genommen zu haben, nicht von vornherein als unglaubwürdig verdächtigen darf. In der Tat steht dieses «Ereignis» dort am Anfang wie isoliert; mit ihm wurde keineswegs eine «Wunder»-Tradition oder etwas Außergewöhnliches eingeleitet. Wenn es im Werk - das ein eingeschworener Feind jeglicher, sowohl kollektiver wie individueller Schaustellung ist: «Gloria Operis Dei summa est sine humana gloria vivere» (der Ruhm des Opus Dei besteht darin, ohne menschlichen Ruhm zu leben), heißt es feierlich in den offiziellen Statuten - etwas Außergewöhnliches gibt, dann soll es verborgen bleiben: im Innersten des Menschen, in der Intimität eines Hauses, einer Familie, innerhalb der vier Wände eines Arbeitsplatzes.

Der Ruf der Heimlichkeit rührt übrigens auch daher, daß man sich im Opus Dei vor allem hütet, was Aufmerksamkeit auf sich ziehen könnte. Nicht zuletzt deshalb wäre es unpassend anzunehmen, daß sie grundlos vom «Wunder» sprechen oder «prophetische» Gaben zur Schau stellten.

Nehmen Sie dazu noch die Zurückhaltung Escrivás, sich zu jenem 2. Oktober und dann zum 14. Februar zu äußern: nur bei ganz seltenen Anlässen bezog er sich, weil man ihn dazu drängte, darauf, wobei er es stets bei der Aussage bewenden ließ, er habe «gesehen». Auf Einzelheiten aber wollte er sich nicht einlassen. Vielmehr erinnerte er jedesmal daran, daß ihm der Auftrag, der sich da vor ihm aufgetan hatte, zumindest nach menschlicher Beurteilung eher wie eine Bürde vorgekommen sei, die er aus Gehorsam auf sich nehmen mußte, und nicht wie die ersehnte Belohnung zur Krönung eines persönlichen mystischen Suchens.

Es ist nicht bekannt, daß er seine Autorität als «Gründer» je auf jenes charismatische Ereignis gestützt hätte; noch daß er es je dazu ausgenutzt hätte, sein Ansehen zu vermehren, Schüler an sich zu binden oder den vielen Hindernissen entgegenzutreten, die ihm sogar in der Kirche in den Weg gelegt wurden. Im Gegenteil: wenn er sich zu einer diesbezüglichen Andeutung verpflichtet fühlte - und zwar immer nur im Kreis der Seinen und auf ausdrückliche Bitte hin -, bat er jedesmal, ihm nicht zu viele und zu aufdringliche Fragen zu stellen. Er stellte es, kurz gesagt, als ein objektives «Ereignis» dar, das er als Erster mit Verwunderung anzunehmen genötigt gewesen war; nicht als ein ihm von Gott gewährtes Privileg, das man, und sei es auch geistlich, zu «Spekulationen» mißbrauchen dürfte.

Gewiß war er zutiefst davon überzeugt, daß der Anfang des Abenteuers außergewöhnlich gewesen sei: aber nachdem er sich einmal auf den Weg gemacht hatte, hielt er es für seine Pflicht, die Aufmerksamkeit auf das Gewöhnliche zu lenken, indem er den Menschen half, alle verborgenen Möglichkeiten des «normalen» Lebens zu entdecken.

Peter Berglar schreibt: «Er hielt sich in allem, was ihm zuteil gewordene mystisch-charismatische Begnadungen betraf, stets mit Aussagen auf das äußerste zurück. Und das ist auch das an sich Selbstverständliche und Normale, ein sicheres Zeichen für die Glaubwürdigkeit. Jede freiwillige Preisgabe von außerordentlichen mystischen Gotteserfahrungen und -begegnungen würde Zweifel an der Echtheit derselben begründen.»

Alles in allem scheinen mir genügend Anhaltspunkte vorzuliegen, um die Behauptung zu wagen, daß «man so etwas nicht erfindet». Aus den genannten Gründen (die für jeden, der nicht sektiererisch urteilt, einleuchtend sein dürften), muß man die Möglichkeit eines Betrugs ausschließen. Die Jahrzehnte seit 1928 bezeugen es: kann man - und wozu? - ein halbes Jahrhundert lang betrügen? Halluzinierte verhalten sich nicht so. Das Opus Dei - repräsentiert von der Person des angeblichen «Sehers»: energisch, pragmatisch, realistisch und so geduldig, daß er den Esel am Schöpfrad zu einem Symbol des Werkes machte - gehört nicht zu der Art Institution, die aus halluzinationsartigen Phänomenen oder mystizistischen Illusionen hervorgeht.

Zu Beginn dieser Seiten habe ich klargestellt, daß ich nicht dazu neige, mich mit meinen persönlichen Urteilen zurückzuhalten.

Sollte Sie meine Meinung interessieren, so werde ich sie Ihnen gerne mitteilen. Soviel ich, als Verfasser dieses Berichtes, sagen kann, hat meinem Empfinden nach an jenem Morgen in der Madrider Straße García de Paredes (und dann an jenem anderen Morgen, wenige Monate später, in der Straße Alcalá Galiano, in der Kapelle der Marquesa de Onteiro) die Geschichte der Kirche eine unvorhergesehene und unvorhersehbare Wende erlebt. Und mit ihr die Geschichte der Welt. «Etwas» geschah damals, und nicht auf Grund menschlicher Initiative.

So denke ich darüber. Aber das spielt kaum eine Rolle. Was zählt, ist, daß die Menge so denkt, die Jahr für Jahr wachsen wird im Gefolge jenes jungen Priesters, der - als er, erst sechsundzwanzigjährig, den Auftrag erhielt, den er weder erwartete noch wünschte - nur «Gottes Gnade und gute Laune» besaß.

Ihnen als erfahrene Leser brauche ich gewiß nicht zu erklären, was für jene zahlreichen Frauen und Männer die Überzeugung bedeuten kann, an einem Projekt mitzuarbeiten, das Gott selbst gewollt und für das er als räumliche Grenzen die ganze Welt und als zeitliche das Ende der Geschichte festgesetzt hat.

Der Kampfruf der Kreuzfahrer: «Deus vult!» (Gott will es), war wahrscheinlich eine Täuschung. Die tragische Geschichte, die daraus folgte und die - nach einigen Jahrhunderten voll von Mühsal und Blutvergießen, Heroismus und Untreue, Opfern und Begierden - mit einem Scheitern endete, schien (soweit Menschenaugen dessen gewahr werden können) zu beweisen, daß in Wirklichkeit «Deus non volebat» - Gott das nicht wollte. Hier hingegen scheint - wenigstens für jemanden, der es aus der Perspektive des Glaubens sieht - alles darauf hinzudeuten, daß es sich diesmal nicht um eine Täuschung handelt; daß der christliche Gott im zu Ende gehenden zweiten Jahrtausend tatsächlich ein «Werk» haben wollte, das «sein» Werk sein sollte und in das er aus allen Teilen der Welt seine Söhne und Töchter zur Teilnahme berufen wollte.

Da spielen Skeptizismus, Verlegenheit, Ironie, Vorbehalte und Ablehnung von seiten der «Außenstehenden» kaum eine Rolle. Worauf es ankommt, ist die Gewißheit derer, die «drinnen» sind:

und das verleiht dem Motor des Panzers (um noch einmal die ebenso liebevolle wie gewagte Metapher von Don Giussani zu verwenden) außerordentliche Kraft und Antrieb.

Jedenfalls kann ich Ihnen versichern, daß - wenigstens nach dem zu urteilen, was ich gesehen habe - das, was das Werk kennzeichnet, nichts mit Kreuzfahrer-«Fanatismus» zu tun hat. Niemand denkt hier daran, die Reprise eines Gott mit uns (unseligen Angedenkens!) in die Gürtelschnalle einzugravieren oder auf die Fahnen zu sticken (die es im übrigen gar nicht gibt: um eben Triumphalismus und Gruppenstolz zu vermeiden, besitzt das Opus Dei kein offizielles Wappen und auch keinen Namen für die Gesamtheit der Mitglieder).

Keine Spur von Fanatismus also - wenigstens soweit es der fremde Beobachter beurteilen kann: ich gestehe allerdings, daß mein Eifer nicht soweit gegangen ist, versteckte Abhörgeräte in den «Geheim»-Räumen anzubringen oder heimlich durch Schlüssellöcher zu schauen.

Das Opus Dei trägt Züge, die es deutlich von jeder Sektenmentalität - wie oben schon erwähnt: Verbote bestimmter Nahrungsmittel, geradezu von Besessenheit zeugende Zwangsvorstellungen über angebliche «Drogen» wie Alkohol, Kaffee, Tabak, Kakao - abheben. Unter diesen Zügen ist die fehlende Exaltiertheit besonders bemerkenswert: die Sektenmentalität benutzt immer als «Treibstoff» die unkritische, erregte und oft übersteigerte «Begeisterung» für die «Sache» und die Gruppe. Bezeichnend vor diesem Hintergrund ist eine Bemerkung aus Die Spur des Sämanns, Gedanke 870: «Mit aggressiver Polemik, die darauf abzielt, den anderen zu demütigen, lassen sich nur selten Probleme lösen. Ist unter den Diskussionspartnern dazu noch ein Fanatiker, dann wird niemals eine Klärung erreicht.»

Aber auch wenn innerhalb des Werkes keine Fanatiker zu finden sind (und wenn es sie gibt, müssen sie sich vor mir sorgfältig verborgen haben...), so sind jedenfalls Christen zu finden, die im Unterschied zu einer gewissen klerikalen Intelligentia unserer Tage es nicht für eine behandlungsbedürftige Krankheit halten, sich in vernünftigem Maße für Dinge zu begeistern, die sie aus der Sicht des

Glaubens entdecken. Menschen, die fest entschlossen sind zu versuchen, diesen Glauben zu leben; und andere, angefangen bei denen, die ihnen am nächsten stehen, auf die Freude hinzuweisen, die sie dabei erlebt haben. Und in diesem Punkt wollen sie nicht nachgeben. Hören Sie nur den Gedanken 131 aus Im Feuer der Schmiede: «Nachgiebigkeit in Fragen der Glaubenswahrheiten wäre falschverstandene Nächstenliebe, eine Schlinge des Teufels und im Grunde Lüge [...]. Das hat nichts mit Fanatismus zu tun, sondern heißt ganz schlicht, den Glauben zu leben. Darin liegt keine Lieblosigkeit gegenüber anderen Menschen. In allem Unwesentlichen geben wir nach, aber ein achselzuckender Kompromiß hinsichtlich des Glaubens selbst ist unmöglich.»

Es sind also Christen, die überzeugt sind, es sei ein großes, Tag für Tag neu ernstzunehmendes Privileg, daß sie aus Gnade (denn die Aufnahme ist eine Frage der göttlichen «Berufung») zur Teilnahme an einem Abenteuer berufen worden sind, ein Privileg, das nicht aus Plänen eines Menschen, sondern aus göttlichem Willen geboren wurde.

Ein wesentlicher Grund für diesen kraftvollen Antrieb ist die Gewißheit, daß am 2. Oktober 1928 Gott einen seiner unvorhersehbaren Paukenschläge vernehmen ließ, als er einen jungen Mann aus dem fernen, unbekannten Barbastro «sehen» ließ, was Er verwirklicht haben wollte.

In dieser Gewißheit, die das Werk beseelt, in dieser Gewißheit, der keine menschliche Dialektik das Geringste anhaben kann (weil sie nicht an sich unvernünftig ist, sondern weil sie jede Vernunft übersteigt, um sich auf den Felsen des Glaubens zu stützen), in dieser Gewißheit, die sogar von Christus selbst durch seinen Stellvertreter auf Erden, der für die Katholiken der Papst ist, feierlich bestätigt worden ist; in dieser Gewißheit also meine ich einen der Gründe zu sehen, die es mir leicht machen, die Vorhersage zu wagen: Es wird nicht wenig Opus Dei geben in der Zukunft der Kirche.

Und das nicht nur wegen der unerschütterlichen «übernatürlichen» Motivierung, die seine Anhänger, vom Prälaten bis zum jüngsten Mitglied, antreibt; sondern auch deshalb, weil das, was der junge Spanier «sah», eine grenzenlose Entfaltung - nicht nur in christlicher, sondern wahrscheinlich auch in menschlicher Hinsicht - zu garantieren vermag: das «Meer ohne Ufer», von dem man im Werk (als Bild für die Dimensionen des persönlichen Apostolats, Anm.d.V.) spricht.

Was sah nun jener junge Mann am Schutzengelfest des Jahres 1928 tatsächlich?

Nachdem wir also bislang vom «Verlauf» und von der Möglichkeit eines solchen Ereignisses gesprochen haben, müssen wir uns nun den Inhalten zuwenden.

7. Eine religiöse Realität

Wir wollen uns auch jetzt - wie wir es bei der Schilderung der Geburt des Opus Dei getan haben - an die offiziellen und wohlüberlegten Worte der Postulation für den Seligsprechungsprozeß halten, um den Inhalt dessen, was der Erwählte sah (vió - er gebrauchte, wie wir bereits wissen, immer das Verbum ver, sehen), kennenzulernen: «Gott verlangte von ihm, sein ganzes Leben in den Dienst der Kirche zu stellen durch die Förderung jener übernatürlichen Realität, die er später Opus Dei nennen würde. Das Ziel, für das der Herr eine solche übernatürliche Realität ins Leben gerufen hat, ist, daß Menschen aus allen sozialen Schichten - angefangen bei den Intellektuellen, um dann alle zu erreichen -, mit einer besonderen Berufung durch Gott und im Wissen um die Größe der christlichen Berufung sich um Heiligkeit bemühen und das Apostolat unter Gefährten und Freunden ausüben sollen, jeder in seinem Bereich, in seinem Beruf und bei seiner Arbeit, in der Welt, ohne seinen Stand zu ändern.»

Man achte hier auf jedes einzelne Wort, besonders aber auf die Aussage: «Das Ziel, für das der Herr eine solche übernatürliche Realität ins Leben gerufen hat...»

Ich meine, wenn man zunächst eine Formulierung wie diese nicht ernst nimmt, ist es sinnlos, sich der Hoffnung hinzugeben, man könne das Opus Dei oder überhaupt jede andere Ausdrucksform des katholischen Glaubens bis hin zur Kirche selbst verstehen. Aber in der Tat scheint bei vielen «Intellektuellen» seit Jahrzehnten die selbstverständliche, altbekannte Forderung in Vergessenheit geraten zu sein, daß man sich mit der religiösen Erfahrung in religiösen Kategorien auseinandersetzen muß.

Was nun das Opus Dei angeht, so bedarf es nicht des Glaubens, um es in seinen sozialen Auswirkungen zu beurteilen: will man es aber in seinem Wesen verstehen, muß man sich zumindest bemühen, eine Vorstellung davon zu gewinnen, was eine geistliche Erfahrung, eine Glaubenserfahrung sein könnte.

Damit wir uns richtig verstehen: ich beabsichtige hier nicht, alles und alle zu verteidigen. Die bloße Tatsache, daß jemand ein «Mann der Kirche» ist, reicht gewiß noch nicht aus, um die Macht der Sünde zu besiegen und die Grenzen der Erbärmlichkeit in einem Menschenleben zu überwinden. Deshalb gibt es durchaus gewichtige Gründe für Argwohn oder gar Feindseligkeit gegenüber vielen religiösen Institutionen.

Manche Formen von Argwohn oder Feindseligkeit (und, wie wir wissen, manche lasten insbesondere auf dieser Obra) dürften jedoch ihren Ursprung in einer unzutreffenden oder verzerrten Darstellungsweise haben - so als wollte man den Kaffee mit einem Bügeleisen zubereiten, einen Computer mit einem Hobel reparieren oder ein Möbelstück mit einem Spaten herstellen.

Wenn Sie einen Augenblick darüber nachdenken, werden Sie bemerken, daß man eine religiöse Realität wie das Opus Dei - die ja nichts anderes sein will als radikal und essentiell religiös - fast immer nur unter Berücksichtigung von politischen, wirtschaftlichen und soziologischen Kategorien analysiert und dann danach beurteilt. Wichtige Kategorien, wer würde das bestreiten? Die aber eben dazu dienen, die Realitäten der Politik, der Wirtschaft, der Gesellschaft zu analysieren; und allenfalls dazu, den Einsatz der Männer und Frauen, die sich ihnen widmen, zu «erklären».

Eine Realität wie das Werk von Escrivá hat gewiß auch eine «politische» Bedeutung, zumindest im etymologischen Sinn des Einflusses auf die polis (die Stadt), und sie wird mit dem zahlenmäßigen Wachstum seiner Anhänger immer mehr zunehmen. Oder, besser, nicht so sehr das Werk an sich wird diese Bedeutung haben (später, wenn wir seine Struktur untersuchen, werden wir sehen, weshalb man nicht die Institution als solche da hineinziehen darf) , sondern vielmehr die von ihm religiös geformten Personen. Vergessen wir nicht, daß jene einzigartige, ja überhaupt einzige Form von «Religion», wie sie das Christentum ist, im Glauben an die Menschwerdung Gottes in der Geschichte der Menschen wurzelt. Daher ist dem Evangelium nichts fremd, was menschlich ist; und folglich ist ihm auch kein Mensch fremd, der dieses Evangelium zu leben versucht.

Aber auch die bedeutendsten sozio-politischen Konsequenzen des Handelns eines Menschen, der glaubt, sind nichts weiter als ein Nebeneffekt, eben Konsequenzen der Glaubensentscheidung. Diese Entscheidung selbst - die die «unsichtbare» Ursache von sichtbaren Wirkungen ist - muß mit den ihr entsprechenden Kategorien betrachtet werden. Oder wenigstens muß man versuchen, dies zu berücksichtigen.

War es nicht der alte Baruch Spinoza, der mahnte: «Die Handlungen der Menschen sollen nicht verflucht oder belächelt, sondern verstanden werden?»

Hier sollen wir zu verstehen suchen, was der Grund für Verhaltensweisen ist, deren Ursprung nicht in Motivationen liegt, die zur Erklärung anderer Tätigkeiten voll genügen würden. Zu einer Aktiengesellschaft schließen sich Menschen zur Erreichung ökonomischer Ziele zusammen; in einer Partei zur Durchsetzung politischer Ziele; in einer Akademie, einem Verein, einer Mannschaft, einem Klub, um kulturelle, soziale, sportliche Ziele zu verfolgen oder sich zu erholen. Solche Motive - legitim und oft verdienstvoll - erklären und rechtfertigen, weshalb Menschen sich zusammenschließen. Hier genügen rein menschliche Kategorien vollkommen.

Auf eine religiöse - insbesondere christlich-katholische - Realität wie das Opus Dei trifft das nicht zu.

Greifen wir noch einmal die Worte auf, von denen wir ausgegangen sind: «Das Ziel, für das der Herr eine solche übernatürliche Realität ins Leben gerufen hat...» Und beachten wir jene anderen Worte der Postulation, die dem Versuch vorangehen und folgen, den Inhalt der von dem jungen Josemaría «gesehenen» Realität zu umreißen. Sie definieren das Opus Dei als «eine besondere Berufung durch Gott» und sprechen von «Suche nach Heiligkeit».

Wir könnten - wenn auch mit einer gehörigen Portion Mißtrauen - soweit gehen, die Führungsschicht des Werkes, die «oberen Etagen», sein Establishment, vielleicht den Gründer selbst zu verdächtigen: der Heuchelei, des scheinheiligen Zynismus: weiß getünchte Gräber, die als religiöser Vorwand für menschliche Interessen dienen und einen frommen Deckmantel über höchst irdische Ziele, wie Macht und Reichtum, werfen sollten.

Das könnten wir tun. Obwohl ich persönlich (und, wie ich anzunehmen wage, jeder andere Mensch mit normalem Empfinden), ehrlich gesagt nicht genügend verlockende Aussichten auf Geld und gesellschaftlichen Einfluß zu sehen vermag, die mich dazu verleiten könnten, ein halbes Jahrhundert lang ein Leben zu führen wie das von Josemaría Escrivá de Balaguer. Und - unter Berücksichtigung anderer Maßstäbe - auch nicht ein Leben wie das der Mitglieder der Nomenklatur des Opus Dei, seien sie nun Laien oder Priester, die ich kennengelernt habe.

Nein, wirklich nicht! Aus bloß «irdischen» Gründen möchte ich wirklich nicht ein solches Leben führen. Und ich bin sicher, daß jene, die die Realität aus erster Hand und nicht aus den Verzerrungen einiger Medien kennen, so wie ich denken.

Dieser Lebensstil mag befriedigend, ja vielleicht sogar einer der beglückendsten sein. So schrieb der Gründer im Gedanken 1006 der Schmiede: «Die Formel, der Schlüssel für das irdische Glück und ewige Heil stehen mir zweifelsfrei vor Augen: sich nicht bloß mit dem Willen Gottes abfinden, sondern sich ihn zu eigen machen, sich mit ihm identifizieren, kurz: mit einem klaren Willensentschluß das wollen, was Gott will. Ich wiederhole: das ist der nie versiegende Schlüssel zu Freude und Frieden.»

Nach den Zeugnissen, die ich bei den Mitgliedern des Opus Dei gesammelt habe, scheint jener Schlüssel des Glücks tatsächlich zu funktionieren. Aber nur unter den von Escrivá genannten Bedingungen. Und das sind keine «irdischen» Bedingungen.

Die conditio sine qua non ist der Glaube an einen «Willen Gottes»; nicht an unseren Willen, nach den eigenen Plänen, ohne transzendente Perspektiven «Freude», «Glück», «Frieden» zu erlangen; Pläne, die uns nicht in das Paradies auf Erden, sondern vielmehr in ein tägliches Purgatorium, wenn nicht gar in ein Inferno führen würden.

Aber überlassen wir nun die kleine Führungsgruppe ihrem Schicksal - sie mögen es mit ihrem Gewissen ausmachen. Möge man die «Kobolde» im Hauptquartier von Viale Bruno Buozzi verdächtigen, um den Vater geschart, der dem Generalrat (männliche Abteilung) und der «Asesoria Central» (dem zentralen Leitungsgremium der weiblichen Abteilung) vorsteht. Im übrigen wechseln diese «Kobolde» ständig; außer dem Prälaten hat im Werk niemand ein Amt auf Lebenszeit inne, es gibt keine internen «Karrieren»; nach Ausführung eines Auftrags innerhalb der Leitung kehrt jeder zu seiner Tätigkeit bzw. in seinen Beruf zurück, ohne sich irgendeinen Vorteil, es sei denn einen geistlichen Gewinn, erwirkt zu haben.

Und möge man auch diejenigen verdächtigen, die in den verschiedenen Ländern der Welt die «Regionen» leiten, wie man die Bezirke nennt, in die das Werk - das durch Berufung von seiner Entstehung an «katholisch», das heißt universal ist - die Welt unterteilt.

Mag man auch sie verdächtigen, sie wären nichts weiter als skrupellose Marionettenspieler in einer Art freimaurerischer Clique mit frommem Aussehen, die sich aber in Wirklichkeit nicht sehr «religiösen» Zielen und Handlungen widmet.

Was aber ist mit den übrigen? Mit der großen Mehrheit jener fast 80.000 Mitglieder? Die Mehrheit dieser Mehrheit hält sich überhaupt nicht an dieses übliche Klischee.

Unter den mir zur Verfügung gestellten Dokumenten, die ich zur Überprüfung von der Prälatur ausdrücklich angefordert hatte, befinden sich die Statistiken über das Bildungsniveau, die Einkommensverhältnisse und den sozialen Status der Mitglieder. Aus ihnen ergibt sich überraschenderweise ein starkes Übergewicht eines mittleren bis niedrigen Lebensstandards: in vielen Gegenden der Welt - zum Beispiel in Spanien und Lateinamerika - ist das Opus Dei vorwiegend im einfachen Volk zu Hause, zu dem auch viele obreros und campesinos (Arbeiter und Bauern) gehören.

Und nicht selten ereignen sich Fälle wie jener gern zitierte von dem südamerikanischen Taxifahrer, der, nachdem er um Aufnahme in das Werk gebeten hatte, verwundert entdeckte, daß es dort auch Akademiker, Unternehmer, Intellektuelle gab. Anscheinend dachte er auf Grund seiner bisherigen Erfahrung, die Prälatur wäre eher Taxifahrern und anderen einfachen Arbeitern seinesgleichen vorbehalten.

Wie immer also der soziale und wirtschaftliche Lebensstandard der Mitglieder aussehen mag, Tatsache bleibt, daß ihre Entscheidung, ihr Engagement, ihr Leben demjenigen unverständlich bleiben müssen, der nicht berücksichtigt, daß es die religiöse - echt religiöse - Erfahrung nicht nur gibt, sondern daß sie eine der mächtigsten Kräfte überhaupt ist und Berge zu versetzen vermag. Eine «unentgeltliche» und immer wieder «erneuerbare» Kraft, die die Geschichte verändert hat, verändert und weiter verändern wird. Wahrscheinlich ist sie ihr wahrer geheimer Motor, auch wenn sie von vielen bestritten wird, die meinen, gescheiter als die «Einfältigen» zu sein, und auch wenn sie jene nicht wahrhaben wollen, die sich für jemanden halten, den «man nicht hereinlegt», dem «man das nicht weismacht».

Die ungehobelte «Vulgata» des Marxismus gab sich der Illusion hin, alles zu verstehen (in Wirklichkeit freilich hat sie nichts verstanden, wie die Geschichte schließlich nüchtern gezeigt hat), als sie das gesamte menschliche Handeln allein einem wirtschaftlichen Antrieb zuschrieb. Die psychoanalytische «Vulgata» glaubt sich ebenfalls im Besitz des Schlüssels zum Rätsel Mensch, wenn sie alles und jedes dunklen Sexualtrieben zuschreibt. Moderne Ideologien jeder Couleur wiederum analysieren alles einzig und allein mit Hilfe politischer Begriffe: «Rechte» und »Linke», «Konservative» und «Progressive», alle um die jeweiligen Interessen gegeneinander kämpfend...

Wir haben es hier mit einer Entartung zu tun, die schließlich auch weite Schichten der katholischen Welt angesteckt hat. Mir scheint gerade hier der Grund für ein solches Maß an, nicht nur «laizistischer», sondern auch (oft noch hartnäckigerer und heimtückischerer) «klerikaler» Feindseligkeit gegen eine Realität zu liegen, die von sich behauptet, nur spirituell zu sein.

Augusto Del Noce, der scharfsinnige gläubige Philosoph, sagte mir in einem Interview, das ich einige Jahre vor seinem Tod mit ihm führte: «Für das herkömmliche katholische Denken erfolgte die Interpretation sowohl der Geschichte wie des aktuellen Geschehens nach dem Schema von Glaube-Unglaube; Religion-Religionslosigkeit; Frömmigkeit-Gottlosigkeit; heilig-profan; oben-unten. Mit der Annahme der Kategorien einer gewissen Modernität übernahm auch die Perspektive allzu vieler gläubiger Menschen deren neues Schema: fortschrittlich-konservativ; rechts-links; Reaktion-Revolution. So hat man eine religiöse Interpretation der Geschichte durch eine politische ersetzt. Und an die Stelle der traditionellen Kategorien von wahr-falsch, gut-böse sind jene des Progressiven (der neue „Heilige" schlechthin: man kann nicht wirklich evangelisch sein, wenn man nicht „von links" ist) und des Reaktionärs (der „Sünder" schlechthin: „von rechts", daher der „Antichrist", der Jünger des radikalen Bösen) getreten.»

Und Professor Del Noce, der sein ganzes Leben lang wegen seiner unerwünschten Analysen von nicht wenigen Intellektuellen in der Kirche ausgegrenzt, ja geradezu verfolgt worden war, fügte verbittert hinzu: «In der neuen Wertekategorie mancher Klerikaler ist der eigentliche Gegner, mit dem sich der Christ auseinandersetzen muß, nicht mehr der Ungläubige, der Gotteslästerer, der Gottlose. Im Gegenteil, wenn das alles als „fortschrittlich" erscheint, wird es als ein vornehmes „anonymes Christentum" betrachtet, dessen Anschuldigungen sich die Gläubigen mit reuevoller Ehrfurcht anzuhören haben, während sie es sich selbst heilsam zunutze machen. Zum wahren Feind wird derjenige, der als „Integralist" abgestempelt wird, das heißt als Katholik, der seinen Glauben ernst nehmen will, indem er ihn von einer humanitären Gesinnung, von einem „allgemeinen Wert" in Leitung und Perspektive für jede einzelne seiner Handlungen verwandelt.»

Und abschließend sagte der Philosoph: «Darum gibt es auch in der Kirche so viel Ablehnung gegenüber den neuen Bewegungen, die als „integralistisch“ und daher schädlich angesehen werden, als Feinde schlechthin dieses neuen Christentums, das von religiösen zu politischen Perspektiven, von Glaubens- zu sozio-ökonomischen Kategorien übergegangen ist.» Zu jenen «Bewegungen» zählte Augusto Del Noce in erster Linie das Opus Dei, das, auch wenn es «technisch» nicht eine Bewegung ist, zu den neuen kirchlichen Realitäten gehört.

Del Noce´s Analyse könnte einiges über die große Feindseligkeit erklären, die dem Opus Dei entgegenschlägt. Wahrscheinlich wurzelt sie in der ungebührlichen Anwendung politischer Kategorien auf eine religiöse Realität, wie wir es bei den katholischen Verfassern des Wörterbuchs der Kirchengeschichte erlebt haben, die mit einem Hinweis auf das Franco-Regime und auf die «Rechtsparteien» dieses katholische Werk gleichsam disqualifizieren.

Eine verzerrte Perspektive, die zwar im außenkirchlichen Milieu entstanden, aber auch im Inneren der Kirche weit vorgedrungen ist. Natürlich ist sie kein Hindernis für jene, die mit der «spezifischen Berufung», von der Escrivá sprach, dem Werk angehören wollen; aber sie erschwert doch vielen das Verständnis für das, was das Opus Dei wirklich ist, und zwar auf einer Ebene, die tiefer liegt als die der - ohne Zweifel wichtigen, aber untergeordneten - sozialen, politischen und wirtschaftlichen Aspekte.

Die «wahre Realität» des Opus Dei ist ausschließlich spirituell, wenigstens verstehen sie die Mitglieder so und nicht anders; dies steht jenseits von Etiketten wie «rechts» und «links», «progressiv» und «konservativ». Wenn solche Etikettierungen sich sogar in der Politik als immer weniger brauchbar erweisen, kann man sich unschwer ausmalen, wie abwegig sie sind, wenn es um die Glaubensfrage geht; oder wenn es konkret darum geht, die Motive von Menschen zu erklären, die «eine besondere Berufung von Gott» erhalten haben und sich «der Größe der christlichen Berufung bewußt» sind - um auch hier die Worte zu gebrauchen, mit denen die Prälatur die Kirche um die Erhebung des Gründers zur Ehre der Altäre ersuchte, um damit eine weitere Bestätigung der christlichen Authentizität seines Charismas zu erhalten.

8. Bleibe, wo du bist: «labora et ora»

Was tun nun diese Frauen und Männer - jeden Alters, jeder Nationalität, jeder gesellschaftlichen Herkunft -, wenn sie entdecken, daß der «spezifische Ruf», konsequent die «christliche Berufung» zu leben, zum Anschluß an die «Methode Opus Dei» führt?

Um sich auf den Weg zu machen, brauchen diese Frauen und Männer nichts anderes, als an die Wahrheit der «Vision» zu glauben, die der junge spanische Priester erlebte, während er seine geistlichen Exerzitien hielt. Wenn jemand, von jener Glaubenssicht ausgehend, einen solchen Weg einschlägt, heißt das in der Tat, daß er oder sie beginnt, einem von Gott selbst gewollten «Vorhaben» anzugehören.

Für ihr weiteres Vorankommen können sie dann, wie wir sehen werden, die wirksame Hilfe jener Art «Agentur für geistliche Dienste» in Anspruch nehmen, die die Prälatur ist. Irgend jemand - ich glaube, es war der österreichische Dichter und Dramatiker Hugo von Hoffmannsthal - bemerkte einmal, daß «der heutige Mensch scheinbar in der Lage ist, alles zu verstehen: alles außer das, was zu einfach ist».

Ich gestehe, daß ich selbst - ein «Mensch von heute»! - am Beginn meiner Untersuchung die Sache wirklich nicht verstanden habe. Und wenn ich den Eindruck hatte, weitergekommen zu sein, wenn ich zu «verstehen» meinte, wurde mir bewußt, daß wahrscheinlich genau da der Grund für viele Mißverständnisse lag: es war, es ist zu einfach.

Wir wollen sehen, ob es mir gelingt, es auch Ihnen begreiflich zu machen; dazu will ich Schritt für Schritt vorangehen und mit eher schematischen, elementaren Worten darüber sprechen (auch um mir selber erneut zu bestätigen, daß ich wirklich verstanden habe).

Es geht also um Folgendes: Hunderte Millionen Menschen (nach den jüngsten Schätzungen ungefähr neunhundert Millionen) haben die Taufe in der katholischen Kirche empfangen und gehören dieser objektiv an. Sie ist die zahlenmäßig stärkste Religionsgemeinschaft: die Katholiken allein sind nicht nur fast doppelt so viele wie alle Protestanten zusammen, sondern sie liegen zahlenmäßig noch immer - auch wenn die statistischen Daten für die Zukunft infolge des Geburtenrückgangs negativ für sie aussehen - vor der Gesamtheit der sunnitischen und schiitischen Muslime sowie den Hindus. Und sie sind zugleich die einzige Gemeinschaft, die praktisch in jeder Region der Welt, wenn auch natürlich mit unterschiedlicher Stärke, anzutreffen ist; Anfang der neunziger Jahre waren, wie es scheint, Bahrain, Oman, Malediven und Grönland die einzigen Länder ohne Katholiken (außer einigen vereinzelten).

Nicht alle in dieser gewaltigen Masse von Mitgliedern lassen, wie man nur zu gut weiß, jenes sakramentale «Zeichen», jenes unauslöschliche «Siegel» der Zugehörigkeit, das die Taufe ist, fruchtbar werden. Ja, viele schätzen sie nicht einmal oder begehren sogar gegen sie auf. Ein anderer - der heute vielleicht zahlenmäßig größte - Teil verhält sich zwar ruhig, begeistert sich aber auch nicht - diese Menschen meinen, weder die Zeit noch die Möglichkeit zu haben, um Stellung zu beziehen. Sie bleiben gleichgültig, teilnahmslos und beschränken sich darauf, von der Kirche - ob aus Überzeugung, aus Tradition oder zur Bannung von Unheil, das ist nicht immer klar - anläßlich der wichtigsten Lebensetappen gewisse «Dienstleistungen» in Anspruch zu nehmen: Trauung, Taufe der Kinder, Begräbnis, vielleicht noch das pittoreske Schauspiel einer Mitternachtsmesse, die «schön weihnachtlich ist» und «den Kindern gefällt und auch uns an die eigene Kindheit erinnert».

Aber es gibt noch eine andere Gruppe unter jenen Hunderten Millionen Katholiken, für die die Taufe nicht belanglos ist, sondern tatsächlich das bedeutet, was der Katechismus lehrt: die Eingliederung des Täuflings in jenen «mystischen Leib» Christi, der nach den Worten des Heiligen Paulus - die dann in jahrhundertelanger Reflexion von der Theologie entfaltet und erläutert wurden - die Kirche ist; also ein Eingangstor der Zugehörigkeit zu einem «Volk Gottes», das daran glaubt, vom Kreuz auf Golgota erlöst worden und zur Auferstehung zum ewigen Leben berufen zu sein; und aus genau diesem Grund die Rechte des Christen empfangen und Pflichten übernehmen. Solche Menschen, die von dem Willen bewegt sind, Konsequenzen aus ihrem Glauben zu ziehen, hat es in jeder Epoche der Geschichte gegeben; und auch heute gibt es sie, was auch immer der denken mag, der dieses «verborgene Volk» nicht aus unmittelbarer Erfahrung kennt.

Solchen Menschen (und durch sie auch jenen Gleichgültigen oder gar Feindseligen) hat seit Ende der zwanziger Jahre Josemaría Escrivá beharrlich verkündet (ich versuche, mit meinen Worten den Kern seiner Verkündigung wiederzugeben, wenigstens wie ich sie verstanden habe): «Gott selbst hat beschlossen, mir verständlich zu machen - auch wenn ich euch nicht sagen kann, warum gerade mir: auf jeden Fall versichere ich euch, daß ich wirklich „gesehen" habe und daß ich verpflichtet bin, zu euch darüber zu reden -, daß die Zeit gekommen ist, um einem Christentum erster und zweiter Klasse ein Ende zu bereiten. Es gibt nicht auf der einen Seite die wenigen „Profis des Evangeliums" (Priester, Mönche, Nonnen und auch einige Laien, aber „besonderer Art", vielleicht „geweiht"); und auf der anderen Seite die riesige Mehrheit der „Amateure" des Christentums, einer Art zweiter Liga mit den „einfachen" Laien, den „gewöhnlichen" Gläubigen; ihr alle also. Nein: Das Evangelium, das ganze Evangelium ist für alle da. Gott erbittet von allen, heilig zu werden, das heißt das Evangelium in seiner Ganzheit zu leben. Ich weiß, „heilig" ist ein Wort, das euch erschreckt, weil es euch an die Heiligen des Kalenders und an Heiligsprechungen in Sankt Peter erinnert, also an außergewöhnliche Menschen und an Taten, die außerhalb eurer Reichweite zu liegen scheinen. Aber das ist nicht so, das kann gar nicht so sein: ich versichere euch, daß der Gott Jesu Christi von jedem Christen erwartet, „vollkommen" zu werden: daher muß das mit seiner Gnade allen möglich sein. Wenn nicht, warum würde Er es dann von uns verlangen? Warum würden die Evangelien Jesus zu einem jeden, ohne Ausnahme, sagen lassen: „Seid vollkommen, wie euer Vater im Himmel vollkommen ist?".»

Und Escrivá fuhr fort: «Nicht nur selbst „heilig", sondern auch „Apostel" soll jeder sein. Mit anderen Worten: die ausdrückliche Einladung zu christlicher Hoffnung und die Verkündigung eines Evangeliums, das in seiner Ganzheit zu leben wir als erste uns bemühen müssen, ist nicht nur Sache der „Missionare", der „Prediger", jener „Profis des Glaubens", von denen ich vorhin sprach. Aus dem Bemühen um Heiligkeit (das ist die unerläßliche Voraussetzung, denn man kann nur das geben, was man ist und hat) erwächst notwendigerweise als ein spontanes Bedürfnis das Verlangen, anderen das Geheimnis jener Freude mitzuteilen, die ihr erlebt, wenn ihr euch ernsthaft davon überzeugt, daß Gott der Vater aller ist und einen jeden von uns liebt und erwartet, daß wir diese Liebe erwidern.»

«Sehr erbaulich», war der gewohnte Kommentar über diese universale Berufung zur Heiligkeit auch innerhalb der Kirche vor allem in jenen Jahrzehnten vor dem II. Vatikanischen Konzil, das uns nun - auch dank der dreißig Jahre lang vom Gründer des Opus Dei verbreiteten Botschaft, was viele zu vergessen scheinen - mit Auffassungen vertraut machte, die Escrivá zuvor den Ruf eines Verrückten, Fanatikers oder Utopisten, wenn nicht gar Häretikers eingebracht hatten. (An Anzeigen und hieraus resultierenden kirchlichen Ermittlungen, häufigen und keineswegs belanglosen Verdächtigungen und Behinderungen fehlte es nicht).

«Sehr schön und erbaulich, aber was tun? Heiligkeit und Apostolat, zumindest im „Vollsinn", können nicht für alle da sein, denn die große Mehrheit der Christen hat eine Arbeit, eine Familie, eine Fülle von Verpflichtungen, die sie ablenken, sie oft überfordern, so daß man von ihnen keine außerordentliche geistliche Anstrengung verlangen kann. Man kann, man muß von ihnen verlangen, alles so gut zu machen, wie es ihnen, in der ihnen eigenen Situation nur möglich ist; vielleicht sollte man ihnen den Druck ihrer täglichen Sorgen etwas nehmen, damit sie den Frömmigkeitsübungen mehr Zeit widmen können. Für ein christliches Leben im Vollsinn, für ein echtes Bemühen um Heiligkeit aber wäre etwas notwendig, was diese nicht tun können: Nämlich alles verlassen, aus ihrem gewohnten Leben aussteigen, nicht nur die für alle Gläubigen verpflichtenden „Gebote“, sondern auch die evangelischen „Räte“ befolgen - das Keuschheitsgelübde, die Armut eines Lebens in Gütergemeinschaft, den Gehorsam gegenüber einer Regel und den Oberen. Das heißt, sie müßten in die erste Liga aufsteigen, in eines jener „Institute geistlicher Vollkommenheit“ (die Bezeichnung ist kein Zufall!) eintreten, in einen Orden also: aber das liegt nun einmal außerhalb der Möglichkeiten des normalen Christen. Auf jeden Fall reicht für derartige Entscheidungen die Taufe nicht aus, es bedarf einer besonderen „Berufung“, die zwangsläufig nicht alle haben noch haben können. Auch was das Apostolat angeht, muß man realistisch bleiben. Die Verkündigung des Evangeliums erfordert Studium, Vorbereitung, Charisma, offiziellen Auftrag. Es wäre nicht nur unangebracht, sondern auch gefährlich, von jedem Christen zu verlangen, „Missionar“ zu sein. Unicuique suum, jedem das Seine, und jede Person sowie jede Sache auf ihrem Platz: Pflicht der Laien ist es vor allem, den Missionaren, den Pfarrern, den Predigern mit Gebeten und Spenden zu helfen; also jenen, die in der Kirche zu diesem wesentlichen und heiklen Dienst ermächtigt sind, der nicht Sache aller sein kann. Wir können nur den „Profis“ der Verkündigung, der Katechese, der Seelsorge mit Handreichungen helfen.»

Escrivá entgegnete: «Den Weg der „besonderen“, geistlichen Berufung - der ins Kloster, ins Pfarrhaus oder in eine Einsiedelei führt - erachte ich als segensreich und notwendig für die Kirche. Patres und Schwestern, Mönche und Nonnen, Mitglieder des Klerus, geweihte Laien und so weiter sind seit vielen Jahrhunderten in der Kirche präsent und unentbehrlich, und werden es auch weiterhin bleiben. Die Gelübde von Armut, Keuschheit und Gehorsam des traditionellen Ordensstandes sind ein kostbares „eschatologisches Zeichen“ für die Kirche und für die ganze Menschheit, machen sie doch bereits gegenwärtig, was sein wird, wenn die „Endzeit“ angebrochen ist. Doch diese Minderheit getaufter Männer und Frauen - so segensreich und notwendig sie ist - besitzt in den Plänen Gottes nicht das Monopol der „Vollkommenheit", also der Heiligkeit und des daraus notwendigerweise erwachsenden Apostolats. Mir ist auferlegt worden zu verkünden, daß man im gewöhnlichen Leben, durch die gewöhnlichen Verhältnisse heilig werden kann, ja muß, ohne die Arbeit zu wechseln, die Familie zu verlassen oder auf die täglichen Beschäftigungen und Sorgen des gewöhnlichen Menschen zu verzichten. Das heißt, indem man es so hält wie die ersten Christengenerationen, die sich äußerlich in nichts von ihren heidnischen Zeitgenossen unterschieden, und die Ermahnung ernst nimmt, die Paulus in seinem ersten Brief an die Christen in Korinth, um sie ihnen einzuprägen, dreimal wiederholt: „Jeder soll so leben, wie der Herr es ihm zugemessen, wie Gottes Ruf ihn getroffen hat." Das ist die Botschaft des Opus Dei: zu Heiligen und Aposteln werden - jeder einzelne, alle - während man bleibt, wo man ist, seine Arbeit fortsetzt, die normalen Tätigkeiten weiterführt, ohne seine Familie zu verlassen oder auf die Gründung einer Familie zu verzichten, wenn man wirklich jene echte „Berufung" zur Ehe hat (ja, ich wiederhole: „Berufung", und das nicht im übertragenen, sondern genauso im Vollsinn des Wortes wie die Berufung zur Jungfräulichkeit), die der großen Mehrheit der Männer und Frauen gegeben ist.»

Um noch besser zu verstehen, hören wir uns das folgende «Manifest» an - eines von vielen, die aber im Grunde fast fünfzig Jahre hindurch alle dasselbe bekräftigen -, das der spätere Selige in einer Homilie dargelegt hat: «Unsere weltliche, laikale Spiritualität wendet sich an Christen jeden Standes, die, während sie in der Welt stehen oder, besser, zur Welt gehören - denn sie sind gewöhnliche Laien -, durch göttliche Berufung nach der christlichen Vollkommenheit streben. Unsere Berufung sorgt dafür, daß gerade unsere weltliche Situation, unsere gewöhnliche Arbeit, unsere Stellung in der Welt für uns der einzige Weg zur Heiligung und zum Apostolat sind.»

Um dann gleich zu präzisieren: «Nicht daß wir unseren weltlichen, unseren „Zivilberuf" angenommen hätten, um eine apostolische Arbeit zu bemänteln: es ist dieselbe Beschäftigung, die wir hätten, wenn wir nicht zum Opus Dei gestoßen wären, dieselbe, die wir hätten, würde uns das Unglück widerfahren, unsere Berufung aufzugeben.» Und er schließt mit den Worten: «Wir, meine Söhne, sind Leute von der Straße. Und wenn wir im weltlichen Bereich arbeiten, so nicht deshalb, weil wir ihn nicht verlassen könnten, um uns allein Andachtsübungen hinzugeben, sondern weil das unser Platz ist, der Ort, um Jesus Christus zu begegnen, der Ort, an dem unsere Berufung uns gefunden hat und uns beläßt.»

In der «Vision» vom 2. Oktober 1928 hatte Escrivá also das erfahren, was er eine Wahrheit nannte, «so alt wie das Evangelium und wie das Evangelium so neu»: den Ewigkeitswert vom, aus menschlicher und vordergründiger Sicht, oft so belanglosen Alltag; die Heiligung der Welt «von innen her», ohne sie zu verlassen (die volle Gültigkeit des evangelischen Bildes vom «Sauerteig», der von innen den ganzen Teig durchsäuert, zu dem er selbst gehört), erfolgt also mittels der Arbeit.

Jeder Arbeit, von der niedrigsten bis zur vornehmsten, sofern sie natürlich «ehrenhaft» und «anständig» ist. Und das gilt, ohne bigotte Moralismen und unrealistische Radikalismen, nahezu für die gesamte Palette der unzähligen Arbeiten der Menschen. Ganz selten sind nämlich - wenigstens aus der Sicht des Opus Dei, das einen «christlichen Optimismus» und einen auf den Menschen und die Welt vertrauenden Pragmatismus vertritt - diejenigen Berufe und Beschäftigungen, die bei einer Berufung zum Opus Dei tatsächlich als «unehrenhaft» oder «unanständig» aufgegeben werden müßten.

Das Klima der Befreiung, das das Evangelium mit sich brachte, befreite den Menschen nicht nur von der Last Hunderter von Vorschriften (was getan werden muß und was nicht getan werden darf) des alttestamentlichen Gesetzes, sondern setzte auch die Liste der «verachteten», «verachtenswerten» und «in religiöser Hinsicht gefährlichen» Berufe außer Kraft und hob sie auf. Der Exeget Joachim Jeremias schreibt in seinem Buch Jerusalem zur Zeit Jesu: «Sieht man sich die entsprechende Liste der Rabbiner an, so ist der erste Eindruck der, daß es nur sehr wenig Raum für „anständige“

Berufe gibt, so groß ist die Zahl der Tätigkeiten, die in Israel als unehrenhaft angesehen wurden.» Wir greifen aus den Listen nur einige dieser «verachteten» Berufe heraus: Eseltreiber, Kameltreiber, Seemann, Hirte, Kaufmann, Metzger, Gerber, Gießer, Goldschmied, Steinhauer, Straßenhändler, Schneider, Steuereinnehmer; nach einigen Gesetzeslehrern auch der Beruf des Arztes und des Barbiers... Die Wiedererlangung der Würde, ja der Heiligkeit jeder Arbeit bedeutet (was kaum beachtet wird) Treue zum «euch ist alles erlaubt» des Neuen Testaments. Das ist ein nicht unwichtiger Aspekt der Befreiung des Menschen.

Rafael Gómez Pérez schreibt dazu: «Nach der Spiritualität des Werkes gibt es keine Berufe, die verboten wären, es sei denn, sie seien mit der christlichen und allgemeinmenschlichen Moral unvereinbar. Berufe in der Geschäfts- und Finanzwelt sind ebenso wenig verboten wie der Beruf des Politikers, obwohl die zum Gemeinplatz gewordene Meinung recht verbreitet ist, man könne nur schwer solche Tätigkeiten erfolgreich ausüben und dabei anständig bleiben. Gemäß der Spiritualität des Opus Dei geht es nicht allein darum, in diesen wie in anderen Berufen ehrenhaft und anständig zu sein, sondern sie auch con sentido sobrenatural - mit Gespür fürs Übernatürliche, auf Gott hin - zu leben. Und daher auch in ihnen heilig zu werden.»

Genau hier, im Lebenszentrum, im Herzen nicht nur berechtigter Interessen, sondern auch persönlichen wie sozialen Engagements des Menschen von heute und von morgen, in der Arbeit also, hat Escrivá eine nur scheinbar «neue», in Wirklichkeit aber «alte» Realität erkannt. Und seine Botschaft hat sich als ungemein wirksam erwiesen und besitzt wahrscheinlich unbegrenzte Zukunftsaussichten.

Seine Einsicht ist so alt wie das erste Buch der Bibel, die Genesis: «Gott, der Herr, nahm also den Menschen und setzte ihn in den Garten von Eden, damit er ihn bebaue und hüte» (2,15).

Dieser Vers enthält etwas von entscheidender Bedeutung, das jedoch von der christlichen Theologie kaum zur Kenntnis genommen, kaum hervorgehoben (vielleicht vergessen oder unter dem

Druck äußerer und innerer Faktoren in der Kirche gar beseitigt) worden war. In der Tat stehen jene Worte des zweiten Kapitels des ersten Buches der jüdisch-christlichen Schrift vor dem Sündenfall der Stammeltern, vor der «Ursünde». «Arbeiten ist daher dem Menschen zutiefst angestammt. Lediglich die mit dem menschlichen Schaffen verknüpfte Anstrengung und Mühsal ist Folge der Erbsünde: die Arbeit in sich jedoch ist ein wertvolles Gut.» (Dominique Le Tourneau, Priester der Prälatur und langjähriger Mitarbeiter des Gründers).

Und hat - so Escrivá weiter - nicht vielleicht genau das Jesus von Nazaret selbst bewiesen, der den Großteil seines Lebens nicht der Predigt, sondern der alltäglichen, verborgenen, geduldigen Berufsarbeit als Zimmermann in einem Dorf in Galiläa gewidmet hat?

Für Escrivá ist das weite Feld der menschlichen Arbeit «ein Mittel, durch das der Mensch am Schöpfungswerk teilhat; und deshalb besitzt nicht nur jede Art von Arbeit ihre eigene Würde, sie ist überdies ein Weg, um die menschliche - irdische - und die übernatürliche Vollkommenheit zu erreichen». In der Arbeit wird der Mensch also zum Mit-Schöpfer berufen. Daher bedeutet das Wort Opus Dei (in Übereinstimmung mit der Interpretation des Gründers) nicht, daß jenes Werk «von Gott» sei, im Sinne eines größenwahnsinnigen, anderes ausschließenden copyrights also, sondern auch operatio Dei, «Arbeit Gottes», verstanden als Arbeit für Gott, also als eine Arbeit, zu der jeder Mann und jede Frau berufen sind.

Solche Überlegungen erscheinen Ihnen für einen Christen Binsenwahrheiten zu sein? Nun, da kann ich nur sagen: alle Achtung! Denn vielen erschien dies - über Jahrhunderte und selbst in der Kirche - keineswegs so selbstverständlich. Freilich muß man anerkennen, daß damals die sozialen und vielleicht auch die religiösen Voraussetzungen fehlten, um solche Schlußfolgerungen zuzulassen.

Doch für die Geschichte der Spiritualität gilt wie für jede andere Geschichte: non facit saltus - sie entwickelt sich nicht in Sprüngen, alles kommt zu seiner Zeit. Und Escrivá selbst erkannte mit der

Ehrlichkeit eines Heiligen an, daß alles, was ihm über den heilsmächtigen Wert des Alltagslebens, an dem die Arbeit so großen Anteil hat, mit solcher Klarheit zu verstehen gewährt worden war, im richtigen Zeitpunkt eingetreten sei, er also die passenden Bedingungen vorgefunden hätte, um verstehen und um verwirklichen zu können. Es war das Ergebnis jahrhundertelanger Erfahrungen und Reflexionen über die Inhalte des Evangeliums.

Sie müssen freilich wissen, daß viele Theologen und geistliche Autoren die Mühsal der Arbeit mit der Arbeit selbst verwechselten und die Arbeit als eine «Strafe», eine «Sühne für die Schuld» ansahen, und nicht als eine wesentliche Komponente im Plan Gottes, als Er die Welt erschuf und ihre Bewohner hineinsetzte. Mit anderen Worten: die Arbeit wurde nicht als ein Gut an sich, sondern allenfalls als ein Gut für das geistliche Leben angesehen: das heißt als ein asketisches Mittel, um den Müßiggang, den Vater aller Laster, zu bekämpfen. Es sollte demnach genügen, beiläufig von ihr Gebrauch zu machen, um die Faulheit und Trägheit (diese «Kapitalsünde»), begleitet von Versuchungen, zu besiegen.

Einen aberwitzigen Höhepunkt erreicht diese rein «instrumentale» Auffassung von Arbeit in der berühmten Anekdote von Paulus dem Einsiedler, die wahrscheinlich legendär ist und deshalb weder verallgemeinert noch übertrieben werden darf, weil die Tätigkeit der Mönche bedeutende soziale und wirtschaftliche Auswirkungen hatte, von der Urbarmachung des Landes bis hin zu neuen landwirtschaftlichen und handwerklichen Techniken. Nach der Legende soll also Paulus um das 3. bis 4. Jahrhundert in Ägypten gelebt haben. Er mußte nicht arbeiten, um seinen Unterhalt zu sichern oder gar Almosen geben zu können. Er ernährte sich von den Erzeugnissen eines kleinen Gartens und lebte an abgeschiedenen, unbewohnten Orten. Dennoch, um nicht untätig zu sein, hatte er sich selbst die Pflicht auferlegt, Weidenkörbe zu flechten. Und am Ende jedes Monats häufte er alle Körbe zu einem hohen Stoß zusammen und verbrannte sie.

Zahlreiche Lehrer der Spiritualität haben die «weltlichen Sorgen» - das heißt in erster Linie die Arbeit - als ein Hindernis für die Kontemplation, für die Reflexion über die Geheimnisse Gottes und für die asketischen Übungen geschmäht.

Im Mittelalter entstanden dann jene religiösen Orden, die bezeichnenderweise «Bettelorden» genannt werden. Dazu ein Historiker: «Das polemische Verhältnis zwischen den Bettelorden und dem Weltklerus brachte erstere dazu, die Möglichkeit einer Heiligung ohne Arbeit zu verteidigen: um den Lebensunterhalt zu sichern, mochte das Almosen genügen. Die Theologen dieser Orden bekräftigen den nicht verpflichtenden Charakter körperlicher Arbeit; gewiß nicht aus Faulheit, sondern um auf diese Weise Armut und Vertrauen in die Vorsehung zu bezeugen.»

Doch vergessen wir nicht (denn nach der zutiefst «christlichen» Ermahnung des durch und durch laizistischen Benedetto Croce darf die Geschichte «niemals richten, sondern muß stets rechtfertigen»), daß «die zunächst feudale, dann von der Gliederung in Stände geprägte Gesellschaftsstruktur jener und eines Großteils der folgenden Jahrhunderte, in denen die Individuen nicht als solche, sondern nur als Angehörige der die bürgerliche Gesellschaft bildenden Klassen von Bedeutung sind, die Auffassung vom heiligmachenden Wert der persönlichen Arbeit eines jeden einzelnen erschwerte. Es war eine hierarchische Gesellschaft mit einer vor allem auf Vererbung gegründeten Kontinuität von Ehren, Ansehen und Güterbesitz. Von daher entstand eine Denkweise, die die Arbeit beinahe als Schande oder jedenfalls bar jedes tieferen Wertes ansah. Umgekehrt ist in einer Zeit wie der unseren, wo die berufliche Kompetenz der einzelnen die Grundlage der sozialen Organisation bildet, die Botschaft von der Heiligung der Arbeit viel leichter zu verstehen».

Mit dieser Analyse verweist José Luis Illanes, ein bekannter Theologe des Opus Dei, darauf, daß es für die Verkündigung einer Botschaft nicht nötig ist, sich auf eine ungerechte «Verdammung» der Vergangenheit einzulassen, die diese - nach heute weitverbreiteter, aber gänzlich unhistorischer Denkweise - mit der Sensibilität und eingedenk der Errungenschaften der Gegenwart beurteilt.

Denken Sie aber bitte nicht, mit der protestantischen Reformation hätte sich die Situation verbessert: im Gegenteil, sie hatte sich verschlechtert - auch wenn der Mann von der Straße, dessen Redeweise in einer gemeinverständlichen Form die Thesen Max Webers widerspiegelte, anders denken mochte. Um wieder einmal Le Tourneau zu zitieren: «Der Bruch Luthers mit Rom im 16. Jahrhundert und die Entstehung des Protestantismus verzögern in Wirklichkeit die Entdeckung einer umfassenden Spiritualität menschlicher Arbeit. Zu ihrem Heilswert aber stehen die protestantische Auffassung von der Erbsünde als radikaler Verderbnis der menschlichen Natur und die Leugnung jedes heilbringenden Wertes menschlicher Werke, selbst der im Zustand der Gnade erbrachten, in schroffem Gegensatz.»

Wenn der fromme Protestant sich über Jahrhunderte hin in Handel und Industrie zu schaffen machte, dann sicher nicht deshalb, weil er überzeugt gewesen wäre, daß das menschliche Tun in Gottes Augen etwas gelte: nein, dieser vom göttlichen Zorn zerschlagene «Wurm» Mensch, dem zudem der Trost einer Kirche fehlt, die ihm versichert, mütterliches Zeugnis der Vergebung Christi zu sein -, kann nicht einmal den unermüdlichsten Eifer als seinen «Verdienst» geltend machen. Man arbeitete viel in der protestantischen Welt, aber nicht aus der freudigen Überzeugung, daß man dabei sei, dem Willen Gottes gemäß an seiner Schöpfung mitzuarbeiten, sondern mit der Angst dessen, der versucht, die beklemmende Schlinge der Prädestination, der Vorherbestimmung zu lockern. Wen es trifft, den trifft es - wie diese Theologie lehrt: unter den Geborenen sind manche ab aeterno, von Ewigkeit her, für das Paradies, für die grenzenlose Freude vorherbestimmt und manche für die Hölle, für die grenzenlosen und endlosen Qualen. Ein Schicksal, beschlossen von einem unerforschlichen Gott; ein Schicksal, das der Mensch nicht abwenden kann, denn: so viel guten Willen er auch aufwenden mag, er kann nur «Gott mißfallen»: immer und auf jeden Fall. Nicht einmal jemand, der dem Evangelium heroisch treu ist, darf erhoffen, daß Gott ihm irgendeinen «Verdienst« anrechnen würde: ja, schon der Begriff, das Wort selbst sind - nach den Theologen der Reformation - im Angesicht des Ewigen Gottes eine Lästerung.

Es bleibt nur ein einziger Weg; aber auch wer ihn beschreitet, vermag nicht sein ein für allemal vorherbestimmtes Schicksal zu ändern, doch er kann es so wenigstens erfahren: sich verbissen in die Arbeit stürzen in der Hoffnung, daß sie gut gelingt, daß man Geld und Ansehen gewinnt und zu Erfolg gelangt. Denn Gott weist die zum Heil Vorherbestimmten schon in diesem Leben dadurch aus, daß Er ihrer Tätigkeit guten Erfolg beschert. Wer im menschlichen Tun erfolgreich ist, auf den wartet das Paradies; wer scheitert, scheitert nicht nur hier, sondern auch in der Ewigkeit, er wurde im Plan des Herrgottes unter die gesetzt, die für immer in der Hölle enden werden. Wer seine Arbeit nicht von Glück gekrönt sieht, ist im Leben unglücklich, muß aber erwarten, es für alle Zeiten zu sein. Vielleicht hat mein agnostischer Freund Léo Moulin, ein angesehener Historiker und Soziologe an der Universität Brüssel, nicht Unrecht, wenn er behauptet, daß man in den protestantisch geprägten Kulturen auch deshalb soviel und so «starke Sorten» trinke (man denke an die Ströme von Whisky in amerikanischen Spielfilmen...), um zu versuchen, den beunruhigenden, wenigstens unbewußt ständig gegenwärtigen Schatten eines schon von Ewigkeit her gefällten und nie mehr veränderbaren «Urteils» Gottes von sich abzuwenden.

Keine dieser Interpretationen von Arbeit ist hilfreich. Die Auswirkungen der protestantischen Auffassung haben die Geschichte geprägt und sind bis in unsere Tage zu spüren: «Der von Luther und Calvin aufgestellte Dualismus - einerseits die Rechtfertigung „allein durch den Glauben" und die Vorherbestimmung, andererseits die Arbeit, die vor Gott jedes Heilswerten entbehrt - leitete in der nachfolgenden Entwicklung jene Aufspaltung zwischen Pietismus, individualistischen Andachtsformen und Humanismus ohne religiöse Wurzeln ein, die noch immer die Kultur einiger Länder Nordeuropas sowie Nordamerikas kennzeichnet.» So wiederum Le Tourneau.

Was die katholische Kirche betrifft, so zeigte sie sich jahrhundertelang gegenüber einer Bewertung von Arbeit reserviert. Dies mag zumindest für die Laien, die große Mehrheit der Christen, nachteilig gewesen sein; anders für die «Berufenen», die «Geweihten», die Ordensleute. Bei ihnen mag die damalige Sicht der Arbeit wohl unzulänglich, aber nicht irrig, sondern ihrer Berufung angemessen sein.

So liegt zum Beispiel der Verfasser der berühmten Imitatio Christi (Nachfolge Christi) richtig, wenn er vor der mit dem menschlichen Tun einhergehenden geistlichen «Ausschweifung» warnt und zur fuga mundi, zur Flucht aus der Welt, ermahnt; schon im ersten Buch schreibt er: «Essen, trinken, wachen, schlafen, ruhen, arbeiten und sich allen anderen von Natur aus gegebenen Notwendigkeiten unterziehen: das alles muß ein Unglück für die fromme Seele genannt werden, die völlig von jeder Sünde erlöst und frei sein möchte.» Er liegt richtig, weil es sich um einen Text der monastischen, klösterlichen Spiritualität nicht nur des Mittelalters, sondern aller Zeiten handelt. Denn in der Kirche wird immer - das hat Escrivá selbst stets klar und deutlich ausgesprochen - Bedarf an diesen «besonderen» Berufungen bestehen.

Aber nach Escrivá entspringt das Opus Dei «nicht aus dem Gegensatz zur Spiritualität der Ordensleute; es ist ein eigener Strom aus dem ewigen geistlichen Reichtum des Evangeliums».

Escrivá besitzt das klare, gelassene Bewußtsein, daß die Dynamik des authentischen Christentums von dem «Gesetz des et-et» (sowohl - als auch) bestimmt wird: Gott selber hat gewollt, daß in der Kirche verschiedene Berufungen und Charismen nebeneinander existieren, nicht allein aus funktionellen Gründen, sondern als etwas Wesentliches. Dank dieses Bewußtseins war Escrivá jeder obsessive Exklusivismus, manische Radikalismus, der jede Ansicht ausschließt, die nicht mit der eigenen übereinstimmt und schließlich der Wahn, sich als «Ausgewählter des Herrn», als einziger vom Himmel bevollmächtigter Führer zu fühlen, stets fremd.

Das entspricht übrigens dem Hinweis Christi selbst, wonach es «im Haus des Vaters viele Plätze gibt» und ein jeder auf die eine oder andere konkrete Art berufen ist: alle sind in gleicher Weise gültig. Übrigens auch ein Grund für die Entscheidung des Opus Dei, niemals auf die Angriffe und Kritiken zu reagieren, die es gerade auch von seiten mancher Orden und Kongregationen erfahren mußte.

Der Irrtum einiger Formen katholischer Spiritualität - wenn man von einem Irrtum sprechen darf - lag in dem Versuch, einer an sich berechtigten Spiritualität, die Gott für die wenigen zum Klosterleben Berufenen wollte, für alle Getauften Gültigkeit zu verleihen.

Es ist wahr, daß viele Christen das Problem rechtzeitig erkannt und versucht haben, Abhilfe zu schaffen. Aber es scheint auch zu stimmen, was der Patriarch von Venedig, Kardinal Albino Luciani (der spätere Papst Johannes Paul I.), bemerkte: «Verdiente Autoren hatten den Gläubigen wohl nur eine Spiritualität für Laien vorgeschlagen (fast immer allerdings eine angepaßte und weniger anspruchsvolle editio minor jener Spiritualität, die für die Vollkommenen, die Ordensleute und die Mitglieder des Klerus, vorgesehen ist), während Escrivá als erster eine laikale Spiritualität wollte.» Und das heißt, eine wirklich autonome Spiritualität, die «verschieden» ist von jener klerikalen, die ihren Wert und Gültigkeit besitzt für die zum Ordensleben Berufenen, aber nicht das einzige Vorbild für die «gewöhnlichen» Christen sein kann.

Diesen «gewöhnlichen» Christen sagt Escrivá, sie sollen sich nicht trotz ihres Berufes oder ihrer Tätigkeit um die «Vollkommenheit» bemühen, sondern gerade durch den Beruf oder die Tätigkeit, so «weltlich» diese auch erscheinen mögen; denn es gibt keine - oder fast keine - Arbeit, die nicht geheiligt werden und in der man sich nicht heiligen könnte.

Bleiben, wo man ist, und dort «die Heiligkeit suchen und das Apostolat unter Gefährten und Freunden ausüben, ein jeder in seinem Bereich, in seinem Beruf und bei seiner Arbeit, ohne seinen Stand zu ändern». Oder: «Ich sage nicht zu dir, daß du heilig werden kannst, obwohl du nur ein Laie, ein einfacher Getaufter bist, der in der Welt lebt und arbeitet. Ich sage dir, daß du, eben deshalb, weil du so bist, heilig werden kannst, heilig werden sollst.»

Daher der Wahlspruch, in dem der Selige den wesentlichen Inhalt dessen, was er «gesehen» hatte, zusammenfaßte: «Die Arbeit heiligen; sich in der Arbeit heiligen.» Und dann die Sendung, das Apostolat: «die anderen durch die Arbeit heiligen».

Wie die Experten versichern und, wie mir scheint, wie jeder, der ein wenig darüber nachdenkt, feststellen kann, stehen wir hier weit jenseits der traditionellen Spiritualität «für die Laien», die für jeden Christen eine Theorie über die «Standespflichten» entwickelt hatte, die auch die beruflichen Pflichten miteinschloß. Dieser «Stand» aber beschränkte sich auf einen einzigen Aspekt des Menschen, den seiner Funktion «Pflichterfüllung», ohne jedoch eine echte und eigenständige «Spiritualität» oder «Theologie der Arbeit» zu schaffen. Die Ausübung eines Berufes wurde als harte Lebensnotwendigkeit und als Gelegenheit zur Praktizierung der Tugenden im irdischen «Tal der Tränen» verstanden.

Bei Escrivá hingegen gibt es den Entwurf einer «Lebenseinheit». Das «Doppelleben» wird nicht nur überwunden, sondern zerstört - gemeint ist die traditionelle Schizophrenie, die vielen katholischen Generationen, auch der jüngsten Zeit, wohlbekannt ist: Laien, die hin- und hergerissen sind zwischen dem Wunsch nach «Vollkommenheit», die die Trennung von der Welt einzuschließen scheint, und der Notwendigkeit, wegen familiärer und beruflicher Verpflichtungen in der Welt zu bleiben.

Man braucht nicht aus der «Welt» auszusteigen - verkündet das Opus Dei -, denn der Christ ist «von der Welt», er ist selbst «Welt»: und diese muß von drinnen, nicht von draußen gerettet werden. Wie ich vorhin sagte: der Sauerteig, der im Teig ist, ja der selbst Teig wird, indem er ihn von innen her durchsäuert.

«Weltoffene» und wohlmeinende Ordensleute theoretisierten in den letzten Jahrzehnten - und tun das zum Teil noch immer - über die Notwendigkeit, der Welt «entgegenzugehen», sich den arbeitenden Menschen zu «nähern» oder sich mit ihnen zu «verbinden». Eine sehr gute Sache, bemerkt Escrivá, die jedoch von denen, die zur «Trennung» von der Welt berufen sind, eine Dynamik von draußen nach drinnen voraussetzt. Anders liegt der Fall aber bei der Berufung zum Opus Dei: dort bleibt man, wo man schon ist und entfernt sich nicht einmal in einem psychologischen Sinne hiervon, denn dort heiligt man sich und heiligt die anderen: «Die Realität Opus Dei liegt nicht auf der Ebene einer Verweltlichung, Entsakralisierung des Lebens der Ordensleute, und sie ist auch nicht das letzte Stadium ihrer Annäherung an die Welt.»

Nach dem Denken Escrivás braucht man sich also nicht zu bemühen «wie die anderen zu sein, denn diese anderen sind Laien wie wir, die der Hilfe bedürfen, damit sie entdecken, daß ihr gewöhnliches Leben der Ort ist, an welchem jeder seine ewige Seligkeit schmiedet».

Um das Anliegen des Gründers noch besser zu verstehen, sei hier ein weiteres, bezeichnendes Zitat von ihm angeführt (man beachte das Datum: es stammt aus dem legendären Achtundsechziger-Jahr): «Wenn ich einen Satz höre wie: „Die Katholiken dringen in alle Gesellschaftsschichten" ein, so sehne ich den Augenblick herbei, in dem jeder begreift, daß es sich da um eine klerikale Redewendung handelt. Jedenfalls gilt ein solcher Satz in keiner Weise für das Apostolat des Opus Dei. Die Mitglieder des Werkes haben es nicht nötig, in die weltlichen Gegebenheiten einzudringen, denn als gewöhnliche Bürger waren sie wie alle anderen schon immer darin.»

So sind zum Beispiel ein Rechtsanwalt oder ein Arbeiter nicht «Mitglieder des Opus Dei, die als Rechtsanwalt oder als Arbeiter tätig sind», sondern vielmehr «ein Rechtsanwalt oder ein Arbeiter, die um ihrer geistlichen Formung wegen Mitglieder des Opus Dei sind».

Und - da es sich hier um einen wesentlichen Punkt handelt - lassen Sie mich noch einmal Escrivá zitieren: «Wer meinte, das übernatürliche Leben werde mit den Rücken zur Arbeit aufgebaut, würde unsere Berufung nicht begreifen: denn für uns ist die Arbeit das spezifische Mittel zur Heiligung. Unser inneres Leben von Kontemplativen mitten in der Welt entspringt und kräftigt sich aus dem äußeren Leben der Arbeit jedes einzelnen.»

Wenn ich bei der Auslegung dieser Spiritualität nicht fehlgehe, scheint mir, daß das berühmte Gebot des hl. Benedikt an seine Mönche hier umgekehrt wird: statt «Ora et labora» (eine Arbeit, die man neben das Gebet stellt, Zeiten der handwerklichen oder geistigen Beschäftigung, die zwischen den Zeiten des Stundengebetes im Chor oder in der Kirche «eingeschoben» werden) würde es heißen: «Labora et ora» - das Büro, die Fabrik, das Auto, die Straße, das

Zuhause werden selbst zu Kirche, zum Ort des Gebetes. «Die äußere Arbeit soll keine Unterbrechung des Betens hervorrufen, sowie das Schlagen des Herzens unsere Aufmerksamkeit nicht von dem ablenkt, das wir gerade tun», sagt der Gründer.

Aber führt dies nicht zum Aktivismus als Selbstzweck? Escrivá versichert immer wieder, daß «die besondere Berufung des Opus Dei dazu führt, das Gewöhnliche, das Normale - das bei der großen Mehrheit der Menschen die Berufsarbeit ist - in einen Weg der Begegnung mit Gott zu verwandeln. Der Begegnung mit jenem Gott Jesu Christi, von dem nach dieser Perspektive alles ausgeht und zu dem alles hinstreben muß und zu dem die Welt als Ganzes durch Menschen zurückgeführt werden muß, die ganz von der Welt sind, in der Welt leben und zugleich nicht „verweltlicht" sind». Die berufliche Beschäftigung, so betont er weiter, muß Ort der «Kontemplation» werden: «Es geht daher nicht darum, abwechselnd Zeiten der Arbeit und Zeiten des Gebets zu halten, sondern - außer täglich eine feste Zeit dem Gebet zu widmen - die Arbeitsstunden, so intensiv sie auch sein mögen, zu Stunden der Kontemplation zu machen: „kontemplativ mitten in der Welt"."»

In diesem Sinne findet man im Weg Gedanken, die anschaulich zeigen, daß sich der Gründer durchaus einer Gefahr bewußt war, die gebannt werden mußte. So heißt es zum Beispiel im Gedanken 81: «Das Tun ist ohne das Gebet nichts wert.» Oder gleich darauf: «Zuerst Gebet, dann Buße, an dritter Stelle, weit an dritter Stelle, das Tun.»

In einem der Dokumente über die Geschichte der Institution, die ich mir habe besorgen lassen, heißt es: «Von Anfang des Opus Dei an hat man ständig Nachdruck auf den Vorrang des Gebetes gelegt - und dies sowohl zu Zeiten, als es unter den Katholiken üblich war, das apostolische Tun geringzuschätzen, als auch zu Zeiten (wie gegenwärtig der Fall), in denen das persönliche Gebet des „Intimismus" im abträglichen Sinn des Wortes bezichtigt wird. Der Geist des Werkes fordert ganz - gemäß der Lehre der Kirche wie der Erfahrung jeder echten Spiritualität -, „que la oración es lo primero" (daß das Gebet an erster Stelle steht).»

Wir stehen also vor Menschen, die «von der Welt» sind und in der «Welt» bleiben. Aber sie bleiben in ihr mit einer besonderen spirituellen Einstellung, auf die das zitierte Dokument warnend hinweist: «Auf das Opus Dei Bezug zu nehmen, ohne ausdrücklich auf die Haltung des Gebetes inmitten der täglichen Arbeit und auf die Normalität des Lebens hinzuweisen, kommt einer Leugnung seines Wesens gleich. Alles - so heißt es: alles - im Werk richtet sich darauf, den Mitgliedern die Begegnung mit Gott durch ein Leben ständigen Gebetes zu erleichtern.»

Das zumindest ist ihr Programm und es scheint in starkem Kontrast zu den Anschuldigungen und Verdächtigungen des Aktivismus, des Zweckdenkens, des «Managertums» zu stehen, die man gegen Escrivá und die Seinen sowohl außer- wie auch innerhalb der Kirche erhoben hat.

9. Eine Agentur für den Geist

Nach so vielen theologischen und spirituellen Überlegungen haben wir uns eine Verschnaufpause verdient: auf den folgenden Seiten soll es nun um Information, nicht um Formation, um Bildung gehen. Was das letztere betrifft, so fehlt es in der Prälatur sicherlich nicht an wertvoller und hilfreicher Literatur. Auf sie verweise ich den Leser, falls ihm das, was ich bisher über das theologisch-pastorale-spirituelle Ziel des Opus Dei erklärt habe und noch erklären werde, nicht genügen sollte.

Im Hinblick auf dieses «Ziel» und im Lichte des bisher Gesagten, erlaube ich mir hervorzuheben, daß ich im Recht war - es ist immer wohltuend, sich dies zu bestätigen! - als ich vorwegnahm, daß am Anfang von allem radikal religiöse Motivationen stehen. Man wird also das Werk nicht «fassen» können, wenn man sich nicht bemüht, religiöse Kategorien anzuwenden, sich auf die Sicht dessen einzulassen, der sein Leben - mit dem Blick auf die Ewigkeit... - entsprechend den Anliegen und Interessen gestaltet, die aus dem Glauben erwachsen, nicht aus dem Wunsch nach Geld oder Karriere.

Ich hatte auch nicht unrecht, Sie sodann darauf hinzuweisen, daß alles viel einfacher ist, als es scheint oder als das, was viele glauben - ja sogar viele innerhalb der Kirche annehmen.

Originell bedeutet etymologisch ein «zurück zu den origines, zu den Ursprüngen». Escrivá wollte in diesem Sinne originell sein: er suchte die Rückkehr zu den Wurzeln. Er sagte, daß «das Opus Dei am ehesten zu verstehen ist, wenn man sich das Leben der ersten Christen vergegenwärtigt». Alles läuft letztlich auf eine Fragestellung hinaus, die man so formulieren könnte: «Du hast die Taufe empfangen? So mach dir bewußt, was das bedeutet, und bemühe dich, konsequent zu sein und so zu leben, wie die Kirche dir sagt, die dich durch die Spendung des Sakramentes in sie selbst, das heißt in jenen Leib eingegliedert hat, dessen Haupt Christus ist. Werde „heilig"... (Du kannst das. Alle können es, wenn sie nur auf die Hilfe Gottes vertrauen, an der es nicht mangeln kann, da ja das „Vollkommensein" für jeden Mann und für jede Frau sein ausdrücklicher Wille ist) - aber werde es dort, wo du bist, und so, daß sich scheinbar nichts ändert. Bleibe bei deiner Arbeit, gehe deinen beruflichen und persönlichen Aufgaben weiter nach. Denke daran, daß aus der Sicht des Glaubens alle Berufe einen großen Wert besitzen, auch jene, die in den Augen der Menschen bedeutungslos erscheinen. Alle sind sehr wichtig, auch wenn sie objektiv ganz bescheiden sind; denn ihre Bedeutung hängt von der Liebe zu Gott und zu den Menschen ab, die einer in seine Arbeit einbringt. Abgesehen von Fällen einer besonderen Berufung, erwartet Gott weder ausgefallene Leistungen noch aufsehenerregende Heldentaten; auch du bist zum Heroismus berufen, gewiß, aber in deinem Innern, in einem intimen, privaten Rahmen von „Normalität". Bete viel, mehr noch: bete in jedem Augenblick, aber ohne Krampf und ohne Schau, indem du deine Arbeit - egal welche - in Gebet verwandelst, sie für ein übernatürliches Anliegen aufopferst und sie aus Liebe zu Gott und dem Nächsten möglichst gut verrichtest.»

Aus der Suche nach der «Heiligkeit» erwächst das Bedürfnis - mehr als die Pflicht - nach «Apostolat»: nach einem normalen, diskreten, spontanen, «ruhigen» Apostolat, wie es dem freilich radikal christlichen Lebensstil entspricht, aus dem es stammt.

«Die Mitglieder des Opus Dei verkünden ihren Brüdern das Evangelium vor allem durch das Beispiel, das sie ihren Nachbarn, ihren Arbeitskollegen und Gefährten im familiären, gesellschaftlichen und beruflichen Leben geben, indem sie sich immer und überall bemühen, besser zu sein.» So heißt es 1950 im ersten kirchlichen Dekret zur feierlichen Approbation des Werkes (das zunächst, mangels besserer Rechtsgestalt, in der kirchenrechtlichen Form des «Säkularinstituts» akzeptiert werden mußte.) Die letzten Worte dieses Dekrets, die ich absichtlich kursiv gesetzt habe, bedürfen einiger Erwägungen, die ich aus der maßgebenden Zusammenfassung von Dominique Le Tourneau wiedergebe: «Die gut getane Arbeit gewinnt beispielhaften Wert, indem ein Christ alle Vollkommenheit in sie hineinlegt, deren er fähig ist: menschlich durch seine berufliche Kompetenz und übernatürlich durch seine Liebe zu Gott und seinen Dienst zum geistlichen Wohl der Menschen. Ohne das ständige Bemühen um die menschliche Vervollkommnung der Arbeit kann diese nicht nur nicht geheiligt werden. Ohne dieses Bemühen wird man auch kaum das nötige berufliche Ansehen erwerben, das Msgr. Escrivá als „den Katheder" bezeichnet, „von dem aus man die anderen lehren kann, die Arbeit zu heiligen und ihr Leben gemäß den Erfordernissen des christlichen Glaubens auszurichten". Daher die Notwendigkeit einer beständigen beruflichen Weiterbildung: damit sich jeder auf seinem Gebiet das gesamte für ihn faßbare menschliche Wissen aneignet. Um die anderen mitzureißen, wird jeder darauf bedacht sein, seine Aufgabe so zu erfüllen wie der Beste seiner Kollegen oder möglichst noch besser.»

Hier beginnt man zu ahnen (wir werden darauf noch zurückkommen), woher das Gerede über die «Macht» der Mitglieder des Opus Dei stammt. Wenn sie sich bei ihrer Arbeit voll einsetzen, wundert es nicht, daß viele schließlich «die erste Stelle» einnehmen. Aber diese berufliche Vorzüglichkeit ist für sie «das Mittel, um den anderen helfen zu können». Vorausgesetzt natürlich, daß sie im guten Glauben handeln. Aber warum sollten wir ihnen diesen von vornherein absprechen? Wer sollte sie denn zu solchen Mühen zwingen? Gibt es nicht vielleicht Logen und Clubs, wo man für geringere persönliche Anstrengung viel mehr erhält? Eine Frage taucht früher oder später immer auf, wenn man sich mit den Mitgliedern des Opus Dei beschäftigt: «Welche Triebfeder bringt sie dazu, so viel zu arbeiten, immer auf dem Laufenden zu sein, so tüchtig zu sein?»

Strategie und Stil dieses apostolischen Engagements sind ebenso «familiär» und unauffällig wie außerordentlich wirksam. Dies bestätigen die Ergebnisse, auch wenn sich das Geheimnis der Herzen jeder Statistik entzieht. Escrivá bestätigt es: «Arbeite, wo du bist, sei bemüht, die Pflichten deines Standes zu erfüllen, die Aufgaben deines Berufes oder deiner Beschäftigung bestmöglich zu vollenden, indem du über dich hinauswächst und mit jedem Tag noch besser wirst. Sei loyal, verständnisvoll mit den anderen, fordernd gegenüber dir selber. Sei abgetötet und fröhlich. Das wird dein Apostolat sein. Und ohne daß du - der du deine Erbärmlichkeit kennst -, begreifst, warum, werden die Leute deiner Umgebung dich aufsuchen und sich ganz natürlich und schlicht mit dir unterhalten wollen: am Ende der Arbeit, bei einem Familientreffen, im Bus, bei einem Spaziergang, überall...» Dies ist, wie wir schon wissen, «das Apostolat der Freundschaft und des Vetrauens», ohne Lehrkanzel, ohne Predigten, ohne Rhetorik, ohne abstruse Theologismen (allerdings immer im Einklang mit der katholischen Orthodoxie: dafür gibt es eine ständige besondere Weiterbildung), im Vier-Augen-Gespräch und angesichts der zentralen Bedeutung der Arbeit ganz besonders von Kollege zu Kollege.

Der Selige wörtlich: «Diese Worte, zur rechten Zeit ins Ohr des unsicher gewordenen Freundes gesagt; das orientierende Gespräch, das du bei gegebener Gelegenheit herbeizuführen wußtest; der berufliche Hinweis, der seine Arbeit an der Hochschule verbessert; und die diskrete Indiskretion, die seinem Suchen ungeahnte Horizonte erschließt...» Das also ist das «Ziel», die Strategie, die das Opus Dei mit dem Segen der Kirche - universal wie lokal - den Katholiken anbietet.

Ein gutes Programm für einen Gläubigen - wer wollte das leugnen?

Aber auch Menschen, die sich außerhalb des katholischen Geheges bewegen, dürfte dies faszinieren - das verrät der außerordentlich hohe Prozentsatz von «Konvertiten» im Erwachsenenalter.

Außerdem gibt es neben dem Werk die zahlenmäßig sehr starke Gruppe der «Mitarbeiter». Eine Definition dieser Gruppe entnehme ich einer autorisierten Quelle: «Die Mitarbeiter helfen, ohne Mitglieder des Opus Dei zu sein, der Prälatur mit dem Gebet - wenn sie gläubig sind -, durch Arbeit und Spenden. Sie bilden eine eigene, mit dem Opus Dei untrennbar verbundene Vereinigung.»

Und jetzt aufgepaßt: «Mitarbeiter können Männer und Frauen sein, die Nichtkatholiken, Nichtchristen und auch Nichtgläubige, ja ohne jedes religiöse Bekenntnis sind. Das Opus Dei ist die erste Institution der Kirche, die Nichtkatholiken, Nichtchristen, Agnostiker, Atheisten zu organischer Mitarbeit beruft.»

Behalten Sie diesen letzten Punkt bitte im Auge, denn hier haben wir es mit einem weiteren Fall zu tun, in dem die Wirklichkeit ganz und gar nicht dem allgemeinen Klischee entspricht. Dieses Klischee lebt aus dem Verdacht, es handle sich beim Werk um eine Art unergründlicher Sekte katholischer Fanatiker, die sich hinter den dogmatischen Dekreten und Verurteilungen des Konzils von Trient und des I. Vatikanums verschanzen, intolerant und jeder ökumenischen Öffnung verschlossen. Statt dessen entdeckt man, daß wir es mit «der ersten Institution der Kirche» zu tun haben, die unter ihren «Mitarbeitern» den vorhin Erwähnten einen Platz einräumt.

Ein gutes Programm also, dieses Programm des Opus Dei: gut in religiöser, aber auch in menschlicher Hinsicht. Man bedenke: Wer wollte nicht neben sich einen Arbeitskollegen wissen, der ein solches Ideal ernsthaft zu leben versucht? Wer wollte nicht, wenn sein unter allerlei Entbehrungen auf Raten gekauftes Auto einen erheblichen Schaden erleidet, an einen Mechaniker, der Mitglied des Opus Dei ist, geraten, und der eine einwandfreie Reparatur, eine ordnungsgemäße Rechnung und einen gerechten Preis garantiert? Aber der auch nicht gratis arbeitet und wahrscheinlich auch keinen Rabatt gewährt. In diesem Zusammenhang sei auf den Pragmatismus von Gedanke 979 im Weg hingewiesen: «Es ist Art der Menschen, gering zu achten, was wenig kostet. Das ist der Grund, weshalb ich dir das „Apostolat des Nichtgebens" anrate. Unterlasse es nie, den angemessenen und vernünftigen Lohn für die Ausübung deines Berufes zu fordern, wenn dein Beruf Instrument deines Apostolates ist.»

Ein wirklich gutes Programm. Aber wenn es Sie überzeugt, wenn Sie denken, daß es Ihr eigenes sein könnte: wie kann man es in die Tat umsetzen? Das ist ganz einfach, wird man Ihnen antworten: Wenden Sie sich einfach an die «angesehene Agentur für geistliche

Dienste», 1928 in Madrid gegründet, seit 1947 mit Zentralsitz in Rom und Zweigstellen in der ganzen Welt. Nehmen Sie Kontakt mit der Agentur auf und setzen Sie - neben dem geheimnisvollen, gnadenhaften Antrieb, der Sie zu diesem Vorhaben bewogen hat, nämlich der «Berufung» - Ihren guten Willen, Ihre Verfügbarkeit ein. Alles übrige wird die besagte Agentur besorgen.

Das ist kein Witz: nach allem, was ich gelesen, gesehen, erforscht, erfragt habe, scheinen mir die Dinge genau so zu liegen. Und wenn es tatsächlich so ist, dann ließen sich auch viele andere Dinge des Werkes, die Verwunderung und Mißtrauen auslösen, klären.

Es scheint in der Tat zweierlei gewesen zu sein, was der junge Priester in jener berühmten «Vision» erkannte: 1) die Möglichkeit, ja Notwendigkeit für alle Getauften, heilig zu werden durch ihre Arbeit, welcher Art sie auch immer sein mag, und durch ihr gewöhnliches Leben; und - als Folge daraus - die Möglichkeit - ja, auch hier, Notwendigkeit - selbst Missionare ihres Glaubens, «Apostel» zu sein; 2) dem spanischen Priester wurde nicht nur die Verkündigung (bzw. Neuverkündigung) jener Wahrheit, die so alt und so neu wie das Evangelium ist, aufgetragen, sondern auch die Aufgabe, eine Institution, eine kirchliche Struktur zu schaffen, damit die zu ihr Berufenen dieses Programm verwirklichen können.

Ja, wirklich: es ging um den Aufbau einer Art «Agentur», einer «Instanz» - die Engländer würden sagen: einer «authority» -, um von der Möglichkeit zur Tat zu schreiten und jenen christlichen «Traum» Wirklichkeit werden zu lassen. Im Grunde hat Escrivá sein ganzes Leben lang nur für den Aufbau einer möglichst funktionstüchtigen Struktur gearbeitet, die helfen sollte, das vorgesehene Ziel zu erreichen.

Pippo Corigliano, Ingenieur aus Neapel, Numerarier, Leiter des zentralen Informationsbüros der Prälatur in Rom, bedient sich in jenen Fax, die er fast täglich an Zeitungen schicken muß, um das neueste Gerücht zu dementieren, häufig eines bildhaften Ausdrucks: «Das Opus Dei ist wie eine Tankstelle für geistliches Benzin: wer will, kommt und tankt voll; und jedesmal, wenn er in seinem Leben Treibstoff oder eine Inspektion für sein inneres Leben benötigt, kommt er wieder.» So erklärt es der ebenso tüchtige wie liebenswürdige Corigliano, der mir bei meinen Nachforschungen über das Werk stets für alle Fragen zur Verfügung stand und dem ich wahrscheinlich so auf die Nerven gegangen bin, daß er vielleicht den Gebrauch des Bußgürtels meiner Gesellschaft vorgezogen haben mag.

Mein Bild von der «Agentur für geistliche Dienste» scheint mir im wesentlichen nicht verschieden von jenem der «Großtankstelle für die Seelen». Ich schreibe das Folgende nicht aus Besserwisserei gegenüber dem Ingenieur und Pressesprecher des Werkes (das fehlte gerade noch!), sondern weil man manchmal die Dinge besser «von draußen» - wie es bei mir der Fall ist - zu beurteilen vermag: Vielleicht kommt das Bild von der Agentur (selbstverständlich eingedenk der jeder Metapher eigenen Grenzen) der Realität näher als jenes von der Tankstelle. Denn gewöhnlich fährt man die erstbeste Tankstelle an, die auf dem Weg liegt, einfach um vollzutanken - und ohne hierhin jemals zurückkehren zu müssen; weder muß der Tankwart eine besondere Genehmigung erteilen, noch der Kunde eine großartige Wahl treffen: denn Benzin ist Benzin...

Nicht so beim Opus Dei, wo die Türen offenstehen, um wegzugehen (entsprechend einer eindeutigen und oft wiederholten Aussage des Gründers: Jeder gehört dem Werk an «weil er es so will - was der übernatürlichste aller Gründe ist: porque le da la gana, que es la más sobrenatural de las razones...»). Aber, um einzutreten, muß man anklopfen und nachweisen, daß man eben die «Dienste» jener Agentur in Anspruch nehmen will: das heißt, daß man von jener rätselhaften Kraft angetrieben wird, die die christliche Theologie «Berufung» nennt.

Dies ist keine heuchlerische Proklamation; das, worauf ich zuvor verwiesen habe, scheint zu bestätigen, daß dies der Realität entspricht: «Die Bestätigung dafür, daß eine spezifische göttliche Berufung nötig ist, findet man in der Tatsache, daß es Tausende von Mitarbeitern gibt, die seit zehn, zwanzig und mehr Jahren das Opus Dei kennen, großzügig zu seinem Apostolat beitragen, jedoch nicht um die Mitgliedschaft ersuchen. Und das nicht etwa, weil sie nicht würdig oder nicht fähig zur Heiligkeit wären: einfach deshalb, weil ihr Weg ein anderer ist.»

Genauso wie das Opus Dei keine Partei ist (sämtliche soziopolitischen Entscheidungen seiner Mitglieder werden hier akzeptiert, vorausgesetzt natürlich, daß sie innerhalb der «katholischen» Grenzen liegen, die freilich viel weiter gesteckt sind, als man es bis vor noch sehr kurzer Zeit - besonders in der mit einer außergewöhnlichen historischen Situation konfrontierten italienischen Kirche - vermutet hätte), ist es auch kein Club: daher «trägt» man sich nicht «ein», weil man vom Programm überzeugt ist, oder andere «menschliche» Gründe eine Rolle spielen. Man kann nur um Eintritt und Zugehörigkeit ersuchen, wenn man glaubt, eine Berufung dazu empfangen zu haben.

Diese geheimnisvolle «Barriere» der Berufung - sie muß abwägend und klug erprobt werden: nicht nur am Anfang, sondern auch durch zeitliche Begrenzung der Verpflichtungen, die gewöhnlich jedes Jahr zu erneuern sind, bis es gegebenenfalls zur endgültigen Einbindung kommt - verhindert, daß das Werk der Versuchung einer Exklusivität, eines «Imperialismus» verfällt, und zu meinen, alle Katholiken müßten, um denn wahrhaftig solche zu sein, sich notwendigerweise unter die Anhänger des seligen Escrivá de Balaguer y Albás einreihen.

Gerade das Beharren darauf, daß man ins Opus Dei nur durch eine subjektiv freie, aber objektiv von Gott gewollte und «geführte» Entscheidung eintritt und verbleibt (wobei man auch auf viele andere, ganz verschiedene Arten ein vorbildlicher Sohn oder eine vorbildliche Tochter der katholischen Kirche, heilig und Apostel sein kann), gerade dieses Beharren also erhält das gebührende Bewußtsein aufrecht, daß der geistliche Pluralismus in der Kirche ein Reichtum ist, den es zu bewahren gilt.

Nebenbei bemerkt: hier können Sie einen wesentlichen Unterschied zum Protestantismus feststellen. Dort gründet nicht nur wer die Bibel «anders» liest, sondern auch wer nur schon anders empfindet, seine eigene Kirche oder Sekte, die sich in Gegensatz - fast immer in aggressiven Gegensatz: «il faut s'opposer pour se poser» (man muß sich widersetzen, um sich zu setzen), sagen die Franzosen, um auf eine feststehende soziologische Gesetzmäßigkeit hinzuweisen - zu der Vielzahl anderer christlicher Gruppen stellt. Auf diese Weise führt das, was durch die Reformation entstand, seit Jahrhunderten zu einer immer weiteren Zersplitterung - bis hin zu den (aus den vier oder fünf anfänglichen Konfessionen hervorgegangenen) zweitausend christlichen «Denominationen» allein in den Vereinigten Staaten.

Anders im Katholizismus, wo die vielen hundert, wenn nicht gar tausend verschiedenen «Sensibilitäten» und «Spiritualitäten» nicht zu streitsüchtigen Minikirchen geworden sind und gewöhnlich auch nicht werden, sondern sich (als Orden, Kongregationen, Institute, Bewegungen, Familien, die - nach entsprechenden Prüfungen - alle von der Hierarchie anerkannt sind) als Bausteine jenes vielfarbigen Mosaiks zusammenfügen, das die Kirche ist. Eine einzige «Berufung», aber unendlich viele Weisen, sie zu leben.

10. Wer anklopft und wer eingelassen wird

An diesem Punkt angelangt, möchte ich nun die Frage behandeln, die auch ich mir gestellt habe: Wie «erfährt» jemand von seiner Berufung zum Opus Dei, von seiner spezifischen Berufung in diese geistliche Familie?

«Wie weiß einer, daß er diese Berufung empfangen hat? Die einfachste - und häufigste - Art ergibt sich, wenn jemand im freundschaftlichen Kontakt mit anderen, die bereits zur Prälatur gehören, steht, deren Geist kennenlernt und sich zu fragen beginnt, ob das nicht auch sein Weg sein könnte. Darüber, ob tatsächlich „Anzeichen" einer Berufung gegeben sind, befinden die lokalen Verantwortlichen des Opus Dei. Im Grunde ist es also die Prälatur, die jemanden aufnimmt. Wie es in jeder Organisation der Fall ist, die auf Freiwilligkeit beruht, behält sich das Opus Dei das Zulassungsrecht vor. Freiheit auf beiden Seiten: auf Seiten dessen, der um Aufnahme ersucht, und auf Seiten der Prälatur, die ihn aufnimmt oder nicht.» So lautet ein offizieller Text.

Aber wer darf, wenn «Berufung» gegeben ist - oder es zumindest «Anzeichen einer Berufung» gibt -, tatsächlich an die Tür klopfen, um selbst Klarheit zu gewinnen und andere seine Situation so objektiv wie es Menschen möglich ist, prüfen zu lassen?

Die Antwort ist sehr einfach: alle. Männer und Frauen, Ledige, Verheiratete oder Verwitwete jeder gesellschaftlichen Herkunft, Nationalität und Rasse, sofern sie das 18. Lebensjahr vollendet haben; aber ohne Altersgrenze nach oben. Es wurde mir von Achtzigjährigen und älteren Anwärtern erzählt, die dann dem Werk beigetreten sind: «Arbeiter der letzten Stunde» also, nach den

Kategorien des Evangeliums, die aber deshalb nicht abgewiesen werden.

Ich weiß wohl, daß Sie mich - hier vielleicht mehr denn je - übertriebener Nachsicht verdächtigen werden, wenn ich so gegen die «schwarze Legende» über diese «weiße Freimaurerei» zu Felde ziehe.

Doch es ist eine objektive Tatsache, die auch ich - wenn auch «von außen her» - festgestellt habe. Natürlich, eine solche Erfahrung «von außen» sagt nicht unbedingt viel (man könnte argwöhnen, sie hätten mich durch manipulierte Begegnungen hinters Licht führen können), aber es gibt zudem ja jene exakten und auf den neuesten Stand gebrachten Statistiken, von denen ich schon gesprochen habe. Sie beweisen, daß wir nicht vor einer exklusiven und elitären Gruppe stehen, in die nur Reiche und Mächtige oder wenigstens Wohlhabende, die ein gewisses gesellschaftliches Ansehen genießen, eintreten können.

Zu den Überraschungen gehört zum Beispiel die Entdeckung, daß - wie Kardinal Jaime L. Sin, Erzbischof von Manila, mehrmals erklärte - das Opus Dei in den Elendsgebieten der Philippinen zu den katholischen Realitäten gehört, die sich nicht darauf beschränken, den Armen zu «helfen», sondern viel mehr tun: sie nehmen sie als Vollmitglieder auf. Oder die Entdeckung, wie das Werk in den favelas und villas miseria (Elendsvierteln) Lateinamerikas «zupackt». Oder die Beobachtung, wie jedes Jahr über eine halbe Million Pilger - größtenteils richtige «Proletarier» (um einen veralteten Ausdruck zu verwenden; heute sagen wir besser: Menschen bescheidener, ja ärmlichster Herkunft) - nach Torreciudad, «dem» Wallfahrtsort des Opus Dei, strömen. Und nicht wenige jener ärmlichen Pilger gehören dem Werk selbst an.

Im übrigen haben wir ja gesehen - was das eben Gesagte nur bestätigt -, daß der argwöhnische «Economist» die Prälatur im Hinblick auf Exklusivität am niedrigsten einstufte: bloß «ein Punkt», eine klägliche und für einen elitären Geschmack eher enttäuschende Benotung im Vergleich mit den «vier» oder «fünf Punkten», die bestimmte Clubs und Vereine erhielten.

Hören wir noch einmal den Essayisten Gómez Pérez, hervorragend informiert und so objektiv, wie es einem existentiell «gefährdeten» Menschen möglich ist: «Die Berufskurve der Mitglieder entspricht jener „Normalität", die dem Opus Dei eigen ist: eine Mehrheit von Personen mit Beschäftigungen oder Berufen mit mittlerem Einkommen; einige mit hohem Einkommen und eine etwas größere Gruppe mit niedrigem Einkommen. Eine Verallgemeinerung, die wenn man sie dann wagt, zum Beispiel nicht auf einige südamerikanische, afrikanische und asiatische Länder, wo die Lebensbedingungen viel schlechter sind, zutrifft. Vielleicht gibt es im Werk einen etwas höheren Prozentsatz an Akademikern als sonst üblich, vor allem an Professoren. Die zentrale Botschaft über die Bedeutung des Berufs, die alles übrige verständlich macht, ist jedenfalls folgende: kein Beruf, keine ehrenhafte Beschäftigung, so bescheiden sie auch sein mag, ist ein Hindernis für die Zugehörigkeit zum Opus Dei. Sobald es sich in einem Land konsolidiert hat, spiegelt seine soziale Zusammensetzung immer nahezu vollkommen die örtliche Situation wider: die Mitglieder-Palette reicht also von den Maurern bis zu den Industriellen, von den Bauern bis zu den Schriftstellern. Immer jedoch gilt: der Umstand, daß nach menschlichen Maßstäben manche höher stehen als andere, verleiht den Mitgliedern innerhalb der Institution kein wie auch immer geartetes Privileg. Die Gründe, aus denen sie in die Prälatur eingetreten sind - das geistliche Leben und das Apostolat -, sind völlig identisch: dieselbe Berufung und dieselben Mittel der geistlichen Bildung.»

Tatsächlich ist der höhere Anteil von Intellektuellen - höher als sonst in den üblichen gesellschaftlichen Gruppierungen -, wahrscheinlich kein statistischer Zufall: er dürfte wohl aus einer besonderen Aufmerksamkeit für jene Kreise resultieren. Wir kommen noch einmal auf die bereits zitierten «offiziellen» Worte der Postulation für den Seligsprechungsprozeß zurück: «Das Ziel, für das der Herr sie ins Leben gerufen hat, ist, daß Menschen aus allen sozialen Schichten - angefangen bei den Intellektuellen, um dann alle zu erreichen, (...) sich um Heiligkeit bemühen.»

Bezeichnend ist in diesem Zusammenhang der Gedanke 978 aus dem Weg. Nach dem Hinweis auf Jesu Worte an die Jünger («Kommt her zu mir, ich werde euch zu Menschenfischern machen!», Mt 4,19) kommentiert Escrivá: «Nicht ohne tieferen Sinn gebraucht der Herr diese Worte: Die Menschen muß man - wie die Fische - beim Kopf packen.»

In der Tat erübrigt sich heute mehr denn je festzustellen, daß es die Intellektuellen sind, über die die meisten Ideen und Verhaltensweisen die übrige Gesellschaft erreichen. Wie Kardinal Paul Poupard, Präsident des Päpstlichen Rates für die Kultur, geschrieben hat: «Der selige Escrivá hat stets denen größte Aufmerksamkeit gewidmet, deren Beruf es ist, Ideen zu entwickeln und zu vermitteln, denn in unserem Jahrhundert ist das Hauptproblem des Christentum - wie nie zuvor - die Beziehung des Evangeliums zur Kultur, die Evangelisierung der Intellektuellen.»

Außer dieser, immer gegenwärtigen, Strategie gibt es wahrscheinlich auch einen rein praktischen Grund, der mit der Geschichte des Werkes zusammenhängt: sie begann mit einer Gruppe junger Universitätsstudenten, die sich um jenen eigenartigen Priester zusammenschlossen. Die ersten «apostolischen Werke» waren in Madrid eine Akademie und ein Studentenwohnheim, vor allem für Jura- und Architekturstudenten. Da in der Institution «der Gleiche den Gleichen» evangelisiert, indem er vor allem im Kreis der ihm Nahestehenden, die normalerweise zum selben gesellschaftlichen und kulturellen Milieu gehören, apostolisch tätig ist, drang «die Opus Dei-Botschaft» vorrangig in das Intellektuellen-Milieu ein, obwohl mit der Zeit auch die anderen Kreise erreicht wurden. Merken wir uns also, daß auch hier die «Legende» nicht zutrifft: es sind die Professoren, die gewöhnlich nicht besonders wohlhabenden Vertreter des kulturellen Lebens, die im Werk ein gewisses Übergewicht haben: und nicht, wie immer wieder vermutet und geschrieben wird, die «Kapitalisten», die reichen, führenden Unternehmer und Finanzmogule.

Es ist außerdem bezeichnend, daß man - allein in Rom - unter den «Werken des Werkes» Wohnheime für Studenten (die meisten von ihnen bescheidener Herkunft, wie wir schon in Pamplona feststellen konnten), zugleich aber Wohnheime für angehende Arbeiter und Handwerker findet; und daß in den bürgerlichen Stadtvierteln ebenso Zentren des Werkes stehen wie in den dichtbesiedelten Quartieren des einfachen Volkes.

Eine Institution (um ein Beispiel unter vielen herauszugreifen) wie das Instituto rural Valle Grande in Peru gehört zu den bedeutendsten Einrichtungen Lateinamerikas, die sich den ärmsten Bauern widmen, und wird auch vorwiegend von Bauern geleitet, die - ebenso wie viele andere campesinos - zum Opus Dei gehören.

«Denkt daran, daß uns von hundert Seelen alle hundert interessieren: Der Indio aus den Anden ebenso wie der Finanzexperte aus der Wall Street; die Hausfrau ebenso wie der Nobelpreisträger für Astrophysik.»

Mir erscheint es, daß diese Mahnung des Gründers zu jenen gehört, die die Prälatur bei ihrer Arbeit am meisten beherzigt. Ein Beweis dafür ist im übrigen die Tatsache, daß viele Angriffe eben von Leuten - sowohl außerhalb wie innerhalb der Kirche - stammen, die dem Werk vorwerfen, es treffe keine «vorrangige Option» im Apostolat, sondern wende sich mit gleicher Aufmerksamkeit an alle - ob «Kapitalist» oder «Proletarier» -, ohne jemanden im vorhinein auszuschließen und ohne von jemandem zu verlangen, etwas anderes zu tun als das, was er bereits tut. Das Werk lehnt also die demagogischen Schemata ab, die im Neuen Testament (das ja Lichtjahre von den modernen ideologischen Tabus etwa marxistischer Art entfernt ist) nicht die geringste Rechtfertigung finden, und doch in christlichen Kreisen verbreitet sind und die «wirtschaftliche» Armut mit der «evangelischen» Armut verwechseln.

Aus christlicher Perspektive gibt es keine «Armen», die geistliche Hilfe dringend nötiger hätten als viele Reiche. Die bloße «Armut» an materiellen Gütern ist an und für sich nicht heilsmächtig; alles hängt nicht vom Einkommen, sondern von der Haltung des Herzens ab. Nur in den erbaulichen Geschichten für naive Linkssympathisanten ist der Mittellose immer und auf alle Fälle gut, sanft und selbstlos. Peter Berglar schreibt: «Nur die „Armen" liebevoll zu behandeln, ist eine Entstellung des christlichen Geistes, bedürfen doch die „Reichen" - wie wir aus dem Evangelium wissen - für ihre Rettung ganz besonders der Gnade Gottes. Und daher haben sie auch die Liebe des Nächsten besonders nötig.»

Auch hier hat eine «menschliche, allzu menschliche» Sichtweise («herrschende Klassen» - «untere Klassen») den spirituellen Blick getrübt, der alles nur nach den Kategorien Gnade und Sünde, Liebe und Egoismus, Loslösung und Begierde beurteilt.

Um es mit dem Theologen Oscar Cullmann zu sagen: «Das Evangelium ruft nicht die Armen zum Aufstand auf, sondern die Reichen zur Verantwortung. Die „Revolution" Jesu, die alle, unabhängig von ihrer sozialen Stellung, daran erinnert, daß alle Reue und Vergebung nötig haben, ist nicht oberflächlich wie jene Revolutionen der modernen Ideologen: sie geht in die Tiefe, sie belehrt, daß es keine Besserung der Gesellschaft gibt, wenn nicht ein jeder, ob arm oder reich, vor allem sich selbst bessert.» Vergessen wir nicht, daß der Revolutionär im sozio-politischen Sinn «ein Mensch ist, der alles und alle ändern will - außer sich selbst». Einer, der stets bereit ist, ein Mea culpa zu heucheln und dabei nur an die Brust der anderen schlägt.

In diesem Zusammenhang sagte Escrivá: «Am Kreuz hat Jesus nicht nur den rechten noch nur den linken Arm ausgebreitet: er hat beide Arme ausgebreitet.»

Glauben Sie aber nicht - wir haben gerade darauf hingewiesen -, daß alle bereit wären, diese Universalität des Heilsangebotes anzunehmen: murrendes Aufbegehren (wenn nicht Schlimmeres) hat sich erhoben und erhebt sich von Klerikalen des «linken Armes», die gerne für ihre Günstlinge das Monopol der Aufmerksamkeit sichern und jene des «rechten Armes» ausschließen möchten.

Aber auch das Gegenteil ist zu beobachten - und öfter, als man meinen könnte: auch bei den Klerikalen des «rechten Armes» mangelt es nicht an Stimmen des Argwohns oder des Protests, die, wenn sie von einem Christentum hören, das sich weigert, allein eine Sache für Bourgeoise oder Aristokraten zu sein, sogleich Demagogie, Populismus und Subversion wittern.

Ein solches Kreuzfeuer ist - von einer evangelischen Perspektive aus betrachtet - ein gutes Zeichen. Wie ein alter Kirchenvater einmal gesagt hat: «Wer versucht, alle zu lieben, wird gerettet werden. Wer aber versucht, allen zu gefallen, wird nicht gerettet werden.»

11. Berufungen mit Vertrag

Bis jetzt haben wir zu verstehen versucht, wer in das Werk eintritt und warum er es tut. Bleibt noch zu erklären, wie man eintritt und wie man - gegebenenfalls - dort bleibt. Hier drängt sich, will mir scheinen, wieder das Bild von der «Agentur» auf.

Die Mitglieder des Opus Dei binden sich nicht an die Prälatur durch Gelübde oder andere «heilige» Bande, wie es der Tradition in der Welt der Orden entspricht, sondern durch einen weltlichen Vertrag. Ja, genauso ist es: ein richtiges Vertragsverhältnis, abgeschlossen im Beisein zweier Zeugen an jedem beliebigen Ort - nicht aber in einer Kirche - «ohne jeden feierlichen oder offiziellen Charakter, unter Wahrung des privaten Charakters» der Übereinkunft zwischen dem Opus Dei und dem Gläubigen, der aus freien Stücken um die Aufnahme ersucht.

Hören wir einen, der sich gut auskennt: «Um den weltlichen Charakter dieser Eingliederung zu unterstreichen, hebt die Erklärung der Kongregation für die Bischöfe» (denn von dieser und nicht von der Kongregation für die Ordensleute hängt das Werk ab) «eigens hervor, daß die Bindung nicht auf Gelübden beruht. Sie ist somit von grundsätzlich anderer Natur als diejenige, welche Ordensleute oder gottgeweihte Personen eingehen, indem sie die drei Gelübde der Armut, der Keuschheit und des Gehorsams ablegen. Der Stand der Mitglieder des Opus Dei wird also durch ihre Zugehörigkeit zur Prälatur in keiner Weise verändert: Das Fehlen eines „heiligen Bandes" bedeutet, daß der einzelne ein gewöhnlicher Gläubiger seiner Diözese bleibt».

Alles sehr einfach, also. Aber auch sehr verwirrend (selbst für mich, ich gestehe es, hatte ich doch über diesen Punkt - und über andere Verfahrensweisen, wie sie von der Viale Bruno Buozzi festgelegt werden - keine klare Vorstellung.

In der Praxis geschieht folgendes. Auf der einen Seite steht die Prälatur, die sich kraft des Vertrages verpflichtet, eine sorgfältige theologische, geistliche, asketische und apostolische Bildung und den spezifischen seelsorglichen Beistand (auf sorgfältige Weise «persönlich gestaltet») durch die Priester der Prälatur zu gewähren. «Die Institution», heißt es in einem Dokument, «verpflichtet sich, daß es keinem Mitglied an dem geistlichen und formenden Beistand mangelt, dessen er für die Verfolgung seines Ziels, der Heiligung inmitten der Welt, bedarf, indem sie eine Art ständigen Trainings für das innere Leben und das Apostolat anbietet».

Auf der anderen Seite steht der gläubige Laie, der (von der «Berufung» angetrieben - man möge dies nicht vergessen; sie betonen diesen Punkt sehr oft, und mit Recht) beschlossen hat, die oben genannten Dienste der «geistlichen Agentur» in Anspruch zu nehmen. Aber so, daß er (das ist wichtig!) zugleich deren «Kunde» und «Mitglied» ist. Das, was man gibt, und das, was man empfängt auf Grund dieses Vertrages tangiert allein die religiöse Ebene, denn die weltlichen Bereiche sind von dem Vertrag völlig und ausdrücklich ausgeschlossen.

Der Aufnahmewillige «erklärt» (ich gebe hier den offiziellen Wortlaut wieder), «in voller Ausübung meiner Freiheit meinen festen Vorsatz, gemäß Geist und Praxis des Opus Dei und unter Einsatz aller meiner Kräfte nach der Heiligkeit zu streben und apostolisch zu wirken». Von diesem Augenblick an (bis zur Erneuerung im darauffolgenden Jahr; oder für das ganze Leben, aber erst nach fünf, jeweils im Abstand von einem Jahr erfolgten Erneuerungen, also nach Vollendung mindestens des 23. Lebensjahres) verpflichtet er sich, im Hinblick auf die asketischen, bildungsmäßigen und apostolischen Verpflichtungen, die der Erreichung der geistlichen Ziele der Prälatur dienen, sich unter die Jurisdiktion des Prälaten zu stellen.

Was alles übrige betrifft, so besitzt er weiterhin gegenüber seinem Bischof (und der Kirche im allgemeinen) die Pflichten und Rechte jedes «normalen» Katholiken, der er tatsächlich ist und bleibt. Genauso bleibt er ein normaler Staatsbürger, der alle bürgerlichen und Strafgesetze seines Landes anerkennt und achtet, da sich seine Zugehörigkeit zum Werk in einer spirituellen Bindung gründet, die sich ausschließlich auf den Bereich der religiösen Freiheit bezieht. So, wie es der italienische Innenminister - Sie erinnern sich - nach sorgfältiger Untersuchung anerkannte.

Auf die gegenseitigen Rechte und Pflichten, auf die «Verpflichtung», die die beiden Seiten aus freien Stücken - und laut Vertrag - übernehmen, werden wir mit der notwendigen Ausführlichkeit in einem der letzten Kapitel zurückkommen. Für den Augenblick beschränken wir uns auf die Feststellung, daß es ein Vertragsnetz zwischen der Prälatur und Zehntausenden Männern und Frauen aus ungefähr neunzig Nationalitäten gibt.

Dieser Tatbestand bewirkt jedoch nicht die Geburt einer Art «multinationaler Gesellschaft des Geistes», vergleichbar jenen «Multinationalen» aus Politik und Wirtschaft; und sie bringt auch nicht so etwas wie eine American Express Card des Glaubens hervor.

Der «Vertrag» wahrt den laikalen Charakter, der verhindert, daß das Opus Dei ein Orden oder eine Kongregation wird und seine Mitglieder daher zu Ordensleuten werden, die durch Gelübde oder «heilige» Versprechen gebunden sind. (So hatte Escrivá bereits im Jahr 1941 geschrieben: «Was uns interessiert, sind die Tugenden, (...) Gelübde und Versprechen hingegen interessieren uns nicht, obwohl sie vom theologischen Gesichtspunkt aus allen Respekt verdienen und wir sie bei anderen voller Hochachtung sehen. Aber sie sind nicht für uns.»)

Die vertragliche Bindung betont und sichert den laikalen Geist. Sie stellt klar, daß das Opus Dei kein Orden, keine Kongregation, kein Säkularinstitut ist (als solches mußte es sich notgedrungen und mangels einer anderen kirchenrechtlichen Möglichkeit jahrzehntelang und noch sieben Jahre nach dem Tod des Gründers bezeichnen lassen); zugleich aber ist das Werk auch keine Wirtschaftsgesellschaft, keine kulturelle Stiftung, kein Club, keine Gewerkschaft, kein Verband.

Und es ist trotz allem etwas mehr und etwas anderes als die «Agentur» oder die «Tankstelle», mit der wir es bildhaft, aber freilich unzutreffend, verglichen haben.

Von Beginn an versteht sich das Opus Dei selbst vor allem als Familie. In der heutigen Zeit ein gewagter Begriff. «Familie - ist das zufällig im Sinn der Mafia zu verstehen?», so werden die Arglistigen und Argwöhnischen sofort fragen. Oder sind hiermit jene pathologischen Beziehungen gemeint, die einem «Schlangennest» gleichkommen, dunkle psychische Komplexe, die einen André Gide aufschreien ließen: «Familien, ich hasse euch!» (auch wenn er auf Grund seiner öffentlich bekannten homosexuellen Veranlagung hier nicht als besonders glaubwürdig erscheinen dürfte)?

Jeder von Ihnen mag selbst die Absichten der einen und der anderen beurteilen, die in der Tat sehr verschieden sind. Die von der Prälatur - sowohl in der Spiritualität wie in der Organisation - zum Ausdruck gebrachte Absicht ist, sich in dieselbe «familiäre» Dynamik zu stellen, die das ganze Christentum trägt, diesen Glauben, dessen «grundlegendes» (und einziges von Jesus selbst gelehrtes) Gebet das Vater unser ist und der alle einlädt, sich infolgedessen als «Brüder und Schwestern» zu betrachten. Ein Glaube, der sein sichtbares Oberhaupt - für ihn der «Stellvertreter» des Oberhauptes im Himmel - nicht «Präsident» oder «General» oder «Führer» oder ähnlich nennt, sondern «Heiliger Vater» (und «Papst», was bekanntlich vom griechischen παππα[s], Vater, abgeleitet ist). Ein Glaube, der beim letzten Konzil die Kirche als «Haus Gottes, in dem die Familie Gottes wohnt», definiert hat.

Daher scheint es nur konsequent, daß auf dem Grabstein des Grabes, in dem die sterblichen Überreste Escrivás vor seiner Seligsprechung und Umbettung unter den Hauptaltar der «Prälaturkirche» - Herz des Hauptsitzes in der Viale Bruno Buozzi - ruhten, in Lettern aus vergoldetem Bronze zwei spanische Worte eingemeißelt wurden: «El Padre».

Und ebenso logisch scheint es, daß dieser familiäre Titel gemäß den vom Heiligen Stuhl feierlich approbierten Statuten dem Prälaten offiziell zuerkannt wird. In dem entsprechenden Artikel heißt es wörtlich, der Prälat soll den Gläubigen der Prälatur ein «Lehrer und Vater sein, der alle mit dem Herzen Christi liebt und alle durch seine überfließende Liebe formt und stützt. Gerne widmet er sich allen und verausgabt sich für sie».

Vergessen wir ferner nicht, daß - im Unterschied zu jenen «Gesellschaften eheloser Männer und Frauen», das heißt den Konventen und Klöstern - die große Mehrheit der Mitglieder hier aus Familienvätern und -müttern bzw. aus Söhnen und Töchtern besteht, die in einer Familie (jede in ihrer Wohnung) leben. Daher fällt die Empfehlung, überall im Werk den «familiären Geist» zu leben, sicher nicht schwer.

Und das erklärt denn auch eine andere «Besonderheit» (die vielleicht gar keine ist, weil sie sich aus den Voraussetzungen für die Dynamik der Institution ableitet). Gemeint ist folgendes: das Opus Dei ist ein «einziger Block», ohne innere Unterschiede, bis auf einige unwesentliche, organisatorische, die mehr durch die einzelnen persönlichen Situationen als durch die Spiritualität bedingt sind.

Hören wir wieder den hervorragend informierten Le Tourneau: «Msgr. Escrivá hat immer nachdrücklich unterstrichen, daß die Mitglieder des Werkes alle dieselbe Berufung zur Heiligkeit und zum Apostolat empfangen: zur Heiligung in der und durch die Ausübung ihrer beruflichen Arbeit; und daß daher keine Mitgliederklassen in dem Sinne bestehen, daß einige bedeutender wären als andere und daß manche eine „andere", anspruchsvollere Berufung empfangen würden. Er bekräftigt also die Gleichheit aller Mitglieder, ganz gleich ob es sich um Priester oder Laien, Männer oder Frauen, Junge oder Alte, Ledige, Verheiratete oder Verwitwete handelt, Menschen jeder Rasse, jeden Berufes, jeden Bildungsstandes. Für alle Mitglieder ist es immer eine vollständige und vollgültige Berufung. Die Einheit der Berufung offenbart sich darin, daß alle Gläubigen der Prälatur dieselben asketischen, apostolischen und bildenden Verpflichtungen übernehmen.»

Aber wie? Die Priester «auf derselben Stufe» wie die Laien? Mit gutem Recht werden Sie hier Fragen stellen. Und es ist nicht ganz einfach, das mit den gebräuchlichen «Fachausdrücken» und -formulierungen aus den entsprechenden Berichten und Publikationen erklären zu wollen, die immer etwas umständlich sind. In einem von ihnen heißt es beispielsweise: «Da eine solche Einheit der Berufung und folglich der Rechte und Pflichten im Werk auch die Priester betrifft, muß man die Grundlagen dafür in der bestehenden gegenseitigen Ergänzung zwischen dem Amtspriestertum und dem allgemeinen Priestertum der Gläubigen suchen: beide ergänzen einander, um die eine apostolische Zielsetzung des Opus Dei zu verwirklichen.»

Um es kurz und klar zu sagen (es handelt sich ja hier nicht um ein Handbuch der Theologie), könnten wir es, so meine ich, folgendermaßen formulieren: eine der Grundlagen katholischer Theologie, die aber im Laufe der Jahrhunderte in der Kirche (auch als Reaktion auf die Reformation, die es nach römischem Urteil auf Umsturz und Zerstörung abgesehen hatte) mehr oder weniger von Nebel umhüllt worden war, ist die Tatsache, daß durch die Taufe jeder Gläubige zur Teilhabe am Priestertum Christi gelangt, Teil eines «Priestervolkes» wird. Das heißt, es gibt ein «allgemeines Priestertum» (so genannt, weil es eben alle Getauften vereint); und es gibt ein «hierarchisches» oder «Amts»priestertum (auf Grund des munus, des Dienstes an den Brüdern), das den dazu Berufenen, die von der Kirche das Sakrament der Priesterweihe empfangen, vorbehalten bleibt.

Alles in allem: obwohl die reformatorische Position, die das Weihesakrament und damit das «Amtspriestertum» ganz einfach leugnet (die Pastoren sind keine «geweihten Priester»), sorgfältig vermieden wird; obwohl die authentische (vom letzten Konzil wieder bestätigte) katholische Theologie bekräftigt wird, wonach sich das Priestertum «aller Getauften» und das der durch das eigens dazu bestimmte Sakrament «Geweihten» nicht nur dem Grad nach (d.h. durch eine stärkere oder geringere Intensität), sondern dem Wesen nach unterscheiden; obwohl das alles gewissenhaft festgeschrieben wird, stehen auch nach korrekter katholischer Auffassung «Laien» und «Priester» einander nicht so fern. Vielmehr besteht eine Art «Blutsverwandtschaft» zwischen ihnen, und sie sind nicht durch einen Abgrund voneinander getrennt, wie es eine gewisse «klerikale» Theologie glauben machen wollte. Jene Theologie nämlich, die in der Kirche nur den Klerus sah und die der Herde der Laien (nach einem bissig-bitteren Scherzwort, das in den Pfarreien die Runde machte) nur drei Rechte, denen ebenso viele «Körperhaltungen» entsprechen, zuerkannte: vor dem Altar knien; unter der Kanzel sitzen, um sich die Predigten anzuhören und die Hände in die Tasche stecken, um nach der Geldbörse für die Opfergabe zu suchen...

Angespornt von seiner «Vision» hat Escrivá seit 1928 beharrlich für die volle Aufwertung der Laien gekämpft, um die (im Laufe der Jahrhunderte zunehmend verkrustete) Auffassung von einer in «obere» und «untere» Klassen geteilten Kirche zu überwinden, die die «Geweihten» als einzige Voll-Mitglieder ansieht.

Aus dieser Sichtweise (gleiche Rechte: daher gleiche Pflichten) ergibt sich die Notwendigkeit, daß alle Gläubigen das ganze Evangelium ernst nehmen. Und daß sich daher jeder Getaufte bemühen soll, «heilig» und, als natürliche Folge davon, «Apostel» zu sein: alle zusammen nämlich sind «die Kirche»; das heißt - der Etymologie getreu - die «Gemeinschaft der von Christus Zusammengerufenen».

So erklärt sich das beharrliche Betonen, daß im Opus Dei «die Berufung für alle dieselbe ist» («dieselbe sopera, Suppenschüssel, aus der alle je nach ihrem Bedürfnis und ihrer persönlichen Situation schöpfen», ein beliebter Ausspruch des Seligen, den ich immer wieder aus dem Mund seiner Leute gehört habe).

Übrigens eine Botschaft, die schon in der ältesten und authentischen katholischen Überlieferung verwurzelt ist; sie wurde jedoch von namhaften Männern der Kirche behindert und bekämpft, die den spanischen Priester sogar ausdrücklich der «Häresie» beschuldigten und bei jener Kirchenbehörde anzeigten, die damals noch den von einer finsteren Aura umhüllten Namen «Sacra Congregatio Sancti Officii», «Heiliges Offizium», trug.

Bei jener Verfolgung, die Escrivá, der es ablehnte, in einen polemischen Disput mit diesen Männern zu treten, sondern zäh seinen Weg weiterging, «die schlimmste Verfolgung» nannte, «weil sie eine Verfolgung von guten Leuten» war, haben sich manche (natürlich nicht alle) Mitglieder religiöser Orden nicht auf schriftliche oder mündliche Angriffe beschränkt. Einige sahen es als ihre Pflicht an, in die Wohnungen der Jugendlichen, die sich um Escrivá scharten, zu gehen und die Eltern mit der Behauptung zu terrorisieren, ihren Kindern drohe die ewige Verdammnis, wenn sie einem Häretiker folgten, der die Irrlehre verbreitete, alle, nicht nur die «Geweihten», seien zur christlichen Vollkommenheit berufen.

Es bedurfte des II. Vatikanischen Konzils, um feierlich zu bestätigen, daß das Opus Dei recht hatte. Und tatsächlich bestätigte das Konzil dann nicht nur diesen, sondern auch andere Aspekte «seiner» Theologie (die von da an natürlich nicht mehr «seine» Theologie ist: wie wir noch sehen werden, lehnt es die Prälatur ab, eine eigene theologische Linie zu verfolgen, sie will keine «Schulen» gründen oder «Tendenzen» schaffen, und besteht darauf, sich nur nach dem Credo zu richten, so wie es vom päpstlichen Lehramt vorgetragen und ausgelegt und von der Lehre der Dogmen und Konzilien definiert wird).

Aus den anerkennenden Stimmen zu dieser Rolle, die weniger eine «avantgardistische» als vielmehr die der Wiederentdeckung der unverfälschten katholischen Einstellung ist (in der Kirche gibt es nichts zu «erfinden»; nichts ist «moderner» als die Rückkehr zum Alten: vor allem zum «Ältesten» von allem, dem Neuen Testament, auch wenn sich dessen Verständnis unter dem Anstoß der Geschichte stets vertieft), aus den Würdigungen also, die von fünf Päpsten und von vielen, vielen Bischöfen, Erzbischöfen und Kardinälen kamen, greife ich (nicht zufällig) jenen von Kardinal Franz König heraus, der fast dreißig Jahre lang Erzbischof von Wien gewesen ist.

Er schrieb im Jahr 1975, wenige Monate nach dem Tod Escrivás: «Wahrscheinlich ist es die zutiefst laikale Spiritualität, die das Opus Dei für viele Menschen so anziehend gemacht hat. Escrivá hatte damit bereits 1928, bei der Gründung des Opus, ernst gemacht. Er hat dabei vieles vorweggenommen, was erst mit dem Zweiten Vatikanischen Konzil Allgemeingut der Kirche geworden ist. Escrivá hat den Menschen, die seinem Weg gefolgt sind, sehr klar gesagt, daß der Platz des Christen mitten in dieser Welt ist, er hat sich gegen jenen falschen Spiritualismus gewandt, der fast eine Leugnung der zentralen christlichen Glaubensüberzeugung von der Fleischwerdung Gottes ist.» Warum zitiere ich ausgerechnet Kardinal König? Wieso wähle ich ihn auf einer Liste aus, die doch auch den jetzigen Papst selbst miteinschließt? Johannes Paul II. hat übrigens bei vielen Gelegenheiten die Bedeutung des Werks mit Worten wie diesen gewürdigt: «Euer wahrhaft großartiges Ideal hat von Anfang an jene Theologie der Laien vorweggenommen, die dann die Kirche des Konzils und der Nachkonzilszeit kennzeichnete. Das ist in der Tat die Botschaft und die Spiritualität des Opus Dei.» Aber Karol Wojtyla - «der polnische Papst», wie sie ihn mit nicht gerade wohlwollendem Unterton nennen - ist nun einmal einer gewissen klerikalen Intelligentia verdächtig.

Nicht so Franz König, der - auf dem Konzil und nach dem Konzil - als einer der Führer der sogenannten «progressiven» Richtung galt. Das ging soweit, daß, als ich ein Buch veröffentlichen wollte, das das erste Interview mit dem Präfekten des Heiligen Offiziums (jetzt schamhaft «Kongregation für die Glaubenslehre» genannt), Kardinal Joseph Ratzinger, enthielt, eine gewisse katholische Verlegergruppe, jene Seiten als «das Manifest der antikonziliaren Restauration» verunglimpfte und in einer Art Exorzismus-Akt «auszutreiben» versuchte: durch Interviews zu denselben Themen mit dem Wiener Erzbischof, der nunmehr zwar alt und im Ruhestand war, aber noch immer als unermüdlicher Verfechter der «Öffnung», der «Errungenschaften des Konzils» gegen die «dunklen Machenschaften der Reaktionäre, die das Zweite Vaticanum zu den Akten legen wollen», galt.

Nun also: Eine der Symbolgestalten der «Fortschrittler» im Kardinalskollegium, ein «unerschrockener Hüter der nicht umkehrbaren Errungenschaften des Zweiten Vaticanums», erkennt an, daß jenes Konzil - nicht etwa in Randfragen, sondern in neuralgischen

Punkten - die Arbeit bestätigt hatte, die unter den Anfeindungen von vielen Seiten jahrzehntelang eben diese Obra, Schlupfwinkel und Nährboden eines tridentinischen, reaktionären Katholizismus (so meinen jedenfalls jene Fortschrittler), geleistet hatte.

Damit nicht genug: Kardinal König kam auf das Thema zurück und prophezeite der Botschaft Escrivás jenen Platz in der Kirche der Zukunft, den auch wir am Anfang dieses Berichtes andeuteten. Der Erzbischof von Wien sagte: «Die tiefe Menschlichkeit des Gründers des Opus Dei spiegelte die Züge unserer Zeit wider. Aber sein Charisma - das Charisma eines Mannes, der auserwählt ist, ein Werk Gottes zu verwirklichen - versetzte ihn bereits in die Zukunft. So konnte er die großen Themen des pastoralen Wirkens der Kirche in der Morgendämmerung des dritten Jahrtausends ihrer Geschichte vorwegnehmen.»

Die angeblichen «Konzilsgegner» - so will es das oberflächliche, starre Schema - als Vorläufer und Baumeister der konziliaren Erneuerung?

Also Klischees, die ebenso über Bord geworfen werden müssen wie der Verdacht auf Feindlichkeit gegenüber jeder Ökumene (cooperatores docent, das lehren uns die Mitarbeiter des Werkes)?

Genau das scheint nach den Worten der Kirchenmänner der Fall zu sein, die zu Symbolgestalten der «Öffnung» geworden (oder von ihren Propagandisten dazu gemacht worden) waren. Da wird neben einem Franz König zum Beispiel der Mailänder Erzbischof Carlo Maria Martini als «das zeitnahe und menschliche Antlitz der Kirche» gefeiert - und wahrscheinlich auch entgegen seiner Einstellung als treuer und strenger Oberhirte, instrumentalisiert -, und zugleich anderen, angefeindeten Darstellungsweisen in Lehre und Pastoral, die jedoch Zeichen von Anachronismus und Repression wären, gegenübergestellt. Martini sagte einmal: «Die geistliche Fruchtbarkeit von Escrivá hat etwas Unglaubliches an sich [...]. Wer wie er schreibt und redet, offenbart - für sich und für die anderen - eine wahre, genuine Heiligkeit.»

Schon Paul VI., der Papst, der nicht nur dem Druck, das Zweite Vaticanum zu unterbrechen, widerstand und es zum Abschluß brachte, sondern auch die Reihe der nachkonziliaren Reformen eröffnete, sagte von diesem Werk, das die neuen Zeiten als «anachronistisch» eingestuft hätten: «Es ist in dieser unserer Zeit entstanden als ein lebendiges Zeichen der ewigen Jugend der Kirche, die sich voller Verständnis den Erfordernissen eines modernen Apostolats öffnet.»

Auf meinem Arbeitstisch liegen griffbereit (vergleichbar einem «Erste Hilfe»-Gerät) die etwa 1700 dichtbedruckten Seiten der «Garzantina», der vielleicht in Italien am weitesten verbreiteten Enzyklopädie im Taschenbuchformat. Unter den Tausenden von Stichwörtern ist auch dieses zu finden: «Romero, Oscar Arnulfo (1917-1980), salvadorianischer Ordensmann.» Die zwei folgenden Zeilen sagen dann: «Erzbischof von San Salvador, Symbol der progressiven Kräfte, wurde von Terroristen der Rechten ermordet.» Eine trotz ihrer äußersten Knappheit gewichtige Aussage.

Und so will ich Ihnen doch nicht vorenthalten, was in der von J. Delgado verfaßten Romero-Biographie über diesen Märtyrer des Evangeliums zu lesen ist, der (jedenfalls nach der mehr als knappen Aussage der «Garzantina») zum «Symbol der progressiven Kräfte» geworden war, auch wenn er sowohl von kirchlichen wie politischen «linken» Kräften brutal instrumentalisiert wurde: «Monsignore Romero hatte 1955 in Europa Pater Josemaría Escrivá de Balaguer - den Gründer des Opus Dei - kennengelernt und war sogleich eine freundschaftliche Beziehung mit ihm eingegangen, weil er dessen unverkennbare Redlichkeit und großen Glauben bewunderte; im Verhalten Escrivás, der immer, auch in Augenblicken größter Offenherzigkeit, selbstbeherrscht blieb, hatte Pater Romero zudem die Ausgewogenheit zwischen einer anspruchsvollen persönlichen Heiligkeit und der vollständigen Aufgeschlossenheit gegenüber den anderen entdeckt. Und diese Aufgeschlossenheit war eben jene Tugend, deren Mangel Romero besonders spürte: deshalb hatte er sich von der Persönlichkeit des Escrivá de Balaguer sofort angezogen gefühlt. Aber das Interesse Romeros für das Opus Dei hatte noch eine andere Wurzel: die Bewegung sah es als eine ihrer vorrangigen Sorgen an, dem Diözesanklerus dabei zu helfen, selbst bei der mühevollen Erfüllung der Aufgaben in den Pfarreien eine starke

Spiritualität, einen Geist der Hingabe und Treue an die Kirche zu bewahren. Ein Ideal, das mit jenem Romeros vollkommen übereinstimmte. Es war daher nur logisch, daß er die Freundschaft mit den Mitgliedern des Opus Dei pflegte, auch wenn er im strengen Sinn nie dieser Organisation angehörte.»

Ein Jahr, bevor er wegen seiner Verkündigung auch der sozialen Forderungen des Evangeliums ermordet wurde, trug Erzbischof Romero in sein (bis jetzt in ganz Europa noch nicht veröffentlichtes) privates Tagebuch unter dem Datum des 6. September 1979 ein: «Mittagessen bei los padres del Opus Dei. Sie berichteten mir von ihrer Arbeit unter Akademikern, Studenten und auch Arbeitern und Bediensteten. Es ist ein stilles Werk, von großer Spiritualität... Eine reiche Schatzkammer für die ganze Kirche ist die Heiligkeit des Laien in seinem Beruf.»

Am 12. Juli 1975, wenige Tage nach dem Tod Escrivás, spürt der Erzbischof von San Salvador das Bedürfnis, dem Papst zu schreiben, um ihn «zur größeren Ehre Gottes und zum Wohl der Seelen» um die unverzügliche Eröffnung des Selig- und Heiligsprechungsprozesses zu bitten. Es ist ein außergewöhnlich leidenschaftlicher Brief (eine Kopie davon, aus den Archiven der Prälatur, habe ich hier vor mir), in dem Erzbischof Romero Paul VI. anvertraut, daß er «den Priestern des Opus Dei, denen ich mit viel Erfolg und zu großer Zufriedenheit die Leitung meines geistlichen Lebens und die meiner Priester anvertraut habe, tiefen Dank schulde». Es heißt in dem Brief unter anderem: «Menschen aller sozialen Schichten finden im Opus Dei eine sichere Orientierung, um als Kinder Gottes inmitten ihrer familiären und sozialen Verpflichtungen zu leben: das ist zweifellos dem Leben und der Lehre des Gründers des Werkes zu verdanken [...]. Monsignor Escrivá - den ich persönlich kannte - verstand es, in seinem Leben einen ständigen Dialog mit dem Herrn zu führen und zugleich eine große Menschlichkeit an den Tag zu legen. Er war unübersehbar ein Mann Gottes, sein Verhalten war voller Feingefühl, Liebe und guter Laune. (...) Ich kenne seit vielen Jahren die Arbeit des Werkes hier in El Salvador und kann die übernatürliche Gesinnung, die sie beseelt, und die Treue zum Lehramt, die sie kennzeichnet, bezeugen...»

Ein anderer Kirchenmann, Kardinal Ugo Poletti, hat mit klug abgewogenen Worten - es sind dieselben, die in dem offiziellen Einführungsdekret des Seligsprechungsprozesses stehen - bestätigt, daß der Gründer des Opus Dei «als ein Vorläufer des Konzils anerkannt worden ist».

Und das nicht allein wegen der Aufwertung der Rolle der Laien; nicht allein deshalb, weil Escrivá darauf bestand, daß alle Christen in ihrem gewöhnlichen Leben, in ihrer Arbeit zur Heiligkeit berufen sind. Sondern auch - um ein weiteres nicht unbedeutendes Beispiel anzuführen - wegen der «Wiederentdeckung» der Ehe und des Familienlebens als ebenso echter «Berufung» wie jene zum Zölibat oder zur Jungfräulichkeit. Im Weg, Gedanke 27, heißt es: «Du wunderst dich, wenn ich dir sage, daß du „Berufung zur Ehe" hast? Du hast sie, jawohl, Berufung.»

Selbst noch im Jahr 1939, in dem die endgültige Ausgabe dieses Textes erschien, fanden selbst manche unter jenen gebildeten und eifrigen Katholiken, denen sich der junge Escrivá zuwandte, einfach «verwunderlich», daß ein Priester die Ehe bzw. die Entscheidung dazu als «Berufung» bezeichnete.

Für Escrivás Hochschätzung der Ehe jedenfalls könnte man hier zahlreiche Zitate anführen. Zum Beispiel: «Die Ehe ist für einen Christen keine bloß gesellschaftliche Einrichtung und noch viel weniger bloßes Heilmittel für die menschliche Schwachheit: Sie ist eine wahrhaft übernatürliche Berufung, sacramentum magnum, Geheimnis, Sakrament in Christus und in seiner Kirche, wie Paulus sagt.»

Nach dem Konzil dann schien das alles für einen Katholiken eine glasklare Sache zu sein - aber eben erst nach dem Konzil. Einige Jahrzehnte zuvor sah das völlig anders aus; da konnte eine solche Botschaft neben Verwunderung nicht selten Ärgernis und entsprechende Anzeigen auslösen - und hat sie ja dann auch tatsächlich ausgelöst. Auch diese Anzeigen erfolgten natürlich wegen «Häresie».

Kurz und gut, mir will scheinen, daß die «Vorwegnahme» einiger Botschaften des Zweiten Vaticanums von seiten des Werkes nicht allein in der entschlossenen Überwindung einer klerikalen

Sicht der Kirche durch die Neuaufwertung des Priestertums aller Gläubigen besteht. Unter anderem - worauf nur selten hingewiesen wird -, weil das durch die Taufe verliehene «allgemeine Priestertum» beide Geschlechter betrifft und keinen «graduellen» Unterschied kennt (es ist nicht für die Männer «mehr» und es ist nicht für die Frauen «weniger»...). Ich will hier nicht diesen Aspekt vertiefen, dessen Konsequenzen für die Stärkung der Rolle und der Würde der Frau in der Kirche evident sind. Wieder einmal stehen wir also vor einer Sichtweise, die jene, die die kirchlichen Phänomene aus einer «politischen» Optik beurteilen, für «progressiv» halten müßten.

Woher kommt also die Aggressivität der angeblichen «Konzilshüter» gegenüber einer Institution, die, wie es scheint, tatsächlich zu den bedeutendsten «Vorläufern» des zum Mythos erhobenen «Konzilsgeistes» gehört?

Dafür gibt es vielfältige Gründe (und den einen oder anderen habe ich ja bereits angedeutet). Der Hauptgrund scheint mir im wesentlichen folgender zu sein: Escrivá und sein Werk blickten zwar mit wohlwollender Zustimmung auf ein Zweites Vaticanum, das sie in ihrer Berufung bestätigte (Monsignore del Portillo, rechte Hand des Seligen, nahm unter anderem aktiv an den Arbeiten wichtiger Kommissionen teil), widersetzten sich aber nach dem Konzil einem sogenannten «imaginären Konzil».

Das heißt, sie blieben den Dokumenten, dem Buchstaben und den Absichten der Bischofsversammlung treu, indem sie jede Flucht nach vorn ablehnten und vor allem das Zweite Vaticanum in der Kontinuität der zweitausendjährigen Überlieferung der Kirche sahen. Also vertiefen, vorangehen, auf den letzten Stand bringen, aber ohne irgend etwas von dem zu vergessen oder zu leugnen, was im Glauben unveränderlich ist: also ohne jenes einundzwanzigste ökumenische Konzil der katholischen Kirche als eine Art Bruch, Neuanfang, kopernikanische Wende zu interpretieren.

Aus der Perspektive des Glaubens hat das Gezeter vieler Klerikaler - an erster Stelle der «Protestler», die aber nicht die einzigen sind - etwas Paradoxes an sich: sie sind überzeugt, daß erst seit den sechziger Jahren des 20. Jahrhunderts eine Gruppe akademischer Theologen, «zeitnaher» Professoren im Priesterstand, entdeckt hätten, was das Evangelium wirklich sagen will. So als hätte der Heilige Geist (an den diese Leute zu glauben behaupten, ja oft sich als direkt von ihm inspiriert präsentieren: wie viele haben in diesen Jahrzehnten ihre Stimme selber als «prophetisch» bezeichnet!) jahrhundertelang Winterschlaf gehalten oder sich ein geradezu sadistisches Vergnügen daraus gemacht, zahllose Generationen von Gläubigen, darunter viele Heilige, die Gott allein kennt, auf irrige und mißbräuchliche Weise zu inspirieren.

Auch deshalb hat sich, so scheint mir, das Opus Dei geweigert (übrigens auch auf Anraten von Joseph Ratzinger), von «„vor"- und „nachkonziliarer" Kirche» zu reden, als gäbe es zwei verschiedene, unvereinbare Realitäten. Daher rührt der Widerstand des Werkes gegen jede Form von Beanstandung der hierarchischen Autorität, gegen jede «meiner Meinung nach»-Formulierung in Fragen des Glaubens und der Moral, gegen jedes theologische Abenteurertum und gegen eine gewisse pastorale und liturgische Experimentierlust.

Ein Widerstand, den viele dem Werk nicht verziehen haben. Wie ein Biograph schreibt: «Monsignore Escrivá litt heftig unter der Verwirrung in der Lehre, die manche in der Kirche dadurch säten, daß sie die Lehre des Zweiten Vaticanums verformten und verbogen.» Leiden also nicht an dem, was das Konzil gesagt hatte, sondern an dem, was man diesem selben Konzil in den Mund legte, indem man sowohl seinen Geist wie seinen Wortlaut «verformte».

12. Laien: aber echte

Da scheint jemand mit einer Bemerkung nicht unrecht gehabt zu haben: «Vor dem Konzil wurde das Werk der „Häresie" beschuldigt, weil es das sagte, was dann das Zweite Vaticanum wiederentdecken würde. Nach dem Konzil wieder Anklagen wegen Häresie: weil man dem Papst Gehorsam erwies und den Glauben und die Moral der Kirche lehrte.»

Immerhin ist es eine objektive Tatsache, daß der Rechtsstatus «Personalprälatur» - der gerade dem Opus Dei zum ersten Mal in der Kirchengeschichte zuerkannt worden ist - eine unmittelbare Frucht des Zweiten Vaticanums ist. Ohne jenes Konzil, das dieses Novum einführte, hätte das Werk nicht an «seiner Mole» festmachen können.

Man könnte noch weitere Beweise für die Übereinstimmung mit dem Konzil aufzählen: zum Beispiel die optimistische Sicht der Welt und der Menschen, gepaart mit einem realistischen Gespür für die Hinfälligkeit der Geschöpfe, die immer der Sünde ausgesetzt sind. Eine berühmte Predigt Escrivás trägt den bezeichnenden Titel «Die Welt leidenschaftlich lieben». Diese Züge bestätigen meine Überlegungen über die Zukunft eines Werkes, das im Unterschied zu fast allen anderen in der Kirche nach dem Konzil kein «Aggiornamento» durchführen mußte; im Gegenteil, es sah in jener Kirchenversammlung (die jahrhundertealte Maste erschüttert und Institutionen, die den Jahrhunderten getrotzt hatten, ins Schlingern gebracht hat) eine Bestätigung dessen, was es nun fast einsam und allein wiederholte.

Im übrigen stellte der Selige mit ruhiger Demut fest, was jeder unvoreingenommene Beobachter zugeben muß, der die Dynamik sowohl der Kirche wie dieser Organisation kennt: Das Opus Dei wird «es niemals nötig haben, sich der Welt anzupassen, denn all seine Mitglieder sind von der Welt. Es braucht niemals hinter dem menschlichen Fortschritt herzuhinken, denn alle Mitglieder des Werkes leben mit den anderen Menschen zusammen in der Welt und ermöglichen diesen Fortschritt durch ihre gewöhnliche Arbeit».

Tatsache ist, daß in den «bleiernen Jahren» der Kirche, in den Jahrzehnten nach dem Konzil, die von Identitäts-, ja manchmal auch Glaubenskrisen und von einem dramatischen Einbruch der Anzahl der praktizierenden Gläubigen wie der Berufungen gekennzeichnet waren, das Opus Dei ganz klar in die entgegengesetzte Richtung tendierte: Es wuchs auch quantitativ von Jahr zu Jahr, ebenso unauffällig wie unaufhaltsam, wie es nun einmal seinem Stil entspricht.

Ein Vergleich in nüchternen Zahlen (wobei man freilich nie vergessen sollte, daß nach dem Evangelium «Quantität» nicht an und für sich schon eine Empfehlung ist, ja daß hier oft und gern«small is beautiful» gilt) ergibt, daß die Jesuiten (der Mitgliederzahl nach an erster Stelle der katholischen Männerorden) 1966 35.919 Mitglieder und 1990 nur noch 23.778, mit einem sehr hohen Durchschnittsalter, hatten; die Franziskaner Minoriten (den Mitgliedern nach an zweiter Stelle) waren von 25.272 auf 18.738 Mitglieder geschmolzen. Bei den Frauen sieht es nicht viel anders aus: Das mitgliederstärkste weibliche Ordensinstitut, die Barmherzigen Schwestern vom hl. Vinzenz v. Paul, erlebte in derselben Periode einen Mitgliedersturz von 45.048 auf 28.999. Und ähnlich erging es fast allen anderen Ordensfamilien. Viele begannen sich zusammenzuschließen, um nicht ganz zu verschwinden.

In eben diesen Jahren wuchs das Opus Dei kontinuierlich bis hin zu den augenblicklich 80.000 Mitgliedern: alle dazu aufgerufen, sich aus derselben sopera (Suppenschüssel) zu nähren. Eine einzige Berufung treibt sie dazu, sich in einem Werk zu vereinigen, in dem keine «Gelübde» abgelegt, sondern «Verträge» geschlossen werden und in dem es «keine unterschiedlichen Klassen von Mitgliedern» gibt. Denn - wir erinnern noch einmal daran - «die Berufung ist für alle immer vollständig und vollgültig».

Wieder tun sich Fragen auf: Wie sieht die Organisation aus? Wenn nicht auf unterschiedliche «Kategorien» oder «Klassen», worauf weisen dann jene Namen hin, die wir gehört haben: Numerarier, Supernumerarier, Assoziierte? Und die Priester: woher kommen sie? Was machen sie?

Im Werk wird man Ihnen darauf sofort antworten, daß jene Bezeichnungen (die, wie wir gesehen haben, «laikal» sein sollten, aber wohl nicht sehr glücklich gewählt waren - besonders nicht in der Übersetzung aus dem Spanischen - und die vielleicht auch die «schwarze Legende» gefördert haben) lediglich «unterschiedliche persönliche Lebensumstände» anzeigen, «die es mit sich bringen, daß dieselbe Berufung auf die eine oder andere Weise gelebt werden kann. Das, worauf es wirklich ankommt - die geistlichen Verpflichtungen zum Dienst an der einen und einzigen Berufung - ist für alle gleich».

Da man in der Institution das höchste Ideal verfolgt - das gelegentlich auch Heroismus nicht ausschließt -, sich aber zugleich bemüht, dieses radikale Anliegen mit sencillez y normalidad (Einfachheit und Normalität) zu verbinden, ist es angebracht, zunächst die Unterschiede zwischen den einzelnen Lebenssituationen zu verstehen versuchen. Beginnen wir nicht mit den Priestern, und auch nicht mit den anderen zölibatär lebenden Mitgliedern (den Numerariern und Numerarierinnen, den männlichen und weiblichen Assoziierten), sondern beginnen wir mit den Supernumerariern.

Der Name trügt, scheint er doch zu bedeuten, es handle sich um etwas zu einem anderen Hinzugefügtes (die Vorsilbe «Super»), um etwas nicht Vollständiges oder nicht Endgültiges. In Wirklichkeit erwähnen die offiziellen Quellen, daß «die große Mehrheit der Mitglieder Supernumerarier sind und dieses Tatsache sozusagen der Normalsituation des Werkes entspricht, da die Zahl derer, die in Treue zu ihrer christlichen Berufung ihren Weg in der Ehe finden, viel größer ist als jener, die sich für ein zölibatäres Leben entscheiden». Tatsächlich stellen die Supernumerarier - Männer und Frauen - gegenwärtig siebzig Prozent der Mitglieder des Opus Dei.

Ich glaube, es lohnt sich, in derselben Quelle weiterzulesen, die nicht nur klar, sondern - natürlich - präzise ist: «Die Supernumerarier sind ledige, verheiratete oder verwitwete Laien, die in ihrem jeweiligen Stand und mit derselben gottgegebenen Berufung und vollen Hingabe wie die Numerarier und die Assoziierten ein Leben der Heiligkeit suchen. Sie nehmen am gesamten Apostolat des Opus Dei in der Verfügbarkeit teil, die ihnen ihre familiären, beruflichen und gesellschaftlichen Verpflichtungen ermöglichen. Und weiter heißt es, daß die Berufung des Supernumerariers im Normalfall vor allem die Tatsache beweist, daß Ehe und Familie ein wirklicher Weg zur Heiligkeit sind.»

Folglich ist es klar, daß «die gewöhnliche Berufung zum Supernumerarier ausdrücklich beweist, daß die Ehe und das Familienleben ein wirklicher Weg sind, um sich zu heiligen».

Aber warum heiraten dann die Mönche, Priester, Schwestern (und im Opus Dei selbst die Numerarier und Assoziierten) nicht? Die Antwort - ich gebe sie wörtlich wieder; möge jeder selbst darüber urteilen; ich jedenfalls gestehe, daß mir dieser Punkt als einer der schwierigsten erscheint - auf diese Frage lautet: «Obwohl nach der Theologie die „Ehelosigkeit um des Himmelreiches willen" - das heißt ein Leben im Stand des Zölibats oder der Jungfräulichkeit, um verfügbarer zu sein für den Dienst an Gott und den Menschen - über dem Ehestand steht, besagt das nicht, daß der Verzicht auf die Ehe an und für sich einen höheren Heiligkeitsgrad garantiert. Die Heiligkeit (die das Ziel ist, nach dem alle streben sollen) hängt in jeder menschlichen Lebenssituation einzig und allein von der Treue zu Gott ab.» Auf jeden Fall, so wird versichert, «werden im Opus Dei Zölibat und Ehe nicht als gegensätzlich angesehen, sondern als miteinander verflochten und dem Ziel aller zugewandt: der Heiligung im beruflichen Leben». Für die Priester ist das ihre «Tätigkeit als Priester».

Die Supernumerarier stellen den «Normalfall» dar, die statistisch übliche Form der Berufung, in welcher vielleicht am deutlichsten das Ziel des Opus Dei erscheint, die Welt durch Menschen, die nicht «verweltlicht», und doch «von der Welt» sind, von innen her zu verchristlichen. Zugleich ist es auch wahr, daß die Numerarier und Numerarierinnen sozusagen das «Knochengerüst» der ganzen

Struktur bilden. Ihr Anteil beträgt zur Zeit etwas weniger als zwanzig Prozent der Gesamtzahl der Mitglieder.

Ich halte mich auch hier an die Beschreibung der offiziellen Quellen: «Numerarier und Numerarierinnen sind diejenigen, die den Ruf Gottes zum apostolischen Zölibat empfangen haben, um mit voller Verfügbarkeit an den spezifischen apostolischen Aufgaben des Opus Dei mitzuarbeiten, die in der Leitung und Bildung der anderen Mitglieder des Werkes bestehen.» Und weiter: «Sie leben gewöhnlich in Zentren der Prälatur, können jedoch auch andernorts wohnen, wenn dies zum Beispiel die Umstände ihrer Berufsarbeit erforderlich machen.»

Vergessen wir nicht, daß die Numerarier (wie jedes Opus Dei-Mitglied, also genauso wie die Supernumerarier) eine Arbeit, einen «normalen», «bürgerlichen» Beruf ausüben, wobei sie alle (Männer wie Frauen) einen akademischen Grad besitzen. Die «Leitungs- und Bildungsaufgaben» werden also in der von Berufspflichten freien Zeit durchgeführt (abgesehen von Sonderfällen einer, allerdings zeitlich befristeten, Betrauung mit internen Leitungsaufgaben), das heißt, wenn auch jeder Mann oder jede Frau sich seiner bzw. ihrer Familie widmet. Diese ist für die Numerarier mehr denn je das Opus Dei.

In diesem Zusammenhang sei mir eine Anmerkung gestattet: Sollte es den Anschein haben, daß ich zu wenig über die Frauen berichte, wenn ich ihnen kein eigenes Kapitel widme, so hängt dies nicht damit zusammen, daß mir - beim Studium der Dokumente und der Texte, die der Ausbildung dienen, und vor allem anläßlich des einen oder anderen «Ortstermins» - im Werk auch nur eine Spur von Frauenfeindlichkeit aufgefallen wäre. Wahrscheinlich ist es gerade umgekehrt: es gibt nicht viel «Besonderes» zu sagen.

Das Festhalten an der Einheit der Berufung erstreckt sich natürlich auf beide Geschlechter: Sowohl Männer wie Frauen können sich dazu berufen wissen, sich dort, wo sie sind, und durch ihre Arbeit zu heiligen und heilig zu werden. So entspricht, natürlich mit Ausnahme des Amtspriestertums, jeder männlichen «Figur» (Numerarier, Assoziierter, Supernumerarier) im Werk eine weibliche mit gleichen Rechten und Pflichten und in der gleichen Vielfalt persönlicher Lebensumstände: Ledige, Verwitwete und Verheiratete; Ungebildete und Gebildete; Arme und Reiche.

Die Frauen des Opus Dei stellen die Hälfte der gesamten Mitgliederzahl. Wenn sie sich aus freien Stücken so zahlreich anschließen, obwohl Escrivá zunächst gedacht hatte, es gäbe keinen Platz für sie; wenn sie so tätig und motiviert sind, daß die - schon bei den Männern sogar in den Jahrzehnten der «großen Flucht» nach dem Konzil äußerst niedrige - Zahl derer, die das Werk verlassen, nahezu belanglos ist; wenn das also wirklich der Fall ist, dann dürften sie wohl nicht schlecht in das Opus Dei hineinpassen. Eine pragmatische Feststellung, die aber, wie mir scheint, mehr Gültigkeit besitzt als viele Theorien einer abstrakt feministischen Theologie.

Bezeichnend ist vielleicht folgende Bemerkung: «Die Anwesenheit von Frauen im Opus Dei bedeutet nicht nur, daß Spiritualität und Sendung der Prälatur alle angehen, sondern auch, daß diese Anwesenheit notwendig ist, damit hier tatsächlich der familiäre Geist (einer Familie mit übernatürlichen Banden) herrsche und sich zeige, daß die Kirche wahrhaftig familia Dei ist.» Diese 40.000 Frauen tun, was in den jeweiligen Kulturen und Ländern alle anderen Frauen auch tun. Die Numerarierinnen, ebenso wie viele Assoziierte, besitzen einen akademischen Titel; eine ganze Reihe von ihnen sind daher in akademischen Positionen, als leitende Angestellte, Unternehmerinnen, Geschäftsinhaberinnen usw. tätig.

Einige Numerarierinnen sind «Hauswirtschafterinnen» der männlichen Zentren und ziehen dazu oft andere Frauen, sowohl Angehörige des Werkes wie Nichtmitglieder, heran. Diese Aufgabe wird ihnen jedoch, zumindest in ökonomisch-sozialer Hinsicht, nicht als unentgeltlicher Freiwilligendienst abverlangt: Es ist ihr Beruf, den sie heiligen und durch den sie sich selber heiligen sollen, daher werden sie (obwohl sie «drinnen» arbeiten) entsprechend den geltenden Tarifen, mit den normalen Beiträgen für Kranken- und Sozialversicherung, regulär entlohnt.

Aber da gibt es noch eine andere berufliche Arbeit - sie gehört zu den wertvollsten und würdigsten -, die Arbeit der sogenannten

«Hausfrau». Ich zitiere den Gründer: «Sicherlich wird es immer Frauen geben, die sich ausschließlich ihrer Familie widmen, dieser großartigen, lohnenden Aufgabe, die einen wirklichen und wertvollen Beruf darstellt. Mit ihrer Tätigkeit erzielen sie oft eine erheblich größere Wirkung als viele andere Berufstätige, denn ihr positiver Einfluß erreicht, außer der eigenen Familie, auch einen großen Kreis von Freunden, Bekannten und anderen Menschen, mit denen sie zu tun haben.»

«Jedoch» - fügte Escrivá hinzu - «steht eine Beteiligung der Frau an anderen Aufgaben des sozialen und politischen Lebens dazu nicht im Widerspruch. Auch auf diesen Gebieten kann die Frau, und zwar gerade auf Grund ihrer spezifisch fraulichen Eigenschaften, einen wertvollen Beitrag leisten».

Der Schlüssel scheint hier zu liegen: in der «Eigentümlichkeit», der «Besonderheit» jedes Geschlechts. Also radikal gleiche Rechte und Pflichten, gleiche Würde vor Gott und den Menschen - aber unter Berücksichtigung der geschlechtsspezifischen «Verschiedenheit», in der all dies zum Ausdruck kommt und die nach dem Glauben zum Plan des Schöpfers gehört; eine Verschiedenheit, die also nicht einfach ein beliebig veränderbarer Zug der Geschichte, der Bräuche, der Kultur ist.

So ist die Ablehnung der Ideologie des Feminismus (wie jeder «ismus», dieser so oft unheilvollen Schlußsilbe) eine Verteidigung des Frauseins, der Eigenart der Frau, die für die Welt, für die Frauen und die Männer, für die Familien und die Berufe unentbehrlich ist.

Über die Rolle der Frauen im Werk und über die Tätigkeit der «Auxiliar-Numerarierinnen» unter ihnen, denen die hauswirtschaftliche Verwaltung der Zentren obliegt, hat es Gerüchte und polemische Bemerkungen gegeben. Deshalb könnten in diesem Zusammenhang die Überlegungen des Escrivá-Biographen Peter Berglar interessieren. Sie erleichtern das Verständnis für eine innere Perspektive - eine durch und durch katholische Sicht, die aber (auch aus Mangel an Information) Gefahr läuft, zurückgewiesen zu werden, bevor sie überhaupt erkannt und in ihren Motiven verstanden worden ist.

Hören wir also, was der deutsche Historiker zu sagen hat: «Zu den folgenschwersten Entstellungen des Menschenbildes in unserer Zeit gehört die Diskriminierung des Dienens; die Denunziation sowohl der Dienst-Forderung wie der Dienst-Willigkeit als bösartige Tricks der „Herrschenden" und als dümmliches Darauf-Hineinfallen der „Ausgebeuteten", als Haupthindernis zur „Selbstverwirklichung". Ganz besondere Ablehnung, ja Abscheu gelten jeglichem Dienst an Personen; die Idealisten, die in der Krankenpflege und in den Sozialdiensten [...] tätig sind, sind nicht vom Zeitgeist getragen [...]. Wenn Männer nicht mehr dienen wollen, ist es schon schlimm; wenn aber Frauen von dieser Verweigerung infiziert sind, ist es eine Katastrophe. Unzählige Mädchen quälen sich durch die Universitäten oder streben in die Büros oder Fabriken, weil sie es als minderwertig ansehen, in der Küche zu arbeiten, Hausangestellte zu sein oder Kinder aufzuziehen - vielleicht gar eigene, ohne Bezahlung, unter Aufgabe ihres sie angeblich erst „vollwertig" machenden Berufs. Unzählige Ehefrauen und Mütter, junge und ältere, sind chronisch unzufrieden, weil ihnen das Bewußtsein der Würde ihrer zeitlosen, an die Wurzeln des Menschengeschlechts rührenden Bestimmung genommen und dafür ein falschgepolter Kompaß in die Hand gedrückt worden ist. „Ich will lieber", sagte mir ein junges Mädchen, „arbeitslos sein, als anderen Leuten die Schuhe putzen oder die Betten machen. Das ist unzumutbar!"»

Und Berglar fährt fort: «Escrivá hat es immer zumutbar gefunden. Gott hat viel von ihm verlangt, und er selbst hat fast fünfzig Jahre lang gelehrt, daß das aus Liebe zu Gott und damit zu den Menschen gesprochene serviam! (ich will dienen) Kern allen Ringens um Heiligkeit und außerdem die unabdingbare Voraussetzung einer wirklichen unzerstörbaren Lebensfreude ist. Hunderte Mal verwarf er die Unterscheidung von „höherer" und „niedrigerer" Arbeit; Arbeit, der Dienst, empfangen ihren Wert allein aus dem Maß der Liebe, mit dem sie geleistet werden. Da liegt es nun auf der Hand, daß gerade dem „Dienen" in der eigenen Familie oder in einer anderen Art von Häuslichkeit ein besonders hoher Rang zukommt; denn die in tausend Kleinigkeiten konkretisierte Liebe, die den anderen (und auch sich selbst) das Zuhause angenehm zu machen versucht, bietet sich, zumal für eine Frau, aufs natürlichste an. „Vergessen wir nicht", sagte er 1968 einer Journalistin, „daß man versucht hat, diese Arbeit als erniedrigend darzustellen. Sie ist es aber keineswegs [...]. Die Frau, die heute einen solchen Dienst leistet, muß auch beruflich entsprechend qualifiziert sein [...]. Jede sinnvolle Tätigkeit innerhalb der Gesellschaft ist im besten Sinn des Wortes Dienst, die Tätigkeit einer Hausangestellten ebenso wie die eines Lehrers oder Richters [...]. Für mich ist die Arbeit einer Hausangestellten, die dem Opus Dei angehört, genauso bedeutend wie die Arbeit eines anderen Mitglieds, das etwa einen Adelstitel besitzt."»

Und Berglar schließt diese Überlegungen: «Aus dieser Einstellung heraus ermunterte er die weibliche Abteilung von Anfang an dazu, Hauswirtschaftsschulen einzurichten, in denen die jungen Mädchen und Frauen nicht nur die Hausarbeit auf eine wirklich umfassende und moderne, alle technischen Hilfsmittel und ökonomischen Aspekte einbeziehende Weise erlernen, sondern sie gleichzeitig auch, wenn mit Liebe getan, als Gottes Herzen ganz besonders nah erfahren. Auf der ganzen Welt verwirklichen viele Frauen ihre Berufung zum Opus Dei in dieser besonderen Form der Hingabe.»

Aber kehren wir weder zu den «Gruppen», noch zu den «Klassen» (Gott bewahre! Falls Sie so etwas sagen würden, gäben Sie zu erkennen, daß Sie kaum etwas oder gar nichts vom Werk verstanden hätten), sondern zu den «unterschiedlichen persönlichen Lebensumständen» zurück, unter denen diese eine Berufung auf verschiedene Art und Weise gelebt werden kann.

Neben den Numerariern und Supernumerariern gibt es noch eine dritte Bezeichnung: die Assoziierten (Männer und Frauen). Es handelt sich um eine Art Zwischenstellung: Sie hat mit jener der Numerarier die freiwillige Entscheidung für die Ehelosigkeit und die meisten anderen Verpflichtungen gemein; aber nach den Statuten ähnelt sie zugleich der Stellung der Supernumerarier: «„Assoziierte" sind diejenigen, die auf Grund persönlicher, familiärer oder beruflicher Umstände im allgemeinen bei ihrer Familie leben.»

Bei der Familie oder auch allein: jedenfalls auf eigene Rechnung und nicht, wie es bei den Numerariern weithin die Regel ist, in Zentren des Werkes.

Hier ein imaginäres Portrait der Assoziierten: «Wegen fester Verantwortlichkeiten familiärer, beruflicher oder anderer Art verfügen die Assoziierten im allgemeinen über weniger Beweglichkeit und Zeit als die Numerarier. Groß ist der Unterschied zwischen Numerariern und Assoziierten nicht. Mit der Aufnahme der Assoziierten wollte man Platz machen für eine objektive Lebenssituation mancher zum Opus Dei berufener Personen: eine auf Grund bestimmter Umstände modifizierte Weise, eine und dieselbe Berufung zu leben. Jene Umstände bringen es mit sich, daß die Assoziierten weniger an den Leitungsaufgaben teilnehmen können: sie nehmen sich jedoch in größerem Umfang - immer im Einklang mit ihrer Verfügbarkeit - der Aufgaben der Bildung der anderen Mitglieder an.»

Das Prinzip ist also klar: da alle berufen werden können, können und müssen alle eine Lebensweise vorfinden, die sie als einen Anruf Gottes verstehen. Für jeden dieselbe Berufung, aber auch für jeden einen Platz, um sie gemäß seinen konkreten persönlichen Umständen zu leben.

Ich glaube allerdings, daß zu den pragmatischen Gründen, die Escrivá zur Einführung dieser «Figur» veranlaßt haben, auch der Umstand gehört, daß als Assoziierter auch derjenige aufgenommen werden kann, der im Unterschied zu den Numerariern keinen akademischen Titel führt.

Nach Meinung der «Insider» ist eines der Zeichen dafür, daß das Werk noch in der Jugendphase steckt, die noch relativ geringe Zahl von Assoziierten, die zur Zeit nur etwa zehn Prozent der Mitglieder ausmacht. Jugendphase jedenfalls hinsichtlich der Beitritte, denn Spiritualität und Organisation werden schon seit längerem für vollständig erachtet, so daß sie, nach menschlicher Voraussicht, nicht geändert werden müssen: daß Gott aber «unkalkulierbar» ist, beweist ja gerade die Entstehung der Institution...

Da aber - so heißt es - die Lebensbedingungen, die den Assoziierten eigen sind, immer häufiger auftreten, dürfte das Opus Dei schon bald zwei- oder dreimal so viele männliche und weibliche Assoziierte besitzen wie Numerarier. Vorläufig freilich ist das Gegenteil der Fall: es gibt doppelt so viele Numerarier (nämlich zwanzig Prozent) wie Assoziierte (zehn Prozent).

Man gibt sich auf jeden Fall alle erdenkliche Mühe, nicht den Eindruck zu erwecken (noch nicht einmal unbewußt), es gäbe eine «erste» und eine «zweite Wahl».

Die Berufung des peruanischen peón (Tagelöhners) ist jener des angesehensten Priesters des Werkes, ja jener des Prälaten selbst völlig gleich. Gleich ist das Ziel, gleich sind die geistlichen Mittel, um es zu erreichen, gleich ist die Hoffnung, auf die das ganze Leben ausgerichtet ist. Das heißt die Hoffnung, Christus nicht erst nach dem Tod zu begegnen, sondern ihn wie im Evangelium sagen zu hören: «Sehr gut, du bist ein tüchtiger und treuer Diener. Du bist im Kleinen ein treuer Verwalter gewesen, ich will dir eine große Aufgabe übertragen. Komm, nimm teil an der Freude deines Herrn» (Mt 25,21)! Läßt man das Streben nach diesem Ziel unbeachtet, so läuft man Gefahr (ich wiederhole es zum x-ten Mal - repetita juvant...), von diesen Menschen überhaupt nichts zu verstehen.

13. Priester, «nur» Priester

Wir sind nun bei den Priestern angelangt und wollen uns mit diesem einzigartigen Klerus beschäftigen, dem jeder Klerikalismus untersagt ist.

Der Gründer lehrte: «Unsere Priester dürfen nicht zulassen, daß ihre Brüder ihnen unnötige Dienste erweisen. Jeder soll in seinem Herzen dieselben Gefühle hegen wie Christus, der gesagt hat: „Der Menschensohn ist nicht gekommen, um sich bedienen zu lassen, sondern um zu dienen." So soll es auch unter euch sein.»

Und er fügte hinzu: «Auch wenn die Berufung für alle gleich ist, soll der Priester kämpfen, um Diener seiner Brüder zu sein; er soll es verstehen, einer wie der andere in unserem Hause zu sein; denn tatsächlich ist er wie die anderen.»

Und da jeder Katholik auf seinen Schultern Jahrhunderte von Klerikalismus einerseits und Antiklerikalismus andererseits trägt (beides sollte vermieden werden), bekräftigt er von neuem: «Die Priester sollen nicht die Laien herumkommandieren, und die Laien nicht die Priester. Unter uns soll es keine Priester geben, die sich in dem weltlichen Kompetenzbereich der Laien breitmachen, und keine Laien, die sich in die den Priestern vorbehaltenen geistlichen Angelegenheiten einmischen.» Oft wiederholte er später die Mahnung: «Das Priestertum im Opus Dei ist nicht die Krönung einer Karriere, ist nicht eine Belohnung für die Besseren: es ist ein Anruf dazu, den Seelen auf eine Weise zu dienen, die der aller anderen Mitglieder gleich und zugleich von ihr verschieden ist.»

Das «Anwerbungssystem» für den Klerus der Prälatur erleichtert die Beachtung solcher und ähnlicher Weisungen erheblich. Eines

Klerus, der - auf Grund seiner Herkunft - nicht eine Art «Fremdkörper» oder «Sonderkaste» in dieser «laikalen» Institution sein kann, denn alle Priester kommen aus den Reihen der Numerarier und der Assoziierten.

Nicht selten kann man in den Zeitungen - auch Ihnen wird es schon aufgefallen sein - die Ankündigung finden, daß einige Dutzend Männer verschiedenen Alters (nie ganz jung und manchmal sogar recht alt) und mit den verschiedensten Berufen (häufig vom Papst selber) zum Priester geweiht werden. Zum Beispiel: sieben Rechtsanwälte, acht Ingenieure, zwei Journalisten, drei Ärzte, vier Professoren, ein Notar, zwei Diplomkaufleute, ein Oberst, und so weiter... Man braucht gar nicht weiter zu lesen: Es handelt sich mit Sicherheit um die vierzig bis fünfzig Priester, die das Opus Dei jedes Jahr - regelmäßig und planmäßig - für seine Bedürfnisse weihen läßt (oder weiht: der jetzige Prälat ist, wir sagten es schon, Bischof und kann daher die Priesterweihe selbst erteilen), damit sie fortan dem «Klerus der Prälatur» angehören.

Das geht praktisch so vor sich: Nach einigen Jahren - für manche können es viele sein: Priesterweihen von Über-Fünfzigjährigen sind hier keine Seltenheit -, die der einzelne damit verbracht hat, sich «um die Heiligung seiner Arbeit und um seine persönliche Heiligung» zu bemühen, fragt der Prälat einige Numerarier und Assoziierte, die den Anforderungen entsprechen, ob sie dieselbe Berufung zum Opus Dei, aber mit einer anderen Arbeit, einem anderen Dienst weiterleben möchten: dem Dienst des Priesters.

Der Angesprochene kann annehmen, aber er kann auch ablehnen (und das wird ihm nicht als Fehlhaltung vorgeworfen, handelt es sich doch um ein Feld, in dem absolute Freiheit von größter Bedeutung ist). Wenn er annimmt, gibt er seinen Zivilberuf ganz auf und (so lauten die Regeln) «wird in den Zentren ausgebildet, die die Prälatur unter Beachtung der Vorschriften des Heiligen Stuhls errichtet». Dabei handelt es sich praktisch um eigene Priesterseminare. Bis zum letzten Augenblick steht allen die Möglichkeit offen, den Weg, der zur Priesterweihe führt, zu verlassen, um als Numerarier oder Assoziierte in den früheren Beruf zurückzukehren.

Die Zahl der Priester wird «geplant»: Zur Zeit sind es etwas weniger als zwei Prozent der Mitglieder der Prälatur (ungefähr 1.500 von 80.000), und es ist vorgesehen, nie über drei Prozent hinauszugehen. Das heißt so viele, wie es den Erfordernissen des Werkes entspricht: nicht mehr und nicht weniger. Auch diese geringen Prozentsätze bestätigen den Eindruck, daß eine Gefahr von «Klerikalisierung», die den laikalen Charakter der Institution gefährden könnte, nicht gegeben ist.

Ein derartiges Anwerbungssystem bietet offensichtlich viele Vorteile. Der bedeutendste ist, daß diese Priester - da sie (außer der Spendung der Sakramente) vor allem Aufgaben der Verkündigung und geistlichen Führung erfüllen - aus persönlicher Erfahrung den Geist eines Werkes, das sie geformt hat, kennen müssen, den Geist, den weiterzugeben auch sie (gemeinsam mit den Laien, aber in einer objektiv strategischen, entscheidenden Situation) aufgerufen sind. Wesentlich ist außerdem ihre bereits gesammelte praktische Erfahrung in «Laien»-Berufen - hier, wo sich gerade um die Arbeit die gesamte Spiritualität dreht.

Da sie sodann im Erwachsenenalter zum Priestertum berufen werden - nachdem sie bereits viele Jahre radikalen religiösen Lebens hinter sich haben - und sich daher schon lange bewährt haben, bieten sie die Gewähr für besondere Solidität. Die falschen Einschätzungen vieler heutiger Kirchenmänner gegenüber den, wie sie meinen, Erfordernissen der «modernen Welt» und des «heutigen Menschen» beruhen wahrscheinlich auf ihrer Unerfahrenheit in jenen Lebensbereichen. Daher auch die Abstraktheit und Unergiebigkeit nicht nur der Pastoral, sondern auch eines Großteils der Flut von «Dokumenten», die von einer neuen, auf sämtlichen Ebenen etablierten kirchlichen Bürokratie zu jedem Thema produziert werden.

Aber neben diesen und anderen positiven Aspekten gibt es noch einen weiteren Vorteil, dessen Bedeutung dem entgehen könnte, der sich hinter den Kulissen der institutionellen Kirche mit ihren Problemen und Streitereien nicht auskennt.

Um es mit den trockenen (und bezeichnenden) Worten von Le Tourneau zu sagen: «Der Klerus der Prälatur geht aus Laien der Prälatur hervor und erhält in ihr seine Ausbildung. Das Opus Dei entzieht somit den Diözesen weder Priester noch Priesteramtskandidaten.» Nahezu alle Gründer religiöser Orden und Kongregationen, zumindest in jüngerer Zeit, mußten sich wegen dieses Problems früher oder später mit dem Weltklerus auseinandersetzen: Als die Zahl möglicher Priesteramtskandidaten zu sinken begann und immer kleiner wurde, fehlte es nicht an Bischöfen, die die Institute verdächtigten oder gar anklagten, sie «raubten» ihnen die Berufungen. Ein Beispiel: viele der schwerwiegenden Probleme von Don Bosco und seiner Salesianer mit dem Erzbischof von Turin hatten hier ihre Wurzeln.

Das Opus Dei hat es vorgezogen, «allein damit fertigzuwerden». Auf diese Weise beseitigt es nicht nur jeden Anlaß für solch polemische Kommentare, sondern kann sogar entgegnen, daß es, weit davon entfernt, die Diözesen und ihre Priesterschaft «verarmen zu lassen», sie in Wirklichkeit dadurch stärke, daß es der Ortskirche andere, hochmotivierte Priester zur Verfügung stelle, die ohne das Werk nicht zur Priesterweihe gelangt wären. Ja, wahrscheinlich wären sie nicht einmal zur Kirche gestoßen, muß man in Anbetracht der Tatsache sagen, daß unter den Priesteramtskandidaten, den Numerariern und Assoziierten viele den Glauben nur entdeckt - oder wiederentdeckt - haben, weil sie mit dem Opus Dei in Kontakt gekommen waren.

Diese Priester sind für den pastoralen Dienst der Prälatur geweiht und insofern vollständig dem Prälaten unterstellt. Gleichzeitig sind sie dem Diözesanbischof verantwortlich für solche pastoralen Aufgaben, die dieser ihnen nach vorheriger Absprache mit dem Prälaten anvertraut hat. Es kommt häufiger vor, daß Priestern des Opus Dei solche Aufgaben übertragen werden. In diesen Fällen sind sie verpflichtet, sich an die allgemeinen Regeln des Kirchenrechts und an die besonderen Anweisungen des Bischofs, der den Auftrag erteilt hat, zu halten.

Doch hat nicht schon Macchiavelli festgestellt, daß es bei der Ordnung menschlicher Angelegenheiten keine Lösung für ein

Problem gibt, die nicht mit Sicherheit neue Probleme schaffen würde? In ihrem institutionellen Antlitz, in jenem menschlichen Aussehen, das ihrem geheimnisvollen Wesen die äußere Form gibt und das in der Logik der Inkarnation für sie wesentlich ist, untersteht auch die Kirche den Gesetzen, die jeden anderen sozialen Organismus regeln. Kaum waren durch die Einführung eines Systems des «do it yourself», der «Selbstversorgung» die Verdächtigungen, den Diözesen «Berufungen zu rauben», zum Verstummen gebracht, da tauchten andere Verdächtigungen auf: Das Opus Dei wolle eine «Parallelkirche» errichten, die zur Abgeschlossenheit einer Sekte, wenn nicht zur offenen Feindschaft gegenüber dem gesamten Rest der katholischen Kirche tendiere.

Wir haben schon darauf hingewiesen und gesehen, daß die Rechtsfigur «Personalprälatur» gerade diese Gefahren wohl bannt. Aber es scheint interessant, die Reaktion des Werkes auf solche Anschuldigungen kennenzulernen, die ich mit den Worten eines Mitglieds wiedergebe: «Was sollen diese Alarmsignale wegen einer angeblichen Iglesia paralela, die just von Kritikern kommen, die doch scheinbar lehren wollen, daß jeder Christ - als nunmehr freier, verantwortlicher, erwachsener, gegen Weisungen von oben allergischer Gläubiger - das Recht hätte, sich seine eigene Kirche zu erfinden? Wir wissen alle, daß nach dem Konzil viele nach ihrem Geschmack und Gutdünken handeln, verfügen, lehren, verkünden, ohne sich um die disziplinarischen, kirchenrechtlichen und theologischen Normen in Sachen Liturgie, Dogmatik und Moral zu kümmern. Ist es nicht etwas pharisäerhaft, daß gerade von diesen Kreisen, wo jeder gern für sich das Recht in Anspruch zu nehmen scheint, sich „seine" Kirche zu errichten, solche Beschuldigungen wie die der „Parallelkirche" ausgehen? In Wirklichkeit ist eine solche „Parallelkirche" jene, die durch die Ansammlung von Verhaltensweisen entsteht, die von der für einen Katholiken einzigen, legitimen Autorität trennen: vom Papst und den Bischöfen in Gemeinschaft mit ihm.»

Weiter heißt es in unserer Quelle: «Von 1928 bis heute hat das Opus Dei nichts anderes getan - und gedenkt das auch in alle Zukunft fortzusetzen, ohne abzuweichen - als seine vollkommene

Treue zum Papst und zur katholischen Hierarchie zu bekräftigen. In einem Interview für „Time“ im Jahr 1967 sagte Msgr. Escrivá: „Seit 1946 wohne ich in Rom und so habe ich Gelegenheit gehabt, Pius XII., Johannes XXIII. und Paul VI. kennenzulernen. Bei allen habe ich immer väterliche Liebe gefunden.“ Das Verhalten des Seligen - das er auch seinen geistlichen Söhnen und Töchtern eingeschärft hat - war ganz und gar kohärent: er hat auf diese päpstliche Väterlichkeit mit kindlicher Verehrung und Gehorsam reagiert (und hat immer von allen auch dieses Verhalten verlangt). Priester und Laien nach einer solch radikal katholischen Ansicht auszubilden - soll das vielleicht heißen, eine „Parallelkirche“ aufbauen zu wollen?»

Recht massive Reaktionen, wie Sie sehen, vor allem wenn man sie mit dem gewöhnlich «sanften» Stil des Werkes vergleicht, das versucht, sich nicht auf innerkirchliche Auseinandersetzungen einzulassen. Aber die Wucht der Reaktion bestätigt eben, wie weit eine solche Beschuldigung in gewissen Kreisen verbreitet ist; und wie sehr sie innerhalb des Werkes als besonders heimtückisch empfunden wird. Ja, dort, wo man gerade behauptet, daß die Fügsamkeit gegenüber den Bischöfen zur Grundlage von allem gehört, erleidet man sie als tiefe Ungerechtigkeit.

Aber wie sollten nach der Vorstellung des Priesters Escrivá «seine» Priester sein, wie sollten sie zu sein versuchen? Sollten sie, da sie aus der Welt der Arbeit kommen und sich der geistlichen Bildung arbeitender Menschen annehmen, vielleicht wie Arbeiterpriester sein, sollten sie sich dem Klischee vom «geweihten Gewerkschaftler», vom Priester im Pullover anpassen, der ganz in Politik und soziologischen Schemata aufging, der den «Klassenkampf» unterstützte, der an Streiks und Kundgebungen «gegen die Besitzenden» teilnahm zu einer Zeit, als die französischen Bischöfe in ihre offiziellen liturgischen Texte ein «Gedenken» an Karl Marx eingefügt hatten (das ist kein Witz: das Memento für den «Gründer des Kommunismus» steht im Missel des dimanches de l'Eglise de France [Sonntagsmeßbuch der Kirche Frankreichs] unter dem Datum des 14. März, seinem Todestag)?

Schlagen Sie sich, sollten Sie das vermuten, diesen Gedanken getrost aus dem Kopf! Der Klerus der Prälatur ist, auch in seinem tadellosen, traditionellen Erscheinungsbild (ich habe bereits auf das vorgeschriebene Tragen der Soutane bzw. des clergyman hingewiesen), das genaue Gegenteil des Klerikers der siebziger Jahre im «Eskimo-look», der lautstark zu erkennen gab, daß er «ganz wie die anderen sein will», der es sogar für «entfremdend» oder wenigstens «diskriminierend für die Nichtglaubenden» hält, von Gott und von Christus (es sei denn als einem «proletarischen Führer») zu sprechen, der die Messe, an einem Küchentisch gefeiert, als «Versammlung von Gefährten» oder höchstens als «brüderliche Agape» bezeichnet, der alles «gemeinschaftlich» haben möchte, einschließlich der Beichte und der Absolution von den Sünden (die immer und nur «sozialer» Natur wären: sündigen könnten daher nur «Bürgerliche» und «Kapitalisten»).

Mit einer außergewöhnlichen Priestererfahrung unter Menschen der ganzen Welt, auf die er nunmehr zurückblicken konnte, legte Msgr. Escrivá achtundvierzig Jahre nach seiner Priesterweihe und zwei Jahre vor seinem Tod dar, was für ihn der Priester jetzt und in Zukunft sein sollte. Wir haben es hier mit einem sehr interessanten Text, einer Art «Manifest» zu tun: ein Biograph hat es die Magna Charta des Priestertums von heute und immer genannt, und zwar nicht «gemäß» dem Opus Dei, sondern «gemäß» der Kirche (wie übrigens die von Johannes Paul II. bei jeder Gelegenheit wiederholten Lehräußerungen über dieses Sakrament bestätigen). Jedenfalls ein gewichtiges Dokument - wie mir scheint -, das in einem Dossier, das «das Geheimnis des Werkes» aufzudecken versucht, nicht fehlen darf. Hier, in seinen Priestern, liegt vielleicht eines seiner wahren «Geheimnisse».

Hören Sie diese Worte aus dem Jahr 1973, als sich die Kirche mitten in dem Proteststurm befand und jene «neuen Wege» erprobt wurden, die aus den praktizierenden Gläubigen eine «Spezies» machen würden, die auszusterben drohte und in manchen Ländern bereits ausgestorben ist (die Geschichte zeigt, daß, wenn die Kleriker untereinander streiten, nur wenige Laien Partei für die eine oder andere Seite ergreifen: Die Mehrzahl geht fort, indem sie deutlich macht, sie habe Besseres zu tun, als Sakristeigezänk und unverständliche theologische Dispute zu verfolgen, und es somit den Streitenden überläßt, selber damit fertig zu werden.

«Ich verstehe nicht», sagte Escrivá zu Beginn seiner Predigt, «den Eifer einiger Priester, unter den anderen Christen aufgehen zu wollen und ihre besondere Aufgabe in der Kirche, jene Aufgabe, zu deren Erfüllung sie geweiht wurden, beiseitezuschieben oder hintanzusetzen. Sie lassen sich von dem Gedanken leiten, die Christen möchten im Priester einen Menschen wie jeden anderen sehen. Doch das stimmt nicht». Tatsächlich, fuhr er fort, «suchen die Gläubigen im Priester die Tugenden, die jeden Christen, ja jeden guten Menschen kennzeichnen müssen: Verständnis, Gerechtigkeitssinn, Arbeitsamkeit - die im Falle des Priesters spezifisch priesterliche Arbeit bedeutet -, Nächstenliebe, Anstand, Höflichkeit. Aber außerdem erwarten die Gläubigen, daß der priesterliche Charakter deutlich hervortritt».

Das ist es also, was die Menschen nach der Vorstellung Escrivás vom Priester erwarten, von Priestern, wie er sie für sein Werk wollte (fast tausend davon hat er persönlich ausgebildet: eine der Aufgaben, die er an die allererste Stelle setzte, da er überzeugt war, daß «der Priester nie allein weder ins Paradies noch in die Hölle kommt»): Die Gläubigen erwarten, «daß der Priester betet, daß er sich nicht weigert, die Sakramente zu spenden, daß er bereit ist, sich aller anzunehmen und sich nicht dazu verführen läßt, leitender oder militanter Verfechter irgendwelcher menschlicher Parteiinteressen zu sein; sie erwarten vom Priester, daß er in Liebe und Andacht die hl. Messe feiert, Beichte hört, Kranke und Bedrängte tröstet, Bedürftigen mit seinem Rat und seiner Liebe beisteht, Kinder und Erwachsene im Glauben unterweist, das Wort Gottes predigt - nicht aber, daß er einer profanen Wissenschaft nachgeht, die - mag er sie auch noch so gut beherrschen - nicht die Wissenschaft vom Heil und vom ewigen Leben ist».

«Mit einem Wort», so schloß er, «man erwartet vom Priester, daß er die Gegenwart Christi in sich selbst nicht stört, besonders wenn er das heilige Opfer des Leibes und Blutes Jesu Christi vollzieht und im Sakrament der Buße - in der Ohrenbeichte - im Namen Gottes die Sünden vergibt.» Man möge nie vergessen, mahnt er, daß «die Spendung dieser beiden Sakramente unter den Aufgaben des Priesters einen so wichtigen Platz einnimmt, daß alles andere um sie kreisen muß».

In der Tat, das ist nach katholischer Auffassung das Spezifische, Arteigene des Priesters, das, was ihn unentbehrlich macht, was seine Anwesenheit und seine Rolle rechtfertigt. Alles übrige können - vielleicht sogar viel besser - die Laien übernehmen. Es ist kein Zufall, daß das Experiment - so selbstlos und edel es auch sein mochte - der Arbeiterpriester damit enden mußte, daß die Arbeiter ihnen zu verstehen gaben, es sei einfach, Leute wie sie selbst zu finden; sie aber benötigten keinen anderen «Arbeiter», nicht wieder einen Gewerkschaftler, sondern jemanden, der «andere» Dinge verkündete, der von Gott und nicht, wie es alle taten, nur vom Menschen und seinen sozialen Bedürfnissen sprach.

Glauben Sie mir, ich kenne die «Runde»: Es gibt mehr als genug an diesem Priesterbild des seligen Escrivá, das an den Nerven so mancher Klerikaler zerren dürfte - zumindest der noch Übriggebliebenen, nachdem sich die großen Hoffnungen in große Enttäuschungen umgekehrt haben.

Um manche Feindseligkeit gegen das Opus Dei aus Kirchenkreisen zu verstehen, würde es genügen, über jene Worte und ihre Konsequenzen in Ruhe nachzudenken.

Oder auch über diese anderen Worte, die ich zu Ihrem noch besseren Verständnis gleich anführen werde. Sie bestätigen, daß hinter solchen Auffassungen vom Priestertum eine Theologie, eine Ekklesiologie, eine Spiritualität stehen, die mit anderen heutigen Auffassungen kollidieren müssen. Hier lag denn auch einer der wichtigsten Beweggründe für den Kampf gegen die Seligsprechung.

Es ist kein Zufall, daß jener Kampf vor allem von Priestern und Ex-Priestern geführt wurde, während die Laien (wie die über 300.000 Menschen auf dem Petersplatz und die Zehntausende der angezeigten «Gnadenerweise» zu beweisen scheinen) nicht nur keine negative Stellung bezogen, sondern vielmehr ihr Wohlgefallen darüber bekundeten, daß ein Priester wie dieser zum «Vorbild» in der ganzen Kirche erhoben wurde: ein Priester, der wollte, daß die anderen Priester ihm ähnlich sind. Was verständlicherweise zuallererst für die Priester seines Werkes gilt. Aber nicht nur für jene.

Hören wir also noch einmal Escrivá, der eben in jenen Jahren klagte, es gäbe «Priester, die statt von Gott zu reden - dem einzigen „Thema", das zu behandeln sie ermächtigt und verpflichtet sind -, über Politik, Soziologie und Anthropologie schwätzen. Und da sie davon oft nichts verstehen, unterlaufen ihnen Irrtümer. Damit ist der Herr nicht zufrieden. Unser Dienst besteht darin, die Lehre Jesu Christi zu verkünden, die Sakramente zu spenden und die Menschen zu lehren, wie sie Christus suchen, Christus finden, Christus lieben, Christus folgen sollen. Alles übrige fällt nicht in unsere Kompetenz».

Gemäß den Statuten genießen die Priester der Prälatur Meinungsfreiheit. Das gilt für jedes Thema, das «diskutierbar» ist, ebenso wie für die vom Lehramt nicht genau festgelegten theologischen Fragen. Die Priester können hierüber denken, was sie wollen, wie es ihnen ihr Gewissen vorschreibt; das gilt auch in der Politik - wo sie in voller Freiheit das Wahlrecht ausüben wie die anderen Bürger auch -, aber sie sollen ihre Meinungen für sich behalten. Das Verbot, sich in die Politik einzumischen, ist übrigens Bestandteil jener, ihnen vom Werk gelehrten Spiritualität: «immer Werkzeuge der Einheit in der Kirche und unter den Menschen sein, nie der Spaltung». Gibt es vielleicht etwas, das die Menschen tiefer, erbitterter spaltet als der politische Kampf? Kann man vergessen, daß die Politik, um es mit Dante zu sagen, «der Kampfplatz ist, das uns so grausam macht»?

Bezeichnend ist in diesem Zusammenhang die Forderung, der Priester des Opus Dei solle eine «priesterliche Seele und eine Laienmentalität» haben. Typisch für eine gewisse Klerikermentalität ist die Ansicht, der «Geistliche» müsse in alles eingreifen, indem er auch das «sakralisiert», was in die Entscheidungs- und Meinungsfreiheit der gläubigen Laien fällt. Im Grunde gab es - wenn Sie es recht bedenken - zwischen dem vorkonziliaren Klerikalismus und jenem nach dem Konzil nur eine Umkehrung von Positionen: vorher Versuche, die «Rechte» zu sakralisieren (oder zumindest das «Zentrum»: jedenfalls eine politische Perspektive), nachher dieselbe Aktion mit der «Linken». Vorher der Versuch, die Katholiken glauben zu machen, sie wären nicht länger katholisch, wenn sie nicht die Sache der «Reaktion» verteidigten; nachher das Anathema, der Bannfluch gegen den Gläubigen, der nicht beschwören würde, Jesus habe tatsächlich die «Revolution» gewollt.

Ich glaube, Escrivá wollte durch die «Laienmentalität» folgendes erreichen: Er verlangte von jenen seiner geistlichen Söhne, die zur Priesterweihe berufen waren, sich zu bemühen, «Priester und nur Priester zu sein: hundertprozentig». Und diese Aufgabe begann bei der Verpflichtung zur «Nicht-Einmischung» in alles, was nicht geistlicher Natur ist, was nicht zum Gottesdienst gehört.

Hier scheint mir eines der überraschendsten Wesensmerkmale des Opus Dei herzurühren: die Wertschätzung und bis zum äußersten gehende Verteidigung der Freiheit seiner Mitglieder. Überraschend, sage ich, weil die Wirklichkeit wieder einmal nicht nur anders, sondern geradezu das Gegenteil der üblichen Klischees ist. Sehen wir, was Le Tourneau dazu sagt: «Eines der Wesensmerkmale des Geistes des Opus Dei, an das seine Mitglieder sehr oft erinnern und auf dem der Gründer nachdrücklich bestanden hat, ist die Liebe zur Freiheit. Sie hängt eng mit der säkularen Einstellung zusammen, die den Mitgliedern des Opus Dei eigen ist und dazu führt, daß jeder in beruflichen, politischen und gesellschaftlichen Fragen so handelt, wie es ihm sein christliches Gewissen gebietet. Das schließt die Bereitschaft ein, alle Folgen, die sich aus den eigenen Entscheidungen und Handlungen ergeben, auch selbst zu tragen. Dies führt zu einer pluralen und toleranten Gesinnung, die die weitestmögliche Vielfalt der Meinungen und Ansichten nicht nur respektiert, sondern als Ausdruck dieser Freiheit liebt und lebt. „Was die Auffassungen im beruflichen, sozialen, politischen usw.

Bereich betrifft", heißt es in der Erklärung der Kongregation für die Bischöfe vom 23. August 1982, „genießen die der Prälatur angehörigen Laien im Rahmen des Glaubens und der katholischen Moral sowie der kirchlichen Disziplin dieselbe Freiheit wie die anderen Katholiken, ihre Mitbürger; das heißt, die Prälatur identifiziert sich nicht mit den beruflichen, sozialen, politischen, wirtschaftlichen usw. Tätigkeiten irgendeines ihrer Mitglieder".»
Unser Autor fährt fort: «Dieses entschiedene Eintreten für persönliche Freiheit und Pluralismus ist kein Ergebnis menschlicher Berechnung oder taktischer Überlegungen, sondern eine logische Folgerung aus dem Bewußtsein der Mitglieder des Opus Dei, durch ihre christliche Berufung an einer höheren Sendung teilzuhaben: der einzigartigen Sendung der Kirche. Sie gilt dem Heil der Seelen und beläßt deshalb die irdischen Wirklichkeiten in einer legitimen Autonomie. Der Christ ist aufgerufen, seine Verantwortung für diese Welt und seine Mitmenschen „in der Freiheit der Kinder Gottes" wahrzunehmen. (...) Gewiß bringt der christliche Glaube auch allgemein-verbindliche sittliche Normen für das Handeln in der Welt mit sich: Bejahung und, wo immer nötig, Verteidigung des kirchlichen Lehramtes; Hochherzigkeit, Loyalität und Nächstenliebe; Verständnis und Achtung vor den Meinungen anderer; aufrichtige Liebe zum Vaterland ohne engstirnigen Nationalismus; Eintreten für die Gerechtigkeit; die Bereitschaft, Opfer zu bringen, um dem Gemeinwohl zu dienen. Doch jeder entscheidet sich angesichts der verschiedenen Lösungsmöglichkeiten für diejenige, die ihm am sachgemäßesten erscheint, und steht dann selbstverständlich auch für sie ein. Msgr. Escrivá schreibt: „Mit seiner gottgesegneten Freiheit kann das Opus Dei im politischen Leben eines Landes niemals so etwas wie eine politische Partei sein. Im Opus Dei gibt es und wird es immer Platz geben für alle Strömungen, die das christliche Gewissen billigen kann, ohne daß irgendein Druck von seiten der Leiter möglich wäre." Nur die kirchliche Hierarchie kann, wenn sie es zum Heil der Seelen für nötig erachtet, für alle Katholiken verbindliche Verhaltensnormen erlassen.»

Gewiß könnte man hier die böse Absicht vermuten, daß die «wahre» Wirklichkeit des Werkes verdeckt würde und das Opus

Dei eigentlich ein Marionettentheater sei, dessen im Dunkel verborgene Regisseure die Freiheit der Mitglieder nicht nur nicht achten, sondern vergewaltigen würden. Ein solcher Verdacht müßte jedoch die Tatsache berücksichtigen, daß gerade die Eigendynamik der Institution - mit ihrer Absage an den «Klerikalismus», die selbst für die Priester gilt - nicht nur in der Theorie, sondern auch in der Praxis zur Enthaltung bei zeitlich-weltlichen Entscheidungen der Laien führen müßte.

Kehren wir zurück zur Charakterisierung des Opus Dei-Klerus: Die Numerarier oder Assoziierten, die zum Priestertum berufen sind, geben ihren «bürgerlichen» Beruf, in dem sie vielleicht zu Erfolg und Ansehen gelangt sind, ganz auf. Sie geben aber deshalb nicht ihre Arbeit auf - diese wird jetzt die priesterliche Tätigkeit und besteht im wesentlichen in der «Mitarbeit an der geistlichen Aus- und Weiterbildung der Mitglieder des Werkes - Männer und Frauen - durch Predigt, geistliche Führung und Spendung der Sakramente, vor allem der Beichte».

A propos Beichte: Ist ein Angehöriger des Opus Dei verpflichtet, bei einem Priester zu beichten, der dem Klerus des Werkes angehört? Dazu ist folgendes zu sagen: «Der Gründer lehrte immer, daß es jedem Mitglied, wie jedem Katholiken, freisteht, bei jedem kirchenrechtlich dazu befugten Priester zu beichten. Ein Mitglied des Opus Dei kann von dieser legitimen Freiheit Gebrauch machen und sich an Priester wenden, die nicht der Prälatur angehören. Dennoch ist es leicht verständlich, daß dieser Fall eher selten eintreten wird: wenn sich die Mitglieder des Werkes aus freien Stücken für die Erreichung eines konkreten Zieles in der Kirche engagieren, ist es nur logisch, daß sie sich für den Gebrauch der von der Prälatur gebotenen spezifischen Mittel entscheiden. Es liegt auf der Hand, daß deren Priester wegen ihrer Kenntnis des Geistes des Werkes und der besonderen Verpflichtungen seiner Mitglieder mit ihren Ratschlägen helfen können, das Bußsakrament, das auch Mittel der geistlichen Führung ist, wirksamer zu empfangen.»

Wir führen diese offizielle Präzisierung deshalb wörtlich an, weil dieser Punkt Grund für Auseinandersetzungen war (und ist):

Manche meinen, daß die übliche, nicht verpflichtende, Praxis der Mitglieder des Opus Dei, bei Priestern des Opus Dei - bei irgendeinem, kein bestimmter wird dem Beichtwilligen aufgezwungen - zu beichten, Ausdruck einer sektiererischen Mentalität ist.

Mir geht es nicht darum, irgend etwas oder irgend jemanden zu verteidigen. Mir geht es schlicht ums Nachdenken und Verstehen. Dies ist die Linie, der zu folgen ich mich (wenn ich mich nicht irre) bislang bemüht habe und der ich auch weiterhin folgen möchte. Man muß zugeben, daß derartige Kontroversen, wenn man die Dinge objektiv und mit gesundem Menschenverstand betrachtet, tatsächlich bei den Haaren herbeigezogen scheinen. Ein solcher Verdacht taucht nämlich nicht auf, wenn zum Beispiel - was ganz logisch ist - ein Franziskaner bei einem Franziskaner, ein Barnabit bei einem Barnabiten, ein Diözesanpriester bei einem anderen Priester derselben Diözese beichtet.

Diese Beschuldigungen bestätigen die Härte der Auseinandersetzungen, die diese «neue» Institution - die sich aber an das Alte, an die zweitausend Jahre der Überlieferung halten will - ausgelöst hat und weiter auslöst. Sie weckt auch dort Verdacht, wo es um Haltungen und Gepflogenheiten geht, die von anderen religiösen Gemeinschaften selbstverständlich akzeptiert werden. Urteilen Sie selbst, ob das, was man in den Anti-Opus-Pamphleten häufig lesen kann, einen Sinn gibt: Die Mitglieder sollten bei Priestern beichten, die nicht zur Prälatur gehören, um auf diese Weise den Gefahren von Abrichtung, Gehirnwäsche und Isolierung, die der internen Ausbildung innewohne, «entgegenzuwirken».

Fast überflüssig die Antwort darauf: «Im Opus Dei fühlen sich die Leute von einer aus freien Stücken angenommenen Berufung angetrieben. Ebenso kann einer aus freien Stücken weggehen, kann nach anderen Wegen suchen, wenn er den Verdacht hegt, daß unser Weg Gifte bereithält, denen er mit den Gegenmitteln eines auswärtigen Beichtvaters entgegenwirken müsse, der, obwohl er das Werk nicht von innen kennt, periodisch mahnt, warnt und entgiftet.»

Doch zum Abschluß dieser Ausführungen über Herkunft, Rolle und Spiritualität der Priester wird man noch von anderen Priestern sprechen müssen, auch wenn sie sich zum Teil mit dem Klerus der Prälatur decken: Es sind die Priester von der «Priesterlichen Gesellschaft vom Heiligen Kreuz». Sie ist kein belangloses Anhängsel der Prälatur, wie die Tatsache beweist, daß «Personalprälatur vom Heiligen Kreuz und Opus Dei» der vollständige und offizielle Name in den Dokumenten und im Annuario pontificio ist, den man in der Umgangssprache als Opus Dei abkürzt.

Es wäre (für Sie, aber auch für mich) kompliziert und vielleicht auch für die Verfolgung unserer Zwecke uninteressant, Ihnen zu erklären, warum und wie man - gestützt auf die Möglichkeiten und Forderungen des Kirchenrechts, das sowohl Escrivá wie seine «rechte Hand» del Portillo bis ins letzte Detail kannten (beide hatten schließlich den «Doktor» des Kirchenrechts) - auf einen solchen «Titel» gekommen ist. Und ich bilde mir nun wirklich nicht ein, kirchliche Spitzfindigkeiten dieser Art genügend zu beherrschen, um Ihnen mit meinen eigenen Worten die Realität dieser Gesellschaft und ihre festgeschriebenen Verbindungen zur Prälatur, zur Weltkirche, zu den Diözesen usw. zu erklären.

Aus Respekt vor einer so komplizierten Materie, in der jeder Begriff präzise sein muß, beschränke ich mich darauf, Ihnen im folgenden eine zusammenfassende, aber, wie mir scheint, recht klare und erschöpfende, «offizielle» Erklärung in einer Übersetzung aus dem Spanischen anzubieten.

Sie lautet: «Die Priesterliche Gesellschaft vom Heiligen Kreuz ist eine Klerikervereinigung, die Priester unterschiedlicher Rechtsstellung umfaßt: 1) die Priester des Opus Dei, das heißt den eigentlichen (nämlich aus den Laienmitgliedern hervorgegangenen) Klerus der Prälatur; 2) die in eine Diözese inkardinierten Diakone und Priester, die der Gesellschaft dadurch angehören wollen, daß sie einer göttlichen Berufung entsprechen, die sie dazu verpflichtet (und das ist der Zweck der Vereinigung), die eigene berufliche Arbeit zu heiligen: das heißt ihren priesterlichen Dienst. Um diese Zielsetzung zu erfüllen, sind sie von der Priesterlichen Gesellschaft vom Heiligen Kreuz nur in dem abhängig, was sich auf den geistlichen Beistand bezieht (ein Bereich, der in die Sphäre der persönlichen Autonomie gehört): das bedeutet, daß jeder dieser Priester unter der vollständigen und ausschließlichen Abhängigkeit seines Bischofs bleibt.»

Weiter heißt es in diesem Dokument: «Diese von Msgr. Escrivá im Jahr 1943 gegründete Gesellschaft wird dem Geist des Zweiten Vaticanums gerecht, das in dem Dekret über die Priester, wo es die ständige Verbesserung der Priesterausbildung fordert, auch auf die Zugehörigkeit zu eigenen Priestervereinigungen hinweist. Die Gesellschaft ist eine Vereinigung mit einem einheitsstiftenden Geist: sie fördert einerseits die Verbundenheit jedes Priesters mit seinem Bischof und andererseits die priesterliche Brüderlichkeit. Deshalb sind die Mitglieder der Gesellschaft nicht Teil des Klerus der Prälatur des Opus Dei, sondern des Klerus des Bischofs, von dem sie abhängen. Sie stehen daher nicht unter der Jurisdiktion der Leiter des Opus Dei. Die Priesterliche Gesellschaft vom Heiligen Kreuz ist rechtlich von der Prälatur getrennt, zwischen den beiden besteht jedoch eine vollkommene Geisteseinheit über das, was das eigentliche Ziel des Opus Dei ist: das Streben nach Heiligkeit durch die Heiligung der normalen Arbeit.»

Ich glaube, wenn Sie bis hierher gelesen haben, werden Sie bemerkt haben, daß diese Gesellschaft im wesentlichen einen Zweck erfüllt: dafür zu sorgen, daß alle, aber wirklich alle, wenn sie dazu berufen sind, die Botschaft des Opus Dei leben können. Da nur Laien in das Opus Dei eintreten können, und die bereits geweihten Kleriker oder Theologiestudenten im Priesterseminar ausgeschlossen bleiben, soll die „Priesterliche Gesellschaft“ nun diese Lücke schließen, damit auch jene eine der Spiritualität des Werkes entsprechende Bildung erhalten und diesen Geist leben können, während sie in allem, was nicht die persönliche Autonomie eines jeden einzelnen betrifft - wie die geistliche Bildung -, Priester ihrer Diözese bleiben.

Es heißt (und davon gibt es, so man ihn richtig zu lesen weiß, in dem von uns soeben übersetzten Text deutliche Spuren), es seien wahre Schätze von Tüchtigkeit und Erfahrung darauf verschwendet worden, eine Formel zu finden, die es einerseits einem Diözesanpriester, der sich dazu berufen fühlt, ermöglicht, nach der

Spiritualität des Werkes zu leben, und andererseits die Rechte des Ortsbischofs - «nihil sine episcopo» (nichts ohne den Bischof) lautet das programmatische Motto der Vereinigung - und die Verpflichtung des Priesters wahrt, sich mit vollem Recht als Teil des Klerus zu fühlen, aus dem er hervorgeht und dem er weiterhin ganz angehört.

Wir haben es hier mit einem weiteren Aspekt der Generalstrategie Escrivás zu tun: allen (niemand wird ausgeschlossen) ein Training für den Kampf um die Heiligkeit und für das Apostolat anzubieten, dabei aber einen jeden dort zu belassen, wo er bereits ist, und seine Stellung in Gesellschaft und Kirche möglichst nicht zu verändern.

14. Bußgürtel und Engel

Also ein geistliches Training; dafür ist das Opus Dei da. Erinnern Sie sich an den Vertrag (an Stelle der «Gelübde»), in dem sich die Prälatur verpflichtet, «eine sorgfältige theologische, geistliche, asketische und apostolische Bildung sowie die spezifische pastorale Betreuung durch die Priester der Prälatur zu gewährleisten»? Dann werden Sie sich sicher auch daran erinnern, daß dieser Vertrag wie alle Verträge «bilateral» ist: das heißt, der Laie, der ihn unterschreibt, hat das Recht, von der Prälatur diese Hilfe zu erhalten, er hat aber zugleich die Pflicht, Verpflichtungen zu erfüllen, die «asketischer, bildungsmäßiger und apostolischer Natur» sind. Schauen wir uns diese Verpflichtungen einmal näher an. Wir beginnen mit den asketischen Verpflichtungen, wobei wir uns an eine autorisierte Quelle halten: «Die asketischen Verpflichtungen bestehen in der Erfüllung eines anspruchsvollen geistlichen Lebensplanes. Er paßt sich den persönlichen Lebensumständen eines jeden Mitgliedes geschmeidig an» - man vergesse nicht: alles im Opus Dei ist persönlich, nichts ist anonym, standardisiert, abstrakt - «und hilft ihm, Schritt für Schritt „wie auf einer ansteigenden Ebene" (Worte Escrivás) Gott in seiner beruflichen Arbeit und in seinem ganzen Tun näherzukommen».

Gehen wir noch etwas näher auf Einzelheiten ein. Also auf die konkrete Verpflichtung, die der Laie, der den Vertrag unterzeichnet, erfüllen muß. Sie ist nicht gering; ja, und eine Mitgliedschaft kann für denjenigen, der nicht dazu berufen ist, unerträglich werden. Wer nur «diesseitige», nicht unmittelbar religiöse Ziele im Kopf hat, würde in der Tat besser daran tun, einen bequemeren Weg zu wählen (welche anderen Opfer außer einer abendlichen Zusammenkunft der «Brüder» einmal im Monat würde ihm zum Beispiel - wenigstens nach dem, was ich weiß - die Zugehörigkeit zu einer Freimaurerloge auferlegen? Und kann man denn wirklich von «Opfern» reden, wenn es um die wöchentlichen Diners und regelmäßigen festlichen Zusammenkünfte jener so freigebigen Service Clubs geht, die die Welt mit einem Netz von Beziehungen umspannen, Beziehungen, die sicher auch philanthropischen und kulturellen Absichten dienen, besonders nützlich aber logischerweise für berufliche und wirtschaftliche Zwecke sind?).

Fahren wir mit diesem Text fort: «Dieser geistliche „Lebensplan“ umfaßt ein intensives Leben aus den Sakramenten, das sich auf den täglichen Besuch der heiligen Messe, die Kommunion und die wöchentliche Beichte stützt; regelmäßiges meditatives Gebet (bis zu einer Stunde täglich), tägliche Lektüre des Neuen Testaments und eines geistlichen Textes, tägliches Rosenkranzgebet, Gewissenserforschungen jeden Abend, monatlich Stunden geistlicher Einkehr und jährlich Besinnungstage, Bewußtwerden der Gegenwart Gottes und der eigenen Gotteskindschaft im Laufe des Tages, wiederholte geistige Kommunionen, Stoßgebete, Sühneakte...»

All dies ist mehr als genug, um einen Berufenen zufrieden zu stellen; aber auch um einem Heuchler oder einem Lauen die Laune zu verderben. Doch damit nicht genug: Zur täglichen Einübung in den Geist des Opfers und der Buße «gehört auch die *körperliche Abtötung*, für die Alter, Gesundheit und die Lebensumstände eines jeden maßgebend sind. In ihr leben Traditionen fort, die auf Christus selbst zurückgehen und in den konkreten, von der Kirche gebilligten Formen Übertreibungen ausschließen». Damit wir uns richtig verstehen: auch der schönste Körper ist, wenn einmal seziert, nichts weiter als ein unansehnlicher Haufen von anatomischen Teilen, ohne jede Spur seiner einstigen Harmonie und Einheit. Das gilt auch für das geistliche Leben und die «Instrumente», die menschlichen Mittel zu seiner Förderung und Erhaltung; das gilt also auch für die Erfüllung dieses «Lebensplanes» im einzelnen, die, wenn sie von dem Geist, aus dem sie lebt, losgelöst wird, den abstoßenden Eindruck einer fast unerträglichen Liste von «Pflichten» vermittelt.

In Wirklichkeit habe ich mich aber im Gespräch mit Leuten, die «in» diesem Lebensplan stehen, vergewissern können, daß dem nicht so ist: das Klima aus «Natürlichkeit», «Einfachheit», Dankbarkeit für die eigene Berufung und gegenüber Gott als Mittelpunkt des Ganzen, bewirkt, daß Verpflichtungen, die von außen hart erscheinen mögen, zu einer Art Bedürfnis werden, ihr finsteres Gesicht verlieren. Es ist die vielzitierte «Askese mit lächelndem Antlitz».

Die ganze Formungs- und Bildungsarbeit will ein Ideal erreichen: Männer und Frauen hervorzubringen, die «aus einem Guß» und nicht «gespalten» sein sollen, für die das Leben und die Arbeit selbst zum Gebet werden sollen, indem sie den Abstand zu denen überwinden, die den «Plan» als Korsett sehen, in das man sich eingeschlossen hat.

Hier bedarf es eines kurzen Exkurses. Nicht zufällig habe ich im letzten Zitat die körperliche Abtötung kursiv gesetzt. Darin eingeschlossen ist sogar der berühmte Bußgürtel, der an der Legende über das Opus Dei als Schlupfwinkel der letzten mittelalterlichen Dunkelmänner erheblichen Anteil hat. Wir haben das schon angedeutet, als wir vom Skandal der allerdings verdächtigen Antisekten-Bewegungen sprachen. Ist nicht vielleicht heute das Opus Dei eine krankhafte Abart von Masochismus, unter anderem unwürdig eines «mündigen», «offenen» Christentums? Haben wir es nicht mit dem alten, finsteren Spanien der blutigen Fanatismen zu tun?

Wie es die Regeln der Gerechtigkeit vorschreiben, «audiatur et altera pars», muß auch die andere Seite gehört werden. Hören wir also die Verteidigung, vertreten von jemandem, der, auch wenn er es nicht eigens sagt, als erfahrener Numerarier das berühmte «Folterwerkzeug» benutzt haben dürfte (es besteht im wesentlichen aus einer Art Gürtel aus grober Wolle - zu tragen um die Taille oder um den Oberschenkel - mit Knoten oder in manchen Fällen mit Spitzen aus Draht versehen, die auf die Haut drücken, ohne aber einzudringen): «Da die Bedeutung der Buße und der Abtötung selbst im geistlichen Leben verloren gegangen ist, wundern, ja entrüsten sich heute viele Menschen darüber, daß im Opus Dei einige Mitglieder in die Formen der leiblichen Abtötung auch den Gebrauch des Bußgürtels einschließen. Ich sage: einige, nicht die Mehrheit; und auch sie nur für begrenzte Zeit. Man braucht sich über dieses Befremden nicht zu wundern: das Kreuz hat immer Anstoß und Ärgernis erregt. Es steht jedenfalls fest, daß sich moderne Menschen großen Opfern, wenn nicht gar körperlichen Leiden (Gymnastik, Diät, schönheitschirurgischen Eingriffen) aussetzen, um eine bestimmte äußere Erscheinung zu erhalten oder wiederzugewinnen, damit sie von anderen bewundert werden. Ebenso ist es eine Binsenwahrheit, daß sich unzählige andere in die Abhängigkeit einer der vielen Drogen begeben, woraus sie schließlich nicht Freuden, sondern Leiden empfangen, wirkliche „Abtötungen", mit schrecklichen Folgen für sie selbst und vor allem für alle in ihrer Umgebung, die sie gern haben. Während solche Vorgänge gang und gäbe sind, machen sich viele nicht einmal die Mühe, den tiefen Sinn einer „leiblichen Abtötung" zu begreifen, die der Gesundheit keinen Schaden zufügt und das Verlangen ausdrückt, sich, wenigstens soweit das einem armseligen Menschen möglich ist, mit dem Opfer Christi zu vereinen. Es ist verständlich, daß es in einer Zeit, in der Botschaften wie: „Verzichte auf nichts!" verbreitet werden, überaus schwierig geworden ist, die eigentlichen Gründe für Buße und Abtötung zu begreifen. Wenn „alles erlaubt ist"; wenn nichts schlecht ist, sobald es in voller Autonomie beschlossen wurde; wenn es schließlich die Sünde nicht gibt, dann freilich gibt es gar nichts, weswegen man Buße tun müßte. Damit wird die „Abtötung" (das heißt das tiefgründige evangelische Paradoxon, wonach man, um zu leben, irgendwie sterben müsse: wie Christus muß der Christ ins Grab hinabsteigen, um es wie Christus für das ewige Leben zu verlassen) zu etwas Unbegreiflichem. Man beachte jedoch Folgendes: zu den am meisten propagierten Devisen unserer Zeit gehört das Schlagwort: „Mein Körper gehört mir, ich mache damit, was ich will." Es ist zumindest widersprüchlich, daß jedes körperliche Verhalten, einschließlich des abartigen, erlaubt sein soll, die Tatsache der christlichen Buße aber Anstoß erregt (Rafael Gómez Pérez).»

Auf jeden Fall sind weder der Bußgürtel noch andere «Mittel der Abtötung» ein Monopol dieses Werkes: Sie gehören zur ältesten asketischen Tradition der Kirche und sind von allen Heiligen angewandt worden.

Aus der Sicht Escrivás - der hier wie auch sonst auf einer Linie mit der ältesten Tradition der Kirche steht - sind Buße und Abtötung «das Gebet der Sinne»; das heißt, die Teilnahme des «Materiellen» am Gebet verdeutlicht die Einheit des Menschen, der eben nicht nur Geist, Seele, Herz ist. Auch jene «asketischen Übungen» (die stets diskret praktiziert werden, ohne damit anzugeben) sind ein Mittel, um in einer zunehmend von trägen, gleichgültigen, launenhaften Menschen bevölkerten Welt den Willen zu trainieren. Und jene «Übungen» sollen nicht nur «aktiv», sondern auch «passiv» absolviert werden: also nicht nur Leiden suchen, sondern auch das annehmen, was Tag für Tag das normale Leben, der Alltag mit sich bringt - das soll denjenigen auszeichnen, der sich auf diesen Weg begibt: «Die treffende Bemerkung und der Witz, den du dir verkneifst; das freundliche Lächeln für einen, der dich stört; das Schweigen gegenüber ungerechten Vorwürfen; wohlwollendes Verhalten gegenüber zudringlichen Menschen und solchen, die ungelegen kommen; Nachsicht mit den lästigen Angewohnheiten derer, mit denen du täglich zu tun hast [...]. Das alles mit Beharrlichkeit geübt, ist handfeste innere Abtötung.»

Soweit Der Weg, Gedanke 174, auf den die Ermahnung folgt: «Sage nicht: Dieser Mensch geht mir auf die Nerven. Denke: Er hilft mir, heilig zu werden.»

Nach den asketischen wollen wir etwas über die bildungsmäßigen Verpflichtungen sagen, jene also, die «die theologisch-dogmatische und religiöse Bildung betreffen, die die Mitglieder des Opus Dei während des ganzen Lebens in einer ihren Möglichkeiten und Fähigkeiten angepaßten Form erhalten». Auch hier also die Abstimmung auf die Person: jedem seine Bildung.

Natürlich haben auch diese Verpflichtungen laut Vertrag bilateralen Charakter: die Verpflichtung der Prälatur zur «Bildung und Formung» und die Verpflichtung des Gläubigen, «sich bilden zu lassen», indem er von den Mitteln, die ihm zur Verfügung gestellt werden, Gebrauch macht.

Diese Bildung richtet sich darauf, «das geistliche und apostolische Leben der Gläubigen der Prälatur zu nähren, die „Frömmigkeit von Kindern und die sichere Lehre von Theologen" miteinander zu verbinden». Sie bezweckt, «daß es in allen Kreisen der Gesellschaft Menschen gibt, die geistig-intellektuell in der Lage sind, ein wirksames Apostolat der Evangelisierung bei der Ausübung des eigenen Berufes oder der eigenen Aufgabe zu realisieren». Also keine theologische Vorbereitung, um Vortragende oder Verfasser gelehrter Abhandlungen auszubilden (obwohl sich selbstverständlich jeder, falls er die intellektuellen Fähigkeiten und die Berufung dazu besitzt, dieser Tätigkeit frei hingeben kann), sondern vielmehr eine Ausrüstung mit den Mitteln für jenes «private» Apostolat - das berühmte Wort von «Freundschaft und Vertrauen» -, das den Nächststehenden gilt, angefangen bei den Familienangehörigen und Kollegen. Und das wird - weil es in einer Welt sich vordrängelnder Macher und Schreier nicht auffällt - häufig mit dem «geheimen Wirken des Opus Dei» verwechselt.

Betrachtet man die Sache näher, so lassen sich hier, wie mir scheint, einige Trends feststellen.

Da ist vor allem das - beim Gründer stets sehr klar ausgeprägte und im Werk lebende - Bewußtsein, daß einer, der «die Welt bekehren» will, ohne die Heiligkeit (oder wenigstens dem Streben danach) als erste und unerläßliche Voraussetzung hierfür mit einer angemessenen theologischen Bildung zu verbinden, schließlich seinerseits «von der Welt bekehrt» werden wird.

Hier liegt in der Tat einer der Gründe für das Debakel nach dem letzten Konzil: Massen unvorbereiteter Katholiken werden aufgefordert, «sich auseinanderzusetzen», «den Dialog aufzunehmen», «sich auf Diskussionen einzulassen», und das alles «im Geist völliger Offenheit» und «radikaler Selbstkritik». Und es kam, wie es kommen mußte: mit einem Schlag wurden die Tore der bis dahin abgeschirmten und allzu beschützten, ja isolierten kirchlichen Zitadelle aufgerissen. Doch aus jenen Gängen kamen nur allzu oft keine gut vorbereiteten und motivierten «Herolde der Neuverkündigung des Glaubens in einer den Zeichen der Zeit entsprechenden Weise» hervor. Vielmehr drangen durch jene plötzlich aufgerissenen Tore die «anderen» ein. Das genügte, um die Kapitulation einzuleiten, die von klerikalen Theoretikern als «Niederlage des Integralismus», als «Ende der verschiedenen Formen des Exklusivismus», als «Sieg der Toleranz» ausgegeben wurde.

Von dem enthusiastischen cupio dissolvi («ich möchte aufgelöst werden») einer gewissen Intelligentia - die doch aus Sendung und Pflicht den Menschen eigentlich hätte helfen sollen, das Wahre vom Falschen besser zu unterscheiden und in Kontinuität zu reifen und zu wachsen - zum Defätismus getrieben, ließen sich viele Katholiken überzeugen, sie seien Erben einer schmachvollen Geschichte, die bereut und für die um Verzeihung gebeten werden müßte. Und ebenso wurden sie auch davon überzeugt, daß es für den mythischen «Menschen von heute» unmöglich, ja unwürdig sei, völlig «altmodischen», jetzt unannehmbaren Wirklichkeiten, auch dogmatischen, weiterhin Vertrauen zu schenken; diese mußten daher «neu gelesen», «neu interpretiert», «entmythologisiert» werden, um sie in bloße Symbolik aufzulösen.

Stellvertretend für alle sei eine Glaubenswahrheit genannt, die dem Opus Dei sehr teuer ist: die Engel. Auf jenen berühmten 2. Oktober fiel - wie wir wissen - das Schutzengelfest. Zu den wenigen Dingen, die der spätere Selige von jenem Ereignis berichtete, mit dem alles seinen Anfang nahm, gehörte, daß, während er die geheimnisvolle «Vision» erfuhr, von fern der Klang der Glocken der Madrider Marienkirche Unserer Lieben Frau von den Engeln an seine Ohren drang.

Peter Berglar schreibt dazu: «So sollte das ganze Werk in alle Zukunft, wie jedes menschliche Lebewesen, von Geburt an der schützenden Begleitung von Engeln teilhaftig sein. „Festigen und vertiefen wir", sagt Escrivá, „unsere Freundschaft mit den heiligen Schutzengeln. Wir alle haben Begleitung nötig; Begleitung des Himmels und der Erde. Verehrt die heiligen Engel!" Und in der Tat lebt und wirkt das Opus Dei in seinen verschiedenen Apostolaten der Jugendlichen und Erwachsenen, der sich zum Zölibat Verpflichtenden und der Verheirateten unter dem Schutz der heiligen Erzengel Michael, Gabriel, Raphael.»

Msgr. Del Portillo berichtete, der Gründer habe, bevor er durch eine Tür ging, einen Augenblick auf der Schwelle innegehalten (unmerklich, außer für die wenigen, die um diese seine Gewohnheit wußten), um seinem Schutzengel den Vortritt zu lassen, auf den er als aufmerksamen und untrüglichen heimlichen Helfer in den geistlichen Dingen zählte.* «Du sollst mit deinem Schutzengel auf gutem Fuß stehen. Behandle ihn wie einen guten Freund, denn das ist er. Er wird dir manchen Dienst erweisen bei den alltäglichen Angelegenheiten» (Der Weg, Gedanke 562).

In Escrivás «Bildungsbrevier» - der Trilogie Der Weg, Die Spur des Sämanns, Im Feuer der Schmiede - sind mehr als dreißig «Punkte» den Engeln im allgemeinen und den Schutzengeln im besonderen gewidmet: ihrer hilfreichen Aufgabe und der Notwendigkeit, sie zu verehren und den Umgang mit ihnen zu pflegen.

Auch darin - so bemerkte sein Nachfolger - befolgte der Selige als erstes seinen Rat: «Frömmigkeit der Kinder und Sicherheit der Theologen in der Lehre.»

Für den althergebrachten katholischen Glauben sind Existenz und Rolle der Engel in der Tat «gesicherte Lehre der Kirche». Doch in dem nach dem Konzil 1979 von der Italienischen Bischofskonferenz herausgegebenen und im reinen «Soziologenstil» der Zeit verfaßten Jugendkatechismus ist jeder Hinweis auf die Engel verschwunden; und daher auch auf jene Schutzengel, die - geliebt vom sensus fidei des Volkes als Beweis der liebevollen Aufmerksamkeit Gottes für jede menschliche Kreatur, die als würdig befunden wurde, von der Geburt bis zum Tod von einem solchen übernatürlichen Freund und Helfer begleitet zu werden - so großen Anteil an der von allen Heiligen praktizierten Pädagogik gehabt haben.

Wenn im «Jugendkatechismus» eine totale Zensur über die Engel verhängt worden ist (sie wurden von den «akademischen Pastoralexperten» bei der Darstellung des Glaubens gegenüber den

---

* Eine für manchen Leser möglicherweise etwas befremdliche Angewohnheit; auf jeden Fall dokumentiert diese kleine symbolische Geste Escrivás liebevollen Umgang mit seinem Schutzengel *(Anm. d. Verlags)*.

jungen Generationen für unwürdig oder zumindest für überflüssig gehalten), so wird im Erwachsenenkatechismus - fünfhundertsechzig eng bedruckte Seiten, die, ich weiß nicht, wie viele Menschen gelesen haben - ihre Darstellung aus dem Zusammenhang herausgerissen und als unbedeutende Angelegenheit in den Anhang, in eine verlegene «theologisch-pastorale Anmerkung» verbannt, in der es unter anderem heißt: «Sie sind Wesen, die der Kultur unserer Zeit und der aus ihr kommenden allgemeinen Denkart fremd geworden sind.» Also nicht einmal andeutungweise ein Hinweis auf die Schutzengel, die sich offensichtlich in «fremde Wesen» gewandelt haben: so als hinge jede Glaubenswahrheit nur von ihrer Bestätigung der aktuellen Mehrheit einer «allgemeinen Denkart» ab. Und so als wäre das Credo den stets veränderlichen und schwankenden «Einschaltquoten» unterworfen...

Doch getreu dem ihm eigenen Stil, ließ sich das Opus Dei nicht auf polemische Scharmützel ein, sondern zog es vor - gemäß der Mahnung der geistlichen Autoren - eher «die Lampe am Brennen zu halten» denn «die Irrtümer zu bekämpfen». Und in all den Jahrzehnten der Verwirrung, deren eindrucksvolles Zeugnis jene «offiziellen» Katechismen sind, hat es bei der Bildung seiner Mitglieder der Verwässerung widerstanden.

Am Tag der Heiligen Schutzengel und beim Klang der Glocken Unserer Lieben Frau von den Engeln entstanden, blieb das Werk standhaft: ohne zu polemisieren, aber auch ohne nachzugeben und ohne zu zögern, wenn nötig den Trienter Katechismus oder den sogenannten Katechismus «des hl. Pius X.» zu benutzen, den viele katholische Buchhandlungen in jenen Jahrzehnten paketweise verkauften, aber unter der Theke aufbewahrten, als wäre er ein pornographisches Buch. Energisch und entschlossen war das Werk nicht bereit gewesen, diese theologischen Wahrheiten als Ergebnis einer «anachronistischen» oder «entfremdenden» Frömmigkeit zu betrachten, wie einige meinten, die selbst marxistisch oder liberal gefärbte Irrtümer verbreiteten.

Man muß anerkennen, daß die jüngste Entwicklung des Katholizismus schließlich dem Opus Dei wieder einmal Recht gegeben hat. In der Tat, genau dreißig Jahre nach der Eröffnung des Konzils, approbierte der Papst im Oktober 1992 den neuen Katechismus der Katholischen Kirche. Darin kehren auch die Engel auf eindrucksvolle Weise zurück. Und mit ganz klaren Worten gleich am Anfang der ihnen gewidmeten Paragraphen: «Daß es geistige, körperlose Wesen gibt, die von der Heiligen Schrift gewöhnlich „Engel" genannt werden, ist eine Glaubenswahrheit. Das bezeugt die Schrift ebenso klar wie die Einmütigkeit der Überlieferung.»

Und natürlich kehren auch die Schutzengel zurück, die sicher nicht nur dem seligen Escrivá, sondern allen Katholiken, die ihm vorausgegangen sind, so wichtig und teuer waren. Der neue Katechismus bekräftigt also: «Von der Kindheit an bis zum Tod umgeben die Engel mit ihrer Hut und Fürbitte das Leben des Menschen.» Und zitiert dann - unter den schier unendlich vielen möglichen Texten - die Stelle eines Kirchenvaters, in diesem Fall des hl. Basilius von Cäsarea: «Einem jeden der Gläubigen steht ein Engel als Beschützer und Hirte zur Seite, um ihn zum Leben zu führen.» Genau die Wirklichkeit, aus der die heilsamen Konsequenzen zu ziehen, Escrivá die Seinen aufforderte!

Alles in allem, wieder einmal eine Bestätigung dessen, was einer meiner Freunde, von Beruf Historiker, gern wiederholt: «Es gibt ein unfehlbares Rezept, um in der Kirche, aber auch außerhalb von ihr, als modern, ja avantgardistisch zu gelten. Es genügt, auf der authentischen Überlieferung zu beharren, den Umgang mit den Alten nicht aufzugeben - und abzuwarten. Früher oder später entdeckt die Geschichte sie wieder, und du - noch bis gestern als Anachronist und Reaktionär verschrieen - wirst als weitblickender Prophet gefeiert...»

Mit derselben Standhaftigkeit hat das Opus Dei die althergebrachte Lehre der Kirche auf dem Gebiet der Mariologie verteidigt - auch hier freilich nicht mit polemischen «Manifesten», sondern in der pragmatischen Diskretion der internen Ausbildung.

Ich will Sie hier nicht in weitere theologische Fragen hineinziehen oder Ihnen gleichsam den Entwurf eines Handbuches für Katechese liefern. Ich will Sie nur auf den hervorragenden Platz hinweisen, den der Gründer des Opus Dei Unserer Lieben Frau zuweist. Unter hundert anderen führe ich den lapidaren Gedanken

494 aus dem Weg an: «Sé de María y serás nuestro» (Gehöre Maria, und du gehörst zu uns), oder seine Mahnungen: «Zähle in allem und für alles auf sie. Vergiß nicht, daß der Sohn der Mutter nichts versagen kann.» Diese Verehrung erklärt sich nicht bloß aus seiner Frömmigkeit; und schon gar nicht ist sie Ausdruck eines süßlichen Sentimentalismus, von dem sich dieser Verkünder eines «männlichen» Christentums stets distanziert hat («männlich» - aber unter Einschluß der Frauen; ja, sie stehen sogar in der ersten Reihe, wie der Gedanke 982 desWeges verdeutlicht: «Stärker ist die Frau als der Mann, und treuer in der Stunde des Leidens»). In diesem seinem Christentum gehen Demut mit Kühnheit, Zartheit mit Charakterstärke und Willenskraft einher.

Der Maria zugewiesene Platz ist keine Konzession an bigotte Geziertheit, sondern Ausdruck des Bewußtseins einer Wirklichkeit, die - in wenigen Zeilen grob zusammengefaßt - vielleicht so umschrieben werden kann: ohne jene fleischliche Wurzel, die der Schoß der Frau ist, in dem sich die Menschwerdung Gottes (im wahren und vollen Sinn) vollzieht, wird das Christentum zum diffusen und wirkungslosen «Wort», zu einer Art Luftballon in der Gewalt der Winde, aufgeblasen von den giftigen Gasen eines scheinbar edlen und «frommen» «Spiritualismus», der aber die unaufgebbare «Materialität» des Glaubens des Evangeliums preisgibt. In seiner Predigt Die Welt leidenschaftlich lieben sagt denn auch Escrivá: «Der echt christliche Geist, der ja die Auferstehung des Fleisches bekennt, hat sich zu allen Zeiten gegen eine falsche Spiritualisierung empört, ohne Furcht, deshalb als Materialismus verurteilt zu werden. Ja, es ist durchaus berechtigt, von einem christlichen Materialismus zu sprechen, der sich mutig allen geistverneinenden Materialismen entgegenstellt.»

Wenn nicht nur Mystiker, sondern auch Theologen immer wieder behauptet haben, daß «Maria die Feindin aller Häresien ist», so deshalb, weil die Reflexion über diese «Wurzel aus Fleisch» zeigt, daß der organische Platz, der ihr im Credo eingeräumt wird - und sie so davor bewahrt, als Objekt beliebiger Frömmigkeit, als Art Option für Sentimentalisten zu dienen - die fundamentalen Wahrheiten der Christologie selbst schützt.

Es war kein Zufall, daß zu dem Zeitpunkt, als nicht nur das institutionelle Gefüge der Kirche, sondern sogar ihr Glaubensgebäude vom Sturm der Auflehnung in höchste Gefahr gebracht zu werden schienen, Escrivá beschloß, mit eindringlichen Gesten vor die Öffentlichkeit zu treten. Bis dahin hatte er Rom kaum verlassen und seine Reisen soweit wie möglich eingeschränkt - übrigens in Übereinstimmung mit seiner Mentalität, das Werk aufzubauen und dabei selbst möglichst wenig in Erscheinung zu treten und die «Leiter» (caudillos, in seiner spanischen Muttersprache) auszubilden, ohne selbst als solcher angesehen zu werden. So unternahm er nun zu Beginn der siebziger Jahre eine Reihe von Wallfahrten zu den ehrwürdigsten europäischen und amerikanischen Marienheiligtümern: nach Lourdes, Fatima, El Pilar, Einsiedeln, Guadalupe...

Nicht nur das: er beschleunigte die Errichtung des Heiligtums des Opus Dei im fernen Torreciudad (wohin ihn die Eltern als zweijähriges Kind zur Einlösung eines Gelübdes nach seiner Heilung gebracht hatten), um auf diese Weise in einem weiteren der Muttergottes geweihten Zentrum gleichsam einen Eckpfeiler des Widerstands der Rechtgläubigkeit, einen Wall zur Verteidigung des gesamten Credos zu errichten, und zwar durch die Wiederbelebung jener Marienfrömmigkeit, der nicht nur Professoren der Theologie, sondern sogar manche Bischöfe mißtrauisch gegenüberstanden. Das waren die Jahre, in denen es der Episkopat allem Anschein nach sogar ablehnte, die Wunder von Lourdes zu bestätigen, und in denen die «empfohlene» Lesung des Magnifikat Mariens im Lukasevangelium zum «Guerrilla-Gesang für die politische und wirtschaftliche Befreiung der vom Kapitalismus Unterdrückten» wurde...

Logisch also, daß das Opus Dei im Rahmen seiner spirituellen wie theologischen Bildungsarbeit der Muttergottes den Platz bewahrt hat und bewahrt, den sie immer innegehabt hat; und den sie immer innehaben wird, wenn der Katholizismus wirklich diesen Namen verdienen soll. Nicht umsonst wollte der Gründer, daß das Opus Dei sich von Anfang an durch zwei Merkmale charakterisierte: «römisch» und «marianisch».

15. Jeder auf seine Weise

Maria, die Engel und alles übrige der althergebrachten katholischen Lehre, wie sie jetzt vom Katechismus neuerlich bestätigt wurde. Das ist es, was das Opus Dei getreu an seine Mitglieder weitergibt. In der Tat betonen die Statuten der Prälatur, daß die Unterweisung der Mitglieder «immer in völliger Übereinstimmung mit dem kirchlichen Lehramt erfolgt».

Für die Frage, was denn nun de fide ist, was zum Glauben gehört, gilt also nicht jenes «meiner Meinung nach» der vielen, die versucht sind, ihre Privatmeinungen zum Dogma zu erheben; sondern das vom Papst und vom Kollegium der Bischöfe in Kontinuität mit der Überlieferung garantierte «gemäß unserer Überzeugung» des Credos. Ja, es wird mit aller Klarheit deutlich, worauf wir bereits hingewiesen haben: «Das Opus Dei hat keine eigene Lehre und gründet keine eigenen Denkschulen in den philosophischen, theologischen und kanonischen Fragen, die die Kirche der freien Diskussion überläßt.»

Im Laufe der Jahrhunderte bis heute haben viele religiöse Orden - legitimerweise, weil innerhalb der Kirche - charakteristische geistliche Sichtweisen und Ausprägungen, «Schulen» theologischer Reflexion, hervorgebracht: die «Schulen» der Dominikaner, Franziskaner, Jesuiten, Redemptoristen, Karmeliter, Benediktiner, Barnabiten usw.

Nicht so das Opus Dei, dessen eigentümliches Merkmal nicht die Originalität, sondern die Normalität ist, was auch für die Bildung seiner Mitglieder gilt. Nicht etwas Neuartiges wird gesucht, sondern die Treue zum Lehramt in dem, was definitiv ist, was ausdrücklich zum Glaubensgut erklärt worden ist, was jemand glauben muß, wenn er sich «katholisch» nennen will. Ich meine natürlich die Institution als solche; die einzelnen Mitglieder haben völlige Freiheit bei jeder Art von Forschung, einschließlich der theologischen, müssen sich aber davor hüten, dem Werk persönliche Ansichten zuzuschreiben, die ihre eigenen sind.

Auch hier ein klares Ja zur Universalität: nicht eine Gruppe von, wenn auch genialen, Exzentrikern. Ja, sie wollen nicht einmal eine «Gruppe» unter anderen bilden, sondern eine «katholische Agentur» schaffen, die allen Getauften eine «Ausbildung» anbietet, damit sie nicht eine besondere Spiritualität, sondern nichts anderes als den «normalen» Katholizismus ernsthaft kennenlernen und konsequent leben: The mainstream - die Hauptströmung, die Mitte des Katholizismus.

Wieder begegnet uns jenes «lo raro de no ser raro» (das Sonderbare, nicht sonderbar zu sein); das sorgfältige Bemühen, jeden zu lassen, wo er ist, gewiß mit der Auflage, das Evangelium radikal zu leben, aber ohne sich die Abzeichen dieser oder jener theologisch-spirituellen «Schule» an den Kragen zu heften: «católicos, simplemente, sin adjetivos» (einfach katholisch, ohne Beiworte).

Neben der Treue zur Lehre und in Übereinstimmung mit dieser Universalität ist ein weiteres Merkmal des Opus Dei die volle Freiheit all seiner Mitglieder in allen Meinungsfragen, die die Kirche der selbständigen Erörterung durch die Gläubigen überläßt.

Freiheit in theologischen Fragen, selbst innerhalb der dogmatischen Koordinaten, die allerdings für den, der sie wirklich kennt, dann gar nicht so eng gesteckt sind: was für den Glauben «verbindlich» ist, um sich katholisch zu nennen und sich somit in voller Übereinstimmung mit dem Lehramt zu befinden, ist weniger, als man gemeinhin denkt.

Aber noch größer ist die Freiheit in den sozialen, politischen und wirtschaftlichen Fragen. Diesbezüglich haben wir schon etwas in dem Kapitel vorweggenommen, in dem wir versucht haben, das Priesterbild zu umreißen, wie es den Vorstellungen Escrivás entspricht: «Vergeßt niemals, daß es bei den zeitlichen Fragen keine Dogmen gibt.»

Hier sind wir nun an einem der neuralgischen Punkte unserer Reise angekommen. Einem jener Punkte, an dem es tatsächlich den Anschein hat, daß Theorie und Praxis dieses «Werkes» die «schwarze Legende» entzaubern, wenn nicht zerstören. Jene Legende, die eine «Piovra» in eine geschlossene Phalanx mit den ihr hörigen Templern (Kadavergehorsam!) manövrieren sieht, politische (natürlich «reaktionäre») Interessen verfechtend und finstere «Finanzmachenschaften» treibend mit dem Ziel, die Menschheit wieder unter einen religiösen Hut zu bringen, halb heuchlerisch, halb fanatisch.

Ich weiß, ich weiß: es entgeht mir nicht, daß ich für einen hinters Licht geführten Naivling gehalten werden kann... oder für einen Oberflächlichen, der nicht imstande war, hinter den äußeren Schein zu blicken; oder, noch schlimmer, für jemanden, der eh schon im positiven Sinne, vielleicht in apologetischer Absicht, voreingenommen war.

Es tut mir leid. Aber was kann ich tun? Wenn man sich an die vom Gründer immer wieder und mit aller Klarheit bekräftigten Intentionen und nun an seinen Nachfolger hält, wenn man sich an die Satzungen und Regeln sowie an die innere Logik, von der die Institution geleitet wird, hält, dann zeigt sich überraschenderweise eine Wirklichkeit, die sich doch sehr von dem verfestigten Mythos unterscheidet.

Das Werk ist in der Tat geeint, ja geschlossen und homogen. Aber nur in dem, was seine religiösen und geistlichen Ziele betrifft: Heiligung der Arbeit, in ihr und durch sie sowie konkretes Apostolat im eigenen Milieu - das sind die einzigen Ziele, die man sich zu setzen hat. In allem anderen hingegen erscheint es absichtlich höchst pluralistisch. «Man liebt und achtet», so heißt es, «die Vielfalt alles Menschlichen, angefangen bei der Kirche».

Ich glaube, daran hat auch Escrivá gedacht, als er das Werk als «desorganisierte Organisation» definierte: das heißt, gut strukturiert für seine religiösen Zwecke, und gar nicht organisiert «in dem, was diese nicht berührt». So bilden seine Mitglieder «ein buntscheckiges Mosaik freier Aktivitäten, die so unbegrenzt sind wie die Möglichkeiten des Lebens, der Charaktere, der Arbeiten, der persönlichen Biographien, der Kulturen».

Wenn Sie glauben, Sie könnten hier anderes entdecken, so versuchen Sie es doch bitte. Mir jedenfalls schien nach allem, was ich beobachten und erfahren konnte, kein leeres Wort zu sein, was sie ständig wiederholen: «Eines der Merkmale des Opus Dei, das der Gründer am meisten bekräftigte, ist der Wert der persönlichen Freiheit und Verantwortlichkeit.»

Eine solche Perspektive ist im übrigen logisch einsichtig, da sie der Absicht entspringt, eine «Laienmentalität» zu schaffen und zu erhalten, die sich mit Geboten in Angelegenheiten, die der eigenständigen und freien Initiative des einzelnen unterliegen, nicht verträgt.

Es ist eine Perspektive der Freiheit und Entscheidungsautonomie, die auch aus der (schon mehrmals erwähnten) Tatsache herrührt, daß man die erforderliche «Berufung» für die Zugehörigkeit zum Opus Dei als eine göttliche Initiative empfindet; und deshalb bittet der Eintrittswillige ausschließlich aus religiösen, spirituellen Gründen um die Aufnahme.

Wir haben schon bemerkt, daß man den «oberen Etagen» mißtrauen kann - nicht aber den Zehntausenden von Männern und Frauen in der ganzen Welt. Es wäre kleinlich, ja abscheulich, den guten Willen und guten Glauben all dieser Menschen von vornherein in Zweifel zu ziehen.

Oder sollte es hier eine Art eigennütziges Massenkomplott geben, das alle mithineinzieht? Ein jeder würde auf seiner Ebene - hoch oder niedrig - auf seine Rechnung kommen, indem er sich mit den anderen zu einer Seilschaft zusammenschließt, um sich gegenseitig Vorteile zu verschaffen? Escrivá hat zu den Eintrittswilligen stets gesagt: «Das Opus Dei ist ein apostolisches Werk; es hat nur die Seelen im Auge. Unser Geist erlaubt uns nicht, wie eine Organisation für gegenseitige Hilfeleistung zu agieren.»

Die Seinen sagen, es sei «unvorstellbar, sich wegen persönlicher Ziele und beruflicher Vorteile der Zugehörigkeit zur Prälatur zu bedienen oder auch, um Stützen und Empfehlungen zu erlangen, auf der gesellschaftlichen Leiter höherzuklettern oder die eigene Meinung anderen aufzuzwingen». Und um die Wahrheit einer solchen These zu beteuern, erinnern sie daran, daß Escrivá den Mitgliedern, die irgendwie «helfen» konnten - zum Beispiel diejenigen mit leitenden Funktionen in den Privatunternehmen oder in der öffentlichen Verwaltung -, immer empfahl, jede «Vetternwirtschaft» zu vermeiden; auch, ja vor allem, gegenüber anderen Mitgliedern des Werkes. Escrivá wörtlich: «Es liegt auf der Hand, daß die Günstlingswirtschaft nicht nur dem Streben nach der christlichen Heiligkeit - das der einzige Grund für eure Zugehörigkeit zum Opus Dei ist -, sondern selbst den elementarsten Forderungen der evangelischen Moral widerspricht.»

Auf dieser Linie liegen auch die entschiedenen, wiederholten Mahnungen, nicht jene Art von «Doppelmoral» zu praktizieren (deren unübertreffliche Theoretiker und Meister die Kommunisten waren), die alles gutheißt, was der «Sache», der Partei dient, angefangen bei der Praxis, immer und überall die «Genossen» zu begünstigen. Meine Gesprächspartner im Werk versichern mir beschwörend, daß ein Mitglied des Opus Dei, sollte es sich so verhalten, hart zurechtgewiesen und ermahnt werden würde, zu bereuen und zu versprechen, derartige Praktiken aufzugeben.

Leere Worte? Um dies zu klären, darf der populäre Charakter nicht vergessen werden, den das Werk in vielen Ländern besitzt und der dafür sorgt, daß die große Mehrheit aus Hausfrauen, Arbeitern, Bauern, Angestellten und anderen einfachen Leuten besteht. Also Gesellschaftsklassen, die wohl kaum nach so etwas wie einer, immerhin katholischen, Freimaurerloge würden suchen können, um sich durch gegenseitiges Helfen «hervorzutun».

Welche Prestige- und Machtziele können zum Beispiel die vielen tausend Hausfrauen, Familienmütter, oft zwangsläufig Pflegerinnen ihrer alten und kranken Eltern, im Auge haben, die mit totalem Lebenseinsatz als Assoziierte oder Supernumerarierinnen tätig sind? Wenn ich hier die Frauen anführe, so deshalb, weil für sie, auch wenn es bei ihnen an anderen Versuchungen natürlich nicht fehlt (die Folgen der Erbsünde kennen keinen Geschlechtsunterschied: Adam, aber auch Eva ...), die Verlockung des Besitzens, der Macht, der glänzenden «Karriere» um jeden Preis, zumindest normalerweise, weniger stark ausgeprägt ist als bei ihren Brüdern. Stärker hingegen ist bei ihnen ausgeprägt die Abneigung gegenüber einer bestimmten Art Heuchelei, gegen die Vermengungen des Heiligen mit dem Profanen, gegen die erbaulichen Tugenderklärungen, hinter denen konkrete, wenn nicht suspekte politische Affären und Geldgeschäfte stehen. Wahrscheinlich hat auch deshalb die Freimaurerei die Anwesenheit von Frauen in ihren Logen stets abgelehnt.

Es gibt im Opus Dei ungefähr 40.000 Frauen aus der ganzen Welt und aus allen sozialen Schichten, von den niedrigsten bis zu den gehobensten: eine Masse von Komplizinnen oder, wenigstens, Hörigen?

Nicht zufällig «rekrutiert» das Werk seine Mitglieder unter allen Menschen; und so auch unter denjenigen, die wiederum keine Freimaurerloge aufnehmen würde, weil sie weder in der Lage sind, irgendwelche sozio-ökonomischen Vorteile zu erbringen noch ihren wohltätigen «Brüdern» Wohltaten zu verschaffen. Und das Werk wirbt auch unter jenen Mitglieder an, die keiner dieser Service Clubs aufnehmen würde, in die man nur dann «hineinberufen» werden kann, wenn man einer bestimmten Gesellschaftsklasse angehört.

Und sie zitieren weiter Escrivá: «Es ist unvorstellbar, daß jemand daran denken könnte, seine Zugehörigkeit zum Werk für irgendwelche persönlichen Vorteile auszunutzen oder anderen seine politischen oder kulturellen Auffassungen aufzudrängen; die anderen Mitglieder würden dies gar nicht erst dulden. Entweder würde der betreffende seine Haltung ändern oder aber er müßte das Werk verlassen. In diesem Punkt darf niemand im Werk je die geringste Abweichung zulassen, denn hier geht es um die Verteidigung nicht nur der eigenen Freiheit, sondern auch des übernatürlichen Charakters einer Aufgabe, der man in Hingabe dient.» Und der Selige schloß mit den Worten: «Deshalb denke ich, daß persönliche Freiheit und persönliche Verantwortung die beste Garantie für die übernatürliche Ausrichtung des Werkes Gottes sind.»

Wie Sie sich erinnern werden, stellten wir doch, als wir von den Pflichten sprachen, die ein solch «militanter Dienst» mit sich bringt, eine begründete Vermutung auf: für mögliche Karrieristen und Geschäftemacher wäre es viel bequemer, sich woandershin zu wenden. In diese Richtung gehen auch Escrivás Worte: «Wer, von einer Berufung dazu getrieben, bei uns anklopft, soll wissen, daß das Werk viel von ihm verlangt (Loslösung, Opfer, ständige Arbeit im Dienst der Seelen) und ihm auf der Ebene der zeitlich-irdischen Interessen nichts gibt.»

Was aber ist mit den eindrucksvollen curricula, mit den einflußreichen Posten, die Mitglieder des Werkes innehaben? Bei dieser Frage verbergen die Leute der Prälatur - trotz einer auf strenge Selbstkontrolle hin ausgerichteten Erziehung - nur mit Mühe ihren Überdruß, ständig Dinge wiederholen zu müssen, die offenbar schon tausendmal erklärt worden sind und für sie völlig klar sind. Sie erläutern also, daß es unter ihnen einige bekannte Namen gibt (freilich bei weitem nicht so viele, wie man zu sagen pflegt), aber daß diese wenigen VIP's nicht die Menge anonymer Gesichter, «gewöhnlicher Leute», vergessen lassen sollten, die die große Mehrheit des Werkes bilden.

Und sie erinnern auch daran (worauf wir übrigens bereits hingewiesen haben), daß der Erfolg bei der Arbeit nur eine natürliche Konsequenz aus dem Ernstnehmen des evangelischen Gleichnisses von den Talenten ist: die von Gott empfangenen Gaben und von der Vorsehung dargebotenen Gelegenheiten, soviel Ertrag als möglich einbringen zu lassen, wird man doch strenge Rechenschaft über sie geben müssen. Wenn man so handelt, erweist man nicht nur Gott die Ehre und bewirkt Gutes durch eine gut geleistete, gut bezahlte Arbeit: «die gewöhnlichen Dinge außergewöhnlich gut zu machen» ist auch (nach den Worten des Gründers) das wichtigste Instrument des Apostolats durch Arbeit.

Der Weg, 372: «Du entfernst dich von deinem Weg als Apostel, wenn du aus Anlaß oder unter dem Vorwand einer apostolischen Arbeit deine Amtspflichten unerfüllt läßt. Du verlierst mir sonst dein berufliches Ansehen, und gerade das ist dein Angelhaken als Menschenfischer.» Oder lesen Sie folgenden Satz (Die Spur des Sämanns, 781): «Wenn mitten in deiner gewohnten Arbeit der Wille nachläßt, dann halte dir wieder einmal folgendes vor Augen:

„Studium, Arbeit: das ist wesentlicher Bestandteil meines Weges. Ein mangelndes Berufsprestige als Folge meiner Trägheit würde meine Aufgabe als Christ unmöglich, unwirksam machen. Es ist der Wille Gottes, daß ich mich um berufliches Ansehen bemühe, damit ich besser die Menschen erreichen und ihnen so helfen kann." - Zweifle nicht daran: Wenn du deine Arbeit aufgibst, entziehst du dich und auch andere den göttlichen Plänen!»

Bei der Arbeit - so Im Feuer der Schmiede (980) - «no puedes ser un chapucero!» - «Du darfst kein Stümper sein». Denn mit ihr «mußt du im Beruf und in der Erfüllung deiner Pflichten allen Menschen deiner Umgebung gutes Beispiel geben: deinen Verwandten, deinen Freunden, deinen Berufskollegen, deinen Nachbarn, deinen Schülern...».

Bei diesem geistlichen Antrieb können verständlicherweise die Ergebnisse nicht ausbleiben. Daher die Aura von «Klassenbesten», die die Mitglieder häufig umgibt. Schuld hat «der Angelhaken», den sie gebrauchen.

Dennoch wirkt für manche Außenstehende dieser berufliche Erfolg nicht attraktiv, sondern gibt mitunter eher Anlaß zu Groll: «Wenn der dort Karriere macht und ich nicht, dann nicht deshalb, weil er mehr und besser arbeitet, sondern weil er von einer lobby unterstützt wird, weil seine „Brüder" des Opus Dei ihm helfen.» Vergessen wir nicht, daß heutzutage eine gewisse Denkart hinter feierlichen Worten wie «Gerechtigkeit» und «Gleichheit» jenen Neid zu veredeln trachtet, der seit jeher für jeden Menschen eine Versuchung ist und zu dessen Bekämpfung die christliche Tradition auffordert; aufgehetzt zu solchem Neid wird hingegen von gewissen Ideologien, die sich von nur allzu bekannten Menschen- und Weltbildern inspirieren lassen und die trotz ihres verheerenden Scheiterns in der Geschichte nicht verschwinden wollen. Es ist daher möglich, daß eine gewisse Feindseligkeit gegen «die vom Opus Dei» auch in diesen dunklen, von Demagogen und, in geringerem Maß, von frustrierten Neidern instrumentalisierten Zonen des menschlichen Herzens und Unbewußten ihre Wurzeln hat.

Wer sich jedoch dem Werk zu seiner geistlichen Formung anvertraut, darf (gemäß Escrivás nachdrücklicher Warnung im

Sämann, Nr. 125) eines niemals vergessen: «Nicht alle können reich, gelehrt, berühmt werden... Dafür sind wir aber alle - wirklich „alle" - dazu berufen, heilig zu werden.» Denn nach Escrivá können alle ehrenhaften Beschäftigungen und Tätigkeiten geheiligt werden, alle sind gleichwertig, denn schließlich «hängt ihre Rangstellung von der Gottesliebe ab, die man in ihre Ausübung hineinlegt». Und man zitiert seine Antwort gegenüber einem hochrangigen Kirchenmann, der ihm gratulierte, als einer seiner geistlichen Söhne zum Minister ernannt worden war: «Was geht mich das an, ob einer Minister oder Straßenkehrer ist? Mich geht nur an, daß er sich durch seine Arbeit heiligt.»

Ein «religiöses» Ziel, das allerdings nicht erreicht werden kann, wenn - wie einer der ersten Gedanken aus dem Weg (Nr. 32) mahnt - jener, der sich in die Schule Escrivás eingeschrieben hat, den anderen als «el escabel para alcanzar altura», als Sprungbrett für seine Karriere betrachtet. Auf diese Weise «tu no serás caudillo», wirst du - wenigstens aus christlicher Sicht - kein Führer werden. Wieder einmal rechtfertigt der Zweck nicht die Mittel, und eine auf den Schultern des Nächsten gemachte «Karriere» ist nicht Quelle des Heils, sondern des Verderbens.

In diesem Zusammenhang scheint es mir angebracht, zum besseren Verständnis (denn es handelt sich um einen wesentlichen Punkt) die Worte des Essayisten und Opus-Dei-Mitgliedes Giuseppe Romano zu zitieren: «Der Umstand, daß die Arbeit immer zu Gott führen kann und soll, bedeutet keinesfalls, daß man in eine Ethik des Erfolgs verfallen soll. Der Dienst, nicht der Erfolg beflügelt das Tun der Christen in der Welt: es ist nicht Selbstbestätigung, sondern Bestätigung Gottes. Die Arbeit muß gut ausgeführt werden, weil man Gott nicht eine schlechte Gabe anbieten kann; Gott verdient das Beste. Sie muß auch deshalb gut ausgeführt werden, weil sich dadurch das Leben aller verbessert, die Arbeit zu einem Dienst an den anderen und die eigene Präsenz in der Welt nicht nutzlos wird. Schließlich muß sie gut ausgeführt werden, damit vor aller Augen die Qualitäten des Gläubigen als Mitarbeiter Gottes an der Schöpfung und Neuschöpfung der Welt deutlich hervortreten.»

Und Romano weiter: «Das alles zieht Konsequenzen nach sich, die den Prinzipien der „calvinistischen" Ethik diametral entgegengesetzt sind. Die bezeichnendste dieser Konsequenzen: es gibt nicht bedeutende Aufgaben und unbedeutende Aufgaben; die Würde einer Arbeit hängt nicht von ihrer äußeren Bedeutung ab. Bedeutender ist jene Arbeit, die mit mehr Gottesliebe durchgeführt wird: so kann sich die niedrigste Beschäftigung in der Tat als einflußreicher für das Wohl der Welt erweisen als das angesehenste Amt. Jedes Mitglied des Opus Dei bemüht sich, je nach seinen Gaben, möglichst gut zu arbeiten, weil es Gott liebt und die Welt Gottes liebt. Das führt logischerweise häufig zum „Aufstieg" im Beruf, wie es vielen anderen tüchtigen Arbeitern widerfährt. Und dieser „Aufstieg" wird menschlich anziehende und liebenswerte Tugenden zum Strahlen bringen, derer sich Christus bedienen wird, um andere Menschen zu gewinnen.»

Hier nun wollen wir den Faden der Erörterung über die Freiheit der Angehörigen des Werkes wieder aufnehmen. Le Tourneau schreibt: «Auf Grund der „säkularen Mentalität" in allen beruflichen, politischen, sozialen usw. Fragen handelt jedes Mitglied an dem Platz, den es in der Welt einnimmt, gemäß den Geboten des eigenen - in richtiger Weise geformten - Gewissens und übernimmt die volle persönliche Verantwortung für seine Entscheidungen.»

Als 1982 das Opus Dei zur Personalprälatur erhoben und somit der Kongregation für die Bischöfe unterstellt wurde und (zu seiner Erleichterung) die Kongregation für Ordensleute verlassen konnte, befand die Kirche (oder besser: sie stellte nach eingehender Prüfung der Theorie, aber auch der mehr als ein halbes Jahrhundert bestehenden Lebenspraxis der Institution fest): «Was die Auffassungen im beruflichen, sozialen, politischen usw. Bereich betrifft, genießen die der Prälatur angehörigen Laien im Rahmen des Glaubens und der katholischen Moral sowie der kirchlichen Disziplin dieselbe Freiheit wie die anderen Katholiken, ihre Mitbürger; das heißt, die Prälatur identifiziert sich nicht mit den beruflichen, sozialen, politischen, wirtschaftlichen usw. Tätigkeiten irgendeines seiner Mitglieder.»

Hier kommt uns wieder das Bild von der «Tankstelle», von der «Agentur für geistliche Dienste» in den Sinn. Und vielleicht begreift man jetzt eher (es geht nicht darum, daß jeder überzeugt sein muß, doch erfordert die Pflicht, sich wenigstens um Verständnis zu bemühen) die ständigen Klarstellungen aus dem Informationsbüro der Prälatur: «Ihr könnt nicht dem Opus Dei zuschreiben, was in den Bereich der Freiheit und Autonomie seiner Mitglieder fällt. Bei uns suchen und finden sie die Mittel, um ihr religiöses Leben zu nähren. Was alles andere betrifft, so tun sie, was ihnen mit Sicherheit nicht das Werk, sondern ihr Gewissen und ihre berufliche Einstellung raten.»

In diesen Texten heißt es: «Die Mitglieder des Opus Dei üben ihre Freiheit vor allem bei der Berufsarbeit aus: angefangen bei der Wahl ihrer Tätigkeit und der für ihre bestmögliche Durchführung nötigen Mittel. Rechenschaft über ihr Wirken werden sie nur gegenüber den Leitern ihrer Arbeitsbetriebe, den Aktionären ihrer Gesellschaft, den offiziellen Organen, in deren Auftrag sie arbeiten, usw. ablegen. Niemals - ausdrücklich: niemals - werden sie den Leitern des Werkes darüber Rechenschaft geben.»

Dieselben Texte präzisieren: «Auch wenn das Werk diesbezüglich nichts mitzureden hat, so ist es andererseits ebenso klar, daß es sich auch nicht der Berufsarbeit seiner Mitglieder bedienen kann, um Privilegien und Vorteile zu erlangen: das würde einer Verleugnung des rein geistlichen Charakters der Institution gleichkommen.»

Um bei den wirtschaftlichen Fragen zu bleiben, da gibt es einige, die immer wieder auftauchen und auf die auch ich, wie ich gestehen muß, gern eine Antwort hätte. Also: Was machen die Mitglieder mit ihrem Geld? Können sie es ausgeben, wie es ihnen beliebt? Oder müssen sie alles an die Organisation abliefern? Dürfen sie einen Teil davon behalten? Wieviel?

Hören wir, was die Institution selber sagt: «Erstens: es gibt keine festen Beiträge. Das Klima der Freiheit und des Vertrauens auf das persönliche Gewissen muß auch die wirtschaftliche Solidarität zwischen den Mitgliedern und der Institution leiten. Zweitens: die Mitglieder zeichnen sich nicht dadurch aus, daß sie mehr oder weniger beitragen. Es gibt keine Ehrenmitglieder. Die verschiedenen Umstände, unter denen die einzige Berufung gelebt wird, haben auch einen Einfluß auf das, was die Mitglieder wirtschaftlich dem Werk zuführen können.»

Im Folgenden fasse ich zusammen, was die Normen und Gepflogenheiten für die «verschiedenen Umstände», wie sie es nennen, vorsehen.

Wir beginnen mit den Numerariern, für die, da sie zölibatär leben, «die authentische Familie das Werk ist». Was sie mit ihrer Berufsarbeit verdienen - und, wie wir wissen, haben alle einen Beruf und besitzen alle einen akademischen Studienabschluß -, «ist für den eigenen Unterhalt und für die apostolische Tätigkeit».

Im Unterschied zu vielen religiösen Orden lebt das Opus Dei nicht von Almosen: jeder erhält sich durch seine Arbeit, doch bedarf es eines gemeinsamen Fonds für die «korporativen Werke» (die alle prinzipiell defizitär sind) und für die interne Organisation, auch wenn diese auf ein Mindestmaß beschränkt ist: die Angst vor der Bürokratisierung schien mir hier äußerst lebendig zu sein (dieser Gefahr ist ja auch die nachkonziliare Kirche nicht entgangen: die Vemehrung der Büros, der Sekretariate, der Dikasterien, der Kommissionen, der Schalter mit entsprechenden Funktionären erschien vielen «zeitnahen» Klerikalen - wer weiß, warum - höchst «modern», «fortschrittlich»...).

Aus den Gehältern oder Einkommen, die sie an das Zentrum, in dem sie wohnen, abführen, verfügen die Numerarier und Numerarierinnen über das, was sie für ihre ordentlichen Ausgaben brauchen; für die außerordentlichen Ausgaben - dazu gehört z.B. die Anschaffung eines Kleidungsstückes oder anderer persönlicher Gegenstände - bitten sie den Leiter um den entsprechenden Betrag, wobei sie sich (den Worten des Gründers gemäß) immer «wie der Vater oder die Mutter einer armen, kinderreichen Familie» verhalten. Unsere Quelle fügt hinzu: «Dem Werk gehören nicht die Erbgüter der Numerarier und der Assoziierten (und, aus einsichtigen Gründen, schon gar nicht die der Supernumerarier), die ihr ererbtes Eigentum behalten und darüber nach eigenem Wunsch verfügen.»

Tatsächlich, so wird versichert, wurde die Institution «vom Gründer so organisiert, daß das Werk als solches nach kirchlicher und staatlicher Rechtsordnung über eine möglichst geringe Zahl von Gütern verfügen sollte».

Ja, soviel sich herausstellt, ist die Prälatur nur Eigentümerin des Gebäudekomplexes in der Viale Bruno Buozzi, in dem die «Zentralleitung» untergebracht ist. Was den übrigen Immobilienbesitz betrifft, so ist er - wie gleich betont wird - weitaus geringer als jener der religiösen Orden und Kongregationen. Und das deshalb, weil «Ordensbrüder» und «Ordensschwestern» - zwangsläufig - in Gemeinschaft, in Kommunitäten leben und somit Gebäude benötigen, die oft sehr geräumig und vorteilhaft gelegen sind. Die weitaus meisten Mitglieder des Opus Dei hingegen setzen ihr normales Leben fort und wohnen zu Hause.

Nicht einmal die Anlagen und Einrichtungen der «apostolischen Werke», deren geistliche Leitung dem Werk anvertraut ist (zum Beispiel das Zentrum ELIS in Rom oder der Campus der Universität von Pamplona), gehören dem Opus Dei selbst, sondern bürgerlichen Organisationen, die sich ihrer Errichtung und Führung annehmen.

Sicher: ein derartiges System hat eine Fülle von Verdächtigungen hervorgebracht - und tut es weiter. In der Tat sind dabei die üblichen zwei gegensätzlichen Lesarten möglich.

Nach der «negativen» Lesart stehen wir hier vor einem typischen System der «Phantom-Gesellschaften», der finanziellen «Schattenspiele», um durch ein Netz von Strohmännern den wahren Eigentümer zu verschleiern.

Aber es gibt auch eine «positive» Lesart, die das Werk natürlich fördert: eine Struktur als «Agentur für geistliche Bildung», die bei den Ihrigen den Sinn für die Autonomie und zivile Verantwortung entwickelt. Auch wenn sie von den religiösen Motiven bewegt werden, die sie zum Opus Dei hingeführt haben und die das Werk festigt, handeln sie als gewöhnliche Staatsbürger, «die bei der Ausübung ihrer Rechte so vorgehen, wie sie es tun würden, wenn sie nicht Mitglieder des Werkes wären».

Die «Werke des Werkes» (Geld für die Leitung und Verwaltung eingeschlossen sowie natürlich das entsprechende bewegliche und unbewegliche Eigentum) «sind also in Wirklichkeit reine Privatinitiative und können daher niemals, nicht einmal entfernt als offiziell oder offiziös „katholische" Initiativen angesehen werden». Solche korporativen Werke werden (wir zitieren weiter aus einer «autorisierten» Quelle) «mit laikalen Methoden und Mentalität verwirklicht und geleitet: sie entstehen und entwickeln sich entsprechend den staatlichen Gesetzen des Landes, in dem sie tätig sind, ohne irgendwelche Privilegien zu genießen. Ihre Leiter sind dafür direkt den zuständigen staatlichen Behörden gegenüber verantwortlich».

Mit Recht kehrt das Opus Dei die gegen die Institution gerichtete Anschuldigung um, wonach das System, den Besitz einem Netz von Laiengruppen zuzuschreiben, auch ein Mittel sei, dem Fiskus zu entkommen und die Wirtschafts- und Finanzgesetze im allgemeinen zu umgehen. Genau das Gegenteil sei der Fall, sagen sie: Gerade die Ablehnung, die Aktivitäten als «religiös», als «katholisch» hinzustellen, hat den Verzicht auf die vielen Privilegien und beträchtlichen Steuererleichterungen zur Folge, die viele Länder für derartige Einrichtungen vorsehen. Auf jeden Fall wird daran erinnert, daß die Statuten die Gläubigen der Prälatur «zur größten Achtung vor den rechtmäßigen Gesetzen der zivilen Gesellschaft» auffordern. Wenn Ziel der Bildung, die das Werk erteilt, ist, Menschen hervorzubringen, die völlig bereit sind, «Gott zu geben, was Gott gehört», so wird man, wie versichert wird, natürlich den anschließenden Satz nicht vergessen, nämlich, «dem Kaiser zu geben, was dem Kaiser gehört». Man muß tatsächlich zugeben, daß - entgegen den immer wiederkehrenden Stimmen, Verdächtigungen und Beschuldigungen - niemals, in keinem Land, Beweise für eine Verstrickung der Prälatur in ökonomische Spekulationen gefunden worden sind. Und man schwört, daß das niemals geschehen kann : aus dem einfachen Grund, daß das Werk es ablehnt, an irgendetwas anderem teilzuhaben als an der religiösen und menschlichen Bildung und Formung.

Wenn wir nun mit der Behandlung der ökonomischen Frage fortfahren, so kommen wir von den Numerariern zu den Assoziierten.

Sie «leben wegen der Umstände ihrer Berufung in der Familie, in der sie geboren sind, entweder mit Verwandten oder allein, und sorgen, wenn nötig, für den Unterhalt ihres Haushalts. Was sie zur Verfügung stellen können, verwenden sie als Hilfe für die vom Werk geförderten apostolischen Werke».

Nicht vergessen werden darf, so wird präzisiert, daß «man mit den von den Numerariern und von den Assoziierten entrichteten Geldern für die Bedürfnisse der in Not befindlichen oder kranken Mitglieder aufkommt und ihren Familien hilft, wenn die Eltern alt oder krank sind und nicht über ausreichende Mittel verfügen. Freigebig sorgt man dafür, daß es denen, die so großzügig waren, die Berufung ihrer Kinder zu akzeptieren, nicht am Notwendigen fehlt».

Mit einem Anflug von bitterer Ironie heißt es dann in diesem Dokument: «Diese Hilfe wird praktisch nie erwähnt, wenn vom Opus Dei die Rede ist. Uns soll das recht sein: denn wir sind überzeugt, das Gute verschleißt sich, wenn es bekannt gemacht wird.»

Wer zwischen den Zeilen zu lesen versteht, mag darin eine Art Antwort finden auf die Anschuldigungen gegen das Opus Dei, es mache die Jugendlichen hörig, damit sie die Familien verlassen und Numerarier werden. Eine Polemik, die keineswegs neu ist: ja, sie ist so alt wie die Geschichte der Ordensberufe, in der Spannung zwischen der Freiheit der jungen Menschen, einem für übernatürlich gehaltenen Ruf zu folgen, und dem (gleichfalls verständlichen) Verlangen der Eltern, sich jener Freiheit selbst gegenüber Söhnen und Töchtern zu widersetzen, die großjährig und zur Unterscheidung fähig sind. So geschehen - um ein berühmtes Beispiel anzuführen - in der Familie des Thomas von Aquin, die den künftigen Heiligen und Kirchenlehrer sogar ein Jahr lang in dem Kastell bei Frosinone einsperren ließ. In solchen Fällen befolgte und befolgt man in der Kirche (und somit auch im Opus Dei, doch wie üblich, löst nur hier die Anwendung dieses traditionellen und bei den Katholiken unangefochtenen Prinzips Entrüstung aus), was schon der hl. Augustinus lehrte: «Honorandus est pater, sed oboediendum est Deo. Amandus est generator, sed praeponendus est Creator» (Du sollst deinen Vater ehren, aber Gott gehorchen. Du sollst deinen Erzeuger lieben, aber dem Schöpfer den Vorzug geben).

Wie wir gesehen haben, greift das Werk immer ein, wenn die Berufung des Sohnes oder der Tochter die Familie tatsächlich in wirtschaftliche Schwierigkeiten bringen sollte; oder wenn (auch viele Jahre nach dem Beitritt) die Notwendigkeit besteht, wegen plötzlich aufgetretener familiärer Schwierigkeiten zu helfen. Dabei bleibt allerdings klar, daß das Opus Dei, so wie es auf keinen Fall eine «Organisation zu gegenseitiger Hilfeleistung» für die Mitglieder sein will, auch nicht beabsichtigt, es für deren Familien zu sein. Auch hier also das strenge, aber realistische Motto: «Jedem Mast sein Segel» - ein übrigens höchst pädagogisches Prinzip: vor allem in unserer heutigen Gesellschaft, die das für die Staatsfinanzen, aber auch für den Charakter der Menschen ruinöse System undifferenzierter Beihilfeansprüche zu einem «Recht» erhoben hat, das es verbissen zu verteidigen gilt, mit dem lauten Ruf, daß bei allem, was geschieht, immer «irgendein anderer» dafür sorgen und aufkommen müsse.

Doch fahren wir mit der Behandlung der wirtschaftlichen Fragen fort und kommen wir nun zu der zahlenmäßig größten Mitgliedergruppe, den Supernumerariern.

Unsere autorisierte Quelle sagt dazu: «Sie leben zu Hause, von ihrer eigenen Arbeit. Sie liefern - je nach ihrer Möglichkeit und Freigebigkeit - freiwillige Beiträge, um die apostolische Arbeit des Werkes zu unterstützen. Jedenfalls wird nie ein Mindestbetrag festgelegt. Die Höhe der finanziellen Beiträge eines Supernumerariers wird immer von dem Betreffenden selbst bestimmt, unter Berücksichtigung seiner Lebensverhältnisse und ohne Nachteile für seine Familie zu verursachen, denn dieser Beitrag muß aus dem persönlichen Opfer stammen und nicht vom Opfer anderer, nicht einmal von den engsten Verwandten.»

Hier bedarf es vielleicht noch ein paar ergänzender Anmerkungen. So gibt es vor allem im Unterschied zu den Orden und Kongregationen und auch zu den Säkularinstituten (denn die Strukturen und die Art der Berufung sind völlig anders), seitens der Institution keine Kontrollen des Lebens der Mitglieder: und zwar keines einzigen Lebensbereichs, auch nicht des wirtschaftlichen.

«Das System funktioniert - und es funktioniert gut - allein dank einer ständig erneuerten Freiwilligkeit.»

Es könnte zum Beispiel vorkommen, daß ein Supernumerarier, Freiberufler oder Unternehmer mit hohem Einkommen weniger zahlt, als er nach seinem Gewissen dieser Familie, die für ihn das Opus Dei geworden ist, gegenüber zu zahlen moralisch verpflichtet wäre. Trotz fehlender Kontrollen (außer der Selbstkontrolle des Gewissens des Betreffenden) scheint es derartige Fälle nicht zu geben; beziehungsweise sollte es sie geben, scheinen sie nicht von langer Dauer zu sein. Und das nicht auf Grund von Eingriffen seitens der Verantwortlichen des Werkes - die gar nicht vorgesehen sind -, sondern weil dieses Verhalten notwendigerweise zum freiwilligen Ausscheiden führt. Was nur verständlich und logisch ist angesichts der Tatsache, daß sich alles auf die Berufung, auf die Freiwilligkeit, auf einen frei geschlossenen und jederzeit lösbaren Vertrag, auf den Sinn für persönlichen Einsatz, Verantwortlichkeit und Würde stützt. Wer in aller Freiheit über sämtliche Erträge aus seiner Arbeit verfügen will, muß daraus die Konsequenzen ziehen: nichts und niemand hält ihn in einem Lebensstil fest, der nicht der seine ist. Und jeder weiß ja, daß er nicht zum Opus Dei zu gehören braucht, um als guter Christ zu leben und seine Seele zu retten...

Hier lohnt vielleicht eine kleine psychologische Beobachtung: Wenn du wissen willst, welche Probleme jemand hat, schau dir an, wessen er die anderen verdächtigt und beschuldigt. Gewöhnlich verkörpert gerade der «Fehler» oder der «Mangel» an Menschlichkeit, den er dem Kollegen zur Last legt, die Zwangsvorstellung, von der er selbst beherrscht wird, oder die Versuchung, der er nachgibt. So ist es nur in einer Kultur, in der viele dem Geld die allererste Stelle der Werteskala einräumen, verständlich, daß über die Menschen und Institutionen der Kirche sowie über das Opus Dei im besonderen ständig die Verdächtigungen und Beschuldigungen, «sich bereichern zu wollen», verbreitet werden. Wer nicht vom Geld besessen ist, beschuldigt nicht - derart fanatisch - andere, die Geldbeschaffung hinter scheinbar religiösen Vorwänden zu tarnen. Aus Glaubensentscheidungen lassen sich sehr wohl aufrichtige Lebensentscheidungen erklären. Aber viele scheinen das nicht einmal zu vermuten.

Anstoß zu einem Diskurs über die Freiheit mag auch die Verpflichtung zur Keuschheit geben: im Opus Dei wird man den Numerarier oder Assoziierten, der, auch in reiferem Alter, lieber heiraten als weiter zölibatär leben möchte, auffordern, sich das gut zu überlegen, über sein Tun nachzudenken; aber man wird ihn schließlich nicht an dieser Entscheidung zur Ehe hindern, die, wie wir wissen, das Werk bei der großen Mehrheit der Mitglieder schätzt und fördert.

Die Struktur der Institution läßt keine Situationen zu, wie wir sie aus vielen religiösen Orden kennen, in denen sich Mönche und Nonnen nach der Ablegung ihrer endgültigen und feierlichen Gelübde der «Armut, der Keuschheit und des Gehorsams» theoretisch (und nicht selten praktisch, vor allem in diesen Jahrzehnten) irgendwie als deren «Gefangene» fühlen. Und das nicht nur in kirchenrechtlicher Hinsicht (um kirchlich getraut zu werden, benötigt jemand, der durch das Gelübde gebunden ist, eine Dispens direkt aus Rom, die, nach den Lockerungen der Jahre Pauls VI., jetzt nicht immer so einfach gewährt wird), sondern auch angesichts der wirtschaftlichen und sozialen Kehrseite: das heißt, wegen der Schwierigkeit, als «Laie» eine Arbeit zu finden und sich in passender Weise wieder in das «normale» Leben einzugliedern. Unter den Zehntausenden ehemaliger Priester, Ordensmänner und Ordensfrauen der Nachkonzilszeit haben sich leider oft verborgene Dramen ereignet (und ereignen sich weiter), die nicht alle und allein Folge von Gewissensnöten, sondern von jenen «materiellen» Fragen waren, die nur ein unmenschlicher und wirklichkeitsfremder Spiritualismus ignorieren könnte.

Diese Art von Problemen gibt es für diejenigen, die sich im Opus Dei zum Zölibat verpflichten, nicht (es handelt sich freilich, vergessen wir das nicht, um eine Minderheit). Es ist wahrscheinlich, daß von dieser Freiheit, von dieser jeden Tag vor Gott und vor sich selbst aus freien Stücken erneuerten Entscheidung (wie das bereits zitierte Wort Escrivás andeutet, einer bleibe im Werk «weil er es so will...»), von der konkreten Möglichkeit, dank der eigenen Arbeit auch eine andere Lebensverpflichtung eingehen zu können, daß also von alldem nicht nur die Wirksamkeit der Institution herrührt, sondern auch das

Fehlen von verborgenem Zwang und vielleicht Resignation; und man vermeint dies zu spüren, wenn man sich unter diesen Leuten aufhält. Bei ihnen scheint jedenfalls die, wenn auch stets beherrschte, Begeisterung für den eigenen Glaubenseinsatz (wie hoch auch der «Preis» in den Augen derer sein mag, die ihre Sicht nicht teilen) die Regel und nicht die Ausnahme zu sein.

Was also das Geld anbelangt, so dürfte die Sache einigermaßen geklärt sein. Was aber ist mit der Politik? Was geschieht in der Politik, in der die Obra ja angeblich eine heimliche Rolle spielt, die natürlich in eine ganz bestimmte Richtung («Sympathie für Rechtsparteien», wie es in dem oben zitierten Text heißt...) geht?

Auch hier interessieren uns die Argumente der Verteidigung, die in diesem Fall mit einer Beobachtung beginnt, die ich schon selber vorweggenommen habe, da ich sie für richtig und wohl für ein Stück gesunden Menschenverstandes halte. So erklärt Le Tourneau: «Wer nicht an religiöse ideale und moralische Werte glaubt, die jenseits aller politischen Unterschiede Menschen zu einem gemeinsamen Unternehmen zusammenführen können, dem mag mit dem Hinweis auf einen soziologischen Tatbestand gedient sein: Die Mitglieder des Opus Dei, die aus 87 verschiedenen Ländern der Erde, aus allen sozialen Schichten, Rassen und aus vielen Kulturkreisen kommen, leben in ihrem jeweiligen familiären und beruflichen Umfeld.»
Wenn das die Realität ist - wie es ja tatsächlich der Fall ist -, so erscheint die Frage, die daraus folgt, nur logisch: «Wie könnte das Werk so unterschiedlichen, an so vielen Orten lebenden Menschen dieselben politischen Grundsätze verbindlich vorschreiben, und das in einer Materie, die so bunt und so reich an diskutablen Lösungen ist wie die Politik?» Ja, wie könnte das Werk fordern, daß ein Kenianer sein Verhalten dem eines Australiers aufdränge, ein Guatemalteke seines dem eines Philippiners, ein Bürger Singapurs das seine dem eines Luxemburgers?

Und genau das bemüht sich dieser französische Autor, Mitglied des Werkes, sogleich zu erklären, nämlich wie die Beziehung (oder, besser, die «Nicht-Beziehung»), die angeblich zur Politik besteht, zu verstehen sei. Ein ziemlich langes Zitat, aber die Verteidigung muß angehört werden, vor allem wenn sie die Mechanismen erläutert, die - zumindest in der Absicht derer, die sie vortragen - zu einem Freispruch führen sollten.

Le Tourneau schreibt also: «Unmißverständlich sagte Msgr. Escrivá: „Jedes Engagement für eine ideologische, kulturelle, wirtschaftliche oder politische Tendenz, Gruppierung oder Regierungsform ist ihm (dem Opus Dei, Anm.d.V.) absolut fremd." In einer Instruktion für die Leiter des Opus Dei wies der Gründer sie an, in ihrer Leitungsarbeit niemals über Politik zu sprechen: „Alle Meinungen, die auf dem Boden der kirchlichen Lehre stehen, haben im Opus Dei ihren Platz." Er fügt hinzu, die beste Garantie dafür, daß die Leiter sich nicht in Bereiche einmischen, die der freien Meinung des einzelnen überlassen sind, sei ein geschärftes Bewußtsein der eigenen Freiheit unter den Mitgliedern selbst. „Denn wenn die Leiter so weit gingen, in einer zeitlichen Frage einen konkreten Grundsatz als verpflichtend aufzustellen, würden die anderen Mitglieder des Opus Dei, die unterschiedlicher Meinung sind, sich sofort und mit vollem Recht widersetzen; und ich hätte die traurige Pflicht, diejenigen, die entschlossen den Gehorsam verweigern, zu loben und jene Leiter mit heiliger Entrüstung zu tadeln, die eine Autorität in Anspruch nehmen, die sie nicht besitzen können."»

Der Autor setzt seine «Apologie» wie folgt fort: «Man muß wissen, wieviel die Gründung des Opus Dei Msgr. Escrivá gekostet hat, um den Heroismus einer weiteren Erklärung zu begreifen, die die vorhergehende noch verstärkt: „Vor langer Zeit habe ich geschrieben, wenn das Opus Dei jemals Politik getrieben hätte, und wäre es auch nur für die Dauer einer Sekunde, würde ich in diesem selben Moment der Verirrung das Werk verlassen haben. Man darf daher Nachrichten, die behaupten, wir seien in politische, wirtschaftliche oder jedenfalls zeitlich-weltliche Fragen (wie immer die aussehen mögen) verwickelt, nicht den geringsten Glauben schenken. Einerseits sind unsere Mittel und unsere Zwecke immer und ausschließlich übernatürlicher Art; und andererseits besitzt jedes einzelne Mitglied, ob Mann oder Frau, in zeitlichen Belangen als Bürger eine absolute persönliche und von allen respektierte Freiheit nebst der daraus folgenden, logischerweise ebenso persönlichen Verantwortlichkeit. Daher ist es unmöglich, daß das Opus Dei sich jemals mit Unternehmungen abgibt, die nicht unmittelbar geistlicher und apostolischer Natur sind; und eben diese haben keine Beziehung zum politischen Leben irgendeines Landes. Ein in die Politik involviertes Opus Dei ist ein Hirngespinst, das nie existiert hat und nie wird existieren können: Sollte dieser unmögliche Fall eintreten, würde sich das Werk unverzüglich auflösen." »

Le Tourneau fährt fort: «Der Pluralismus wirft im Opus Dei keine Probleme auf. Bereits 1930 nannte ihn der Gründer „einen Ausdruck des guten Geistes, ein Zeichen der Redlichkeit unseres gemeinsamen Handelns und der Achtung vor der berechtigten Freiheit eines jeden". (...) Für die meisten Gläubigen der Prälatur heißt politische Betätigung genau dasselbe wie für die Mehrheit ihrer Mitbürger: die Wahrnehmung bürgerlicher Rechte und Pflichten und die Teilnahme am politischen Leben auf den Wegen, die ihnen in ihrem Land offenstehen, und in dem Maße, wie es ihren Möglichkeiten und Fähigkeiten sowie ihrem Interesse entspricht. Jemandes politische Ideen oder - im Falle eines Politikers - sein politisches Wirken dem Opus Dei zuzurechnen, ist widersinnig.»

«Diese Haltung der Toleranz macht es möglich», sagt unser Autor abschließend, «daß zum Opus Dei Menschen all jener politischen, intellektuellen und weltanschaulichen Richtungen gehören, die mit einem christlichen Gewissen vereinbar sind».

Es ist klar, daß sich hier sogleich die quälende Frage nach den Beziehungen des Werkes zu einem Mann wie Francisco Franco Bahamonde und seinem Regime aufdrängt, das die ganzen Jahrzehnte zwischen 1938 und 1975, dem Todesjahr des Caudillo, in Spanien herrschte.

In dem Konzert der Verdächtigungen und Beschuldigungen gegen das Opus Dei kommt diesem Problem derartige Bedeutung zu, daß wir ihm hier, wie ich schon angedeutet habe, eine Art Zusatzdokumentation (vgl. Beitrag von Giuseppe Romano im Anhang, Anm.d.V.) widmen werden. Und auch ihr wird es vielleicht nicht an Überraschungen mangeln: Sie werden selbst sehen; mir jedenfalls war es so, als würde ich welche entdecken. Allerdings darf ich hier schon auf eine häufig übersehene Tatsache hinweisen, von der in einer «internen» Publikation die Rede ist: «Erwähnt sei, daß die Tätigkeit von drei Mitgliedern des Opus Dei in einer Franco-Regierung zu unterschiedlichen Deutungen Anlaß gegeben hat; dabei wird oft übersehen, daß gleichzeitig andere Mitglieder des Werkes in der Opposition standen, ins Exil gehen mußten, aus politischen Gründen im Gefängnis saßen oder Opfer der Willkür eben dieser Regierung wurden.»

Tatsache ist jedenfalls, daß sich, allen journalistischen Gerüchten und generellen Verdächtigungen zum Trotz, in keinem Land der Welt eine wie auch immer geartete Rolle des Opus Dei im politischen Kampf erwiesen ist. Männer - und Frauen -, die zum Werk gehören, beteiligen sich an der Politik so wie an jeder anderen Form menschlichen Engagements, wobei sie dasselbe Recht und dieselbe Pflicht genießen, sich mit dem Staat zu beschäftigen, die (wenigstens in demokratischen Staatsformen) jedem Bürger zustehen. Doch sie nehmen hieran als Einzelpersonen und eben nicht als Mitglieder des Opus Dei teil.

Das Werk scheint objektiv nicht unrecht zu haben, wenn es jemanden des «Klerikalismus» beschuldigt, der diese individuelle Aktivität seiner Mitglieder argwöhnisch beobachtet oder - schlimmer noch - sie am liebsten verbieten würde. Tatsächlich würde er damit zu erkennen geben, daß er jene Numerarier, Assoziierten und Supernumerarier mit «Ordensleuten» verwechselt, die sie ebensowenig sind wie «Priester», «halbe Priester» oder «Mönche und Nonnen in Zivil». Denn, wie Sie sehr wohl wissen, ist die bis zum äußersten gehende Verteidigung des laikalen Charakters, der «Normalität», zu «bleiben, wie und wo man ist», ein grundlegendes Wesensmerkmal des Werkes.

Untersagt ist die «aktive» politische Tätigkeit (ausgenommen die Stimmabgabe bei Wahlen) hingegen den Priestern - sie sind «wirkliche» Priester - die dem Klerus der Prälatur angehören. Ja, von ihnen wird verlangt, ihre politischen Ansichten für sich zu behalten, um jene, denen sie Beistand gewähren, der nur geistlicher Natur sein darf, nicht zu beeinflussen. Sie müssen - als Priester des Hohenpriesters Jesus Christus - Zeichen und Zeugen der Einheit und niemals der Spaltung sein. An sie (wie übrigens auch an die übrigen Mitglieder, aber an jeden nach seinen je besonderen Verantwortlichkeiten, die für einen Priester und für einen Laien objektiv verschieden sind) richtet sich unter anderem eine Mahnung aus der Spur des Sämanns: «Beabsichtige nicht, die Welt in ein Kloster zu verwandeln, denn das wäre eine Verirrung. Aber versuche auch nicht, aus der Kirche einen weltlichen Verein zu machen, denn das wäre Verrat» (Gedanke 312).

Die nunmehr jahrtausendealte Erfahrung zeigt, daß für die Sache des Evangeliums nichts verhängnisvoller ist als der politisierende - oder auch nur als «Politologe» agierende - Priester oder Ordensmann, wie sie noch immer da und dort auftreten. Ein solches Verhalten mag ihren Bekanntheitsgrad fördern, sicher aber nicht den Glauben.

Wir sagten jedoch, daß es keinen Beweis für eine Einmischung des Opus Dei in die inneren Angelegenheiten irgendeines Landes gibt. Ja, der Numerarier Gómez Pérez bietet gar eine Wette an, die aber, wie es scheint, tatsächlich niemand aufgegriffen hat: «Man möge doch nur eine einzige Stellungnahme anführen, die das Opus Dei in seiner über sechzigjährigen Geschichte für oder gegen eine bestimmte Politik abgegeben hätte.»

Wenn wir den Fall Italien, der mir notgedrungen am vertrautesten ist, als Beispiel nehmen, so stellen wir fest, daß es nicht einmal innerhalb jener «Katholiken»-Partei «Kandidaten» und «Gewählte» des Opus Dei gibt, je gegeben hat und - so versichert man - je geben wird, für die im Laufe vieler, vielleicht zu vieler Jahrzehnte die Bischöfe, wenn auch zunehmend zurückhaltender, Wahlempfehlungen ausgesprochen haben.

Ganz anders ist die Situation (denn es gibt innerhalb der Kirche verschiedene legitime «Berufungen») bei Comunione e Liberazione - gleichfalls eine kirchliche Bewegung mit dem Ziel der Glaubensbildung, die aber durch ihren «politischen Arm», den Movimento

Popolare, ihre Kandidaten dem Parlament vorschlug und die Massen der Stimmen ihrer Mitglieder und Sympathisanten auf sie konzentrierte.

Soweit mir bekannt ist, sitzt in dem (während ich schreibe noch amtierenden) italienischen Parlament ein einziger Abgeordneter, der Mitglied - Supernumerarier - des Opus Dei ist. Aber mir ist auch bekannt - das haben mir nicht nur viele versichert, sondern dafür habe ich auch offizielle Beweise -, daß während des Wahlkampfes nicht eine einzige Werbeschrift jenes Kandidaten in einem Zentrum des Werkes ausgelegt und von ihm selbst keinerlei Wahlempfehlung ausgegeben worden ist. Vor kurzem haben in einigen wichtigen italienischen Städten (die Hauptstadt eingeschlossen) dramatische Wahlen stattgefunden, die Männer und Frauen von «links» und «rechts», die jedoch alle außerhalb der Tradition des politischen Katholizismus stehen, in die Stichwahl führten. Eine schwierige Entscheidung für die Gläubigen; jedenfalls eine Entscheidung, die das Opus Dei auch hier der Gewissensfreiheit seiner Mitglieder überließ. In den zwei Wochen vor der Stichwahl zwischen den beiden Kandidaten - es herrschte ein aufgeheiztes Klima - hatte ich Gelegenheit, mit mehreren Mitgliedern des Werkes zu sprechen, um meine Information zu vervollständigen. Dabei entdeckte ich, daß es bei ihnen alle drei Möglichkeiten gab: Stimme für den Kandidaten «von links», Stimme für jenen «von rechts», Stimmenthaltung oder weißer Stimmzettel. Doch keiner von ihnen betrachtete seine Entscheidung als «katholischer» oder «für einen Gläubigen angemessener» als jene der anderen Mitglieder.

Denn, wie es in den Statuten heißt «enthält sich» das Opus Dei - aus Demut, aber auch aus Achtung vor der Freiheit seiner Mitglieder - «kollektiver Handlungen»; diese Enthaltung geht so weit, daß untersagt wird, «gemeinsam an öffentlichen religiösen Veranstaltungen, wie Prozessionen» teilzunehmen; ebenso verbieten die Statuten «die Veröffentlichung von Zeitungen und jeder anderer Art von Drucksachen unter dem Namen des Werkes». Eine Zeitung muß die Tagesfragen kommentieren - bei den Themen Glaube und Moral aber vertritt das Opus Dei die Meinung des

Lehramtes und bei allen anderen Themen kennt es keine kollektive Meinung, sondern nur die, die jedes einzelne seiner Mitglieder in aller Freiheit vertritt. Unter dem Namen der Prälatur erscheint nur ein Mitteilungsblatt (mit dem Titel «Romana», was ein weiteres Mal die Treue zur Kirche unterstreichen soll), das sich auf die internen Nachrichten, wie die apostolischen Aktivitäten, die Namen der Leiter, die statistischen Daten usw., beschränkt.

Nun aber, gerade das Unverständnis für diese Haltung liefert den Grund für all die Beschuldigungen der Heimlichkeit und Verschleierung: Das Werk tritt als solches nicht öffentlich in Erscheinung, es bezieht nicht coram populo, in der Öffentlichkeit, Stellung; folglich ist es ein Geheimbund...

Stimmt das? Handelt es sich bei dieser Enthaltung von soziopolitischen Stellungnahmen und Urteilen nur um eine bühnenreife Inszenierung für die Massen? Wird hier bloß ein weiterer Betrug verübt, auch gegen den hier anwesenden einfältigen Chronisten, indem man top secret-Weisungen, die auf vertraulichstem Weg allein den «Brüdern» zugeleitet werden, vor ihm verbirgt? Gewiß: man sollte (vor allem in meinem Beruf) nicht zu voreilig die realistische Warnung jenes antiken skeptischen Philosophen zurückweisen: «Sei immer gewärtig zu mißtrauen!»

Studiert man jedoch - wie ich es natürlich getan habe - die Normen des Codex, also der von der Kirche offiziell approbierten Statuten der Prälatur (wir haben sie oben erwähnt), so liest man in einem der letzten Artikel, der Nummer 181/1: «Dieser Codex ist das Fundament der Prälatur des Opus Dei. Seine Normen sind daher als heilig, unverletzlich, immerwährend und, sowohl was Änderungen wie die Einführung neuer Vorschriften betrifft, als ausschließlich dem Heiligen Stuhl vorbehalten zu betrachten.»

Und nun befindet sich unter diesen so feierlich als sanctae, inviolabiles, perpetuae bezeichneten Normen auch die Vorschrift des Artikels Nummer 88: «Jeder Gläubige der Prälatur genießt innerhalb der durch die katholische Glaubens- und Sittenlehre gesetzten Grenzen in allem, was sich auf das berufliche Verhalten und die Einstellung in gesellschaftlichen, politischen oder ähnlichen Fragen bezieht, dieselbe uneingeschränkte Freiheit wie die übrigen katholischen Bürger. Die Amtsinhaber der Prälatur sollen sich diesbezüglich völlig zurückhalten und nicht einmal Ratschläge erteilen. Die Freiheit könnte demnach nur durch solche Vorschriften eingegrenzt werden, die für alle Katholiken einer Diözese oder eines bestimmten Gebietes vom zuständigen Ortsbischof oder der Bischofskonferenz erlassen werden.» Und der Codex zieht hieraus sofort die Konsequenzen, die wir schon angedeutet haben: «Die Prälatur macht sich infolgedessen keinerlei berufliche, gesellschaftliche, wirtschaftliche oder ähnliche Tätigkeiten irgendeines Mitglieds zu eigen.» Sind auch diese Vorschriften eines Codex, den man immerhin in Gottes Gegenwart selber geschrieben, approbiert, befolgt sehen will, reine Heuchelei? Man braucht vielleicht gar kein Detektiv zu sein, um sich zu fragen, wem oder welcher Sache derartige Meineide denn nützen würden? Und vielleicht glaubt man dann doch lieber, daß die Mitglieder des Opus Dei nichts anderes als geistliche Ratschläge erhalten; und daß sie sich nicht nur im politischen Leben nicht zusammenscharen, sondern die Beachtung des Pluralismus in Fragen, die nicht dem Glauben gelten, als Möglichkeit betrachten, einer zentralen Anordnung des Gründers zu gehorchen.

Hören Sie sich den folgenden Abschnitt aus einer Predigt Escrivás an: «Wer davon überzeugt ist, daß die Welt - und nicht nur das Gotteshaus - der Ort seiner Begegnung mit Christus ist, der liebt diese Welt wirklich; er bemüht sich um eine gute wissenschaftliche und berufliche Ausbildung, bildet sich in voller Freiheit seine eigene Meinung über die Probleme, die ihm begegnen, und trifft dementsprechend auch seine persönlichen Entscheidungen.» Und der Selige fügt sogleich hinzu: «Einem Christen wird es jedoch niemals einfallen zu glauben oder gar zu sagen, daß er sich vom Gotteshaus zur Welt herabläßt, um dort die Kirche zu repräsentieren, oder daß seine Ansichten die einzig katholischen Lösungen für die entsprechenden Probleme darstellen. So etwas darf nicht sein! Das wäre Klerikalismus, offizieller Katholizismus, oder wie ihr es sonst nennen wollt. In jedem Fall würde so der wahren Natur der Dinge Gewalt angetan.»

Escrivá leitet daraus einige präzise Weisungen ab, die gleichsam das «Manifest» des Opus Dei über das politisch-gesellschaftliche Engagement seiner Mitglieder sind: «Eure Aufgabe ist es, überall eine echte Laienmentalität zu verbreiten, aus der sich drei Schlußfolgerungen ergeben: man muß anständig genug sein, um die eigene Verantwortung auf sich zu nehmen; man muß christlich genug sein, um auch jene Brüder im Glauben zu respektieren, die in Fragen, die der freien Meinung überlassen sind, andere Ansichten vertreten als man selbst; und man muß katholisch genug sein, um sich der Kirche nicht für eigene Zwecke zu bedienen und sie nicht in rein menschliche Gruppeninteressen hineinzuziehen.»

Sie werden unter anderem bemerken, wie aus einer solchen Sichtweise eine Haltung der Toleranz erwächst, die (noch einmal sei es gesagt...) allem widerspricht, was man von dieser Institution gemeinhin vermutet; eine Institution, die verdächtigt wird, die letzte Wiedergeburt eines spanischen Fanatismus zu sein, über dem der gespenstische Schatten des Großinquisitors weht.

Es ist also kein Zufall, wenn Escrivá jenen, die nicht an die den Seinen gewährte Freiheit glauben wollten, entgegnete, dies «dürfte in dem unterschwelligen Vorurteil derer zu suchen sein, die im Politischen wie im Religiösen das Monopol einer Einheitspartei verfechten. Wer einer solchen Denkweise verhaftet ist und seine Meinung allen aufzwingen möchte, dem will es schwer in den Kopf, daß andere die Freiheit ihres Gegenübers zu achten wissen. Und so dichten sie dem Werk die monolithische Parteidisziplin ihrer eigenen Gruppen an».

Die Angriffe gegen den Seligen erfolgten nicht nur aus außerkirchlichen, sondern auch aus traditionalistischen katholischen Kreisen, die es gern gesehen hätten, wenn das christliche Volk ihnen auch in den zeitlich-irdischen Belangen gefolgt wäre. Ihnen antwortete Escrivá: «Wenn ich im Laufe meiner Priesterjahre meine Liebe zur persönlichen Freiheit nicht allein predige, sondern geradezu hinausschreie, bemerke ich bei manchen eine Geste des Mißtrauens, als argwöhnten sie, die Verteidigung der Freiheit würde eine Gefahr für den Glauben mit sich bringen. Sie sollen sich beruhigen, diese Kleinmütigen!»

Den Seinen empfahl er also Freiheit, für sich selbst, aber auch für die anderen: «Niemals Gewalt. Ich verstehe sie nicht, und sie scheint mir weder geeignet zu überzeugen noch zu siegen.» Und in der Spur des Sämanns (Gedanke 867) schreibt er: «Der Rücksichtslose ist letztlich immer der Verlierer - auch wenn er die erste Schlacht gewinnt.» Er empfiehlt: «Gegen den Irrtum geht man mit Gebet vor, mit der Gnade Gottes, mit kühlem Kopf, indem man die Sache prüft und auch andere dazu anhält, in Liebe.» Kurz gesagt: Man gewinnt den Eindruck, daß der «gesellschaftlich-politische Entwurf» des Opus Dei darin besteht, keinen «Entwurf», keine «eigene Lehre» zu haben, zumindest nicht nach Art der Ideologen, Utopisten oder Revolutionäre. Also kein theoretisches Schema für eine «bessere Welt», für eine «andere Gesellschaft» zu besitzen. Wohl aber das Bewußtsein, daß es keine andere Möglichkeit gibt, die Menschheit besser zu machen, als daß man die Menschen besser macht: einen nach dem anderen, in seinem Innersten. Folglich gibt es keine Parteien, Versammlungen, politischen Werbeschriften und auch keine theoretischen Untersuchungen von klerikalen «Experten» oder «Politologen»; wohl aber die tägliche zähe Arbeit, angefangen bei sich selber, um in den Herzen (woher, nach dem Wort des Evangeliums, alles kommt, das Gute wie das Böse) die Spuren der Erbsünde einzudämmen und - wenn möglich - zu verringern.

16. Schwarze Schatten

Erst nachdem wir versucht haben, den Mechanismus dieser Institution - einen einzigartigen und zugleich bestürzend einfachen Mechanismus - zu sezieren, sind wir in der Lage, uns ein genaues Bild zu machen von den immer wiederkehrenden Anschuldigungen gegen das Opus Dei wie «Geheimbündelei», «dunkle Machenschaften», «weiße Freimaurerei».

Wir haben soeben gesehen, wie die Dynamik der Freiheit, die die Mitglieder in allem genießen, was nicht vom Lehramt definierte Glaubens- oder sittliche Wahrheit ist, die Besorgnisse vieler weckt: das Opus Dei sage nicht, was es denkt, es komme nicht aus der Deckung hervor, folglich treibe es im geheimen sein Ränkespiel. In Wirklichkeit, so scheint es, äußert die Prälatur deshalb keine Meinungen, weil sie keine hat und gar keine haben kann.

Andere dagegen werden vielleicht an ein «Geheimnis» des Werkes denken, weil dessen «Anomalien» im Vergleich zu den traditionellen religiösen Organisationen sie verunsichern. Ich erlaube mir, auf das entsprechende Kapitel zu verweisen; wie ich am Anfang sagte, stellt dieses Dossier, was auch immer sein Wert sein mag, den Anspruch, ganz gelesen zu werden, denn es versucht, eine geschlossene und homogene Wirklichkeit zu verstehen, in der jeder Aspekt untrennbar mit dem anderen verknüpft ist.

Es muß allerdings gesagt werden, daß manche Vorwürfe von «Geheimniskrämerei» sich durch ein ungenügendes Verständnis dessen erklären lassen, was die Obra wirklich ist. Sie mögen durch die dramatischen Anfänge des Werkes vor dem und während des spanischen Bürgerkrieges und in der Nachkriegszeit Spaniens, in einem zuerst vorrevolutionären, dann revolutionären, schließlich postrevolutionären Spanien genährt worden sein. Das Gebot der Vorsicht war während der Anfangsjahrzehnte des Opus Dei eine ständige Pflicht, wurden doch Verdächtigungen laut, die bis heute nicht abgeschüttelt werden konnten.

Hinzu kommen die Jahrzehnte, in denen sich das Werk nicht an seinem richtigen Platz im geltenden Kirchenrecht fühlte, da es - aus Mangel eines besseren und im Kampf darum, seinen Anlegeplatz im Hafen der Kirche zu finden - gezwungen war, die juristische Kleidung der Säkularinstitute zu tragen, die nicht nach seinem Maß geschneidert war, weil sie das Werk «klerikalisierte». Von daher rührt zwar nicht, wie man hören kann, die Geheimhaltung der Statuten (die allerdings von der Kirche öffentlich approbiert worden waren), aber sicherlich das Nicht-Zurschaustellen, die Befangenheit, draußen zuviel darüber zu reden, weil jene Statuten nicht die richtige Vorstellung von dem Vorhaben vermittelten, das Escrivá auf der Grundlage dessen, was er «gesehen» hatte, verwirklichen wollte.

Zum Gründer wollen wir denn auch in diesem letzten Kapitel zurückkehren, das uns breiten Raum - oder zumindest breiteren Raum als üblich - für Zitate bieten wird.

Das erste Zeugnis entnehmen wir einem im April 1967 vom amerikanischen Wochenmagazin «Time» veröffentlichten Interview. Die Frage an den späteren Seligen lautete, was er gegenüber Vorwürfen wie dem der «Geheimnistuerei» und des «Verschwörertums» zu sagen hätte und wie er sie sich erklärte? Escrivás Antwort: «Sie erwähnen den Vorwurf der Geheimnistuerei. Er ist schon alt, und ich könnte Ihnen Schritt für Schritt den historischen Ursprung dieser üblen Nachrede darlegen. Eine mächtige Organisation, die ich lieber nicht nennen möchte - wir lieben sie und haben sie immer geliebt -, gab sich viele Jahre lang der Verfälschung von Tatsachen hin, die sie nicht kannte [daß es sich dabei um einige spanische Mitglieder der Gesellschaft Jesu handelt, ist kein Geheimnis, A.d.V.]. Man versteifte sich darauf, uns als Ordensleute zu betrachten, und fragte sich: „Warum denken sie nicht alle gleich? Wieso tragen sie kein Habit und kein Abzeichen?" Und daraus zogen sie den unsinnigen Schluß, wir seien eine Geheimgesellschaft.»

«Dabei ist es so einfach, sich über das Opus Dei zu informieren. In allen Ländern arbeitet es in aller Öffentlichkeit, mit juristischer Anerkennung der staatlichen und kirchlichen Behörden. Die Namen seiner Leiter und seiner apostolischen Werke sind allgemein bekannt. Wer immer über unser Werk Auskunft erhalten möchte, kann sie sich ohne Schwierigkeiten verschaffen; er braucht sich bloß mit den Leitern in Verbindung zu setzen oder sich an eines unserer korporativen Werke zu wenden.»

«Die Mitglieder des Werkes lehnen jede Geheimnistuerei ab. Denn sie sind normale Gläubige, genau wie die anderen. Wenn sie sich dem Opus Dei anschließen, ändert das nichts an ihrem Stand. Es würde ihnen widerstreben, ein Schild auf dem Rücken zu tragen: „Ich arbeite für Gott." Das steht einem Laien nicht an, und es wäre nicht säkular. Jeder aber, der Mitglieder des Opus Dei kennt und mit ihnen verkehrt, weiß, daß sie zum Werk gehören, auch wenn sie es nicht laut verkünden; denn sie verheimlichen es auch nicht.»

«Ich muß außerdem feststellen, auch wenn ich darüber nicht gern rede, daß in unserem Falle ein beharrlicher und systematischer Verleumdungsfeldzug geführt wurde. Manche behaupteten (vielleicht war das ihre eigene Arbeitsweise), wir arbeiteten im geheimen, wir strebten nach führenden Stellungen usw. Ich möchte nur erwähnen, daß dieser Feldzug vor etwa dreißig Jahren durch einen spanischen Ordensmann eingeleitet wurde, der dann seinen Orden und die Kirche verließ, standesamtlich heiratete und heute protestantischer Pastor ist.»

Nicht vergessen werden darf auch, daß gerade Escrivá, der beschuldigt wurde, Führer eines «Geheimbundes» zu sein, im Weg einen Gedanken niedergeschrieben hat, dem an Heftigkeit nichts gleichzusetzen ist, wenn man ihn mit dem beherrschten Ton jeder von ihm gesprochenen oder geschriebenen Äußerung vergleicht. Es handelt sich um den Punkt 833: «Siehst du nicht, wie die gottfeindlichen Geheimbünde vorgehen? Nie haben sie die Massen erobert. In ihren Zentren bilden sie einen Kader teuflischer Menschen heran, welche die Menge aufrühren und aufwiegeln und ihr den Kopf verdrehen, um sie hinter sich zu bringen und in den Abgrund der Unordnung zu führen - in die Hölle. Sie bringen eine Saat des Fluches.» Sicherlich hallt aus diesen Worten das Echo des damaligen Spanien, in dem jener unversöhnliche, blutige Kampf tobte. Doch ändert dies nichts an der Tatsache, daß die Gattung «Geheimbund» bei Escrivá wahrlich keine Nachsicht gefunden zu haben scheint.

Auch wenn die Artikel des bereits erwähnten Codex iuris particularis erst einige Jahre nach seinem Tod approbiert worden sind, so gehen sie doch auf ihn, auf seinen Geist, auf den von ihm sein ganzes Leben lang geführten Kampf zurück. Nun, auch in diesem feierlichen und verbindlichen Text steht die Empfehlung, sich von dem - für ihn verdammenswerten - Modell der «malditas sociedades secretas» (der verdammten Geheimbünde) fernzuhalten.

Der Artikel 89, der uns hier interessiert, beginnt in Paragraph 1, wie folgt (wir geben den Text in unserer, nicht offiziellen Übersetzung aus dem lateinischen Original wieder): «Alle Gläubigen der Prälatur sollen die Demut lieben und üben, nicht nur persönlich, sondern auch korporativ. Deshalb sollen sie niemals den Ruhm des Opus Dei suchen und immer gegenwärtig haben, daß gloriam Operis Dei summam esse sine humana gloria vivere - der höchste Ruhm des Opus Dei ist es, ohne menschlichen Ruhm zu leben.»

Auf diesen ersten, gleichsam einstimmenden Abschnitt folgt im selben Artikel ein zweiter, der im einzelnen erklärt, was unter «kollektiver Demut» und unter Absage an den «menschlichen Ruhm» zu verstehen sei. Wir fahren also mit unserer Übersetzung fort: «Um sein Ziel mit größerer Wirksamkeit zu erreichen, will das Opus Dei als solches demütig leben: Es enthält sich daher kollektiver Handlungen, und die Gläubigen der Prälatur tragen nicht einmal eine gemeinsame Bezeichnung. Diese Gläubigen beteiligen sich nicht kollektiv an öffentlichen Kultveranstaltungen, wie Prozessionen, aber sie verheimlichen auch nicht ihre Zugehörigkeit zur Prälatur, denn während der Geist des Werkes die Gläubigen dazu anhält, mit aller Kraft die kollektive Demut zu suchen, um eine lebendigere und breitere apostolische Wirksamkeit zu erreichen, vermeidet er zugleich gänzlich Heimlichkeit bzw. Verheimlichung.»

Der folgende Paragraph nennt konkrete Normen, die dazu dienen, Heimlichkeit bzw. Verheimlichung zu vermeiden («secretum vel clandestinitatem vitare»). An erster Stelle wird verfügt, daß «in jeder Region der Name des Vikars (Stellvertreters) des Prälaten und derer, die ihre Räte bilden, allen bekannt sein soll». Außerdem «sind den Bischöfen, die danach fragen, nicht nur die Namen der Priester der Prälatur, die in den betreffenden Diözesen ihren Dienst ausüben, sondern auch die Namen der Leiter der in der Diözese errichteten Zentren mitzuteilen».

Dieser Artikel 89 schließt mit einem dritten Paragraphen, dessen Inhalt wir bereits kennen. («Auf Grund dieser kollektiven Demut kann das Opus Dei nicht Zeitungen und Publikationen irgendwelcher Art unter dem Namen des Werkes herausgeben.»)

Vor allem der Schluß des zweiten Paragraphen verursacht Probleme. Es bleibt klar, daß das Opus Dei also die Namen der Vikare, der Mitglieder der Räte, der Priester und der Leiter der Zentren öffentlich bekannt macht. Doch von den Namen der anderen Mitglieder der Prälatur ist nicht die Rede. Werden sie «verschwiegen», werden sie «vertraulich behandelt»? Oder sind sie sogar «geheim», wie manche meinen?

Wir nehmen die Antwort vorweg, wobei wir uns auf das Zeugnis von Rafael Gómez Pérez stützen: «Die Prälatur Opus Dei ist verpflichtet, die Intimsphäre ihrer Mitglieder zu respektieren. Das heißt, sie hat nicht das Recht, den Umstand der Mitgliedschaft bekanntzugeben, es sei denn, der oder die Betroffene sei einverstanden.»

Es wäre müßig, darüber hinwegzusehen, daß eine solch negative Auskunft überrascht und die Verdächtigungen vieler zu bestätigen scheint. Nach dem Urteil des Opus Dei jedoch ist dies dann verständlich, wenn man diesen «Respekt vor der Intimsphäre der Mitglieder» (wie sie es nennen) in den gesamten Geist der Institution einordnet und mit der Praxis anderer Realitäten, die ähnliche Züge tragen, vergleicht. Dazu derselbe Autor: «Dies mit Verheimlichung zu verwechseln heißt, die übliche Praxis in jeder Institution mit freiwilligen und vertraglichen Bindungen zu verkennen.»

Prüfen wir also diesen Zusammenhang, der - wie das Opus Dei behauptet - jeden Argwohn auflösen sollte. Ich übersetze also im folgenden die explicación (den Ausdruck wählte der Autor bezeichnenderweise als Titel seines Buches) von Gómez Pérez, der, wie schon gesagt, Anthropologie an der Universität lehrt und Numerarier des Werkes ist. Er bringt die Argumente der Verteidigung vor. Der Leser möge sie - wie immer - werten und seine Schlüsse ziehen. Meine Aufgabe als Chronist beschränkt sich darauf, die Bausteine des Puzzles, die Fakten und Informationen zu liefern, auf die man sich, um urteilen zu können, stützen muß.

Es ist interessant festzustellen, daß Gómez Pérez dem Kapitel, in dem er dies erläutert, nicht einen Titel wie etwa Das Geheimnis des Werkes oder Der Vorwurf der Heimlichkeit oder einen ähnlichen gibt; sondern La sencillez de la manifestación wählt, was wir übersetzen könnten mit: Die Einfachheit im Verhalten. Also seiner Meinung nach besteht der Kern des Ganzen darin, daß schlichte «Natürlichkeit» und «Einfachheit» mit dem Wunsch nach Heimlichkeit verwechselt wird. Schon das ein Hinweis darauf, welche Perspektive er unserem Blick eröffnen will.

Sehen wir uns also an, was uns der Autor unter jenem Titel zu sagen hat: «Ein Mitglied des Opus Dei, das ja ein Mensch ist, der irgendeine Arbeit in der Gesellschaft verrichtet, posaunt seine Verbindung mit der Prälatur nicht in alle Winde aus, noch teilt er auf der Visitenkarte oder im Lebenslauf mit, daß er Mitglied ist. Seine Zugehörigkeit zum Opus Dei ist in jeder Hinsicht eine private Angelegenheit. Da er jedoch ein persönliches Apostolat unter den Verwandten, Bekannten und Freunden ausübt, ist der Umstand, daß er Mitglied bei der Institution ist, gleichzeitig bekannt. Zwar nicht hinausposaunt, aber doch genügend bekannt. Dieser Zug der Spiritualität des Opus Dei - an den man sich von Anfang an gehalten hat - ist häufig mißverstanden und dann zu einer stereotypen Phrase geworden: der Geheimbund Opus Dei. Am Anfang des Werkes, als dieses nur wenige Mitglieder hatte, wurde eine solche Anklage von dieser bescheidenen Zahl gestützt. Denn forderte man, die Mitglieder des Opus Dei sollten „ins Licht treten", und nur wenige tauchten auf, so konnte man sagen, daß sie sich „verbargen". In Wirklichkeit gab es keine weiteren (...). Hinzu kam der stereotype bekannte Verdacht einer „Verschwörung". Hierbei handelt es sich um eine dieser von altersher in der Kulturgeschichte bekannten Konstanten, die auch einem Skeptiker glaubwürdig machten, daß es eine gemeinsame menschliche Natur gibt. So ist es geläufig, daß, wenn ein Volk einen Angriff gegen ein anderes Volk plant, es damit beginnt, Gerüchte über ein „Eindringen" des „Feindes" in die eigenen Reihen zu streuen. Dieses Phänomen läßt sich sogar in leseunkundigen „primitiven" Gesellschaften beobachten. Unabhängig vom Wahrheitsgehalt, das Stereotyp hat stets funktioniert. In historischen Zeiten waren Opfer eines solchen Verschwörungsstereotyps die Juden wie die Christen, die Protestanten wie die Katholiken, die Kommunisten wie die Antikommunisten, ja überhaupt jeder als „Gruppe" identifizierbarer Zusammenschluß von Personen. Auch das Opus Dei ist ein Opfer dieses Stereotyps geworden. Dennoch, seit einiger Zeit erweist sich die Anschuldigung der geheimen Verschwörung oder einfach der Verheimlichung als nicht tragend. Im letzten Jahrzehnt des Jahrhunderts, angesichts der Zehntausenden von Mitgliedern des Opus Dei, der sozialen und erzieherischen Initiativen auf recht hohem Niveau - wie die Universität von Navarra in Spanien oder die Römische Hochschule vom heiligen Kreuz in Rom - und besonders nach allem, was man um die Seligsprechung des Gründers erfahren hat, ist die Anschuldigung der geheimen Verschwörung oder einfach der Verheimlichung ein desinformatives Fossil, das aus Faulheit und Trägheit weiter mitgeschleppt wird.»

Und hier folgt der Satz des Autors, den ich schon zitiert habe, aber aus guten Gründen, wie ich meine, nochmals anführen will: «Die Prälatur Opus Dei ist verpflichtet, die Intimsphäre ihrer Mitglieder zu respektieren. Das heißt, sie hat nicht das Recht, den Umstand der Mitgliedschaft bekanntzugeben, es sei denn, der oder die Betroffene ist einverstanden. Dies mit Verheimlichung zu verwechseln heißt, die übliche Praxis in jeder Institution mit freiwilligen und vertraglichen Bindungen zu verkennen.»

Man darf in der Tat nicht vergessen, daß man sich an das Werk weder durch Gelübde noch durch Versprechungen, sondern durch einen bilateralen Vertrag bindet: damit eröffnet sich eine völlig neue Perspektive: zur Zurückhaltung, zur Diskretion sind beide Seiten verpflichtet. Und dies ist, verglichen mit den anderen, im traditionellen Sinn «religiösen» Situationen ein völlig anderer Tatbestand.

Gómez Pérez läßt noch einen weiteren Erklärungsversuch folgen: «In Wirklichkeit ist - wie wir schon gesagt haben - der Umstand der Mitgliedschaft im Opus Dei im Bereich des Familien- und des Berufslebens eines jeden ohne weiteres bekannt [...]. Man kann nicht auf eine Pflicht zur Geheimhaltung schließen, wenn wir zum Beispiel jemandem ausweichend antworten, der uns, ohne uns zu kennen, fragt, auf welcher Bank wir unser Konto hätten, eine Information, die sicherlich auch nicht als geheim gilt, da sie Dutzenden von Personen bekannt ist.»

Unser Zeuge - der zugleich der Anwalt der Verteidigung ist - fährt in seiner Erklärung fort: «Die Schwierigkeiten, die beim Versuch, diesen Aspekt der Spiritualität des Opus Dei zu verstehen, aufgetreten sind, gehen auf die feste Vorstellung zurück, das geistliche Engagement müsse sich nach außen durch irgendein „auffälliges" Zeichen bemerkbar machen. Die Ordensleute haben immer besondere Kleidung getragen, damit man sofort an ihrem äußeren Aussehen ihren Ordensberuf erkennt. Die Situation der Mitglieder der Prälatur ist aber, wie wiederholt gesagt, keine „Ordens"-Situation. Ihre Priester sind Weltpriester, in eine Prälatur inkardiniert, die Teil der hierarchischen Struktur der Kirche ist. Ihre Laien sind vor allem das, was jeder von ihnen hat sein wollen oder können: Angestellter, Ingenieur, Arzt, Student, Sportler, Sänger, Lehrerin, Sekretärin, Rechtsanwalt, Bauer, Kaufmann, Bankier, Facharbeiter und so weiter - die ganze Skala der Berufe, die in der Gesellschaft anzutreffen sind. Zum Opus Dei zu gehören, ist nicht ein Beruf, sondern eine geistliche Berufung. Die Berufung wird bekannt, ähnlich wie ein Musikliebhaber eben diese Vorliebe bekennt: er spricht darüber, sobald sich Gelegenheit bietet. Ein Mitglied des Werkes spricht gewöhnlich spontan davon, wenn es normal ist, dies zu tun: unter Freunden und Bekannten.»

Hier führt unser Autor einen Gedanken ein, dem wir bereits in den oben zitierten Artikeln der Statuten der Prälatur begegnet sind: «Dieser Zug des „Unspektakulären", der Natürlichkeit, der Laikalität hat auch mit etwas zu tun, das häufig in den Schriften des Gründers und in den Statuten der Prälatur auftaucht: die persönliche Demut und die kollektive Demut. Die Grundhaltung der Demut ist ein gemeinsames Merkmal von Spiritualität, nicht nur der christlichen. Alle geistlichen Autoren sind sich darin einig, daß der größte Feind der Heiligkeit und daher der Liebe der Stolz, der Hochmut ist, der nicht zufällig als die erste der sieben Hauptsünden gilt. Aber außerdem verweist das Opus Dei seine Mitglieder auch auf die Bedeutung der kollektiven Demut. Es geht in der Tat keinesfalls darum, den Ruhm des Opus Dei zu suchen, denn „sein Ruhm ist es, ohne menschlichen Ruhm zu leben". Der entscheidende Grund für diese Haltung ist die Überzeugung, daß der Ruhm allein Gott zusteht - Deo omnis gloria, jener altchristliche Aphorismus, den Msgr. Escrivá oft wiederholte -, aber außerdem die historische Erfahrung, die lehrt, daß die christlichen Einrichtungen, wenn sie fortdauern wollen, nicht den Corpsgeist verherrlichen dürfen. Die anfänglichen Vorteile dieses Corpsgeistes schlagen mit der Zeit in etwas Gefährliches um: Wenn der Sinn für die eigentliche, wesentliche Zielsetzung verlorengegangen ist, werden Ansehen, Geltung, Dabeisein, Einfluß und ein „überall Mitmischen-Wollen" zu tatsächlichen Zielen der Institution. Was in einem politischen oder kulturellen Unternehmen weniger schwerwiegend sein mag, ist in einer Institution mit geistlichen und apostolischen Zielen tödlich.»

Um über weitere Anhaltspunkte für die Debatte zu verfügen, gebe ich hier die schriftlichen Ausführungen wieder, die ein Leiter des Werkes, an den ich mich bei der Vorbereitung dieses Berichtes gewandt hatte, für mich erstellt hat. Welchen Wert auch immer sie haben mögen - sie sind «Argumente» der Verteidigung und müssen daher berücksichtigt werden. Hier also der Text: «Könnte die

Tatsache, daß in den Statuten nichts von einer „Veröffentlichung" im Hinblick auf jene Mitglieder erwähnt wird, die eben einfache Mitglieder sind, Laien ohne irgendwelche Ämter innerhalb der Institution, nicht eine Betonung der christlichen Normalität sein, wie sie die Mitglieder des Opus Dei leben? Und welchem Verlangen entspricht andererseits die hartnäckige Forderung nach „Offenlegung" bzw. nach „Veröffentlichung der Listen" von diesen einfachen Mitgliedern? In der Tat, wenn die Mitglieder des Opus Dei wirklich sind, was sie zu sein behaupten, folgt daraus zweierlei. Erstens: Wer sie persönlich kennt, weiß, daß sie Mitglieder des Opus Dei sind. Zweitens: Diese Tatsache wirkt sich überhaupt nicht auf ihr Handeln in Gesellschaft, Beruf, Politik usw. aus. Sie sind gewöhnliche Menschen, gewöhnliche Christen und wollen als solche angesehen werden. Welchen Beweggrund kann es nun unter diesen Umständen für das Drängen geben, die Bezeichnung, das „Etikett" Mitglied des Opus Dei marktschreierisch einer bestimmten Anzahl von Bürgern anzuheften? Nachdem der Verdacht der Unvereinbarkeit zwischen „Gehorsam gegenüber dem Staat" und „Gehorsam gegenüber dem Werk", was die Gläubigen der Prälatur betrifft, öffentlich, offiziell und von maßgebender Seite überwunden ist, bleibt als einziges Motiv, das man noch anführen könnte, eben der Wille zur Diskriminierung und Verfolgung des Werks. Mit anderen Worten, wer die „Offenlegung" verlangt, bestreitet damit, daß die Mitglieder des Opus Dei „gewöhnliche Bürger" sind. Vielleicht, weil er davon überzeugt ist, vielleicht aber auch, weil er einen Vorwand benötigt. Im ersten Fall braucht er sich nur besser zu informieren. Im zweiten Fall begeht er einen regelrechten Mißbrauch zum eigenen Vorteil, dessen einziger vorstellbarer Zweck es ist, Bürger zu isolieren und irgendwie aus dem öffentlichen Leben auszuschalten - indem man mit dem Finger auf sie zeigt und dadurch ihr Tun unwirksam macht -, Bürger, die die legitime Freiheit, ihren christlichen Glauben auf authentische Weise zu leben, ausüben möchten: einen Glauben, der um so glaubwürdiger ist, weil er sich eben nicht mit Etiketten, Proklamationen und Versprechungen öffentlich präsentiert.»

Wir wollen es nun bei diesen Zeugnissen bewenden lassen. Die angeführten Zitate genügen für unseren Zweck, nicht zuletzt weil - ich sagte es schon - die beste Art, sich ein Urteil über den Vorwurf der «Verheimlichung» (oder wohlwollender formuliert : der «übertriebenen Zurückhaltung») zu bilden, die Reflexion über die Struktur, die Spiritualität und die Ziele der Institution ist. Und genau das ist auf allen Seiten dieses Berichtes versucht worden.

Nun noch eine kurze Einblendung, die ich einem Interview entnehme, das mir der katholische Philosoph Rocco Buttiglione (der vor einiger Zeit aktiv in die Politik eingetreten ist) vor kurzem gewährt hat. Im Zuge der Beantwortung einiger Fragen, die den immer deutlicher zutage tretenden Verbindungen zwischen Freimaurerlogen, organisiertem Verbrechen und Machenschaften im Bereich der Politik und der Finanzwelt, galten, machte er folgende, wie mir scheint, nicht leicht anfechtbare Äußerungen: «Wenn von Freimaurerei die Rede ist, taucht stets das Opus Dei auf. Nehmen wir - als Hypothese - immerhin an, daß das Opus Dei - mögen die Gründe dafür nun richtig oder falsch sein - viel auf zurückhaltende Vertraulichkeit, auf Diskretion hält. Dann ist der Vergleich trotzdem unzulässig, weil die Mitglieder der Prälatur, auch wenn sie ihre Zugehörigkeit zum Werk nicht in alle Winde hinausposaunen, stolz auf ihre katholische Identität sind und es sich zur Pflicht machen, diese offen kundzutun. Angenommen, ich wüßte von jemandem nicht, daß er zum Opus Dei gehört, so wüßte ich doch mit Sicherheit, daß er praktizierender und überzeugter Katholik ist. Ein Angehöriger einer antiklerikalen Organisation wird wohl kaum je in die Lage kommen, überrascht zu entdecken, daß sein Sekretär Mitglied des Opus Dei ist. Und das ist ein unüberbrückbarer Unterschied zur Freimaurerei.»

Um unsere Reise durch die «schwarzen Schatten» abzuschließen, begeben wir uns jetzt in das Spanien zwischen dem Ausbruch des Bürgerkrieges 1936 und dem Tod Francos im Jahr 1975.

Die Anschuldigung ist bekannt und war auch unserem Bericht immer wieder, wenn auch in verkürzter Form, zu entnehmen. Nun ist der Augenblick gekommen, sich frontal mit ihr auseinanderzusetzen.

Ich dachte, um ein Dossier wie dieses zu verfassen, gäbe es keinen besseren Weg, als das Problem gleich an ein gut informiertes Mitglied des Opus Dei weiterzugeben und es nach seiner Meinung über die «belastenden Kompromisse» zu fragen, die es mit jenem diktatorischen Regime gegeben haben soll. Der Numerarier, an den ich mich gewandt habe, ist Giuseppe Romano, ein junger Journalist, Historiker, Verfasser einiger Studien über das Werk, dem er angehört. Ihm haben wir die Aufgabe eines Berichterstatters übertragen: um Fakten und Dokumentation sollte es ihm gehen, nicht um Meinungen, Apologie und Verurteilungen. Er scheint seine Sache nicht schlecht gemacht zu haben. Wie auch immer, beurteilen Sie diesen knappen, aber dichten Bericht (mit teilweise, wenigstens in Italien, bisher unveröffentlichten Daten), den ich zu Ihrer Information als Anhang beifüge.

Bevor ich jedoch der Verteidigung das Wort erteile, verlangt es die Objektivität, daß ich dem Bericht Romanos wenigstens drei Bemerkungen voranstelle.

Zuallererst: die Beziehungen einiger Mitglieder zu Franco und seinem Regime werden vom Opus Dei als «ein spanischer Sonderfall» betrachtet - und nicht als zentraler Punkt in der Geschichte des Werkes, wie von den Kritikern des Werkes manchmal behauptet wird. Tatsächlich plante ja Escrivá, sehr bald nach Rom überzusiedeln; hatte er doch etwas «gesehen», was sich über die ganze Welt ausbreiten sollte und was sicherlich nicht auf die Bedürfnisse eines einzigen Landes und einer bestimmten Zeit beschränkt war. Daran haben ihn aber zuerst der Bürgerkrieg und dann der Weltkrieg gehindert.

Doch schon im Jahr 1946 schiffte er sich im Hafen von Barcelona auf einem heruntergekommenen Frachtschiff ein, ging in Genua an Land und erreichte von dort mit einem klapprigen Fahrzeug jene Stadt, in der er von da an bleiben sollte, als er sie zum Sitz eines universalen Werkes bestimmte, das nur in der «katholischen» Stadt schlechthin seine Sendung, sich über die ganze Welt zu verbreiten, verwirklichen konnte. «Römisch und marianisch»: so wollte er das Opus Dei.

Hinzu kommt, daß die Mehrheit der Mitglieder schon seit Jahrzehnten nicht mehr spanischer Herkunft ist. Mehr denn je stellen die Spanier heute nur eine Minderheit, auch wenn das Kastilische weiterhin «lingua franca» ist.

Auf die Frage eines amerikanischen Interviewers in den sechziger Jahren (also noch in der Franco-Ära) sagte Escrivá sogar: «In wenigen Ländern haben wir ungünstigere Voraussetzungen vorgefunden als in Spanien. Es tut mir leid, so sprechen zu müssen, da ich meine Heimat liebe; aber Spanien ist das Land, wo es am meisten Arbeit und Leid gekostet hat, bis das Werk Wurzeln schlug. [...] Auch die korporativen apostolischen Einrichtungen haben in Spanien keine besonders günstigen Bedingungen vorgefunden. In manchen Ländern mit mehrheitlich nichtkatholischer Bevölkerung haben Regierungen die Bildungs- und Sozialeinrichtungen, die von Mitgliedern des Opus Dei ins Leben gerufen wurden, viel großzügiger unterstützt als der spanische Staat. [...] Unter den 65 Ländern, in denen es heute Mitglieder des Opus Dei gibt, ist Spanien nur ein Land neben anderen, und die Spanier sind nur eine Minderheit. Geographisch gesehen, ist das Opus Dei in Spanien entstanden; seine Ziele aber waren von Anfang an universal.»

Es wird also geboten sein, den «Fall Franco» aufmerksam, aber in dem Bewußtsein zu prüfen, daß es sich hierbei objektiv nicht um eine zentrale Angelegenheit in der Geschichte des Werkes, sondern eher um eine Sache am Rande handelt. Oder wenigstens um eine lokale Angelegenheit, die an einen genauen Zeitraum gebunden war und nunmehr endgültig vorüber ist.

Doch zur zweiten Anmerkung, die die Objektivität von mir verlangt. In einer Quelle des Werkes heißt es: «Für diejenigen, die vom Opus Dei als „einer mächtigen politischen Lobby“ sprechen, die ihre Fangarme nach dem gesamten öffentlichen Leben Spaniens ausgestreckt hätte, muß das, was nach Francos Tod geschehen ist, ein Rätsel sein. In der Tat, seit damals mischt sich jene Lobby überhaupt nicht mehr ein, und so entwickelte sich der spanische Staat von 1976 bis 1982 sicher nicht so, wie es die Obra gern gehabt hätte, wenn man denen Glauben schenkt, die dem Werk politische Ziele unterstellen. Seit 1982 verdichtet sich dann das Rätsel: In jenem Jahr übernimmt eine sozialistische Hegemonialgruppe die Macht, die nicht nur nicht zu irgendeiner Förderung der Kirche und der Katholiken bereit ist, sondern sogar der religiösen Erfahrung gegenüber feindselig gesonnen ist. Inzwischen erlebt Spanien die heftigste und überstürzteste Säkularisierung, die man sich überhaupt vorstellen kann und die bisweilen gar Züge einer fortschreitenden Entchristlichung trägt. Nun, also - was ist aus jener Lobby geworden, von der viele sagten, daß sie das politische, wirtschaftliche und kulturelle Leben des Landes, in dem das Werk entstanden ist, beherrschte?»

Eine interessante Frage, die in der Tat einer Antwort bedarf.

Und schließlich meine dritte und letzte Anmerkung, bevor wir das Wort Romano überlassen. Wir greifen hier wieder auf die Worte von Peter Berglar zurück: «Die Opus-Dei-Mitglieder, die in einigen Regierungen der letzten Jahre des Franco-Regimes eine gewisse Bedeutung hatten, taten, was ihnen als freien Menschen und Bürgern eines Staates rechtens zustand. Die Nachfolge Christi, die Treue zur Kirche, der Geist des Werkes verboten keinesfalls, dem spanischen Staat jener Zeit zu dienen. Er war - anders als bekannte historische und zeitgenössische Beispiele! - zu keiner Stunde in sich, das heißt: genuin und notwendig, und auch nicht de facto, kriminell. Die Behauptung, der Christ dürfe nur für eine Demokratie nach anglo-amerikanischem und jakobinischem Muster eintreten und arbeiten, weil nur sie mit dem Christentum vereinbar sei, ist vor der Geschichte unhaltbar und falsch.»

Die mit lautem Geschrei protestierenden Katholiken, die sich über die Beteiligung von Mitgliedern des Opus Dei am Franco-Regime entrüsten, scheinen die klassische, traditionelle, auch heute noch gültige katholische Sicht aus den Augen verloren zu haben und ziehen es vor, ihr Urteil auf Vorurteile und Zwangsvorstellungen zu gründen, die sie kritiklos zeitgenössischen Ideologien entnehmen. Vergegenwärtigen wir uns die grundlegenden Punkte dieser klassischen katholischen Fragestellung.

Die Menschen können sich, wie man weiß, nach drei Grundmodellen organisieren, die verschiedene Abstufungen und sogar

Mischungen untereinander erlauben: die Monarchie, die Aristokratie, die Demokratie. Die Kirche hat stets deutlich gemacht, daß sie keines dieser Modelle abstrakt bevorzugt und keines von ihnen a priori ausschließt: die Wahl hängt von den Zeiten, von der Geschichte, von der Wesensart der verschiedenen Völker ab.

So schienen die letzten Päpste (genauer: seit der Radiobotschaft zu Weihnachten 1944 von Pius XII., deren Verbreitungsverbot in Deutschland und auch in der Republik von Salò kein Zufall war!) für den Westen in der heutigen Zeit zwar das parlamentarische Repräsentativsystem vorzuziehen, hüteten sich allerdings davor, aus ihm eine Art Dogma zu machen, so als wäre nur dieses System für einen Katholiken annehmbar.

Sie befanden schlicht und einfach, daß es in dieser Zeit und in diesen Ländern das passendste System wäre. Aus denselben Gründen braucht die Kirche nicht zu bereuen oder um Entschuldigung dafür zu bitten, daß sie ihre Kapläne an den Königshöfen des Ancien Régime belassen oder auch jenes Venedig, das das berühmteste aristokratische System darstellt, als eine Respublica christiana angesehen hat (obwohl die Beziehungen mitunter auf Sturm standen, was freilich mit den Gesetzen der Zufallspolitik zusammenhing).

Für jene Zeiten, für jene geographischen Räume, mit jener Geschichte und jenen Temperamenten war dies das geeignete System. Vor allem handelte es sich um legitime staatliche Gewalten, so daß die strenge Anweisung des Apostels galt: «Jeder leiste den Trägern der staatlichen Gewalt den schuldigen Gehorsam. Denn es gibt keine staatliche Gewalt, die nicht von Gott stammt; jede ist von Gott eingesetzt. Wer sich daher der staatlichen Gewalt widersetzt, stellt sich gegen die Ordnung Gottes, und wer sich ihm entgegenstellt, wird dem Gericht verfallen [...]. Deshalb ist es notwendig, Gehorsam zu leisten, nicht allein aus Furcht vor der Strafe, sondern vor allem um des Gewissens willen [...]. Gebt allen, was ihr ihnen schuldig seid, sei es Steuer oder Zoll, sei es Furcht oder Ehre...» (Röm 13, 1ff.5.7).

Die Kirche kann nicht «auf eigene Faust» handeln, sich nicht eine Offenbarung nach dem Geschmack und den wechselnden Ansprüchen der Menschen «ausdenken», sondern sie ist vielmehr

Dienerin des Wortes Gottes (ob es denen, die es genießen, den stets wechselnden Moden zu folgen, gefällt oder nicht). Das konkrete «katholische» Verhalten gegenüber den verschiedenen Regimen wird nach den erwähnten Versen des Paulus und nach anderen Textstellen gleichen Wortlauts im Neuen Testament bestimmt. Darunter befindet sich im ersten Petrusbrief (2,17) jene Mahnung, die gleichsam eine ebenso kurze wie wirkungsvolle Synthese der christlichen Praxis ist: «Erweist allen Menschen Ehre, liebt die Brüder, fürchtet Gott, und ehrt den Kaiser!»

Das katholische Denken hat also nie irgendeine Staatsform verabsolutiert. Wir heutigen Christen jedoch, befreit von der «roten» Abhängigkeit und erwacht aus dem «Kollektivrausch», laufen Gefahr, das demokratisch-liberal-kapitalistische System, das in seiner Heimat, den Vereinigten Staaten von Amerika Triumphe feiert, als einzig annehmbares System überhaupt zu feiern.

Katholisches Denken hat immer gewußt, daß jedes System - auch das auf dem Papier vollkommenste, das in der Theorie edelste - in der Praxis von Menschen verwirklicht wird, die durch die Erbsünde zu einer Mischung aus Mut und Feigheit, Selbstlosigkeit und Egoismus, Größe und Elend geworden sind. Daher war über Jahrhunderte hin das Bemühen der Kirchenleute nicht so sehr auf die Vervollkommnung der Strukturen als auf jene der Menschen gerichtet. Mehr als abstrakt eine «gute Regierung» anzustreben, wurde versucht, dazu beizutragen, «gute Regierende» hervorzubringen. Die beste politische Theorie kann, wenn von unwürdigen Menschen realisiert, in der Praxis zu einem Alptraum werden.

Jedenfalls wurde die von Francisco Franco geführte spanische Regierung, auch wenn sie aus einem Aufstand, dem alzamiento von 1936, hervorgegangen war, in der Folge von allen Ländern der Welt anerkannt. Einschließlich der Sowjetunion. Und natürlich einschließlich des Heiligen Stuhls mit dem Vatikanstaat. Als im Jahre 1957 die «Affaire» der Minister, die Opus-Dei-Mitglieder waren, begann, war jene Regierung, mochte sie nun gefallen oder nicht, immerhin legitim und wurde von der gesamten internationalen Gemeinschaft anerkannt.

Die Zusammenarbeit mit ihr war daher keineswegs ein «Verbrechen» oder eine «Schande», wie es - aus der heutigen, der «danach»-Perspektive, die stets nach den vorübergehenden aktuellen Kategorien beurteilt - gewisse, nicht nur politische, sondern auch religiöse Kreise sehen wollten und vielleicht noch immer sehen. Sie scheinen unter anderem zu vergessen, daß der spanische Staat sein Verhältnis zur Kirche durch ein Konkordat geregelt hatte, das (wie Sie in dem Bericht von Giuseppe Romano sehen werden) mehr als 25 Jahre lang von den Bischöfen des Landes öffentlich gutgeheißen wurde. Somit hinderte einen Katholiken nichts daran, mit diesem Staat zusammenzuarbeiten.

Nach diesen Klarstellungen wollen wir uns jetzt im folgenden Anhang mit den Fakten und Beweisstücken beschäftigen, die uns der Historiker Giuseppe Romano zu aufmerksamer Kenntnisnahme vorlegt.

Damit verabschiedet sich Ihr Chronist. Dedit quod potuit: er hat gegeben, was er konnte. Doch er wird sich erst dann zufriedengeben, wenn andere mit diesem Bericht unzufrieden sind oder sich gar über ihn entrüsten - und sich so herausgefordert fühlen, es besser zu machen.

Es war einmal ein Franco...

von Giuseppe Romano

Die nach wie vor unbeantwortete Frage, inwieweit das Opus Dei mit dem Regime von General Franco im Spanien von 1939 bis 1975 liiert war, ist nur scheinbar leicht zu begreifen und zu lösen. Außerdem ist zu bedenken, daß sie - historisch wie journalistisch - in Spanien selbst und außerhalb des Landes mit sehr unterschiedlicher Intensität gestellt wird.

Nicht-Spanier interessiert diese Frage in der Tat nur am Rande; man entledigt sich ihrer mit ein paar Sätzen - und dabei bleibt der Schatten der «Francophilie» am Opus Dei wie ein Fleck kleben, der sich nicht abwaschen läßt. Lehrbücher, Lexika und Enzyklopädien ziehen sich oft mit allgemeinen Wendungen aus der Affäre, wie etwa hier: «[Das Opus Dei] hat Niederlassungen in 73 Ländern, ist aber vor allem in Spanien mächtig: trotz der nominellen Autonomie, die die Vereinigung ihren Mitgliedern bei deren Betätigung in Politik und Gesellschaft zugesteht, wird sie als eine pressure-group innerhalb des Franco-Regimes und als Sprachrohr liberaltechnokratischer Kreise angesehen.»[1] Die Quelle dieser Information: ein anderes Nachschlagewerk, das kurz davor Ähnliches geschrieben hatte. Das wirft Fragen auf. Wer definiert die Autonomie als bloß «nominell»? Wer «betrachtet» das Opus Dei als eine pressure-group?

Im Folgenden will ich versuchen, soweit meine Kenntnisse, der verfügbare Raum und die zwar umfangreiche, aber dennoch unvollständige Dokumentation es erlauben, eine tour de force durch die

---

[1] G. Rizzoni (Hrsg), Pro e contra Franco, Mailand 1972, S. 149-150.

anstehende Streitfrage zu unternehmen. Dabei werde ich davon absehen, allgemeine Zitate oder abschließende Wertungen anzuführen; ich werde mich darauf beschränken, einige Protagonisten zu Wort kommen zu lassen und da und dort ergänzende Informationen zu liefern.

Wer mehr als nur Oberflächliches über das Thema wissen will, stößt sofort auf zwei völlig gegensätzliche Standpunkte: den Standpunkt des Opus Dei, das stets eine Beteiligung am politischen Systems Francos geleugnet hat, und die oben erwähnte «Fama», die das Werk der Kollaboration bezichtigt. Diese Anschuldigung scheint aus verschiedenen Quellen zu stammen und tritt in unterschiedlichen, manchmal auch einander widersprechenden Varianten auf.

Grundlage der Diskussionen ist die unbestreitbare Tatsache, daß einige Mitglieder des Opus Dei während des Franco-Regimes der spanischen Regierung angehörten. Der Historiker Peter Berglar faßt die damalige Lage wie folgt zusammen: «Als Franco 1957 sein Kabinett umbildete, um mit einer neuen Mannschaft Spanien wirtschaftlich - besonders hinsichtlich der Außenhandelsbilanz - zu sanieren und es auf die Bahnen einer künftig konkurrenzfähigen modernen Wirtschafts- und Finanzhaushaltung zu bringen, berief er hierzu einige junge hochbegabte, aus Bankenwelt und Universitätsmilieu kommende Männer zu Ministern. Darunter drei, später vier Angehörige des Opus Dei: Alberto Ullastres Calvo, Ordinarius für Weltwirtschaftsgeschichte an der Universität Madrid, zum Handelsminister; Laureano López Rodó, ein erst siebenunddreißigjähriger Wissenschaftler, wurde technischer Generalsekretär der Staatskanzlei; Mariano Navarro Rubio, bis dahin Verwaltungsdirektor des Banco Popular (Volksbank), übernahm das Finanzressort; 1962 trat noch Gregorio López Bravo de Castro als Industrieminister hinzu. Man spricht in der einschlägigen Literatur von der „Technokraten"-Ära des Franco-Regimes, womit die zumindest temporär gültige Akzentverlagerung vom ideologischen auf das praktisch-sachgerechte Moment bezeichnet werden soll.»[2] Zum Kreis

[2] Peter Berglar, Opus Dei (Leben und Werk des Gründers Josemaría Escrivá), 3. Aufl., Köln 1992, S. 208.

dieser «Technokraten» gehörten natürlich auch Leute, die nichts mit dem Opus Dei zu tun hatten, und ebenso Mitglieder katholischer Vereinigungen, wie der sogenannten Asociación católica nacional de propagandistas.

Hier enden die Fakten - und beginnt die Polemik.

Bevor wir darauf eingehen, möchte ich zwei wichtige Vorbemerkungen anstellen. Die erste - heute nicht mehr so selbstverständlich wie einst - besagt: wenn es um eine Anklage geht, muß die Schuld, nicht die Unschuld bewiesen werden. Mit anderen Worten: der Ankläger muß die Beweise liefern - hier liegt der Unterschied zwischen Verleumdung und konkreter Anschuldigung. Und Beweise dafür zu erbringen, daß das Opus Dei einen Plan zur politischen Unterstützung des Regimes gehabt und verfolgt hätte, sind, wie wir sehen werden, in der Tat sehr schwer zu erbringen; einfach zu sagen, die Existenz der «Minister» beweise zugleich die Existenz eines solchen «Planes», ist denn doch nicht ausreichend.

Zweite Vorbemerkung: das Problem des Franquismus bedarf noch einer Lösung - vor allem in Spanien selbst. Seine weitverzweigte Spur zieht sich durch weite Teile unseres Jahrhunderts und ist eine noch immer offene Wunde. Die Spanier haben alles nur Mögliche getan, um Franco zu folgen und um ihn dann zu vergessen. Es ist schwer, einen Spanier zu finden, der darauf gelassen und unvoreingenommen reagiert. Daraus ergibt sich, daß man kaum eine unparteiische spanische Quelle findet, auf die man sich beziehen könnte; der nicht-spanische Forscher muß daher sehr behutsam vorgehen, wenn er in der besagten Frage urteilt.

Franco war ein Diktator, aber er war weder ein Mussolini noch ein Hitler. Was seine Popularität im Land selbst betraf, so schrieb die offen regimefeindliche Zeitschrift «Vida Nueva» am Tag nach seinem Begräbnis: «Francos Tod hat - dies dürfte unbestreitbar sein - das nationale Bewußtsein schwer erschüttert. Wir haben Hunderte, Tausende weinender Augen gesehen, wir haben während der langen Tage das ergriffene und ergreifende Schweigen Madrids gespürt. Eine Welle aufrichtiger Zuneigung und tiefer Achtung, die Begeisterung vieler für eine Gestalt, die für sie ein Held, ein Retter, ja fast ein Heiliger war. Und das waren sicher nicht die vom Glück oder von der Politik Begünstigten, sondern Reiche und Arme, Gebildete und Ungebildete, Alte und Junge.»[3]

Mit einem Wort: welches Urteil auch immer man über den Mann, über die Idee, über den geschichtlichen Zusammenhang und die Zeit abgeben mag, zumindest eine wesentliche Tatsache gilt es zu berücksichtigen: Franco und Spanien bildeten vierzig Jahre lang einen einzigen historischen Knoten ohne Beispiel. Wenn die Spanier selber diesen Knoten bis jetzt noch nicht aufzulösen vermochten, wie soll es dann uns mit ein paar Worten gelingen?

Aber wir wollen den Stier bei den Hörnern packen und die verschiedenen Standpunkte über die Beteiligung von Mitgliedern des Opus Dei in den Regierungen Francos untersuchen.

Das Opus Dei hat - sowohl als Institution wie durch Äußerungen von betroffenen Mitgliedern - immer versichert, die einfache Tatsache einer Beteiligung von einzelnen Mitgliedern bedeute nicht, daß die Institution politische Ziele verfolge. Denn die Bindung der Mitglieder an das Werk beziehe sich ausschließlich auf die Spiritualität und auf die christliche Lebensgestaltung; doch ihre berufliche Arbeit in der Politik, Wirtschaft oder Kultur sei einzig und allein ihre persönliche Angelegenheit. Natürlich habe jedes Mitglied sein Tun in diesen Bereichen zu «heiligen», das heißt, auf Gott hin auszurichten; aber das «Wie» der konkreten Entscheidungen und Optionen bleibe völlig dem einzelnen überlassen. Daher gebe es keine Vertreter des Opus Dei in der Politik, sondern christliche Männer und Frauen, die sich in der Politik engagieren und - außerdem - Mitglieder des Opus Dei seien.

Was die über die ganze Welt verstreuten und allen Gesellschaftsschichten angehörenden Mitglieder des Werkes betrifft, ist die Sache klar und wird im tägliche Leben bewiesen - niemand im Opus Dei kommt auf den Gedanken, sich anders zu verhalten. Gelegentlich stößt man beim Lesen der Zeitung auf eine Richtigstellung des Informationsbüros der Prälatur zu Meldungen wie: «Das Opus Dei, das heißt XY, hat gesagt, hat getan ...» Die

---

[3] Zitiert bei: Rafael Gómez Pérez, El franquismo y la Iglesia, Madrid 1986, S. 187.

übliche Richtigstellung lautet: «XY ist nicht „das Opus Dei", und es steht ihm frei, zu sagen und zu tun, was ihm beliebt, ohne daß dies die Prälatur berührt.»

Der Lauf der Zeit und der Gang der Dinge haben bestätigt, daß es sich doch lohnt, ein und dieselbe Aussage immer wieder neu zu bringen. Heute, besonders seit der Seligsprechung des Gründers, kennen viele das Opus Dei besser und wissen, daß die Mitglieder Menschen wie andere sind, keine ferngesteuerten Automaten. Aber in den fünfziger, sechziger und siebziger Jahren war das nicht immer so klar.

Dies ist zudem nicht nur eine «technische» Frage. Der Gründer dachte und verkündigte, daß das Erfassen dieses Aspektes für das Heranreifen der christlichen Laien im Sinne des II. Vatikanischen Konzils von kapitaler Bedeutung sei: Solange man nicht begriffen hat, daß es für jeden Christen, der als Staatsbürger unter seinen Mitbürgern wirkt, möglich und wesentlich ist, in der Welt ohne konfessionelle oder gar hierarchische Etikettierung zu handeln und zu wirken, hat man die Idee von der Verchristlichung der irdischen Wirklichkeiten nicht voll verstanden.

Tatsache ist, daß die Medien - auch diejenigen, die sich um ein ausgewogenes, ehrliches Urteil bemühen - oft den kategorischen Erklärungen zum politischen Geschehen in Spanien keinen Glauben schenkten. Schließlich war es doch eine Tatsache, daß es «Minister vom Opus Dei» gegeben hat.

Die italienischen Medien bilden dabei keine Ausnahme. Das eingangs zitierte Pro e contro Franco vervollständigt seine Information, indem es auf ein Buch zurückgreift, das - in spanischer Sprache geschrieben, aber aus einleuchtenden politischen Gründen in Paris erschienen - vehement gegen das Franco-Regime und die Kirche wettert: In diesem Buch faßt Jesús Ynfante[4] die Geschichte wie folgt zusammen: «Das Eindringen der Mitglieder des Opus Dei in den spanischen Staatsapparat hat sich in aufeinanderfolgenden Etappen vollzogen: vor 1951 haben sie auf dem Gebiet der

[4] Jesús Ynfante, La prodigiosa aventura del «Opus Dei», Paris 1970.

Erziehung und wissenschaftlichen Forschung das Monopol über nahezu alle Lehrstühle an den Universitäten erreicht; nach diesem Datum sind die Mitglieder in den Generaldirektionen einiger Ministerien aufgetaucht[...]. Dann, ab 1957, haben sie Minister gestellt, vor allem in der Wirtschaft; bis schließlich im Jahr 1969 die Bildung einer „homogenen“ Regierung das politische Monopol des Opus Dei in Spanien in seiner eindrucksvollen Wirklichkeit klar sichtbar machte.»[5]

Stimmt das? Durchbrechen wir einmal den Dunstkreis des «man sagt» und sehen wir uns der Stand der Dinge an.

Was die «erdrückende Vorherrschaft des Opus Dei in den Regierungen Francos» betrifft, so helfen uns nackte Zahlen am besten. Von den 116 Ministern, die Franco in den elf Regierungen von 1939 bis 1975 ernannte, waren lediglich acht Mitglieder des Opus Dei, und zwar aus verschiedenen politischen Richtungen. Die erste spanische Regierung mit Mitgliedern des Opus Dei wurde am 25. Februar 1957 eingesetzt. Acht Minister von 116 in vierzig Jahren; von denen einer drei Monate nach seiner Ernennung starb und vier andere ihr Amt nur während einer Regierung innehatten.

Fahren wir fort. Ein weiteres Indiz, das hiermit einfach nicht zu vereinbaren ist, finden wir im Leben und Werk des Universitätsprofessors, Intellektuellen und Zeitungsverlegers Rafael Calvo Serer, einer der bedeutendsten Gestalten im spanischen Kulturleben nach dem spanischen Bürgerkrieg. Dieser Calvo Serer, Opus-Dei-Mitglied, war ein liberaler Monarchist und entschiedener Gegner des Franco-Regimes. 1953 wurde er aus dem Consejo Superior de Investigaciones Científicas ausgeschlossen, weil er in Paris einen kritischen Aufsatz gegen die Innenpolitik der spanischen Regierung veröffentlicht hatte. Im Jahr 1966 wurde er Herausgeber der Tageszeitung Madrid, die fünf Jahre bestehen sollte: Im November 1971 verhängte die Zensur ihre Schließung. Calvo Serer, der bereits zahlreiche Anklagen und Prozesse vor Gericht über sich hatte ergehen lassen müssen, sah sich gezwungen, nach

[5] Pro e contro Franco..., a.a.O., S. 150.

Paris ins Exil zu gehen. Als er nach Spanien zurückkehrte, stieß er auf große Schwierigkeiten und konnte seine Zeitung nicht wieder neu herausgeben. Er gehörte zu den Gründern der Junta democrática (unter denen sich auch der Sekretär der kommunistischen Partei, Santiago Carrillo, befand), die im Untergrund die Zukunft der Demokratie in Spanien vorbereitete.

Ein weiteres Opus-Dei-Mitglied, das bei der Tageszeitung Madrid arbeitete, ist ihr Chefredakteur Antonio Fontán. Er beschreibt das damalige Redaktionsklima so: «Wir von der „Madrid" verstanden uns als Anwälte der öffentlichen Freiheit, insbesondere der politischen, gewerkschaftlichen Vereinigungsfreiheit und der freien Meinungsäußerung [...]. Dabei ging es uns eigentlich um die Einführung der parlamentarischen Demokratie, um freie Wahlen und ein politisches Parteienspektrum. Freiheit sollte nicht nur portionsweise, sondern umfassend gewährt werden.»[6] Fontán, Ordinarius für klassische Philologie, der zu den bekanntesten Gegnern Francos gehörte, wurde in der Ära nach Franco 1977 in den Senat gewählt. Als Senatspräsident hatte er entscheidenden Anteil an der Ausarbeitung der demokratischen Verfassung Spaniens.

Ähnlich war die Situation bei der Agentur Europa Press und bei der Tageszeitung El Alcázar (Auflage 100.000), wo namhafte Journalisten arbeiteten, die in Spanien auch heute noch berühmt sind. Einige von ihnen (ungefähr zehn von zweihundert) gehörten dem Opus Dei an. Europa Press war unzähligen Schikanen ausgesetzt, und El Alcázar wurde 1967 dem Herausgeber und der Redaktion willkürlich entzogen.

Wie gezielt in Umlauf gebrachte Gerüchte wissen wollten, waren Madrid, Europa Press und El Alcázar tout court «vom Opus Dei». Und selbst heute gibt es so manchen, der das noch glaubt.

Die Verfolgung dieser Medien geschieht zu einer Zeit, während der andere Mitglieder des Opus Dei in einer Franco-Regierung sit-

[6] Antonio Fontán, Gegen den Raub der Freiheit. Opus-Dei-Leute im Franco-Regime, in: «Deutsche Tagespost», 18. Mai 1991.

zen - und «das Sagen haben». Wie paßt dies mit dem Bild eines Opus Dei zusammen, das doch das «politische Monopol» an der Seite des Diktators anstrebt? Kurz bevor Calvo Serer 1988 an Krebs starb, verfaßte er einen kurzen autobiographischen Abriß, in dem unter anderem folgendes zu lesen steht: «Ich bin niemals der Ideologe des Opus Dei gewesen, noch konnte ich es sein. Wenn ich Ideologe von irgend etwas bin, dann von meinen intellektuellen Überzeugungen, meinen persönlichen kulturellen, politischen und beruflichen Vorstellungen, die nichts mit der Lehre des Opus Dei zu tun haben, welche sich auf den rein geistlichen Bereich beschränkt [...]. Es ist Unsinn, auf Grund der Tatsache, daß ich in politischen und beruflichen Fragen eine von anderen Mitgliedern des Werkes abweichende Meinung vertrete, von einem internen Bruch in der Hierarchie des Opus Dei zu reden. Jedes Mitglied des Werkes handelt nach den Geboten seines persönlichen Gewissens und nie nach denen des Gewissens eines anderen: sie handeln in voller persönlicher Freiheit und persönlicher Verantwortung. Ich habe niemals, weder von den Leitern noch von den Priestern des Opus Dei, etwas anderes als geistliche Ratschläge erhalten, und es stand und steht mir immer frei, sie zu befolgen oder nicht zu befolgen.»[7]

«Interner Bruch»? Offensichtlich gab es in Spanien Leute, die dachten und verbreiteten, daß es angesichts des eindeutigen Gegensatzes zwischen den Standpunkten von diesem und jenem Mitglied des Werkes mindestens zwei Richtungen (die entsprechenden Druck auf die Mitglieder ausübten) geben mußte. Aber das widerspricht doch dem zugleich verbreiteten Bild von einer einheitlichen Strategie, wonach die verschiedenen Mitglieder Ausführende eines Geheimplanes zur Eroberung und Festigung der Macht seien.

Hier liegt also eine Diskrepanz vor: Ist das Opus Dei eine monolithische Gruppe? Oder ist es ein gespaltener Riese? Oder aber haben die Mitglieder recht, wenn sie versichern, daß sie die unterschiedlichsten individuellen Standpunkte vertreten, weil sie nach ausschließlich persönlichen Kriterien handeln?

---

[7] Vgl. «Diario de Navarra», Pamplona, 20. April 1988.

Der Vollständigkeit halber muß ich noch ein anderes Beispiel aus der Literatur zu diesem Thema erwähnen, das dem Opus Dei die Verfolgung politischer Ziele abspricht - jedoch genau aus den entgegengesetzten Gründen. Dort heißt es: «In Wirklichkeit formuliert das Opus Dei weder ein politisches Programm [...] noch besitzt es das nötige ideologische Rüstzeug, um die Autonomie des politischen Bereiches und den daraus sich ergebenden Pluralismus theologisch zu entfalten. Im Opus besteht eine klare faktische Trennung der Religion von der Politik. Der entideologisierten Auffassung von Politik als Technik entspricht eine Verinnerlichung des Glaubens von klar bourgeoisem Charakter. So paradox es scheinen mag, gerade die politische Armut des Opus erklärt seine Stellung und seine Rolle im Franquismus.»[8]

Man wirft also dem Opus Dei das Fehlen eines Hegemonialplanes vor und den mangelnden theoretischen Scharfblick, der - wäre er vorhanden gewesen - ihn durchgesetzt hätte. Doch offen gestanden, es fällt einem schwer, die historische Analyse eines Menschen ernst zu nehmen, der den Weg als einen «Vorschriftenkatalog von Banalität, Andacht und Frömmigkeit» definiert und ihm «auch nur die geringste theologische Kenntnis» abspricht.[9]

Nun erteilen wir der anderen Seite das Wort. Rodolfo Martín Villa war Generaldirektor des spanischen Industrieministeriums zu der Zeit, als Gregorio López Bravo, Opus-Dei-Mitglied, der zuständige Minister war. Anläßlich seines Todes bei einem Flugzeugabsturz im Jahr 1985 schrieb Martín Villa: «Ich bin nicht vom Opus Dei. Das war jedoch eine der Legenden, die kursierten, da man annahm, daß jeder Generaldirektor oder wichtige Mitarbeiter eines dem Werk angehörenden Ministers notwendigerweise gleichfalls dieser Organisation angehören müßte. Ich selbst verfiel bei meinem Eintritt in den Führungsstab des Industrieministeriums dieser Vermutung: ich dachte, alle wären vom Opus Dei, und es stellte

[8] Alfonso Botti, Nazionalcattolicesimo e Spagna nuova, 1881-1975, Mailand 1992, S. 150.
[9] Ebd., S. 149.

sich heraus, daß es allen bis auf einen einzigen so erging: das heißt, daß sie nicht dazu gehörten.»[10]

Und einige Zeilen später heißt es: «1968 wurde im Verlauf der Haushaltsdebatte ein Änderungsvorschlag gegen einen Zuschuß für die Universität von Navarra eingebracht. Ich unterstützte diesen Vorschlag und stimmte dafür. Die Änderung wurde angenommen und die Hilfe eingestellt [...]. Nach einer damals verbreiteten Meinung hätte man annehmen müssen, ein Minister des Opus Dei würde verstimmt gegenüber seinem Generaldirektor sein, der als Parlamentarier gegen die Interessen der Universität von Navarra gestimmt hatte. Ich sage nicht, daß man seine Entlassung erwartet hätte, aber zumindest einen Krach hätte es wohl nach den Spielregeln gegegeben. Nun also, als ich ihm danach das erste Mal begegnete, ging ich ganz natürlich auf die Angelegenheit ein und erklärte ihm meine Gründe. Er verstand sie vollkommen, und die Episode warf auf unsere weiteren Beziehungen nicht den geringsten Schatten.»[11]

«Eine verbreitete Meinung» und kein Beleg dafür. Wo liegt die Wahrheit? Um das zu ergründen, müssen wir die Perspektive unserer Betrachtung erweitern, denn das eigentliche Problem betrifft nicht das Opus Dei und das Franco-Regime, sondern die Beziehungen des Franco-Regimes zur kirchlichen Hierarchie in Spanien. Man muß sich vergegenwärtigen, daß mit dem Ende des Bürgerkrieges das kirchliche Leben in Spanien überall wieder aufblühte, es entstanden Vereinigungen und katholische Schulen. Die kirchliche Hierarchie sprach sich ganz eindeutig für Franco aus. Allenthalben glaubte man ihn von der Vorsehung geschickt. Man denke nur daran, daß am Ende des Bürgerkrieges an den Fassaden der Kathedralen ein Losungswort der Falange als Gedenken an die im Krieg Gefallenen angebracht war: «Caídos por Dios y por España. Presentes!»

---

[10] Rodolfo Martín Villa, Espléndida ejecutoria de realidades, in: M. Alvarez Morales (Hrsg.), Gregorio López Bravo visto por sus amigos, Madrid 1987, S. 145-149; Zitat auf S. 147.

[11] Ebd., S. 146-147.

Antonio Fontán schreibt dazu: «Das autoritäre Franco-Regime hatte anfangs von katholischer Seite zunächst keinen scharfen Gegenwind zu befürchten. Das war nicht zuletzt in der blutigen Tatsache begründet, daß die besiegte „Volksfront" - Linksrepublikaner, Sozialisten, Kommunisten - ehemals eine grausame Kirchenaggression entfesselt hatte. Im „republikanischen" Spanien wurden zu Beginn des Bürgerkrieges mehr als sechstausend Geistliche, darunter dreizehn Bischöfe, ermordet. [...] Nach Francos Machtergreifung wurde der diskriminierenden Kirchenpolitik ein Ende gesetzt. Man begann mit dem Wiederaufbau von Kirchen und Klöstern, die nach dem Bürgerkrieg in Schutt und Asche gelegen hatten. Die Jesuiten erhielten die von den Republikanern beschlagnahmten Güter zurück. Private, meist konfessionelle Schulen wurden den staatlichen Einrichtungen gleichgesetzt, in den Klassenräumen durften wieder Kruzifixe aufgehängt werden. Die Ehegesetzgebung entsprach wieder dem Kirchenrecht. So konnten die Katholiken, was ihre konfessionellen Interessen betraf, nach Jahren harter Prüfung wieder aufatmen. Das war aber auch schon alles, wenn man sich vor Augen führt, daß das Regime des „Generalisimo" mit autoritärer Hand die Freiheitsrechte, die einem jeden als Person zustehen, beschnitt oder völlig unterdrückte: darunter die Freiheit der Versammlung, der Meinung, der Presse. Daß man dennoch nicht scharenweise auf die Barrikaden ging, hatte gewiß viel mit der konfessionellen „Einbindung" zu tun, aber auch mit der allgemeinen Konfliktmüdigkeit nach dem Bürgerkrieg.»[12]

«Der vollkommene Staat ist für uns der katholische Staat. Es genügt uns nicht, daß ein Volk christlich ist, damit die Gebote einer Moral dieser Ordnung erfüllt werden; es sind Gesetze notwendig, die das Prinzip aufrechterhalten und den Mißbrauch korrigieren. Der abgrundtiefe Unterschied zwischen unserem System und dem Nazifaschismus ist die katholische Prägung des Regimes, das heute die Geschicke Spaniens lenkt. Weder Rassismus noch religiöse Verfolgungen, noch Vergewaltigung der Gewissen, noch Imperialismus gegenüber den Nachbarn, noch die geringsten

---

[12] Antonio Fontán, a.a.O.

Schatten von Grausamkeit haben Platz unter dem spirituellen und katholischen Empfinden,, das unser Leben leitet.» Das sind Worte des Generals Franco in einer Ansprache vom 14. Mai 1946.[13] Und schließlich: «Die Haltung der römischen und spanischen kirchlichen Hierarchie gegenüber dem Franco-Regime in der Zeit zwischen 1939 bis 1962 kann man in drei Worten zusammenfassen: Anerkennung, Dankbarkeit, Unterstützung.»[14]

Hier aber muß man unbedingt einen weiteren Aspekt berücksichtigen: Im Spanien der Franco-Ära sind im öffentlichen Leben kaum Personen zu finden, die nicht katholisch sind.

Dies ist nicht nur eine Frage der Opportunität, obwohl es stimmt, daß es unmöglich gewesen wäre, sich in einem totalitären konfessionellen Staat politisch zu betätigen, ohne sich als Katholik zu bekennen ; es ist auch eine Tatsache, daß im damaligen Spanien der Glaube bekannt und praktiziert wurde. Für den 31. Mai 1964 wurde in Madrid ein öffentliches Treffen besonderer Art anberaumt: Gebet des Rosenkranzes. Über eine Million Menschen nahmen daran teil; der Vizepräsident der Regierung war der Vorbeter beim ersten Geheimnis. An der Spitze der anwesenden Persönlichkeiten standen der Kronprinz und seine Frau. Einem Journalisten, der ihn nach seiner Meinung zu der Veranstaltung befragte, antwortete Juan Carlos: «Es ist ein intimer, persönlicher Akt, auch wenn eine Million Menschen daran teilnehmen.»[15]

Man begreift Spanien, auch das Spanien des Franco-Regimes nicht, wenn man nicht begreift, daß der katholische Glaube in jenem Land eine weitverbreitete, populäre, spontane Angelegenheit war. Ja, man kann sagen, daß die beachtlichen Veränderungen der Beziehungen zwischen Kirche und Staat zwischen 1936 und 1975 Veränderungen der Kirche und in der Kirche (zuerst beim Klerus und erst dann bei der Bevölkerung) waren - einer Kirche, die dann

[13] Der zitierte Text findet sich bei Rafael Gómez Pérez, El franquismo..., a.a.O., S. 50-51.

[14] Ebd., S. 55.

[15] Ebd., S. 201.

vom II. Vatikanischen Konzil neues Licht empfängt, einer Kirche, die wie überall in der Welt so auch hier die Säkularisierung zu spüren bekommt.

Die Katholiken sind überall zu finden: innerhalb und außerhalb der Regierung. Mit anderen Worten: Der Glaube ist kein differenzierender Maßstab. Daraus erklärt sich unter anderem, weshalb man in Spanien kein Bedürfnis nach einer «katholischen Partei» empfand, die sich auch dem Namen nach als solche ausweisen würde.

Am 1. Juli 1937 hatten die spanischen Bischöfe gemeinsam einen offenen Brief mit folgendem Wortlaut unterschrieben (nur zwei Bischöfe verweigerten die Unterschrift): «Trotz ihres Geistes des Friedens und ihres inständigen Wunsches, den Krieg zu vermeiden und sich nicht daran zu beteiligen, konnte die Kirche Spaniens dem Kampf nicht gleichgültig zuschauen. Auf der einen Seite beseitigte man Gott, dessen Werk die Kirche auf Erden verwirklichen soll, und fügte der Kirche selbst unermeßliches Unrecht an Personen, Dingen und Rechten zu, wie es sich vielleicht gewaltiger niemals in der Geschichte ereignet hat. Auf der anderen Seite stand das bewußte Bemühen derer, die für die Bewahrung des alten spanischen und christlichen Geistes kämpften. Wir behaupten, daß der bürgerlich-militärische Aufstand eine doppelte Wurzel hat: die patriotische Gesinnung, die im Aufstand die einzige Möglichkeit sah, Spanien aufzurichten und seinen endgültigen Untergang zu verhindern; und die religiöse Gesinnung, die ihn als die Kraft betrachtete, die die Feinde Gottes zur Ohnmacht hinführen sollte.»[16]

Vom 13. bis 17. September 1971 wurde in Madrid die erste «Gemeinsame Versammlung von Bischöfen und Priestern» abgehalten. Der Antrag Nummer 34, der wegen einer Formfrage zwar nicht angenommen wurde, aber bei der Abstimmung die Mehrheit erhielt, lautet: «Reconocemos humildemente y pedimos perdón (wir gestehen demütig ein und bitten um Vergebung), weil wir es

---

[16] I. Gomá y Tomás [Erzbischof von Toledo], Por Dios y por España 1936-39, Barcelona 1940, in: Pro e contro Franco..., a.a.O., S. 96.

seinerzeit nicht verstanden haben, wahre Diener der Versöhnung inmitten unseres durch einen Bruderkrieg gespaltenen Volkes zu sein.»[17]

Diese beiden Erklärungen umschließen wie zwei Klammern die komplexe Beziehung zwischen dem katholischen Spanien und der Franco-Diktatur, den Riß zwischen den «zwei Spanien» von gestern und heute und schließlich einen Bürgerkrieg, dessen Auswirkungen das spanische Volk noch lange gespalten haben.

Zweifellos war die Beseitigung der Kirche ein Hauptziel der «Roten» gewesen, während die «nationalistische» Gegenpartei den Katholiken und ihren Bischöfen wohl größere Garantien für ihr Überleben und ihre Freiheit bot. Ebenso unbestreitbar ist, daß das von Franco angeführte Alzamiento (Erhebung) eine Legitimation in kirchlichen Kreisen gesucht und gefunden hat und die privilegierte Beziehung zur spanischen Hierarchie auch in den Jahren nach dem Bürgerkrieg anhielt. So wurde zum Beispiel im Konkordat von 1953 festgelegt, daß die Bischöfe vor General Franco schwören mußten: «Vor Gott und den heiligen Evangelien gelobe und schwöre ich, darauf zu achten und es einzurichten, daß mein Klerus das Staatsoberhaupt und die Regierung den spanischen Gesetzen gemäß hochachtet.»[18]

Es ist deshalb nur logisch, daß alle, die in Opposition zum Regime standen, in der Kirche den stärksten Rückhalt des politischen Gegners sahen.

Die spanische Hierarchie ihrerseits ließ es, auch weil sie für die von Franco erhaltene Hilfe wirklich dankbar war, nicht an Unterstützung fehlen, ja bisweilen ging sie (trotz gelegentlicher Mahnungen aus dem Vatikan) über das von der Klugheit gebotene Maß hinaus; denn in der Tat: weder standen auf der einen Seite nur Katholiken, noch fehlte es auf der anderen Seite an Katholiken. Die Kirche war unter den damaligen Umständen nicht unparteiisch. Das brachte und bringt ihr noch immer die Kritik vieler Demokraten als auch linker «Revanchisten» ein.

---

[17] Ebd., S. 99.
[18] Ebd., S. 137.

«In jener Situation», kommentiert Bischof del Portillo, «mußte der Vater [d.h. Escrivá], auch wenn er Francos Verdienste um die Befriedung anerkannte, sich zwei Gefahren entgegenstellen: einerseits der Instrumentalisierung des Glaubens durch bestimmte Gruppen, die beanspruchten, die Vertretung der Katholiken im öffentlichen Leben zu monopolisieren; andererseits der Tendenz mancher katholischer Kreise, sich der Staatsmacht als eines weltlichen Armes zu bedienen: kurz, den beiden Gesichtern des Klerikalismus».[19]

Vor diesem Hintergrund läßt sich das Neue des Opus Dei begreifen: Eine Institution, die gewöhnlichen Christen das nötige Rüstzeug anbietet, damit sie in ihrer Arbeit Gott suchen, ohne dabei eine «Gruppe zu bilden» und ohne ihren Glauben gleichsam wie eine Etikette zur Schau zu tragen, sondern ihn vielmehr durch das Beispiel ihres Lebens zu bekunden. Jenen Mitgliedern des Werkes, die sich für ein direktes Engagement in der Politik entschieden (es sind insgesamt nur sehr wenige), statt einem anderen Beruf nachzugehen, hat diese Entscheidung, soweit man sehen kann, manches Unverständnis eingebracht. Ich nenne nur einige Beispiele dafür, um dem Leser möglichst verschiedenartiges Material in die Hand zu geben; aber in der Wirklichkeit überschneiden und überlagern sich natürlich manchmal die Motive.

Am augenfälligsten ist das Unverständnis vor allem bei den Gegnern Francos wie der Kirche. Letztere braucht sich für ihre Angriffe auf das Opus Dei nicht zu entschuldigen. Aus ihrer Sicht ist es gewiß nicht verdienstvoll, daß «einige» Mitglieder des Werkes, als Katholiken bekannt, das Regime «auf eigene Faust» zu einer Zeit unterstützten, in der es recht wenige Katholiken gab, die im eigenen Namen handelten. Ein Beispiel von vielen: der Präsident der Katholischen Aktion Spaniens, Alberto Martín Artajo, wurde am 25. Juli 1945 von Franco zum Außenminister ernannt. Bevor er die Berufung annahm, erbat er von der kirchlichen Autorität die Erlaubnis dazu und erhielt sie.

---

[19] Alvaro del Portillo, Intervista sul fondatore dell'Opus Dei, hrsg. v. C. Cavalleri, Mailand 1992, S. 33.

An zweiter Stelle mißfällt der neue Kurs des politischen Geschehens der Falange, die 1945 durch die Einführung des Fuero de los españoles (Grundgesetz liberaler Prägung), durch das immer engere Bündnis des Regimes mit der katholischen Hierarchie und durch die Bildung der zum Großteil aus Katholiken bestehenden neuen Regierung ihre absolute Vorherrschaft auf politischem Gebiet einbüßt.[20]

Das Ressentiment hält an und nimmt in den folgenden Jahren zu. Ein Mitglied des Opus Dei unter jenen «Technokraten», die am Wendepunkt von 1957 als Minister in die Regierung eingetreten waren, Laureano López Rodó, erinnert sich an die in der Falange verbreiteten Gefühle der Eifersucht: «In den Reihen der Falangisten herrschte Unverständnis [für das Opus Dei]. Obwohl erst einige Zeit später (5. Februar 1964) veröffentlicht, möchte ich jetzt aus einem unter dem Titel El Opus Dei im Pueblo erschienenen Artikel zitieren, weil er eine in jenen Kreisen weit verbreitete Meinung widerspiegelt. In dem Artikel heißt es: „Über Nacht sind neue Männer, ohne politische Herkunft, aufgetaucht", und man könne sich nicht erklären, „wie die Opus-Dei-Mitglieder auf wichtige Posten gelangt seien, ohne daß eine gut zusammengefügte Struktur dahinterstehe", und wenige Absätze vorher wird versichert: „Wir kennen viele Opus-Dei-Mitglieder und schätzen ihre Ausbildung, ihre Vortrefflichkeit und ihre Initiativen hoch." Es wäre doch logisch gewesen, hieraus zu schließen, sie wären wegen ihrer Fähigkeiten und ihrer Verdienste auf solche Posten gelangt, ohne eine „gut zusammengefügte Struktur" zu bemühen.»[21]

López Rodó fährt fort mit einer strengen Analyse, der zu folgen sich lohnt. Zu Beginn erläutert er, daß die Falange als politische Partei einen eigenen Apparat habe und die Macht anstrebe; der Fehler der Falangisten sei es, daß sie allen anderen ähnliche Strukturen und Ziele zuschrieben. Die Mitglieder des Opus Dei, die sich in der Politik engagieren, seien hingegen zum Großteil

[20] Pro e contro Franco..., a.a.O., S. 131; detaillierter in: Rafael Gómez Pérez, El franquismo..., a.a.O., S. 20-48.

[21] Laureano López Rodó, Memorias, Barcelona 1990, S. 97.

«unabhängige Freiberufler», ein halbes Dutzend unter den vielen anderen, die in jener Zeit von Franco berufen worden sind; sie seien außerdem ganz regulär den üblichen langen Weg bis hin zu den wichtigen Stellen gegangen.

Andererseits wäre es merkwürdig, wenn keines der Tausende von Mitgliedern, die im Spanien der Franco-Ära zum Opus Dei gehörten, in der Politik tätig gewesen wäre: «Man hätte vermuten müssen, daß es im Opus Dei ein Verbot gibt, sich im öffentlichen Leben zu betätigen oder eine bestimmte politische Richtung zu verfolgen, während die Wirklichkeit ist, daß wir - alle Mitglieder des Werkes - völlig frei sind, nach unserem besten Wissen und Gewissen und gemäß unserer persönlichen, ausschließlichen Verantwortung zu handeln.»[22]

Und was schließlich die Palette der persönlichen Optionen betrifft, so hätte sie gar nicht bunter sein können: «Es wurde auch das Gerücht verbreitet, die Mitglieder des Opus Dei, die sich politisch betätigten, würden eine homogene Gruppe bilden. Es ist aber offenkundig, daß - als logische Folge der vollen politischen Freiheit - ihre Haltungen und Meinungen sehr verschieden waren. Als Beispiel nennen wir Fernando Herrero Tejedor, Javier Domínguez Marroquín und José Ramón Herrero Fontana als Falangisten; Juan María de Araluce Villar und Pedro Mendizabal Uriarte: Traditionalisten; Mariano Navarro Rubio war Gewerkschaftler; Hermenegildo Altozano Moraleda, Antonio Fontán Pérez und Florentino Pérez Embid gehörten dem Consejo privado del Conde de Barcelona an; hingegen unterstützten Gregorio López Bravo de Castro, Vicente Mortes Alfonso und ich selbst die Wiederherstellung der Monarchie in der Person von Juan Carlos von Bourbon; Alberto Ullastres Calvo und Juan José Espinosa San Martín waren unabhängige Politiker; andere schließlich traten in Opposition zum Regime, darunter eine so herausragende Persönlichkeit wie Rafael Calvo Serer.»[23]

---

[22] Ebd., S. 98.
[23] Ebd., S. 99.

In den folgenden Jahren entfachte die Falange zugunsten eigener politischer Ziele eine regelrechte Kampagne gegen das Opus Dei und legte damit den Grundstein für die leyenda negra (schwarze Legende). Wie die jüngste Geschichtsschreibung festhält, lag es in der Tat nahe, daß die Falange jene jungen Minister, tecnócratas, bekämpfte, denen eine Kultur und eine Atmosphäre vorschwebten, die Lichtjahre von der Art und Weise entfernt waren, wie man in Spanien den Staat traditionell verstanden und die Macht verwaltet hatte: Sie wollten einen europäischen Stil, der später die Voraussetzungen für den unblutigen Wandel des politischen Systems schaffen sollte.

Antonio Fontán, den man nicht als Sympathisant des Regimes verdächtigen kann, beschreibt die damalige Lage folgendermaßen: «[Das Streben nach vermehrter Freiheit] bescherte uns einen Dauerkonflikt mit den unbeweglichen Vertretern der Falange, jener Einheitspartei, auf die Franco sein Regime von Anfang an gestützt hatte, der er aber gleichwohl keine unumschränkte Machtstellung totalitären Ausmaßes einräumte. [...]. Die ökonomische Situation wurde Ende der fünfziger Jahre immer kritischer, und Franco suchte händeringend nach Fachleuten, die das Land aus der verfahrenen Planwirtschaft der Falange herausführen konnten. Schließlich bat er einige Nachwuchskräfte um Mitarbeit, die zum Teil eine hochkarätige Ausbildung in den Vereinigten Staaten und auch in der Bundesrepublik genossen hatten und fähig schienen, die lange überfälligen Wirtschaftsreformen einzuleiten. Unter ihnen waren neben anderen Katholiken auch einige Mitglieder des Opus Dei, wie der spätere Handelsminister Alberto Ullastres oder Finanzminister Navarro Rubio. Als Parteilose standen sie im Kreuzfeuer der Falange-Funktionäre, die die Berufung der neuen Wirtschaftsfachleute mit großem Argwohn begleitet hatten. Sie beschimpften sie als „Technokraten", warfen ihnen vor, die Falange-Ideologie nicht zu teilen und unter dem Deckmantel ökonomischer Reformen weitergehende politische Veränderungen einführen zu wollen. Tatsächlich trugen nicht wenige Katholiken „im System" dazu bei, daß die individuellen Freiheitsrechte auch im außerökonomischen

Bereich nach und nach stärkere Berücksichtigung fanden. Verärgert über die Liberalisierungstendenzen entfesselte die Falange schließlich eine organisierte Kampagne, auch gegen das Opus Dei, das in Kreisen der Einheitspartei als Nährboden für so manche reformerische Umtriebe galt.»[24]

So erklärt sich die Opposition der Falange. Diese Opposition dokumentiert der Brief, den Msgr. Escrivá am 28. Oktober 1966 an Minister José Solis, den Führer der Falange, schrieb. Die Veröffentlichung dieses bezeichnenden Briefes wurde in Spanien verboten.[25] Er ist vollständig wiedergegeben in dem Buch Entrevista sobre el fundador del Opus Dei[26] und fordert klar und deutlich, «diese Kampagne gegen das Opus Dei zu beenden, da das Opus Dei für nichts verantwortlich ist».[27]

Es hat auch einige recht verwickelte Affären gegeben, wie den «Fall Matesa», eine Geschichte um internationale Finanzgeschäfte, die 1969 einigen Ministern, die Opus-Dei-Mitglieder waren, ihre Stellung kostete. Der Fall kam auf undurchsichtige Weise ans Licht und wurde von Franco abrupt abgebrochen. Auch in dieses Geschehen wurde der Name des Werkes hineingezogen. Die tatsächliche Aufklärung des Vorfalls kann uns hier nicht beschäftigen.[28] Da die Affäre aber internationales Echo fand und hin und wieder an die Oberfläche geschwemmt wird, lohnt es, einige Fakten zu nennen, die nur selten erwähnt werden. Der Skandal kam ins Rollen durch die Anzeige eines Mitgliedes des Opus Dei, Victor Castro, Generaldirektor der Zollbehörde. Außerdem war einer der in der folgenden Regierung neu ernannten Minister Falangist und Mitglied des Opus Dei. «Es war nicht ein Angriff auf das Opus Dei als solches», kommentiert Gómez Pérez, «sondern eine politische Instrumenta-

---

[24] Antonio Fontán, Gegen den Raub..., a.a.O.

[25] Rafael Gómez Pérez, El franquismo..., a.a.O., S. 214.

[26] Alvaro Del Portillo-Cesare Cavalleri, Entrevista sobre el fundador del Opus Dei, Madrid 1993.

[27] Ebd., S. 41-42.

[28] Eine sehr gute Darstellung bei Rafael Gómez Pérez, El franquismo..., a.a.O., S. 216-218.

lisierung der nicht politischen Tatsache, daß einige Personen Mitglieder jener Institution waren».[29]

Zu denen, die der Wahrheit keinen guten Dienst erwiesen haben, zählen leider auch einige ausländische Historiker und Journalisten, die sich oft zu Behauptungen haben hinreißen lassen, die der Wirklichkeit nicht entsprechen. Nachträglich mag einem dies nur ein Lächeln abringen; dennoch haben sich auf diese Weise Mißverständnisse fortgepflanzt, die hätten vermieden werden können. Gómez Pérez gibt in seiner Studie einen kleinen Querschnitt «unverdächtiger» Pressestimmen: Für die «New York Times» war der Minister Fernández de la Mora vom Opus Dei; nach «Le Nouvel Observateur» gehörte Carrero Blanco zum Werk; Max Gallo, vielzitierter Historiker des Franquismus, behauptet in seiner Histoire de l'Espagne franquiste, das Opus Dei sei Eigentümer der Tageszeitung «Ya», die in Wirklichkeit damals den spanischen Bischöfen gehörte.[30] Irren ist menschlich. Wenn sich aber ein Chronist oder ein Historiker irrt, wie kann er dann die Fakten begreifen und deuten?

Schließlich zählen zu den Gegnern des Werkes in nicht geringerem Umfang weite Kreise der klerikalen Welt. Auch von dieser Seite wird Kritik an den «Ministern des Opus Dei» laut. Hier ist es heikel und noch schwieriger als sonst, die Wirklichkeit zu erklären.

Als vor allem mit Beginn der fünfziger Jahren das politische Leben etwas mehr in Bewegung geriet, wurden Fälle von Opposition gegen das Regime bekannt, getragen von Leuten, die sich deshalb keineswegs für weniger katholisch hielten: «Symptomatisch ist in diesem Zusammenhang, daß man beabsichtigte, sich den Katholizismus zunutze zu machen, um Wege der Opposition zu erproben; ein weiterer Beweis dafür, daß das Christentum als Substrat ein Faktum war, das es zu berücksichtigen galt.»

Doch da gibt es noch ein anderes, viel ernsteres Problem. Seit dem Beginn der Nachkriegszeit waren in die Politik Menschen eingestiegen, die manche «offizielle Katholiken» nannten und die als

[29] Ebd., S. 258.
[30] Ebd., S. 218.

Wortführer einer gemeinsamen politisch-gesellschaftlichen Linie sowohl vom Regime wie von der Hierarchie gut angesehen waren. Einige von ihnen hätten es gern gesehen, daß so wie sie selbst auch das Opus Dei als Institution der Politik der Regierung eine klare, totale und offizielle Unterstützung gewährt hätte.

Später, als es zur Abkühlung der Beziehungen mit dem Regime kam, erbat man sich eine ähnliche Unterstützung, diesmal für die Anliegen der Opposition. In beiden Fällen konnte und wollte das Opus Dei eine solche Unterstützung nicht gewähren - aus spirituellen Gründen und wegen des Weitblicks des Gründers. Seine wohlbegründete Absage wurde jedoch nicht verstanden. Auch in diesem Fall sind Vereinfachungen ungerecht: Wir haben ja bereits gesehen, daß sowohl in der Regierung wie in der Opposition Mitglieder des Opus Dei zu finden waren.

«Es ist merkwürdig», so kommentiert Laureano López Rodó in seinen Memorias, «wie sich gerade die „offiziellen Katholiken", die mit jenem Regime in seinen Anfangszeiten, als die Freiheiten am meisten eingeschränkt waren, zusammenarbeiteten, die Kleider zerreißen, weil einige Mitglieder des Opus Dei in Ausübung ihrer legitimen Freiheit Staatsämter in der Franco-Ära angenommen haben. Es ist nicht dasselbe, ob jemand 1945 (dem Jahr, in welchem Alberto Martín Artajo in die Regierung eintrat) oder 1951 (als Joaquín Ruiz Giménez zum Erziehungsminister ernannt wurde) Minister geworden ist, als der Aufbau des Rechtsstaates noch nicht begonnen hatte, oder aber 1957 in die Regierung eintrat, als das 1954 verabschiedete Gesetz über die Zwangsenteignung bereits die grundsätzliche Verantwortlichkeit der Verwaltung anerkannt hatte und das Gesetz über die Verwaltungsgerichtsbarkeit von 1956 die Berufung gegen die von der Regierung bzw. den Ministern verfügten Amtshandlungen oder allgemeinen Verfügungen gestattete».[31]

Alvaro Del Portillo erzählt in diesem Zusammenhang eine konkrete Episode. «Im Jahre 1947 kam unser Gründer für kurze Zeit nach Spanien, da es um die Verlegung der Zentralleitung des Wer-

[31] Laureano López Rodó, Memorias..., a.a.O., S. 96-97.

kes nach Rom ging. Dabei traf er mit dem Außenminister Martín Artajo zusammen. Ehe er der Regierung angehörte, war Artajo Präsident der Katholischen Aktion in Spanien gewesen. Der Vater erzählte, daß der Minister zu seinem großen Erstaunen geäußert habe, es sei ihm unbegreiflich, „wie jemand sein Leben der Kirche weihen kann und durch Gehorsam gebunden gleichzeitig dem Staat dienen können soll". Escrivá legte Artajo dar, daß da keine Schwierigkeiten bestünden. Denn die Materie, auf die sich der der Kirche geschuldete Gehorsam beziehe, sei für ihn wie für alle anderen Katholiken, ob sie gotthingegeben lebten oder nicht, die gleiche. Auch dem Grade nach sei die Verpflichtung für alle gleich, wenn auch mit einer jeweils andere Begründung. Die Lösung war also klar, der Minister schien sie jedoch nicht einsehen zu können. Er ordnete an, Mitglieder des Opus Dei oder solche, die man dafür hielt, nicht in den diplomatischen Dienst aufzunehmen, auch wenn sie die entsprechende Aufnahmeprüfung bestanden hätten. Dies widersprach jedem Gefühl für Gerechtigkeit. Gleichwohl wurde die Anordnung in einigen Fällen umgesetzt.»[32]

Die Zeitschrift Famiglia Cristiana veröffentlichte in einer Ausgabe kurz vor der Seligsprechung von Josemaría Escrivá einen ausführlichen Beitrag über das Opus Dei, der auch die Vorbehalte untersuchte, die von der einen oder anderen Seite bezüglich der Opportunität dieser päpstlichen Entscheidung geäußert worden waren. In diesem Zusammenhang ging es auch um die angebliche Liaison des Werkes mit dem Franco-Regime. Der Beitrag enthält einige Auszüge aus einem bis dahin unveröffentlichten Brief Msgr. Escrivás an Paul VI. aus dem Jahr 1964. Lesen wir, was der Verfasser des Beitrags schreibt: «Auch was das Engagement in der Gesellschaft betrifft, hatte die Kritik am Opus Dei zugenommen, das man beschuldigte, es auf die Kontrolle der politischen und wirtschaftlichen Macht abgesehen zu haben; vor allem in Spanien, wo einige Mitglieder Minister in Franco-Regierungen gewesen und einige andere in Finanzskandale verwickelt gewesen waren. In dem Brief an

---

[32] Alvaro del Portillo-Cesare Cavalleri, a.a.O., S. 39-40.

Paul VI. entgegnet Msgr. Escrivá: „Es sei mir gestattet, Heiliger Vater, darauf hinzuweisen, daß die Mitglieder des Opus Dei - Numerarier und Supernumerarier -, die in Regierungsstellen oder in der Verwaltung mit Franco zusammenarbeiten, dies frei und in persönlicher Verantwortung tun; und zwar nicht als Technokraten, sondern als Politiker, genauso wie die anderen - gewiß viel zahlreicheren - Staatsbürger, die an ähnlichen Stellen mitarbeiten und Angehörige der Katholischen Aktion, der Asociación Católica Nacional de Propagandistas, usw. sind. Meines Wissens war der einzige, der für die Mitarbeit in Francos Regierung die Erlaubnis der Hierarchie einholte, Martín Artajo (Vorsitzender der Katholischen Aktion Spaniens), der dreizehn Jahre lang Außenminister war [...]. Als hingegen Professor Ullastres und Professor López Rodó, beide vom Opus Dei, zum Handelsminister bzw. zum Kommissar des wirtschaftlichen und sozialen Entwicklungsplanes ernannt wurden, habe ich die Nachricht über diese beiden Ernennungen, die sie in völliger Freiheit angenommen hatten, aus der Zeitung erfahren."»

Der Artikel fährt fort: «In dem Brief an Paul VI. äußert Msgr. Escrivá bereits 1964 seine Sorgen im Hinblick auf die Zeit nach Franco und weist die gegen das Opus gerichtete Anschuldigung der „Francophilie" zurück. Er berichtet dem Papst von seinen Gesprächen mit spanischen Kardinälen und Bischöfen, in denen „ich mir die Freiheit nahm, ihnen zu sagen, daß die Revolution sehr schwer wird aufgehalten werden können, wenn sie einmal ausgebrochen ist; und daher - um es mit den Worten der Heiligen Schrift zu sagen - 'denkt nicht, daß ein einziger Sündenbock [das Opus Dei, A.d.V.] reichen wird: ihr alle werdet Sündenböcke sein'. Denn es lassen sich ganze Sammlungen von öffentlichen, überschwenglichen Lobeshymnen zusammenstellen, die die Bischöfe dem Regime gewidmet haben, was man hingegen von mir wohl nicht sagen kann, auch wenn ich anerkenne, daß Franco ein guter Christ ist". Und Escrivá fügt hinzu: „Ich meine, es wäre angebracht, so bald wie möglich eine Reform des spanischen Regimes vorzubereiten, um die Anarchie, den Kommunismus zu vermeiden, der die Kirche in Spanien zerstören würde..." Nicht zweckmäßig für Spanien hält er eine katholische Einheitspartei, ja eine solche erscheine ihm geradezu gefährlich, „weil sie zwar anfangs der Kirche dienen, aber sich schließlich leicht der Kirche bedienen könnte, die nicht mehr in der Lage wäre, sich von ihr zu befreien, und so eine Art moralischer Erpressung zu erleiden hätte. Diese Freiheit der Katholiken sollte Anlaß zu einer gebührenden Vielfalt - nicht zu einer Atomisierung - bei den Lösungen zeitlich-irdischer Probleme geben; und gleichzeitig sollte sie zu einer festen Einheit in dem führen, was für die Kirche wesentlich ist, jenseits von Gruppen- und Parteikompromissen".»

«Das Italienisch des Briefes», schließt Famiglia Cristiana, «ist nicht elegant, aber der Gedankengang ist klar und aktuell».[33]

Die Ansichten des Gründers des Opus Dei und die vieler anderer spanischer Katholiken, auch innerhalb der Hierarchie, gingen also weit auseinander. Daher dürfte es verständlich sein, daß die Abneigung gegen das Opus Dei auch aus der steten Weigerung des Gründers und der Mitglieder herrührte, sich politisch nach dem offiziellen Kriterium einer «Einheitspartei» zu betätigen.

Zudem muß angemerkt werden, daß die Entscheidung von Msgr. Escrivá im Jahr 1946, nach Rom überzusiedeln und sobald als möglich dorthin die zentrale Leitung des Opus Dei zu verlegen, den klaren Wunsch erkennen läßt, der Institution die wesenseigene universale Dimension, mit der sie entstanden war, sicherzustellen und sich dem, oft heftigen, lokalen politischen Druck zu entziehen. In einer Ausgabe der geopolitischen Zeitschrift Limes hebt Salvatore Abbruzzese hervor, daß «für Escrivá de Balaguer die internationale Ausweitung ein Bestandteil des Wesens des Opus Dei selbst und eine der Bedingungen für seine Existenz ist».[34] In der Tat hatte der Gründer bereits in den Jahren1935-36 geplant, die apostolische Arbeit in anderen europäischen Ländern zu beginnen, doch der Bürgerkrieg und dann der Weltkrieg zwangen ihn dazu, sich auf Portugal zu beschränken. Sofort nach Ende der kriegerischen

---

[33] Renzo Giacomelli, La santità nel bel mezzo della strada, in: «Famiglia Cristiana», 8 (1992), S. 54-57; Zitat auf S. 56-57.

[34] Salvatore Abbruzzese, Opus Dei e Cl: due modelli di espansione geopolitica, in: «Limes», Juni-August 1993, S. 83-92; Zitat auf S. 91.

Auseinandersetzungen begaben sich Mitglieder des Opus Dei nach England, Frankreich, Italien, in die Vereinigten Staaten und nach Mexiko. Währenddessen verstärkte man die Bemühungen um eine päpstliche Approbation, die diesem internationalen Charakter entsprach.

Angesichts all dieser Fakten liegt es auf der Hand, daß die Institution sich nicht für eine «spanische Angelegenheit» halten lassen konnte, die sie ja nicht war, auch wenn sie in Madrid geboren und ihre ersten Schritte südlich der Pyrenäen getan hatte.

Die Kritik an einer «Mentalität einer Einheitspartei», die dem Geist des Opus Dei entgegensteht, weil die Institution die zeitlich-irdischen Entscheidungen ihrer Mitglieder in keiner Weise beeinflussen kann und will, taucht in den veröffentlichten Schriften des seligen Escrivá immer wieder auf und erfährt eine weitere Erläuterung in dem zitierten Brief an Paul VI. Da wird auch die Originalität und Vielfalt des Opus Dei im Rahmen jener «Theologie des Laienstandes» erkennbar, die vom II. Vatikanischen Konzil in ihrer ganzen Fülle dargelegt werden sollte.

So sagt er zum Beispiel in einem Interview: «Das Verhalten von Leuten, die einen Beruf daraus machen, sich katholisch zu nennen, oder auch von Leuten, die das Prinzip der persönlichen Freiheit, auf der die gesamte christliche Morallehre ruht, nicht anerkennen wollen, hat mich immer peinlich berührt. Der Geist des Werkes und seiner Mitglieder besteht darin, der Kirche und allen Menschen zu dienen - und nicht darin, sich der Kirche zu bedienen. Es gefällt mir sehr, wenn der Christ Christus in seiner Haltung erweist und nicht in seinem Namen, und daß er damit ein wirkliches Zeugnis christlichen Lebens gibt.»[35]

Und detaillierter antwortet er auf die Frage, ob «die Tatsache, daß verschiedene Mitglieder des Werkes im öffentlichen Leben des Landes mitwirken, das Opus Dei nicht in gewissem Maße politisiert» hat: «Das ist weder in Spanien noch sonstwo der Fall. [...]

---

[35] Interview in: Le Figaro,16.5.1966; in: Gespräche mit Msgr. Escrivá de Balaguer, Köln 1981, Nr. 47.

Menschen, die über Apostolat und geistliches Leben in militärischen Kategorien denken, werden leicht dazu neigen, in der freien und persönlichen Arbeit der Christen eine kollektive Handlungsweise zu sehen. Lassen Sie mich aber noch einmal sagen, was ich seit 1928 ständig wiederholt habe: Die Verschiedenheit der Meinungen und des Verhaltens im weltlichen Bereich und auch auf jenen Gebieten der Theologie, die der freien Diskussion überlassen sind, stellt für das Werk kein Problem dar. Diese Verschiedenheit unter den Mitgliedern des Werkes gibt es nun einmal, und es wird sie immer geben. Denn sie ist ein Zeichen des guten Geistes, der vernünftigen Gesinnung und des Respekts vor der berechtigten Meinung eines jeden.»[36]

Was die direkten Beziehungen zwischen dem Gründer des Opus Dei und General Franco angeht, ist es selbstverständlich, daß die beiden sich persönlich kannten; etwas anderes wäre angesichts ihrer Bekanntheit schwer vorstellbar gewesen.

Franco, ein praktizierender Christ, wußte um den guten Ruf, dessen sich der Opus-Dei-Gründer erfreute; so wurde dieser einmal eingeladen, für den Staatschef Exerzitien zu halten. Die Episode hatte wenig protokollarischen Anstrich, was die pastorale Sorge des Gründers unterstreicht. Berglar berichtet darüber: «Als Monsignor Escrivá Anfang der vierziger Jahre für das Ehepaar Franco Besinnungstage hielt, meinte er gegen Ende, es täte dem Generalissimus wohl gut, wenn er einmal an das Sterben erinnert würde. Gedacht, getan. Der Staatschef nahm es übrigens freundlich, wenn auch unverstanden auf; er habe sich schon, sagte er, gelegentlich Gedanken darüber gemacht und vorsorgliche Maßnahmen erwogen. Sein Tod war für ihn ein politisches Problem [...]. Der Bischof von Madrid, der von der Sache hörte, bemerkte zum Gründer, als er ihn wiedersah: „Jetzt werden Sie aber in Spanien nie mehr Bischof ..." „Mir genügt es", antwortete der, „daß ich Priester bin".»[37]

---

[36] Ebd., S.93.
[37] Peter Berglar, Opus Dei..., a.a.O., S. 296.

Es sei mir folgende nicht grundlose Vermutung gestattet: sicherlich war es Msgr. Escrivá, als das Werk seinen Sitz schon in Rom hatte, nicht entgangen, welche Meinung man im Ausland von Franco hatte, nach dem Zusammenbruch der Diktaturen in Italien und Deutschland und angesichts der allgemeinen antitotalitären Stimmung. In Spanien hingegen war es schon schwieriger, zu einer solchen Einschätzung zu gelangen.

Es liegt also nahe anzunehmen, daß er bewußt das Risiko des Entstehens einer internationalen schwarzen Legende in Kauf nahm, die später schwer zu entlarven sein würde. Dies war der Preis, den er für die Respektierung der Freiheit jener seiner geistlichen Söhne zu zahlen hatte, die sich in persönlicher Verantwortung für ein politisches Engagement auf der Seite Francos entschieden hatten. Das dürfte auch einigen Worten zu entnehmen sein, die er während eines Spanienbesuchs 1964 in der Öffentlichkeit sagte und die in Le Monde - einem bevorzugten Kanal, um Nachrichten nach Spanien gelangen zu lassen, die im Land selbst nicht geschrieben werden durften - abgedruckt wurden: «Vielleicht ist mein einziger Fanatismus jener der Freiheit. Wie könnte ich frei sein, wenn ich die Freiheit der anderen nicht achtete? Im Opus Dei denkt jeder, wie er will, vorausgesetzt, daß er Christus nicht beleidigt. Darum sind wir Freunde der Freiheit der Gewissen.»[38]

In dem Buch Entrevista sobre el fundador del Opus Dei wird von einer weiteren, späteren Begegnung mit dem General Franco erzählt, die Escrivá herbeiführte, um die Meinungsfreiheit eines Mitgliedes des Opus Dei zu verteidigen.

«Ein Mitglied des Werkes hatte das Franco-Regime in einem Zeitungsartikel offen kritisiert. Die Behörden reagierten hart: Der Autor mußte das Land verlassen. Dagegen hatte Escrivá nichts einzuwenden, handelte es sich doch um eine Angelegenheit, die allein in den Bereich des freien und eigenverantwortlichen Tuns eines seiner Kinder fiel. Aber unter all den Schmähungen und Beleidigungen, die der Betreffende hatte hinnehmen müssen, hatte es auch geheißen, er

[38] Rafael Gómez Pérez, El franquismo..., a.a.O., S. 258.

sei schließlich „jemand ohne eigene Familie“. Darauf reagierte unser Gründer wie ein Vater, der sein Kind in Schutz nimmt. Er begab sich unverzüglich nach Spanien und suchte bei Franco um eine Audienz nach, die ihm auch sofort gewährt wurde. Ohne auf die politischen Meinungsverschiedenheiten einzugehen, ließ er ihn unmißverständlich wissen, er dulde es nicht, daß von einem seiner Kinder gesagt werde, es habe keine Familie: der Betreffende habe eine Familie übernatürlichen Charakters, das Werk, und er betrachte sich als seinen Vater. Daraufhin fragte Franco: „Und wenn er ins Gefängnis kommt?“ Der Vater erwiderte, er respektiere die Entscheidungen der Justizbehörden, ihn könne aber niemand daran hindern, seinem Sohn alle geistliche und materielle Hilfe zukommen zu lassen, die er brauche, sollte man ihn wirklich ins Gefängnis stecken.»[39]

Msgr. del Portillo zitiert auch den Brief Escrivás an den Papst aus dem Jahr 1964 und fügt einige interessante Details hinzu: «Ihn beschäftigte das Problem der Franco-Nachfolge. Das ließ er ihn auch persönlich wissen. Außerdem hat er die spanischen Bischöfe, die ihn aufsuchten, für diese heikle Frage sensibilisiert. Andererseits wußte sich unser Gründer Aufforderungen aus dem Vatikan zu widersetzen, die ihn zu einer Initiative veranlassen wollten. Er lehnte jedwede Vermittlerrolle ab, weil es nicht seine Aufgabe sei, sich in die Politik einzumischen. Seine Einstellung dazu hat er Paul VI. in einem am 14. Juni 1964 übersandten vertraulichen Schreiben übermittelt, das unmißverständlich war.»[40]

Kehren wir nun an unseren Ausgangspunkt zurück. Auf der einen Seite das Opus Dei, die einhellige Aussage des Gründers und aller Mitglieder über die Freiheit und Verantwortung jedes einzelnen. Auf der anderen Seite eine Fülle von Anklagen, Vermutungen, Unterstellungen. Dazwischen die Fakten, die, falls sie von Wert sind, für sich alleine sprechen.

---

[39] Alvaro del Portillo-Cesare Cavalleri, a.a.O., S. 40-41.
[40] Ebd., S. 43-44.

Ein jeder möge am Ende dieser «Reise» nun seine Schlüsse ziehen. Ich meine jedoch, daß es erlaubt sein muß, eine Frage zu wagen, die bis vor wenigen Jahren beinahe unzumutbar erschien: Und wenn es wirklich so wäre? Wenn das Opus Dei tatsächlich ein seltenes, vielleicht einmaliges Phänomen wäre, an das man sich nur auf Grund geistlicher Ziele bindet und in dem jeder versucht, das, was er zu tun vorhat, auf eigene Rechnung möglichst gut zu machen? Und wenn dahinter nichts von alldem stecken würde, das man zu sehen vermeinte? Wenn daran nichts, schlicht gar nichts wäre?

Dies dürfte beim näheren Hinsehen genau das sein, was am Opus Dei am meisten fasziniert. Zu wissen, daß es eine Institution gibt (eine Institution der Kirche), die weder Grüppchen bildet noch Geschenke verteilt. Die alles verlangt («strebe nach der Heiligkeit, mit Christus vereint») und nichts verlangt («entscheide du selbst, wie du handelst»); und die obendrein die notwendige geistliche Hilfe gewährt. Eine Institution, deren Gründer so unvergleichlich väterlich war, daß er eine Konfrontation mit dem Generalisimo nicht scheute, ohne hierbei irgendeinen praktischen Zweck zu verfolgen; er tat es nur aus Liebe zu einem seiner geistlichen Söhne, der beleidigt worden war.

Die Medien widmen ihre Aufmerksamkeit häufig den politischen oder zumindest öffentlichen Fragen, in denen sich Mitglieder des Opus Dei engagieren. Doch diese Sicht der Dinge ist, wie ich zu zeigen versucht habe, zu eng. Und jenseits des Polterns der Sensationsmeldungen erscheint in der Perspektive der Geschichte ein bedeutendes und reichhaltiges Phänomen: Es besteht aus Tausenden von Menschen, die sich Tag für Tag in allen möglichen Beschäftigungen bemühen, eine Botschaft wirklich werden zu lassen, die der Gründer in wenigen Worten zusammenfaßt: «Jesus Christus kennenlernen. Ihn bekannt machen. Ihn überall hintragen.»

Dabei ist es nebensächlich, welche Arbeit man tut. Grundlegend und beispiellos ist hingegen die «christliche Realität», die durch eine regelrechte Mobilisierung von Männern und Frauen aus der ganzen Welt sichtbar wird, die bemüht sind, in ihren weltlichen Tätigkeiten die Fülle der evangelischen Berufung zu leben.

Zeittafel

Die im folgenden angeführten Daten bieten einen Überblick über die wichtigsten Stationen im Leben von Josemaría Escrivá de Balaguer y Albás sowie über die entscheidenden, das Opus Dei betreffenden, Ereignisse von seiner Gründung bis heute.

1902 Am 9. Januar in Barbastro in der spanischen Provinz Aragon als zweites Kind von José Escrivá y Corzán und Dolores Albás Blanc geboren. Die ältere Schwester Carmen war am 16. Juni 1899 geboren. Der Vater besaß einen Tuchladen und eine kleine Schokoladenfabrik. Am 13. Januar wurde der Junge auf die Namen José, María, Julián und Mariano getauft.

1904 Mit zwei Jahren so schwer erkrankt, daß die Ärzte ihn bereits aufgegeben hatten. Die Eltern wenden sich in ihrer Not an die Muttergottes und geloben, mit dem Kind im Falle seiner Genesung eine Wallfahrt zu dem altehrwürdigen Gnadenbild von Torreciudad zu unternehmen. Tatsächlich wurde das Kind ganz plötzlich und überraschend gesund.

1910-15 In diesen Jahren sterben die drei nach ihm geborenen Schwestern: Rosario im Alter von neun Monaten; María Dolores mit fünf Jahren; Chon mit acht Jahren.

1912-15 Erste Gymnasialjahre an der von den Piaristen geleiteten Schule in Barbastro.

1915-17 Der väterliche Betrieb macht Bankrott, die Familie muß aus Barbastro wegziehen und nach Logroño übersiedeln.

1917-18 Die Spuren der nackten Füße eines Karmeliters im Schnee an einem kalten Wintermorgen 1917/18 wecken in Josemaría die brennende Sehnsucht nach großzügiger Hingabe an Gott. Er beginnt das Theologiestudium als Externer am Priesterseminar in Logroño.

1919 Am 28. Februar wird sein Bruder Santiago geboren.

1920 Nach Abschluß der Studiengänge in humanistischer Kultur und Philosophie wechselt er zur Fortsetzung des Theologiestudiums an die Päpstliche Universität von Saragossa.

1922 Der Erzbischof von Saragossa, Kardinal Soldevilla, ernennt ihn zum Präfekten des Priesterseminars und erteilt ihm die Tonsur und die niederen Weihen.

1923 Beginn des zusätzlichen Jurastudiums an der Staatlichen Universität von Saragossa.

1924 Subdiakonats- und Diakonatsweihe. Wenige Tage vorher war sein Vater gestorben.

1925 Am 28. März empfängt Josemaría die Priesterweihe. Am 30. März feiert er in der Muttergottes-Kapelle «Unserer Lieben Frau von Pilar» seine Primiz.

1927 Im Januar erhält er das juristische Lizenziat. Am 19. April übersiedelt er nach Madrid, um seine Studien mit dem Doktorat in Zivilrecht abzuschließen. In Madrid wird er zum Kaplan des Krankenstifts der «Damas Apostólicas» ernannt. Gleichzeitig arbeitet er als Dozent für Römisches Recht und für Kirchenrecht an der Akademie Cicuéndez.

1928 Am 2. Oktober «sieht» er das Opus Dei, Weg der Heiligung in der beruflichen Arbeit und in der Erfüllung der gewöhnlichen Aufgaben des Christen.

1930 Am 14. Februar «sieht» er, während er die Messe feiert, daß auch Frauen zum Opus Dei gehören sollen. Nach und nach kommt es zu den ersten Berufungen. Der erste, der dem Ruf ganz folgt, ist der Spanier Isidoro Zorzano.

1933 Im Dezember wird das erste apostolische Werk des Opus Dei, die Akademie DYA, in Madrid eröffnet.

1934 In Cuenca erscheinen die Consideraciones espirituales (Geistliche Betrachtungen), als Vorläufer des 1939 in seiner jetzigen Form publizierten Weg. 1934 entsteht auch Der heilige Rosenkranz. Beide Bücher finden außerordentliche Verbreitung in der ganzen Welt.

1936-37 In den ersten Monaten des Spanischen Bürgerkrieges (der am 18. Juli 1936 ausbricht) muß Escrivá unter Lebensgefahr in Madrid bleiben. Im September 1937 besorgt er sich die nötigen Dokumente, um Spanien verlassen zu können. Am 2. Dezember 1937 trifft er in Andorra ein, nachdem er zu Fuß die Pyrenäen überquert hat; begleitet wird er auf diesem Gewaltmarsch von einer kleinen Gruppe seiner ersten geistlichen Söhne.

1938 Von Januar 1938 an hält er sich in Burgos auf. Von dieser Stadt aus nimmt er sogleich die apostolische Arbeit auf, an der ihn der Krieg gehindert hatte.

1939 Im Dezember erhält er an der Universität Madrid das Doktorat in Rechtswissenschaften.

1941 Der Bischof von Madrid, der von Anfang an seine Arbeit anerkennt und ermutigt, approbiert am 19. März 1941 das Opus Dei als «Fromme Vereinigung».

1943 Am 14. Februar Gründung der «Priesterlichen Gesellschaft vom Heiligen Kreuz», die untrennbar mit dem Opus Dei verbunden ist. Am 11. Oktober erhält das Opus Dei die erste Approbation vom Heiligen Stuhl.

1944 Am 25. Juni weiht der Bischof von Madrid die ersten drei aus dem Opus Dei hervorgegangenen Priester: Don Alvaro Del Portillo, Don José María Hernández de Garnica und Don José Luis Múzquiz.

1946 Am 23. Juni trifft er in Rom ein. Am 16. Juli und 8. Dezember von Pius XII. in Privataudienz empfangen.

1947 Am 2. Februar erläßt Pius XII. die Apostolische Konstitution Provida Mater Ecclesia, und am 24. Februar erhält das Opus Dei, entsprechend den Normen dieser neuen Konstitution, das Decretum laudis. Am 22. April wird Escrivá zum Päpstlichen Hausprälaten ernannt.

1948 Am 29. Juni Eröffnung des «Collegium Romanum Sanctae Crucis». In diesem Studienzentrum werden in den nächsten Jahren tausende Opus-Dei-Mitglieder aus verschiedenen Ländern der Welt ihre geistliche Bildung erhalten.

1950 Am 16. Juni gewährt Pius XII. dem Opus Dei die endgültige Approbation.

1952 Im Oktober beginnt in Pamplona mit dem «Studium generale» der Aufbau der Universität von Navarra, deren Gründer und erster Großkanzler Monsignor Escrivá ist.

1953 Eröffnung des «Collegium Romanum Sanctae Mariae» als überregionales Bildungszentrum der weiblichen Abteilung des Opus Dei.

1954 Am 27. April fällt Monsignor Escrivá plötzlich in ein Koma; man befürchtet das Schlimmste, leidet er doch seit zehn Jahren an einer schweren Diabetes. Von da an sollte sich kein Diabetessymptom mehr bemerkbar machen: er ist völlig genesen.

1955 An der Päpstlichen Lateranuniversität in Rom erwirbt er das Doktorat in Theologie.

1960 Am 9. März wird Escrivá zum ersten Mal vom neuen Papst, Johannes XXIII., in Audienz empfangen.

1962 Am 11. Oktober Eröffnung des II. Vatikanischen Konzils.

1965 Am 21. November feierliche Einweihung der Gebäude des Arbeiterzentrums ELIS durch Papst Paul VI. Am 8. Dezember Abschluß des II. Vatikanischen Konzils.

1970 Der Gründer begibt sich als Pilger nach Mexiko: mit seinem Besuch des Heiligtums der Madonna von Guadalupe setzt er die Reihe seiner Wallfahrten fort, die ihn bereits zu vielen europäischen Heiligtümern geführt haben.

1973 Veröffentlichung des Bandes Christus begegnen, einer ersten Sammlung von Homilien. (Ein zweiter Band mit Homilien, Freunde Gottes, wird nach seinem Tod erscheinen).

1975 Am 28. März begeht er in Rom sein Goldenes Priesterjubiläum. Ende Mai führt ihn seine letzte Reise nach Spanien, wo er zum dritten Mal in seinem Leben das Heiligtum der Muttergottes von Torreciudad besucht und die neu erbaute Kirche, deren Errichtung er gelobt hatte, einweiht. Wenige Tage nach seiner Rückkehr nach Rom, am 26. Juni stürzt er zu Mittag in seinem Arbeitszimmer zu Füßen eines Bildes der Madonna von Guadalupe zu Boden und stirbt.

1981 Am 12. Mai wird in Rom der Seligsprechungsprozeß eröffnet. Zugleich erscheint ein weiteres posthumes Werk Escrivás: Via Crucis (Der Kreuzweg).

1982 Am 23. August gibt Papst Johannes Paul II. der Öffentlichkeit seine Entscheidung bekannt, das Opus Dei als Personalprälatur zu errichten. Mit der Apostolischen Konstitution Ut sit vom 28. November 1982 erreicht das Opus Dei juristisch so das Ende seines Weges, wie Monsignor Escrivá es sich gewünscht hatte.

1983 Am 19. März findet in der römischen Basilika Sant'Eugenio die feierliche Zeremonie der offiziellen Errichtung der Prälatur vom Heiligen Kreuz und Opus Dei statt.

1986 Im November erscheint posthum ein weiteres Werk Escrivás: Die Spur des Sämanns.

1987 Es erscheint der Band Im Feuer der Schmiede, der zusammen mit Der Weg und Die Spur des Sämanns eine für die Meditation des Christen bestimmte Trilogie bildet.

1990 Die Päpstliche Kongregation für das katholische Bildungswesen verfügt die kanonische Errichtung der römischen Hochschule vom Heiligen Kreuz mit den Fakultäten für Theologie und Philosophie.

1991 Am 6. Januar weiht Johannes Paul II. den Prälaten des Opus Dei in Sankt Peter zum Bischof.

1992 Am 17. Mai spricht Papst Johannes Paul II. auf dem Petersplatz Josemaría Escrivá selig.

Literaturverzeichnis

Bücher über das Opus Dei

Berglar, Peter
Opus Dei. Leben und Werk des Gründers Josemaría Escrivá.
3. erweiterte Auflage, Adamas Verlag, Köln, 1992.

Bernal, Salvador
Msgr. Josemaría Escrivá de Balaguer. Aufzeichnungen über den Gründer des Opus Dei.
Adamas Verlag, Köln, 1978.

Fuenmayor, A. de, Gómez-Iglesias, V., Illanes, J. L.
Die Prälatur Opus Dei. Zur Rechtsgeschichte eines Charismas.
Ludgerus Verlag, Essen, 1994.

Helming, Dennis M.
Fußspuren im Schnee. Josemaría Escrivá. Gründer des Opus Dei.
EOS Verlag, St. Ottilien (Österreich), 1991.

Le Tourneau, Dominique
Das Opus Dei. Kurzportrait seiner Entwicklung, Spiritualität, Organisation und Tätigkeit.
Christiana Verlag, Stein am Rhein (Schweiz), 1988.

Schriften des seligen Josemaría Escrivá

(alle im Adamas Verlag erschienen)

Der Weg
Köln, 1983, (neunte Auflage).

Die Spur des Sämanns
Köln, 1986.

Im Feuer der Schmiede
Köln, 1987.

Christus begegnen
Köln, 1981.

Freunde Gottes
Köln, 1980.

Der Kreuzweg
Köln, 1981.

Gespräche mit Msgr. Escrivá de Balaguer
Köln, 1992.

Der Rosenkranz